IFCD0011

DESARROLLO Y VISUALIZACIÓN DE DATOS CON PYTHON

IFCD0011

DESARROLLO Y VISUALIZACIÓN DE DATOS CON PYTHON

José Manuel Ortega Candel

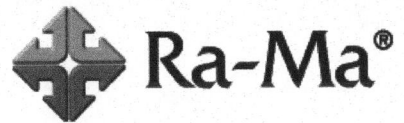

La ley prohíbe
fotocopiar este libro

IFCD0011 - DESARROLLO Y VISUALIZACIÓN DE DATOS CON PYTHON
Thema: GPH Ciencia y análisis de datos
Bisac: COM018000
© José Manuel Ortega Candel
© De la edición: Ra-Ma 2025

Editado por:
RA-MA Editorial
Calle Jarama, 3A, Polígono Industrial Igarsa
28860 PARACUELLOS DE JARAMA, Madrid
Teléfono: 91 658 42 80
Fax: 91 662 81 39
Correo electrónico: *info@grupoeditorialrama.com*
Internet: *www.ra-ma.es* y *www.ra-ma.com*
ISBN: 978-84-1036-069-3
Depósito legal: M-24173-2024
Maquetación: Antonio García Tomé
Diseño de portada: Antonio García Tomé
Filmación e impresión: Safekat
Impreso en España en abril de 2025

A mi familia

ÍNDICE

INTRODUCCIÓN

En un mundo cada vez más digitalizado, los datos se han convertido en un recurso estratégico para las organizaciones. La capacidad de recolectar, unificar y gestionar eficientemente los datos es fundamental para impulsar la ciencia de datos, la inteligencia artificial y la analítica avanzada, y así obtener información valiosa que impulse la toma de decisiones informadas.

Con este libro el lector adquirirá los conocimientos y habilidades necesarias para aprovechar el potencial de los datos mediante técnicas y herramientas fundamentales para recolectar, limpiar, transformar y almacenar datos de manera efectiva, permitiendo su posterior análisis y aplicación en contextos empresariales.

La importancia de la ingeniería de datos radica en su capacidad para unificar y organizar información de múltiples fuentes, creando un ecosistema de datos confiable y coherente. Esto facilita la implementación de modelos de inteligencia artificial, la generación de insights predictivos y la optimización de procesos empresariales. Al dominar los fundamentos de la ingeniería de datos, vas a estar en condiciones de desempeñar un papel crucial en el crecimiento y éxito de las organizaciones en la era de los datos.

OBJETIVOS

El libro está dirigido a aquellos lectores que estén trabajando en proyectos relacionados con el procesamiento de flujos de datos y busquen dominar los conceptos y técnicas de la ingeniería de datos que permiten realizar la ingesta, almacenamiento y procesamiento de datos. Entre los principales **objetivos** podemos destacar:

- ▶ Conocer el uso y la importancia de los datos en las organizaciones mediante el estudio y análisis de casos.

- ▶ Comprender qué es la ingeniería de datos y cuáles son sus funciones y responsabilidades.

- ▶ Conocer las tecnologías y herramientas de la ingeniería de datos.

- ▶ Dominar las técnicas para extraer datos de diferentes tipos de sistemas y aplicaciones mediante el desarrollo de programas en Python y el uso de otras tecnologías.

- ▶ Implementar diferentes modelos de almacenamiento de datos para permitir un análisis eficiente.

- ▶ Dominar técnicas de procesamiento de datos mediante el desarrollo de programas en Python.

- ▶ Conocer los conceptos y técnicas para el procesamiento de datos en tiempo real mediante el desarrollo de programas en Python y el uso de otras tecnologías.

El libro trata de seguir un enfoque teórico-práctico con el objetivo de afianzar los conocimientos mediante la creación y ejecución de scripts desde la consola de Python. Además, se provee un repositorio donde se pueden encontrar los ejemplos que se analizan a lo largo del libro para facilitar al lector las pruebas y asimilación de los contenidos teóricos.

1

INGENIERÍA DE DATOS

1.1 INTRODUCCIÓN

La ingeniería de datos es un campo fundamental en la ciencia de datos y la analítica moderna que se encarga de gestionar y preparar los datos para su análisis. En un mundo donde la cantidad de datos generados diariamente crece exponencialmente, la ingeniería de datos desempeña un papel crucial en la obtención de información valiosa a partir de esta avalancha de información. Se trata de un proceso que abarca desde la recolección y almacenamiento de datos hasta su limpieza, transformación y análisis.

La principal meta de la ingeniería de datos es proporcionar a los profesionales de datos, científicos de datos e ingenieros de aprendizaje automático, un conjunto de datos de alta calidad y bien estructurado que sea adecuado para realizar análisis y entrenar modelos de aprendizaje automático. Esto implica diversas etapas y técnicas que incluyen:

► **Captura de datos**: en esta fase, se recopilan datos de múltiples fuentes, como bases de datos, archivos de registro, sensores, redes sociales y más. La captura debe ser planificada y organizada para asegurarse de que se recojan los datos relevantes.

► **Almacenamiento**: los datos se almacenan en sistemas de gestión de bases de datos o en plataformas de almacenamiento distribuido como Hadoop o AWS S3. La elección del sistema de almacenamiento depende de factores como el volumen de datos y los requisitos de rendimiento.

► **Limpieza de datos**: los datos a menudo contienen errores, valores atípicos y datos faltantes. La limpieza de datos implica la identificación y corrección de estos problemas para garantizar la integridad de los datos.

▼ **Transformación**: los datos se transforman para que se ajusten a las necesidades del análisis. Esto puede incluir la agregación de datos, la creación de nuevas características y la normalización de valores.

▼ **Integración**: en proyectos de ingeniería de datos, es común trabajar con datos de diversas fuentes. La integración implica combinar estos datos de manera coherente para obtener un conjunto de datos unificado.

▼ **Automatización**: para proyectos a gran escala, es importante automatizar muchas de las tareas de ingeniería de datos para garantizar la eficiencia y la coherencia en el procesamiento de datos.

▼ **Seguridad y cumplimiento**: la seguridad de los datos y el cumplimiento de las regulaciones son aspectos críticos en la ingeniería de datos. Se deben implementar medidas de seguridad para proteger la privacidad y la integridad de los datos.

▼ **Escalabilidad**: los sistemas de ingeniería de datos deben ser escalables para manejar grandes volúmenes de datos a medida que la organización crece.

En resumen, la ingeniería de datos es un proceso esencial para aprovechar el potencial de los datos en la toma de decisiones empresariales, la investigación y el desarrollo de modelos de aprendizaje automático. Es el primer paso hacia la obtención de información significativa y valiosa a partir de la gran cantidad de datos disponibles actualmente.

1.2 IMPORTANCIA DE LOS DATOS EN LAS ORGANIZACIONES

Los datos permiten tomar decisiones de una manera informada y basada en evidencias. Por ejemplo, cuando vamos a salir de casa, consultamos el pronóstico del clima para decidir qué ropa nos vamos a poner. A partir de los datos que nos provee el pronóstico del clima, podemos tomar una decisión "data-driven" o dirigida por los datos.

En un ámbito profesional, cuando una organización analiza sus datos, puede descubrir patrones y tendencias e inferencias. De esa forma, podrá mejorar sus procesos o brindar mejores servicios a sus clientes. Por ejemplo, Netflix a partir de datos que recolecta de sus usuarios, permite personalizar el contenido que les muestra en su plataforma de acuerdo con diferentes aspectos como gustos, entorno, horario, etc. Incluso, Netflix personaliza la portada de las series y películas que le recomienda a sus usuarios a partir de dichos datos.

En nuestro día a día, usamos dispositivos y aplicaciones que crean y recopilan una cantidad de datos cada vez mayor. Sumado a eso, existe una variedad de métodos y técnicas que permiten, a partir de esos datos crudos, obtener valor e información accionable para tomar decisiones. De eso se trata la analítica de datos, abarcando la recopilación, transformación y organización de datos con el fin de extraer conclusiones, hacer predicciones e impulsar la toma de decisiones fundamentadas en evidencia.

La analítica de datos es muy importante para las organizaciones hoy en día porque ayuda a obtener más visibilidad y un conocimiento más profundo de sus procesos y servicios. De esa forma, pueden identificar oportunidades de mejora y optimización, lo que los llevará a reducir costes y desarrollar mejores productos y servicios centrados en el cliente. Existen cuatro tipos principales de analíticas de datos:

- **Descriptiva**: permite comprender que ocurrió o que está ocurriendo en el entorno de datos. Suele realizarse con visualizaciones como histogramas de los datos.

- **Diagnóstica**: permite entender por qué sucedió algo, por medio de técnicas de minería de datos y de operaciones y transformaciones sobre los datos.

- **Predictiva**: podríamos predecir lo que probablemente ocurrirá en el futuro a partir de los datos históricos por medio de técnicas de machine learning y modelado predictivo.

- **Prescriptiva:** no solo predice lo que puede ocurrir, sino que sugiere una respuesta óptima a ese resultado, ofreciendo el mejor curso de acción para solucionar el problema. Se basa en el uso de análisis de grafos, redes neuronales y motores de recomendación.

1.3 CICLO DE VIDA DE LOS DATOS

El ciclo de vida de los datos se refiere a las diferentes etapas por las que pasan los datos desde su creación hasta su eliminación o archivado. Estas etapas son fundamentales para gestionar los datos de manera eficiente y garantizar su calidad y seguridad a lo largo del tiempo. A continuación, se describen las etapas típicas en el ciclo de vida de los datos:

- Ingesta y almacenamiento.
- Procesamiento y preparación.
- Exploración.
- Experimentación y predicción.

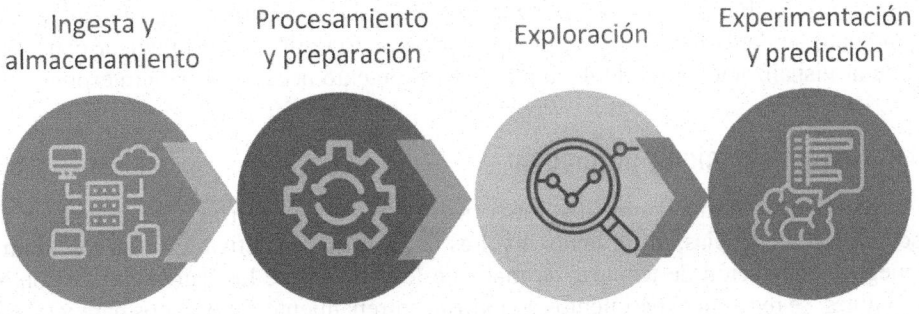

Figura 1.1. Etapas del ciclo de vida de los datos

El ciclo de vida de los datos es una parte crucial de la gestión de datos en una organización, y su implementación efectiva garantiza que los datos sean un activo valioso y seguro a lo largo del tiempo. La gestión adecuada del ciclo de vida de los datos también puede ayudar a optimizar costos de almacenamiento y mejorar la eficiencia operativa.

1.3.1 Ingesta y almacenamiento

Los datos de las organizaciones pueden estar dispersos en diferentes sistemas, bases de datos y repositorios. El primer paso es recolectar los datos de forma periódica y centralizar los mismos en un repositorio o base de datos. De eso se encarga la etapa de ingesta y almacenamiento.

La ingesta es el proceso responsable de la obtención de los datos de diferentes sistemas y orígenes para depositarlos en algún sistema de almacenamiento, que puede ser un repositorio de archivo o un sistema de base de datos. El principal objetivo es adquirir los datos y almacenarlos en algún lugar para permitir la limpieza y exploración de los datos.

1.3.2 Procesamiento y preparación

Una vez recolectados los datos, la siguiente fase es el procesamiento, que toma los datos crudos, los limpia y los convierte en un formato más significativo. El resultado es un conjunto de datos limpio y organizado que se podría utilizar para realizar consultas y generar visualizaciones, dándole la forma y el contexto necesarios para interpretarse.

Algunas de las tareas que se suelen realizan en esta fase son la eliminación de registros duplicados, nulos o erróneos, conversión de columnas de un tipo de datos a otro, creación de nuevas columnas a partir de cálculos, unión de tablas para complementar información. El objetivo es obtener datos lo suficientemente coherentes para que el equipo de análisis y ciencia de datos pueda explorarlos y realizar distintos tipos de analítica.

1.3.3 Exploración

Una vez recolectados los datos, la siguiente fase es el procesamiento, que toma los datos crudos, los limpia y los convierte en un formato más significativo. El resultado es un conjunto de datos limpio y organizado que se podría utilizar para realizar consultas y generar visualizaciones, dándole la forma y el contexto necesarios para interpretarse.

1.3.4 Experimentación y predicción

Una vez que se analizaron los datos históricos, se obtuvieron conclusiones y se descubrieron tendencias, el siguiente nivel es la analítica predictiva. En esta fase, entra en juego la aplicación de técnicas de machine learning sobre los datos. Con los datos disponibles, se realizan experimentos a modo de entrenamiento de los datos para ver cuál es el mejor modelo o algoritmo para realizar predicciones, utilizando diferentes métricas como el accuracy o rendimiento del modelo.

1.4 ROL DE INGENIERO/A DE DATOS

La ingeniería de datos se enfoca en las primeras dos etapas del flujo de trabajo de Data Analytics, la de ingesta y almacenamiento y la de procesamiento y preparación de los datos. Por ello, un ingeniero de datos tiene un rol fundamental y de gran importancia ya que establecen las bases para permitir distintos tipos de analítica.

En la mayoría de las organizaciones, un ingeniero de datos es el responsable principal de integrar, transformar y consolidar datos de varios sistemas de datos estructurados y no estructurados en estructuras adecuadas para crear soluciones de análisis. De esta forma, los ingenieros de datos son responsables de **ingestar y almacenar datos de diferentes fuentes,** de distintos formatos y de distintas estructuras, para que sean fácilmente **accesibles y listos para ser analizados y explotados.**

Además, un ingeniero de datos colabora con otros perfiles como los analistas de datos y científicos para asegurarse de que los datos estén disponibles y sean accesibles para el análisis y la toma de decisiones. Los ingenieros de datos se encargan de construir y mantener las estructuras de datos para que la empresa pueda acceder a ellos fácilmente. Por eso sus tareas pueden incluir diseñar y crear data pipelines.

Un data pipeline es el proceso que se crea para extraer datos de una fuente, transformarla y llevarla a un destino. La fuente puede ser por ejemplo una base de datos o una aplicación en la nube. El destino, normalmente, será un **Data Warehouse** o un **Data Lake.** Para ello, los ingenieros de datos deben tener competencias con una variedad de herramientas y lenguajes de scripting, en particular SQL y Python, e idealmente con otros también.

- ▸ **SQL**: uno de los ingenieros de datos de lenguajes más comunes que usan es SQL o Lenguaje de consulta estructurado, que es un lenguaje relativamente fácil de aprender. SQL usa consultas que incluyen instrucciones SELECT, INSERT, UPDATE y DELETE para trabajar directamente con los datos almacenados en tablas.

- ▸ **Python**: Python es uno de los lenguajes de programación más populares y con un crecimiento más rápido del mundo. Se utiliza para todo tipo de tareas, incluida la programación web y el análisis de datos. En los últimos años ha sido el lenguaje que más ha crecido para su uso en la implementación de modelos de aprendizaje automático y redes neuronales.

- ▸ **Otros**: según las necesidades de la organización y el conjunto de aptitudes individuales, también puede usar otros lenguajes como R, Java, Scala, .NET.

El rol de un ingeniero o ingeniera de datos es esencial en el campo de la ciencia de datos y la gestión de datos en las organizaciones. Su trabajo se centra en la adquisición, limpieza, transformación, almacenamiento y disponibilidad de datos para su posterior análisis. A continuación, se describen las responsabilidades y funciones clave de un ingeniero o ingeniera de datos:

▸ **Adquisición de datos**: recolectar datos de diversas fuentes, como bases de datos, sistemas de registro, aplicaciones web, sensores y archivos externos. Esto implica diseñar y mantener procesos de extracción de datos (ETL) para obtener datos de manera regular y confiable.

▸ **Almacenamiento de datos**: diseñar y administrar sistemas de almacenamiento de datos que sean eficientes y escalables. Esto puede incluir bases de datos relacionales, almacenes de datos, sistemas de archivos distribuidos y soluciones en la nube como AWS S3 o Azure Data Lake.

▸ **Limpieza y preprocesamiento de datos**: identificar y abordar problemas en los datos, como valores atípicos, datos faltantes o errores. Esto garantiza que los datos estén limpios y listos para su análisis.

▸ **Transformación de datos**: aplicar transformaciones a los datos según las necesidades del análisis o de modelización. Esto puede incluir la agregación de datos, la creación de nuevas características y la normalización de los datos.

▸ **Integración de datos**: combina datos de múltiples fuentes para crear un conjunto de datos coherente y completo. Esto es crucial cuando se trabaja con datos dispersos en diferentes sistemas y ubicaciones.

▸ **Automatización**: automatizar tareas repetitivas y programar procesos ETL para garantizar la eficiencia y la consistencia en la adquisición y procesamiento de datos.

▸ **Seguridad de datos**: implementar medidas de seguridad para proteger la confidencialidad, integridad y disponibilidad de los datos. Esto incluye el acceso controlado a los datos y la encriptación cuando sea necesario.

▸ **Cumplimiento regulatorio**: asegurarse de que los procesos de gestión de datos cumplan con las regulaciones y estándares aplicables, como el Reglamento General de Protección de Datos (GDPR) en la Unión Europea.

▸ **Monitorización y mantenimiento**: supervisar constantemente la integridad de los datos y el rendimiento de los sistemas de almacenamiento. Realizar mantenimiento preventivo y corrección de problemas.

▸ **Colaboración**: colaborar con otros profesionales de datos, como científicos de datos y analistas, para comprender las necesidades de los proyectos y proporcionar los datos adecuados.

▸ **Documentación**: documentar procesos, flujos de datos y esquemas de datos para facilitar la comprensión y el uso de los datos por parte de otros miembros del equipo.

▸ **Escalabilidad**: diseñar sistemas y procesos que puedan manejar volúmenes crecientes de datos a medida que la organización crece.

El rol de ingeniero o ingeniera de datos es esencial para asegurar que los datos estén disponibles, limpios y listos para el análisis, lo que permite a las organizaciones tomar decisiones informadas basadas en datos y desarrollar modelos de aprendizaje automático eficaces. Además, juegan un papel clave en la seguridad y el cumplimiento de datos, lo que es fundamental en un entorno donde la privacidad y la seguridad de los datos son prioritarios.

1.5 INGESTA DE DATOS

Una de las funciones de la ingeniería de datos es la ingesta, o recolección, de datos. Como sabemos, las organizaciones generan y capturan datos por medio de sus sistemas y aplicaciones. El/la ingeniero/a de datos debe extraer datos de los diferentes sistemas y fuentes de las organizaciones.

Dichas fuentes son muy variadas, van desde fuentes de datos estructuradas hasta fuentes no estructuradas. Nos podemos encontrar con bases de datos relacionales, no relacionales, APIs, repositorios con archivos, ya sea archivos CSV, Excel, imágenes, PDFs, etc.

La ingesta extrae los datos desde la fuente donde se crean o almacenan originalmente y los carga en un destino o zona temporal. Un pipeline de datos sencillo puede que tenga que aplicar una o más transformaciones ligeras para enriquecer o filtrar los datos antes de escribirlos en un destino, almacén de datos o cola de mensajería. Las **fuentes** más comunes desde las que se obtienen los datos suelen ser:

▸ Servicios de mensajería como Apache Kafka, los cuales han obtenido datos desde fuentes externas, como pueden ser dispositivos IOT.

▸ Bases de datos relacionales, las cuales se acceden, por ejemplo, mediante JDBC.

▸ Servicios REST que devuelven los datos en formato JSON.

▸ Servicios de almacenamiento distribuido como HDFS o S3.

Los **destinos** donde se almacenan los datos son:

▸ Servicios de mensajería como Apache Kafka.
▸ Bases de datos relacionales como MySQL.
▸ Bases de datos NoSQL como MongoDB.
▸ Servicios de almacenamiento distribuido como HDFS o S3.
▸ Plataformas de datos como Snowflake o Databricks.

1.5.1 Batch vs streaming

La ingesta de datos es el proceso de recopilar datos de diversas fuentes y llevarlos a un sistema central para su posterior procesamiento y análisis. Hay dos enfoques principales para la ingesta de datos: **batch** (por lotes) y **streaming** (transmisión en tiempo real). Cada uno tiene sus propias características y casos de uso específicos. A continuación, analizamos las diferencias entre ambos:

▼ **Ingesta de Datos por Lotes (Batch):** el proceso se ejecuta de forma periódica (normalmente en intervalos fijos) a partir de unos datos estáticos. Muy eficiente para grandes volúmenes de datos, y donde la latencia (del orden de minutos) no es el factor más importante.

- **Procesamiento por lotes**: en este enfoque, los datos se recopilan, almacenan y procesan en bloques o lotes. Los datos se agrupan en intervalos de tiempo predefinidos y se procesan en lotes completos. Por ejemplo, se pueden recopilar datos cada hora y procesarlos juntos.

- **Retraso inherente**: debido a la naturaleza por lotes, existe un retraso inherente en el procesamiento de datos. Los datos se recopilan y procesan en intervalos de tiempo, por lo que no se pueden analizar en tiempo real.

- **Adecuado para grandes volúmenes**: la ingesta por lotes es eficiente cuando se trata de grandes volúmenes de datos que no necesitan analizarse en tiempo real. Se usa en el procesamiento de informes históricos y análisis de tendencias.

- **Ejemplo de herramienta:** Apache **Hadoop** es una plataforma popular para el procesamiento por lotes que permite el procesamiento eficiente de grandes conjuntos de datos.

▼ **Ingesta de Datos en Tiempo Real (Streaming):** también conocido como en tiempo real, donde los datos se leen, modifican y cargan tan pronto como llegan a la capa de ingesta (la latencia es crítica). Algunas de las herramientas más utilizadas son Apache Storm, Spark Streaming, Apache Nifi, Apache Kafka.

- **Procesamiento en tiempo real**: en este enfoque, los datos se transmiten y procesan a medida que se generan, sin retrasos significativos. Esto permite analizar datos en tiempo real y tomar decisiones basadas en información actualizada.

- **Bajo retraso**: la ingesta en tiempo real minimiza el retraso entre la generación de datos y su disponibilidad para el análisis. Esto es crítico en aplicaciones donde la toma de decisiones instantáneas es esencial, como la detección de fraudes o la monitorización de sistemas.

- **Adecuado para eventos en tiempo real**: se utiliza cuando es importante detectar patrones o eventos en tiempo real, como transacciones bancarias, seguimiento de usuarios en sitios web o sensores IoT.

- **Mayor complejidad**: los sistemas de procesamiento en tiempo real pueden ser más complejos de implementar y gestionar debido a la necesidad de manejar flujos continuos de datos y garantizar la tolerancia a fallos.

- **Ejemplo de herramienta**: Apache **Kafka** es una plataforma de transmisión en tiempo real ampliamente utilizada para la ingesta y el procesamiento de datos en tiempo real.

La elección entre ingesta por lotes y en tiempo real depende de los requisitos específicos del proyecto. Los sistemas de procesamiento por lotes son adecuados para análisis retrospectivos y volúmenes masivos de datos, mientras que la ingesta en tiempo real es esencial cuando se requiere análisis en tiempo real y la toma de decisiones instantáneas. En muchos casos, las organizaciones utilizan una combinación de ambos enfoques para abordar una variedad de necesidades de datos.

1.5.2 Arquitectura de la capa de ingesta

Si nos basamos en la arquitectura por capas, podemos ver como la capa de ingesta es la primera de las capas, la cual recoge los datos que provienen de fuentes diversas. Los datos se categorizan y priorizan, facilitando el flujo de éstos en posteriores capas.

El primer paso de la ingesta es el paso más pesado, por tiempo y cantidad de recursos necesarios. Es normal realizar la ingesta de flujos de datos desde diferentes fuentes de datos, los cuales se obtienen a velocidades variables y en diferentes formatos. Los cuatro parámetros en los que debemos centrar nuestros esfuerzos son:

- ▶ **Velocidad de los datos:** cómo fluyen los datos entre las diferentes máquinas cliente y servidores, si el flujo es continuo o masivo.

- ▶ **Tamaño de los datos**: la ingesta de múltiples fuentes puede incrementarse con el tiempo.

- ▶ **Frecuencia de los datos**: Batch o streaming.

- ▶ **Formato de los datos**: estructurado (tablas), desestructurado (imágenes, audios, vídeos, etc.) o semiestructurado (JSON).

1.5.3 Herramientas de ingesta de datos

Necesitamos herramientas que faciliten la conexión a diferentes sistemas, como bases de datos SQL, APIs, servidores FTP. Entre las principales herramientas de ingesta de datos para ecosistemas Big Data podemos destacar:

- ▶ **Apache Sqoop** *https://sqoop.apache.org*: permite la transferencia bidireccional de datos entre Hadoop/Hive/HBase y bases de datos SQL.

- ▶ **Apache Flume** *https://flume.apache.org*: sistema de ingesta de datos semiestructurados o no estructurados sobre HDFS o HBase mediante una arquitectura basada en flujos de datos en streaming.

- ▶ **Apache Nifi** *https://nifi.apache.org*: herramienta que facilita una interfaz web que permite cargar datos de diferentes fuentes (tanto batch como streaming), los pasa por un flujo de procesos (mediante grafos dirigidos) para su tratamiento y transformación, y los vuelca en otra fuente.

- ▶ **Elastic Logstash** *https://www.elastic.co/es/logstash*: pensada inicialmente para la ingesta de logs en Elasticsearch, admite entradas y salidas de diferentes tipos.

▶ **AWS Glue** *https://aws.amazon.com/es/glue*: servicio gestionado por AWS para realizar tareas ETL desde la consola de AWS. Facilita el descubrimiento de datos y esquemas y normalmente se utiliza como almacenamiento de servicios como Amazon Athena o AWS Data Pipeline.

Por otro lado, existen sistemas de mensajería con funciones propias de ingesta, tales como:

▶ **Apache Kafka** *https://kafka.apache.org*: sistema de intermediación de mensajes basado en el modelo publicador/suscriptor.

▶ **RabbitMQ** *https://www.rabbitmq.com*: sistema de colas de mensajes (Message Queue) que actúa de middleware entre productores y consumidores.

▶ **Amazon Kinesis** *https://aws.amazon.com/es/kinesis*: homólogo de Kafka para la infraestructura Amazon Web Services.

▶ **Microsoft Azure Event Hubs** *https://azure.microsoft.com/es-es/products/event-hub*: servicio equivalente de Kafka para la infraestructura Microsoft Azure.

▶ **Google Pub/Sub** *https://cloud.google.com/pubsub*: servicio equivalente de Kafka para la infraestructura Google Cloud.

1.5.4 AWS Glue

AWS Glue también puede proponer transformaciones en función de los esquemas y los formatos de los datos identificados. De esta forma, podríamos transformar datos semiestructurados en datos estructurados y relacionales. Se puede usar también como un catálogo de datos con la ayuda del crawler y del servicio **Amazon Athena** *https://aws. amazon.com/athena*.

Además de las **ventajas** propias de los servicios Cloud, también encontramos las siguientes:

▶ El servicio AWS Glue se usa como herramienta serverless de integración de datos en la nube de AWS.

▶ Permite a los ingenieros de datos mover, combinar y transformar datos implementando pipelines ETL para realizar analítica o procesos de cálculo de manera sencilla.

▶ Proporciona multitud de conectores. Tanto para servicios propios de AWS como S3 o Redshift como con sistemas externos como Apache Kafka o MongoDB mediante diferentes conectores.

▶ Usa un modelo de pago por uso, en el que solamente se pagan los recursos en uso durante la ejecución de los trabajos.

▶ Para la monitorización de los trabajos, se puede integrar fácilmente con el servicio de AWS CloudWatch.

▶ El motor de ETL está basado en Apache Spark como motor de procesamiento distribuido para Big Data. Para ello, Glue permite implementar programas en los lenguajes de programación Python y Scala.

1.6 PROCESAMIENTO Y PREPARACIÓN

Una vez que los datos han sido recolectados y almacenados en algún repositorio central, el siguiente paso consiste en procesarlos y prepararlos para darles el formato adecuado para permitir el análisis y la ciencia de datos de una forma eficiente.

La etapa de procesamiento también suele llamarse "**Transformación**". Por un lado, está orientada a la limpieza de los datos ya que nos podemos encontrar con registros corruptos, con valores nulos o incluso repetidos. La limpieza busca eliminar o darles algún tratamiento a dichos datos con inconsistencias.

Por otro lado, en esta etapa se busca estandarizar los datos. Por ejemplo: al haber varios orígenes de datos, cada uno puede manipular las fechas con un formato específico e incluso con una zona horaria diferente. Entonces es necesario convertir esas fechas a algún formato estándar definido por la organización o por el proyecto donde estemos trabajando.

También, en el procesamiento y la transformación, se busca modelar los datos para darle una estructura entendible a los/as analistas y científicos/as de datos. El objetivo sería poder aplicar lógica para crear nuevas columnas o cruzar diferentes datos.

Por último, el equipo de ingeniería de datos debe entregar los datos en un formato óptimo para que el equipo de análisis y ciencia de datos pueda consumirlos y experimentar con ellos sin tanta latencia, por ejemplo. Al encontrarnos con grandes volúmenes de datos, el procesamiento suele enfocarse en herramientas que usen procesamiento a nivel de memoria para agilizar los tiempos de ejecución. En este punto podemos utilizar tecnologías como **Apache Spark, Apache Flink y Apache Beam.**

1.6.1 Tipos de procesamiento de datos

Procesamiento de datos puede ser un término amplio, aunque dentro de la ingeniería de datos el procesamiento implica la obtención de información a partir de los datos crudos. En primer lugar, hay que aplicar tareas "tradicionales" como tratar valores nulos, ya sea eliminándolos o reemplazándolos por otro valor, por ejemplo. Otra tarea tradicional puede ser la eliminación de registros duplicados. Las tareas en esta primera instancia implican obtener datos de calidad, aptos para continuar con tareas de proces

La siguiente etapa de procesamiento está vinculada a la organización o al negocio. Una vez que contamos con datos de calidad, el siguiente paso es enriquecer y obtener información valiosa para la organización. Aquí se pueden crear nuevas columnas que resulten de aplicar cálculos específicos, cruzar diferentes datos de diferentes fuentes, etc.

Para el procesamiento de datos, hay que tener en cuenta algunos conceptos entre los que podemos destacar:

▶ El procesamiento distribuido para el caso de grandes volúmenes de datos.

▶ El procesamiento batch y en streaming, cada uno ofrece tiempos de respuesta diferentes y operan sobre un lote de datos o sobre registros individuales, respectivamente.

▶ Data pipelines y orquestación, para asegurar que las tareas del proceso se ejecutan de forma ordenada y con robustez.

1.6.2 Procesamiento batch

El procesamiento de datos batch, o por lotes, opera sobre un volumen de datos definido, es decir sobre un lote de datos. Su ejecución se hace en intervalos programados, por ejemplo, cada hora, cada seis horas, cada día, etc. Además, la ejecución de estos procesos puede durar minutos u horas.

En este caso, los datos se recopilan y se almacenan hasta que se haya reunido una cantidad suficiente para procesarlos de una sola vez. Por ejemplo, si tenemos que trabajar con registros almacenados en un sistema, en lugar de procesar cada registro a medida que ocurre, el procesamiento batch recopila todos los registros en un lote, por ejemplo, cada hora o cada día, y luego los procesa juntos como un conjunto.

Este modo de procesamiento es útil cuando no se necesita respuesta en tiempo real y se toleran retrasos en el procesamiento. Es eficiente para trabajar con grandes volúmenes de datos, ya que se pueden aplicar optimizaciones y técnicas de procesamiento paralelo para acelerar el proceso.

1.6.3 Procesamiento streaming

El procesamiento de datos en streaming se refiere a la forma en que los datos se procesan de manera continua y en tiempo real a medida que se generan o se reciben. A diferencia del procesamiento por lotes, donde los datos se recopilan y se procesan en conjuntos, el procesamiento en streaming opera sobre los datos de forma inmediata, es decir, a medida que van fluyendo.

El procesamiento en streaming implica recibir, procesar y analizar continuamente los datos a medida que llegan. Esto se logra mediante el uso de sistemas y herramientas específicas, como Apache Kafka, Apache Flink o Apache Spark Streaming, que están diseñadas para manejar flujos continuos de datos.

A medida que los datos de streaming ingresan al sistema, se podrían aplicar operaciones en tiempo real para filtrar, transformar, enriquecer o agregar información a medida que los eventos se procesan. Estas operaciones pueden incluir cálculos, correlaciones, detección de anomalías o cualquier otro tipo de procesamiento requerido para extraer información valiosa de los datos en tiempo real.

Este modo de procesamiento es útil en situaciones donde se requiere baja latencia y una respuesta inmediata a los eventos que ocurren. Las principales aplicaciones que usan este tipo de procesamiento incluyen aquellas relacionadas con la monitorización de sistemas y aplicaciones en tiempo real.

1.7 ALMACENAMIENTO

Los datos deben concentrarse en algún sistema central. Para centralizar los datos crudos como archivos podemos usar tecnologías como Apache Hadoop, Amazon S3, Azure Data Lake Storage, Google Cloud Storage, Minio. Ahora bien, para permitir tareas de analítica, los datos deben entregarse en alguna base de datos OLAP como Apache Hive, Amazon Redshift, Google BigQuery, Azure Synapse, Apache Pinot, Apache Druid, Apache Impala, etc.

Al final de este capítulo analizaremos diferentes aspectos del almacenamiento de datos, en el contexto de Data Engineering donde trataremos sobre formatos de almacenamiento, como los basados en columnas y los basados en fila. Haremos foco en el primer tipo de formato, como por ejemplo Parquet, y su capacidad para comprimir el tamaño de los datos y permitir un análisis óptimo de los mismos.

A continuación, analizamos el término sobre Big Data y el almacenamiento distribuido. Big Data se define en término de 3 V: Volumen, Velocidad y Variedad. El almacenamiento distribuido es una técnica utilizada para almacenar y procesar grandes volúmenes de datos sobre clusters (servidores o computadores interconectadas entre sí), lo que permite una mayor escalabilidad y paralelismo en las operaciones.

1.7.1 Big Data

El término "Big Data" se refiere a conjuntos de datos que son tan grandes y complejos que no pueden gestionarse ni procesados fácilmente con herramientas tradicionales de procesamiento de datos. Estos conjuntos de datos grandes suelen caracterizarse por las llamadas "tres V":

▸ **Volumen**: se refiere a la gran cantidad de datos que se generan. Estos datos pueden alcanzar tamaños enormes, desde terabytes hasta petabytes o incluso exabytes.

▸ **Velocidad**: se refiere a la tasa a la cual se generan los datos. En algunos casos, los datos se generan en tiempo real, como las mediciones de sensores. El procesamiento de datos en tiempo real requiere tecnologías y enfoques especiales para garantizar que los datos se capturan y procesan en el menor tiempo posible.

▸ **Variedad**: se refiere a la diversidad de tipos y formatos de datos, desde estructurados y tabulares a semiestructurados y no estructurados, como textos, imágenes, videos, etc. Manejar esta variedad de datos requiere técnicas de procesamiento y análisis específicas.

▶ **Veracidad**: la veracidad se refiere a la calidad y confiabilidad de los datos, ya que pueden estar sujetos a problemas de calidad, como ruido, errores o inconsistencias. Es necesario aplicar técnicas de limpieza, normalización y validación de datos para garantizar su veracidad antes de su análisis.

▶ **Valor**: el valor se refiere al potencial de obtener información y conocimientos significativos a partir de los datos. El análisis de grandes volúmenes de datos puede revelar patrones, tendencias y correlaciones que pueden utilizarse para tomar decisiones informadas, descubrir oportunidades de negocio y mejorar la eficiencia operativa.

Dado el tamaño, la velocidad y la variedad de los datos, como ingenieros de datos debemos utilizar técnicas y herramientas especiales para gestionar y procesar estos datos. Esto incluye tecnologías como el almacenamiento y procesamiento distribuido, por medio de clusters como infraestructura, y el uso de frameworks y plataformas diseñadas específicamente para el Big Data, como Apache Hadoop y Apache Spark.

1.7.2 Almacenamiento distribuido

El almacenamiento distribuido es una técnica clave utilizada en un cluster, donde en lugar de almacenar todos los datos en una sola máquina, los datos se dividen en fragmentos más pequeños llamados particiones. Además, se crean copias o réplicas de cada partición y se distribuyen y almacenan en diferentes nodos del clúster. La distribución equilibrada de las particiones permite un acceso rápido y eficiente a los datos. La principal tecnología de Big Data que implementa el almacenamiento distribuido es Apache Hadoop y su sistema de archivos distribuido (HDFS: Hadoop Distributed File System).

En un contexto de Big Data, donde los volúmenes de datos son masivos y superan la capacidad de los sistemas tradicionales, el almacenamiento distribuido se vuelve fundamental. La capacidad de distribuir y procesar datos en clústers de servidores interconectados nos permite aprovechar al máximo los recursos y obtener resultados escalables y en menor tiempo. El almacenamiento distribuido nos brinda la flexibilidad necesaria para abordar los desafíos del Big Data y realizar análisis complejos en grandes conjuntos de datos.

1.7.3 Elegir una herramienta ETL para trabajar en Big Data

Al elegir una herramienta ETL (Extract, Transform, Load) para trabajar en entornos de Big Data, es importante considerar varios factores, como la escalabilidad, la integración con diferentes fuentes de datos, el rendimiento, y la facilidad de uso. A continuación, se menciona la lista de parámetros a considerar al elegir una herramienta ETL para Big Data.

▶ **Volumen de datos a gestionar.** ¿La herramienta está diseñada para la recuperación de datos desde una única fuente o desde múltiples fuentes? Las herramientas utilizadas para la recuperación de datos de una sola fuente difieren de las diseñadas para la recuperación de datos de múltiples fuentes. En este punto sería recomendable medir el volumen y la velocidad de los datos a lo largo del tiempo.

▶ **Naturaleza de los datos.** Los datos pueden ser estructurados y no estructurados y provenir de diversas fuentes. En ocasiones, los datos deben procesarse en un formato que sea uniforme y comprensible para las herramientas analíticas. También se debe verificar si la herramienta ETL puede transformar ciertos datos producidos por otras herramientas en la organización. En este punto sería recomendable evaluar si es necesario extraer datos de fuentes no estructuradas como por ejemplo páginas web, email, etc.

▶ **Tareas que se espera que realice la herramienta.** Se debe comprender el tipo de datos que se espera que la herramienta recupere y procese, así como el punto final de entrega para todo el proceso ETL.

1.8 PROCESOS ETL (EXTRACT, TRANSFORM, LOAD)

ETL es el acrónimo de Extract, Transform, Load (extraer, transformar, cargar). Es un proceso fundamental en la ingeniería de datos que se utiliza para extraer datos de diversas fuentes, transformarlos de acuerdo con las necesidades específicas y cargarlos en un destino de almacenamiento, como un Data Warehouse.

Una vez realizada la extracción de los datos, se realizan una serie de transformaciones para limpiar, filtrar, combinar y estructurar los datos de acuerdo con el modelo de datos predefinido del Data Warehouse. Las transformaciones pueden incluir la normalización de datos, el cálculo de nuevas variables, la agregación de datos y la resolución de inconsistencias. El objetivo es garantizar la calidad y coherencia de los datos antes de cargarlos en el Data Warehouse.

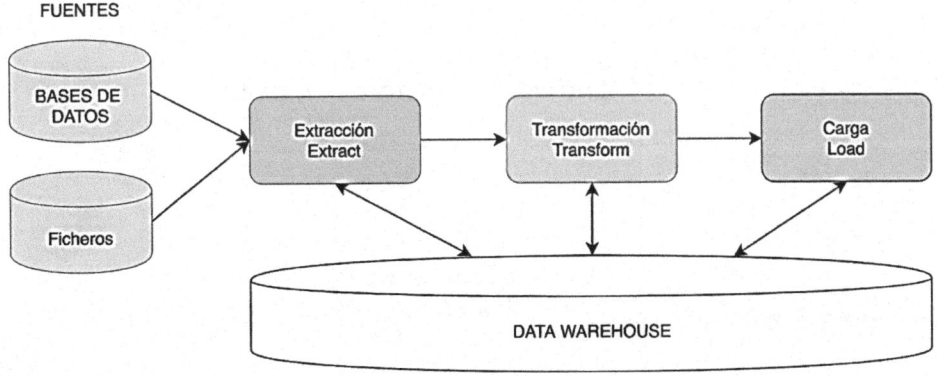

Figura 1.2. Esquema con las tres fases ETL: Extract, Transform, Load

Para entender la complejidad que puede haber en un proceso de este tipo, debemos entender primero el concepto de flujo o pipeline de datos. El flujo de datos es el conjunto de acciones que se realizan sobre un dato para moverlo, limpiarlo y procesarlo, hasta el punto en el que pueda consumirse. Los pipelines ETL se refieren a los procesos con las fases de extracción de datos de una fuente, su posterior transformación o filtrado y su carga en un sistema destino, como puede ser una base de datos o un data warehouse para su uso en procesos analíticos.

En ocasiones hablamos de las ETL de datos, donde movemos y procesamos datos de un lugar a otro para ser almacenados y tratados, los pipelines de datos incluyen procesos de ETL y, además, están orientados, no solo a la transferencia del dato, sino a aportar al final del pipeline un valor a negocio.

Dentro de las empresas se pueden manejar multitud de flujos de datos, desde aquellos que pueden generar sistemas de reporting, cuadros de mando o generar datos para actualización de modelos de Machine Learning, pero también flujos sencillos de captación y representación de datos para una aplicación. En cualquier caso, en muchas de estas ocasiones esos flujos de datos tienen tal periodicidad, criticidad y dependencias que, ante un fallo, restaurar el flujo puede ser un problema difícil de resolver.

Los procesos ETL permiten a las organizaciones recopilar en un único lugar todos los datos de los que pueden disponer. Ya comentamos que estos datos provienen de diversas fuentes, por lo que es necesario acceder a ellos y formatearlos para poder integrarlos. Además, es muy recomendable asegurar la calidad de los datos y su veracidad, para así evitar la creación de errores en los datos.

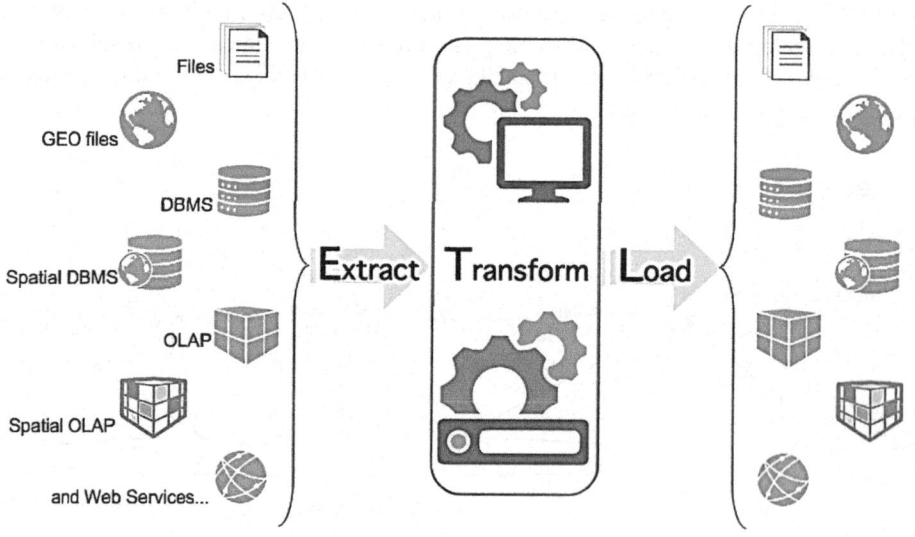

Figura 1.3. Fuente de datos para un proceso de ETL

Dada la variedad de posibilidades de representar la realidad en un dato, junto con la gran cantidad de datos almacenados en las diferentes fuentes de origen, los procesos ETL consumen muchos recursos asignados a un proyecto.

En los últimos años se han popularizado las herramientas ETL para gestionar los datos en tiempo real o streaming frente a los procesos de tipo Batch. Los casos de uso que requieren bajas latencias y obtener información de valor lo más rápido posible han aumentado mucho con los dispositivos IoT para Big Data y el enfoque hacia mejorar la experiencia de usuario.

1.8.1 Extracción

La fase de extracción consiste en la recuperación de información de varios sistemas de origen, como pueden ser RDBMS en forma de tabla o bien en formato JSON o XML, etc. Las fuentes de datos pueden ser muy variadas, como bases de datos relacionales o no relacionales, ficheros, aplicaciones SaaS, CRMs, ERPs, APIs, páginas web o sistemas de logs.

La primera característica deseable de un proceso de extracción es que debe ser un proceso rápido, ligero, causar el menor impacto posible, ser transparente para los sistemas operacionales e independiente de las infraestructuras. La segunda característica es que debe reducir al mínimo el impacto que se genera en el sistema origen de la información. Así pues, la extracción convierte los datos a un formato preparado para iniciar el proceso de transformación.

1.8.2 Transformación

Esta fase involucra varios procesos mediante los cuales los datos extraídos en la fase anterior se transforman en un formato útil y fácil de entender. En esta fase se espera realizar los cambios necesarios en los datos de manera que estos tengan el formato y contenido esperado. En concreto, la transformación puede comprender las siguientes tareas:

- Eliminar las entradas duplicadas, incompletas o incorrectas.
- Eliminar los campos innecesarios de los registros.
- Realizar un filtrado y una validación de los datos.
- Reordenar los datos no estructurados en datos estructurados.
- Unir los datos de diferentes fuentes con operaciones JOIN.
- Cruzar diferentes fuentes de datos para obtener una fuente diferente.
- Agregar información en función de alguna variable.
- Tomar parte de los datos para cargarlos.
- Transformar información para generar códigos, claves e identificadores.

1.8.3 Carga

Una vez transformados, los datos ya estarán listos para su carga. Esta es la fase final del proceso ETL, en la cual los datos se cargan en un almacén de datos. Existen dos tipos de cargas:

➤ **Completa:** todos los datos se mueven al almacén al mismo tiempo.

➤ **Incremental**: el movimiento de datos se produce en lotes, con una velocidad de refresco.

Como vemos en la imagen del Workflow de una ETL, generalmente se comienza extrayendo datos de bases de datos relacionales o ficheros, en la imagen se incluyen bases de datos relacionales como SQL Server, DB2 u Oracle, así como ficheros planos.

Esta fase es la encargada de almacenar los datos en el destino, un data warehouse o en cualquier tipo de base de datos. Por tanto, la fase de carga interactúa directamente con el sistema destino, y debe adaptarse al mismo para cargar los datos de manera satisfactoria.

1.8.4 Herramientas ETL

Las herramientas ETL (Extract, Transform, Load) son esenciales en la ingeniería de datos y se utilizan para extraer datos de diversas fuentes, transformarlos en un formato adecuado y cargarlos en un almacén de datos o sistema de destino. A continuación, analizamos algunas características de las herramientas ETL, junto con ejemplos de herramientas que podemos encontrar en el mercado:

➤ **Extracción de datos**: las herramientas ETL deben ser capaces de extraer datos de una amplia variedad de fuentes, incluidas bases de datos, sistemas en la nube, archivos planos, APIs web y más. **Apache Nifi** es una herramienta de código abierto que permite la extracción de datos de diversas fuentes y su enrutamiento a destinos específicos.

➤ **Transformación de datos**: las herramientas ETL permiten la limpieza, agregación, enriquecimiento y transformación de datos para que se ajusten a los requisitos de análisis y almacenamiento. **Apache Spark** es una plataforma de procesamiento de datos que se utiliza comúnmente para la transformación de datos en tiempo real y por lotes.

➤ **Manejo de datos en lote y en tiempo real**: algunas herramientas ETL pueden manejar tanto el procesamiento por lotes como el procesamiento en tiempo real para adaptarse a las necesidades de diferentes aplicaciones. **Apache Kafka Streams** permite la ingesta y transformación de datos en tiempo real.

➤ **Programación visual y código**: muchas herramientas ETL ofrecen interfaces de programación visual que permiten a los usuarios crear flujos de trabajo sin necesidad de escribir código, mientras que otras permiten la personalización mediante la escritura de código. **Apache NiFi** ofrece una interfaz de arrastrar y soltar para crear flujos de trabajo ETL, mientras que **Apache Beam** permite la definición de flujos de trabajo ETL mediante código.

▹ **Planificación y orquestación**: las herramientas ETL suelen incluir capacidades de planificación y orquestación para ejecutar flujos de trabajo en horarios específicos o en respuesta a eventos. **Apache Airflow** es una plataforma de orquestación que se utiliza comúnmente para programar y administrar flujos de trabajo ETL.

▹ **Gestión de Errores y Tolerancia a Fallos**: las herramientas ETL deben ser capaces de manejar errores de manera efectiva y proporcionar mecanismos de tolerancia a fallos para garantizar la integridad de los datos. **Talend** es una herramienta ETL que ofrece características avanzadas de manejo de errores y recuperación.

▹ **Conexión a Almacenes de Datos**: las herramientas ETL deben ser compatibles con una variedad de almacenes de datos, como bases de datos relacionales, almacenes de datos en la nube, almacenes de columnas y más. **AWS Glue** es un servicio de ETL en la nube de Amazon que se integra con Amazon Redshift y Amazon S3, entre otros servicios.

▹ **Monitorización y Registro**: las herramientas ETL deben proporcionar capacidades de supervisión y registro para rastrear el rendimiento de los flujos de trabajo y detectar problemas. **Google Cloud Dataflow** ofrece una amplia gama de herramientas de supervisión y registro para flujos de trabajo ETL.

Las herramientas ETL son fundamentales en el proceso de gestión y transformación de datos, permitiendo a las organizaciones aprovechar sus datos de manera efectiva y eficiente. La elección de una herramienta ETL específica dependerá de las necesidades de tu proyecto, los sistemas de origen y destino, y las capacidades de procesamiento requeridas.

1.8.5 Herramientas de orquestación de flujos de datos

Las herramientas de orquestación de flujos de datos son software o plataformas diseñadas para gestionar y coordinar el procesamiento y movimiento de datos en un entorno de Big Data o cualquier contexto donde se requiera automatizar tareas relacionadas con el procesamiento de datos. Estas herramientas son fundamentales para garantizar la eficiencia, la confiabilidad y la escalabilidad de los flujos de datos en aplicaciones empresariales y científicas. Entre las principales herramientas para la orquestación de flujos de datos podemos destacar:

▹ **Apache NiFi**: NiFi es una plataforma de código abierto que proporciona una interfaz gráfica para diseñar flujos de datos y orquestar la recopilación, transformación y movimiento de datos entre sistemas diversos. Es útil para ingerir datos en tiempo real. Ofrece una interfaz web para definir flujos y un conjunto de conectores ya predefinidos para interactuar con fuentes y destinos de datos.

▶ **Apache Airflow:** Airflow es una plataforma de orquestación de código abierto diseñada principalmente para gestionar flujos de trabajo de procesamiento de datos, automatizar tareas y programar sus ejecuciones.

▶ **Apache Kafka:** Kafka es una plataforma de streaming de eventos que se utiliza comúnmente para la ingesta y el transporte de datos en tiempo real. Aunque no es una herramienta de orquestación en sí misma, es una parte fundamental de muchas arquitecturas de procesamiento de datos en tiempo real y a menudo se combina con otras herramientas de orquestación.

▶ **Apache Beam:** Beam es un modelo de programación unificado que permite la definición de flujos de datos portátiles y escalables. Puede ejecutarse en múltiples motores de procesamiento de datos, como Apache Flink, Apache Spark y Google Cloud Dataflow.

▶ **Apache Flink**: Flink es un motor de procesamiento de datos en tiempo real y por lotes que se puede utilizar para procesar y analizar flujos de datos continuos. Aunque no es una herramienta de orquestación, se usa junto con otras para implementar flujos de datos completos.

▶ **Apache Oozie**: centrada en su uso dentro del ecosistema Hadoop definiendo los flujos mediante XML. Oozie se centra en la creación de flujos de trabajo complejos, permitiéndonos tener trabajos activos por tiempo, por eventos o tener disponibilidad de datos según las situaciones en que la disponibilidad de los mismos pueda ser impredecible.

▶ **Google Cloud Dataflow**: Dataflow es un servicio completamente administrado en la nube de Google que permite crear flujos de datos paralelos y escalables utilizando el modelo Apache Beam. Es adecuado para implementaciones en la nube de flujos de datos.

▶ **AWS Step Functions**: este servicio de Amazon Web Services (AWS) permite crear y orquestar flujos de trabajo de datos sin servidor utilizando una interfaz visual. Puede utilizarse para coordinar diversas tareas y servicios de AWS.

▶ **Microsoft Azure Data Factory**: Azure Data Factory es un servicio de Microsoft Azure que permite crear, programar y orquestar flujos de datos en la nube. Se puede utilizar para mover datos entre servicios de Azure y sistemas locales, así como para realizar transformaciones de datos.

▶ **Talend**: Talend es una plataforma de integración de datos que proporciona capacidades de orquestación de flujos de datos, transformación de datos y migración de datos.

▶ **Kubeflow Pipelines:** si estás trabajando en un entorno de Kubernetes, Kubeflow Pipelines te permite orquestar flujos de trabajo de machine learning y procesamiento de datos en contenedores.

▶ Existen otras herramientas como pueden ser **Argo** *https://argoproj.github.io*, **Luigi** *https://luigi.readthedocs.io*, **Prefect** *https://www.prefect.io* o **Dagster** *https://dagster.io*.

Estas **plataformas de orquestación** de flujos de datos ofrecen capacidades muy útiles para programar, monitorear y ejecutar tareas en un pipeline de datos. Facilitan la definición y el control de tareas complejas, permiten la integración con diferentes sistemas y tecnologías, y proporcionan capacidades de monitoreo y administración para garantizar la confiabilidad y el rendimiento del pipeline. Los data pipelines son una parte fundamental en el flujo de trabajo de la ingeniería de datos y son cruciales en la obtención de información valiosa a partir de los datos.

1.9 TÉCNICAS DE EXTRACCIÓN DE DATOS

La extracción de datos es el punto de partida para cualquier proyecto de ingeniería de datos, donde se recopilan datos de diversas fuentes para transferirlos a un entorno de trabajo adecuado para su posterior procesamiento y análisis.

Además, analizaremos los formatos y las estructuras en las que suelen presentarse los datos. Y por último, detallaremos las técnicas de extracción más comunes utilizadas en Ingeniería de datos. Hablaremos de técnicas como la extracción incremental y la extracción "full" y explicaremos cuándo y por qué utilizar cada una. A grandes rasgos, una ingesta o recolección de datos se puede realizar de dos formas:

▼ Ingesta batch.
▼ En tiempo real.

1.9.1 Ingesta batch

La ingesta de datos de tipo batch es aquella que opera sobre un volumen de datos definido, también conocido como lote. Su ejecución se realiza durante un periodo de tiempo y de forma periódica, por ejemplo, cada 10 diez minutos, cada día o cada semana.

Figura 1.4. Ingesta de datos periódica sobre un conjunto de datos

A nivel de procesos batch podríamos diferenciar dos tipos de ingestas:

▶ **Ingesta completa.** Se caracteriza por extraer todos los datos de la fuente en cada ejecución del proceso de extracción y volcarlos de forma completa en el sistema de destino. El volcado de los datos puede sobreescribir lo que ya está disponible en el sistema de destino, o depositar los datos en otro archivo o directorio. Puede ser útil cuando se trabaja con fuentes de datos estáticas o cuando los requisitos del proyecto no permiten la identificación de cambios incrementales. Para este tipo de ingesta hay que tener en cuenta el volumen de datos, ya que en cada ejecución se toma una captura completa de la tabla o fuente de datos de origen.

▶ **Ingesta incremental (o delta).** Consiste en recolectar actualizaciones de la fuente de datos, ya sea por la inserción de nuevos registros o la modificación de los existentes. En vez de extraer todos los datos, se realizan consultas que seleccionan solo los datos nuevos o modificados desde la última extracción. El rastreo de cambios en esta técnica es posible si la fuente de datos cuenta con algún campo de identificación o con alguna marca de tiempo.

1.9.2 Ingesta en tiempo real

La ingesta de datos en tiempo real implica la captura de datos en tiempo real, a medida que se generan. En vez de esperar a la extracción programada, los datos se recolectan de inmediato, lo que permite obtener información actualizada en tiempo real. En la ingesta en tiempo real, los datos fluyen desde la fuente hacia el sistema destino y no existe una consulta o petición directamente por parte del recolector de datos.

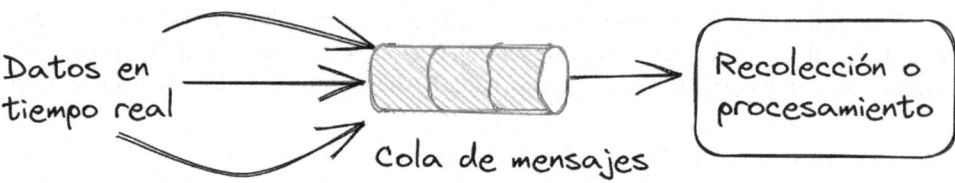

Figura 1.5. Ingesta de datos en tiempo real sobre una cola de mensajes

Como ejemplo de datos en tiempo real, nos podemos encontrar con las mediciones de sensores o con publicaciones en una red social. Estos datos se denominan mensajes o eventos. En ingeniería de datos, los eventos o mensajes llegan a una "**cola de mensajes**" (message queue) o a una "plataforma de streaming de datos". Este tipo de tecnología se encarga de ordenar los datos recibidos y de asegurar que sean procesados una sola vez. Algunas tecnologías que permiten esto son Apache Kafka, Apache Pulsar, MQTT, RabbitMQ.

1.9.3 Change Data Capture

Existen ocasiones donde se necesita capturar cambios de una base de datos en tiempo real. CDC (Change Data Capture) es una técnica utilizada para identificar y capturar los cambios realizados en una base de datos en tiempo real.

El objetivo principal es detectar los cambios de manera eficiente y registrarlos para su procesamiento posterior. CDC permite capturar los cambios realizados en una fuente de datos sin tener que recorrer todos los datos nuevamente. En lugar de extraer todos los registros de una tabla, CDC registra solo los cambios realizados, como inserciones, actualizaciones o eliminaciones de registros individuales.

Existen diferentes formas de implementar CDC. Una podría ser un log de transacciones que encontramos en motores de bases de datos y registran las operaciones realizadas en la base de datos. Para implementar este tipo de CDC se utilizan tecnologías como **Debezium** *https://debezium.io* y **Apache Kafka** *https://kafka.apache.org*. Debezium está diseñado para leer los logs de transacciones de base de datos y convertir los cambios en eventos estructurados. Estos eventos se podrían enviar a **Apache Kafka,** para que los datos estén disponibles para su consumo casi al instante.

1.10 PIPELINES DE DATOS

Los desarrollos que podemos hacer como ingeniero/a de datos se podrían llamar **"Data Pipelines"**. Se trata de un conjunto ordenado de procesos o rutinas que se encargan de obtener, procesar, verificar y entregar datos. El objetivo es automatizar los pipelines por medio de ciertas plataformas para que los procesos se ejecuten de forma periódica. A eso, se suma la orquestación, que consiste en lanzar la ejecución de los procesos del pipeline de forma ordenada por medio de alguna plataforma que, además tome alguna acción si se produce un error en algunas de las etapas del pipeline.

1.10.1 Definición de pipeline

Un pipeline es una construcción lógica que representa un proceso dividido en fases. Los pipelines de datos se caracterizan por definir el conjunto de pasos o fases y las tecnologías involucradas en un proceso de movimiento o procesamiento de datos. En su forma más simple, consisten en recoger los datos, almacenarlos y procesarlos, y construir algo útil con los datos.

Collect data   Store and process   Build something
                             data   useful with data

Figura 1.6. Definición de pipeline de datos

Los pipelines de datos generalmente consisten en varias tareas o acciones que deben ejecutarse de forma ordenada para lograr el resultado deseado, mover datos de un lugar a otro. La salida de cada tarea o acción suele ser la entrada de la tarea siguiente.

Por lo general, las tareas deben ejecutarse en un orden específico, pudiendo haber casos en los que cada paso se ejecuta y finaliza antes de que comience el siguiente, asegurando un flujo secuencial y ordenado. También se pueden utilizar enfoques de procesamiento paralelo o distribuidos en un data pipeline, donde los pasos se ejecutan de manera concurrente. En este caso, los pasos pueden comenzar a ejecutarse en cuanto haya suficiente cantidad de datos disponibles para su procesamiento, sin esperar a que el anterior haya finalizado completamente.

Los pipelines de datos son necesarios ya que no debemos analizar los datos en los mismos sistemas donde se crean (principalmente para evitar problemas de rendimiento). Normalmente, los procesos de analítica son costosos computacionalmente, por lo que se separan para evitar perjudicar el rendimiento del servicio.

De esta forma, tenemos sistemas OLTP (sistemas de procesamiento transaccional online, como un CRM), encargados de capturar y crear datos, y de forma separada, sistemas OLAP (sistemas de procesamiento analítico, como un Data Warehouse), encargados de analizar los datos.

1.10.2 Fases de un pipeline de datos

Un pipeline es una construcción lógica que representa un proceso dividido en fases. Los pipelines de datos se caracterizan por definir el conjunto de pasos o fases y las tecnologías involucradas en un proceso de movimiento o procesamiento de datos. En su forma más simple, consisten en recoger los datos, almacenarlos y procesarlos, y construir algo útil con los datos. Los movimientos de datos entre estos sistemas involucran varias fases entre las que podemos destacar:

▸ **Ingesta**. Recogemos los datos y los enviamos a un topic de Apache Kafka.

▸ **Almacenamiento**. Kafka actúa aquí como un buffer para el siguiente paso.

▸ **Procesamiento**. Mediante una tecnología de procesamiento, que puede ser streaming o batch, leemos los datos del buffer.

▶ **Análisis.** Por ejemplo, mediante Spark realizamos la analítica sobre estos datos (haciendo cálculos, filtrados, agrupaciones de datos, etc..).

▶ **Visualización.** Finalmente, podemos visualizar los resultados obtenidos o almacenarlos en una base de datos NoSQL o un sistema de almacenamiento distribuido.

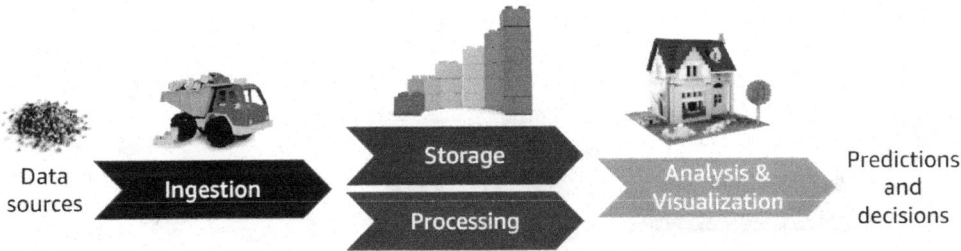

Figura 1.7. Fases de un pipeline de datos

Antes de realizar el análisis de los datos, va a ser muy normal tener que limpiar o normalizar los datos, ya sea porque las fuentes de datos, al ser distintas, utilicen diferentes codificaciones, o bien que haya datos sin rellenar o incorrectos. Estas transformaciones se conocen como **Data Wrangling** (manipulación de datos), término que engloba las acciones realizadas desde los datos en crudo hasta el estado final en el cual el dato cobra valor y sentido para los usuarios. El proceso de construcción de un data pipeline implica varias **fases** entre las que podemos destacar:

▶ **Extracción** de las fuentes de datos.

▶ **Transformación** de los datos, donde se aplican reglas y técnicas para filtrar, limpiar, enriquecer los datos.

▶ **Almacenamiento** de los datos, donde se cargan y persisten los datos ya procesados para que puedan ser consumidos por los interesados.

▶ **Orquestación**: un data pipeline también puede involucrar la orquestación de diferentes procesos y tareas en un flujo de trabajo secuencial. Esto implica programar y coordinar la ejecución de los diferentes pasos del pipeline, asegurándose de que se realicen en el orden correcto y que los datos fluyan de manera eficiente y confiable.

1.10.3 Pipeline iterativo

Este proceso de ingesta, almacenamiento, procesamiento y análisis es iterativo. Sobre una hipótesis que se nos plantee en negocio, comprobaremos los datos almacenados, y si no disponemos de la información necesaria, recogeremos nuevos datos. Estos nuevos datos pasarán por todo el pipeline, integrándose con los datos ya existentes. En la fase de analítica, si no obtenemos el resultado esperado, nos tocará volver a la fase de ingesta para obtener o modificar los datos recogidos, y así, de forma iterativa, hasta producir el resultado esperado.

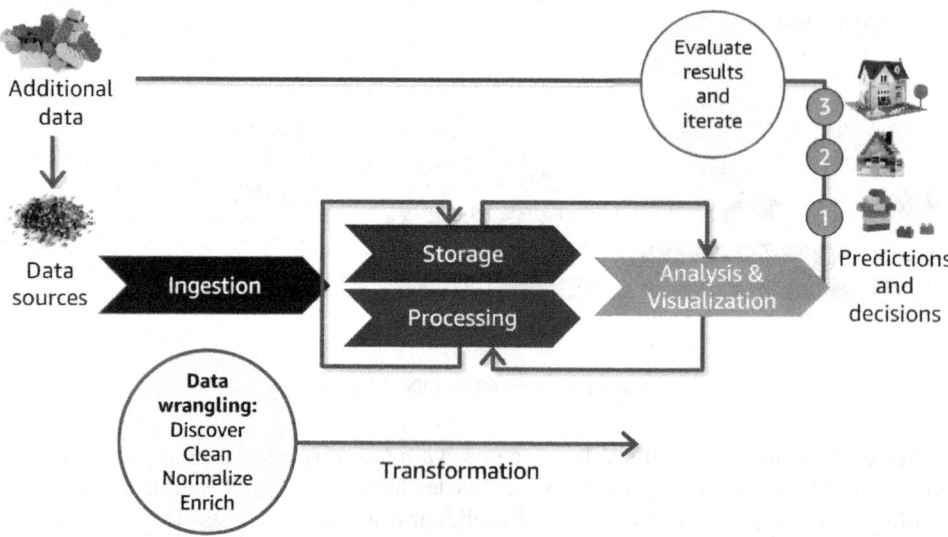

Figura 1.8. Fases de un pipeline iterativo

Es importante tener en cuenta varios aspectos clave para garantizar su eficiencia, confiabilidad y escalabilidad de los pipelines de datos. En cuanto a la gestión de errores y tolerancia a fallos, los data pipelines pueden enfrentar diferentes tipos de errores, como errores en la extracción de datos, errores de transformación o problemas de conectividad. Es fundamental implementar mecanismos de gestión de errores y tolerancia a fallos, como mecanismos de reintentos, registros o logs detallados de errores y alertas.

Estas medidas ayudan a garantizar la integridad y confiabilidad del pipeline, minimizando la pérdida de datos y el impacto en los procesos de análisis posteriores. Respecto al monitoreo y métricas, un data pipeline debe monitorearse con el objetivo de detectar posibles problemas o cuellos de botella. Es importante establecer métricas y alertas para supervisar el rendimiento, la latencia, el volumen de datos procesados y otros indicadores relevantes. Esto permite identificar y solucionar problemas de manera proactiva, asegurando que el pipeline funcione de manera óptima.

El último aspecto para destacar es la **modularidad** y **reutilización**. Es recomendable diseñar el data pipeline de manera modular y reutilizable. Esto implica dividir el pipeline en componentes más pequeños y funcionales, lo que facilita su mantenimiento, escalabilidad y reutilización en otros proyectos. El diseño modular también permite realizar pruebas y depuración más efectivas, ya que cada componente puede evaluarse de forma individual.

1.11 FUENTES DE DATOS

Una de las primeras tareas a realizar en un proyecto de Ingeniería de datos es la extracción de datos. Las organizaciones pueden contar con una variedad de fuentes, u orígenes, de datos y en general tenemos tres tipos principales de datos con los que un ingeniero de datos puede trabajar:

▶ **Estructurados**: los datos estructurados proceden principalmente de sistemas de origen basados en tablas, como una base de datos relacional o de un archivo plano, como un archivo separado por comas (CSV). El elemento principal de un archivo estructurado es que las filas y columnas se alinean de forma coherente en todo el archivo.

▶ **Semiestructurados**: los datos semiestructurados son datos como archivos de notación de objetos JavaScript (JSON), que pueden requerir acoplamiento antes de cargarlos en el sistema de origen. Cuando se aplanan, estos datos no tienen que ajustarse perfectamente a una estructura de tabla.

▶ **No estructurados**: los datos no estructurados incluyen datos almacenados como pares clave-valor que no cumplen los modelos relacionales estándar, y otros tipos de datos no estructurados que se usan normalmente incluyen formato de datos portátiles (PDF), documentos de procesador de texto e imágenes.

Como ingeniero de datos, algunas de las tareas principales incluyen integración de datos, transformación de datos y consolidación de datos.

▶ **Integración de datos:** la integración de datos implica establecer vínculos entre los servicios operativos y analíticos y los orígenes de datos para permitir el acceso seguro y confiable a los datos en varios sistemas. Por ejemplo, un proceso empresarial podría depender de datos que se distribuyen entre varios sistemas, y se requiere un ingeniero de datos para establecer vínculos para que se puedan extraer los datos necesarios de todos estos sistemas.

▶ **Transformación de datos**: los datos operativos normalmente deben transformarse en una estructura y formato adecuados para el análisis, a menudo como parte de un proceso de extracción, transformación y carga (ETL); aunque cada vez más se usa una variación en la que se extraen, cargan y transforman (ELT) los datos para ingerirlos rápidamente en un lago de datos y, a continuación, aplicar técnicas de procesamiento de "macrodatos" para transformarlos. Independientemente del enfoque usado, los datos están preparados para admitir las necesidades analíticas descendentes.

▶ **Consolidación de los datos**: la consolidación de datos es el proceso de combinar datos extraídos de varios orígenes de datos en una estructura coherente, normalmente para admitir análisis e informes. Normalmente, los datos de los sistemas operativos se extraen, transforman y cargan en almacenes analíticos, como un lago de datos o un almacenamiento de datos.

A continuación, vamos a describir algunas de las fuentes de datos disponibles en una organización, con las que podremos trabajar como ingeniero de datos.

1.11.1 Bases de datos

Es muy probable que muchos procesos de una organización registren sus datos en una base de datos relacional. Este tipo de base de datos también recibe el nombre de "transaccional" y es caracterizada por ser un sistema OLTP.

Las bases de datos transaccionales están diseñadas para recibir muchas escrituras, ya que los procesos de una organización suelen crear y modificar datos con mucha frecuencia. Este tipo de base de datos debe ser capaz de soportar esta carga de trabajo de forma óptima.

Las bases de datos relacionales organizan los datos mediante tablas, compuestas por filas y columnas. Las tablas de una base de datos se conectan entre sí mediante relaciones a partir de columnas en común.

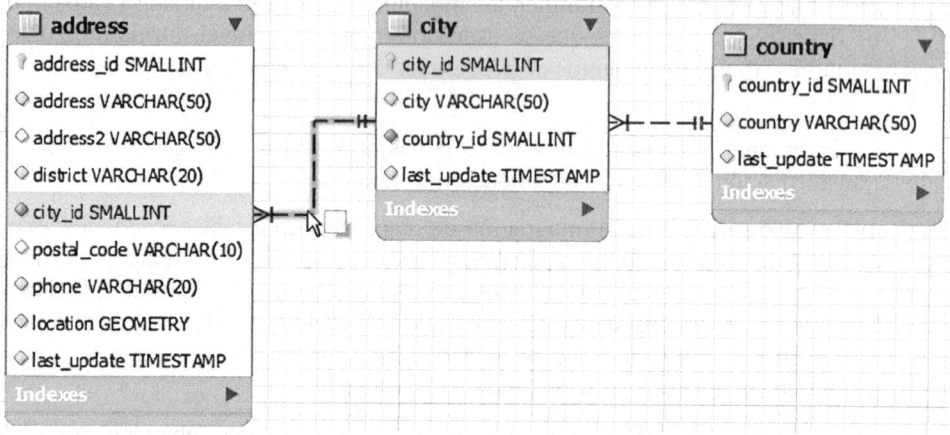

Figura 1.9. Esquema de una base de datos relacional

Las bases de datos se implementan con un software conocido como motor de base de datos. Existen diferentes motores de base de datos: MySQL, SQL Server, PostgreSQL. En el caso de bases de datos no relacionales, algunos motores son MongoDB, Redis, DynamoDB.

Para interactuar con la base de datos, por un lado, vamos a utilizar el lenguaje SQL para realizar consultas. Por otro lado, haremos uso de alguna herramienta ETL o de un lenguaje de programación para extraer los datos de las tablas. Cabe aclarar que estos procesos son posibles por medio de algún protocolo, como JDBC u ODBC, los cuales van a requerir la instalación de drivers específicos al motor de base de datos.

1.11.2 APIs

Como fuente de datos, una API actúa como un punto de acceso que permite obtener datos de una aplicación, servicio o sistema externo, sin tener que acceder directamente a la base de datos subyacente.

Además, las APIs suelen proporcionar diferentes **"endpoints"**, que representan distintos conjuntos de datos o funcionalidades específicas, como operaciones de filtrado de datos. Las APIs normalmente hacen uso del protocolo HTTP, un protocolo de comunicación utilizado en la web para la transferencia de datos que está compuesto por una serie de métodos (GET, POST, PUT, DELETE, entre otros) que permiten realizar diferentes operaciones en los recursos a través de las URLs.

Por ejemplo, el método GET se utiliza para solicitar datos, el método POST se utiliza para enviar datos, el método PUT para actualizar y el método DELETE para eliminar. Las herramientas para extraer datos de una API pueden ser:

▸ Una plataforma ETL o de Integración, como Apache Nifi, que ofrece componentes predefinidos para conectarse y extraer datos de APIs.

▸ Algún lenguaje de programación, como Python, junto con alguna librería para realizar solicitudes HTTP a la API.

▸ Otras aplicaciones como Postman (basada en una interfaz gráfica) y cURL (basada en consola), que son útiles para pruebas sencillas.

1.12 FORMATOS ANALÍTICOS

Además de existir diversas fuentes que proveen datos, existen diferentes estructuras y formatos en las que se presentan. Una vez hemos recolectado y extraído datos de diferentes fuentes, los almacenamos en algún sistema centralizado para poder procesarlos, analizarlos y obtener valor de estos. Los datos se almacenan, en primera instancia, de forma cruda. A medida que los procesamos, limpiamos, transformamos, etc. iremos haciendo usos de formatos que optimicen el espacio y permitan un análisis eficiente.

Es muy probable que vayamos a manejar grandes volúmenes de datos y que nos encontremos con datos de millones de filas o registros, lo que se traduce en muchos gigabytes o terabytes de almacenamiento. En primer lugar, es posible reducir los tamaños de los datos trabajando con formatos binarios que comprimen los mismos. Seguramente, muchos de nosotros estamos acostumbrados a trabajar con formatos como .ZIP o .RAR. En el campo de la ingeniería, existen formatos similares que ofrecen varias ventajas. Los formatos más populares son **Parquet, Avro, ORC** y tienen en común lo siguiente:

▸ **Compresión**: reducen significativamente el tamaño de los archivos de datos.

▸ **Rendimiento**: ofrecen un buen rendimiento tanto en la lectura como en la escritura, frente a formatos de texto plano como CSV, JSON.

▶ **Autodescriptivos**: el esquema se almacena dentro del archivo de datos, de modo que las aplicaciones pueden entender los datos sin tener que depender de metadatos externos.

▶ **Evolución del esquema**: el esquema puede modificarse sin romper la compatibilidad con los archivos de datos existentes.

Ahora bien, además de estas similitudes, presentan diferencias en cuanto al formato de almacenamiento. **Avro** es un formato basado en filas (también denominado como row-based), mientras que **Parquet** y **ORC** son formatos columnares, o basados en columnas (column-based).

Los **formatos columnares** suelen ser más eficientes para cargas de trabajo analíticas, las cuales se caracterizan por leer o consultar grandes cantidades de datos. Mientras que los formatos basados en filas son más eficientes para cargas de trabajo operativas o transaccionales, las cuales consisten en muchas operaciones de escritura de datos.

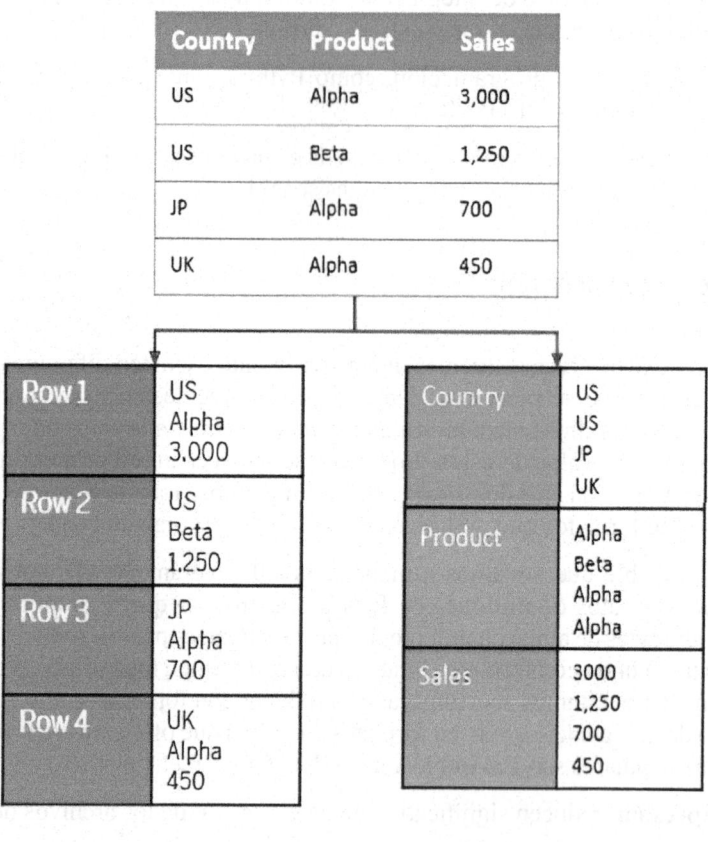

Figura 1.10. Esquema de una base de datos basada en filas vs columnas

Por ejemplo, si quisiéramos calcular el total de ventas, a partir del campo **Ventas (Sales)**:

- ▸ En el formato basado en filas **(row-based)**, hay que iterar por cada fila, obtener el campo "Sales" e ir acumulando ese número.

- ▸ En un formato basado en columnas **(column-based)**, los valores de ventas ya están disponibles en el mismo espacio y no es necesario iterar, solo es cuestión de aplicar la operación deseada.

Los formatos con los que estamos más familiarizados, como son CSV o JSON, se basan en filas, donde cada registro se almacena en una fila o documento. Estos formatos son más lentos en ciertas consultas y su almacenamiento no es óptimo.

En un formato basado en columnas, cada fila almacena toda la información de una columna. Al basarse en columnas, ofrece mejor rendimiento para consultas de determinadas columnas y/o agregaciones, y el almacenamiento es óptimo (como todos los datos de una columna son del mismo tipo, la compresión es mayor).

1.12.1 Apache Avro

Apache Avro *https://avro.apache.org* es un formato de almacenamiento basado en filas para Hadoop, utilizado para la serialización de datos, ya que es más rápido y ocupa menos espacio que otros formatos como JSON, debido a que la serialización de los datos se realiza en un formato binario compacto.

Cada fichero Avro almacena el esquema en la cabecera del fichero y luego están los datos en formato binario. Los esquemas se componen de tipos primitivos (null, boolean, int, long, float, double, bytes, y string) y compuestos (record, enum, array, map, union, y fixed).

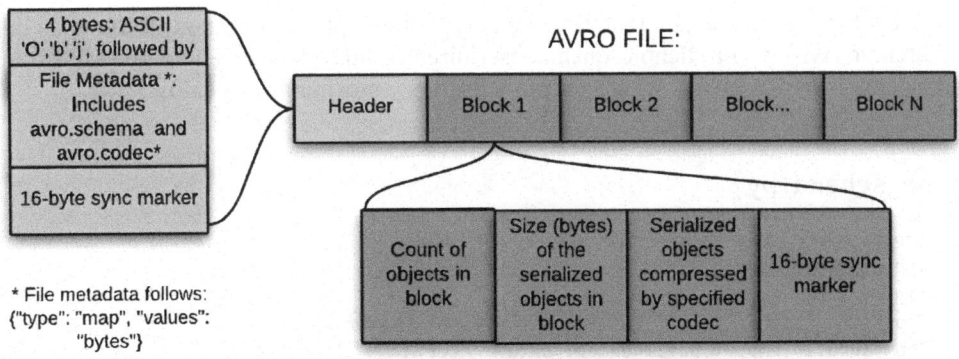

Figura 1.11. Esquema de un fichero en formato AVRO

Un ejemplo de esquema podría ser el siguiente fichero:

empleado.avsc

```
{
    "type" : "record",
    "namespace" : "Empleados",
    "name" : "Empleado",
    "fields" : [
        { "name" : "Nombre" , "type" : "string" },
        { "name" : "Altura" , "type" : "float" }
        { "name" : "Edad" , "type" : "int" }
    ]
}
```

Para poder serializar y deserializar documentos **Avro** mediante Python, previamente debemos instalar la librería **avro-python3** *https://pypi.org/project/avro-python3*:

```
$ pip install avro-python3
Collecting avro-python3
  Downloading avro-python3-1.10.2.tar.gz (38 kB)
  Preparing metadata (setup.py) ... done
Building wheels for collected packages: avro-python3
  Building wheel for avro-python3 (setup.py) ... done
  Created wheel for avro-python3: filename=avro_python3-1.10.2-py3-none-any.whl
size=44009 sha256=df2f737cdda3fbbc33e52ed0603f420284d4a5e3f8ee6a3facd4c770a03d5
dee
  Stored in directory: /home/linux/.cache/pip/wheels/bb/73/e9/d273421f5723c4b-
f544dcf9eb097bda94421ef8d3252699f0a
Successfully built avro-python3
Installing collected packages: avro-python3
Successfully installed avro-python3-1.10.2
```

A continuación, vamos a realizar un ejemplo donde primero leemos un esquema de un archivo Avro, y con dicho esquema, escribiremos nuevos datos en un fichero. En el siguiente script abrimos el fichero escrito y leemos y mostramos los datos.

avro_schema.py

```
import avro
import copy
import json
from avro.datafile import DataFileReader, DataFileWriter
from avro.io import DatumReader, DatumWriter

# abrimos el fichero en modo binario y leemos el esquema
schema = avro.schema.parse(open("empleado.avsc", "rb").read())

# escribimos un fichero a partir del esquema leído
```

```
with open('empleados.avro', 'wb') as f:
    writer = DataFileWriter(f, DatumWriter(), schema)
    writer.append({"nombre": "Carlos", "altura": 180, "edad": 44})
    writer.append({"nombre": "Juan", "altura": 175})
    writer.close()

# abrimos el archivo creado, lo leemos y mostramos línea a línea
with open("empleados.avro", "rb") as f:
    reader = DataFileReader(f, DatumReader())
    # copiamos los metadatos del fichero leído
    metadata = copy.deepcopy(reader.meta)
    # obtenemos el schema del fichero leído
    schemaFromFile = json.loads(metadata['avro.schema'])
    # recuperamos los empleados
    empleados = [empleado for empleado in reader]
    reader.close()

print(f'Schema de empleado.avsc:\n {schema}')
print(f'Schema del fichero empleados.avro:\n {schemaFromFile}')
print(f'Empleados:\n {empleados}')
```

Ejecución:

```
Schema de empleado.avsc:
 {"type": "record", "name": "empleado", "namespace": "Empleados", "fields":
[{"type": "string", "name": "nombre"}, {"type": "int", "name": "altura"},
{"type": ["null", "int"], "name": "edad", "default": null}]}
Schema del fichero empleados.avro:
 {'type': 'record', 'name': 'empleado', 'namespace': 'Empleados', 'fields':
[{'type': 'string', 'name': 'nombre'}, {'type': 'int', 'name': 'altura'},
{'type': ['null', 'int'], 'name': 'edad', 'default': None}]}
Empleados:
 [{'nombre': 'Carlos', 'altura': 180, 'edad': 44}, {'nombre': 'Juan', 'altura':
175, 'edad': None}]
```

1.12.2 Fastavro

Para trabajar con Avro y grandes volúmenes de datos, podríamos utilizar la librería **Fastavro** *https://github.com/fastavro/fastavro* la cual ofrece un mejor rendimiento ya que en vez de estar codificada en Python puro, tiene algunos fragmentos desarrollados utilizando **Cython**.

```
$ pip install fastavro
Collecting fastavro
  Obtaining dependency information for fastavro from https://files.pythonhosted.
org/packages/e9/00/c4e381c35eaee93cab9653bb345c5ffddc8ace5e84ddaa9cdb2f7a1022c0/
fastavro-1.9.4-cp310-cp310-manylinux_2_17_x86_64.manylinux2014_x86_64.whl.meta-
data
  Downloading fastavro-1.9.4-cp310-cp310-manylinux_2_17_x86_64.manylinux2014_
```

```
x86_64.whl.metadata (5.5 kB)
Downloading fastavro-1.9.4-cp310-cp310-manylinux_2_17_x86_64.manylinux2014_
x86_64.whl (3.1 MB)


── 3.1/3.1 MB 3.2 MB/s eta 0:00:00
Installing collected packages: fastavro
Successfully installed fastavro-1.9.4
```

El siguiente ejemplo es similar al script anterior, con la diferencia que ahora utilizamos la librería **fastavro** para procesar el fichero y realizar operaciones de lectura y escritura sobre el mismo.

fastavro_schema.py

```python
import fastavro
import copy
import json
from fastavro import reader

# abrimos el fichero en modo binario y leemos el esquema
with open("empleado.avsc", "rb") as f:
    schemaJSON = json.load(f)
schemaDict = fastavro.parse_schema(schemaJSON)

empleados = [{"nombre": "Carlos", "altura": 180, "edad": 44},
             {"nombre": "Juan", "altura": 175}]

# escribimos un fichero a partir del esquema leído
with open('empleadosf.avro', 'wb') as f:
    fastavro.writer(f, schemaDict, empleados)

# abrimos el archivo creado, lo leemos y mostramos línea a línea
with open("empleadosf.avro", "rb") as f:
    reader = fastavro.reader(f)
    # copiamos los metadatos del fichero leído
    metadata = copy.deepcopy(reader.metadata)
    # obtenemos el schema del fichero leído
    schemaReader = copy.deepcopy(reader.writer_schema)
    schemaFromFile = json.loads(metadata['avro.schema'])
    # recuperamos los empleados
    empleados = [empleado for empleado in reader]

print(f'Schema de empleado.avsc:\n {schemaDict}')
print(f'Schema del fichero empleadosf.avro:\n {schemaFromFile}')
print(f'Empleados:\n {empleados}')
```

Ejecución:

```
Schema de empleado.avsc:
 {'type': 'record', 'name': 'Empleados.empleado', 'fields': [{'name': 'nombre',
'type': 'string'}, {'name': 'altura', 'type': 'int'}, {'default': None, 'name':
'edad', 'type': ['null', 'int']}], '__fastavro_parsed': True, '__named_schemas':
{'Empleados.empleado': {'type': 'record', 'name': 'Empleados.empleado', 'fields':
[{'name': 'nombre', 'type': 'string'}, {'name': 'altura', 'type': 'int'}, {'de-
fault': None, 'name': 'edad', 'type': ['null', 'int']}]}}}
Schema del fichero empleados_fastavro.avro:
 {'type': 'record', 'name': 'Empleados.empleado', 'fields': [{'name': 'nombre',
'type': 'string'}, {'name': 'altura', 'type': 'int'}, {'default': None, 'name':
'edad', 'type': ['null', 'int']}]}
Empleados:
 [{'nombre': 'Carlos', 'altura': 180, 'edad': 44}, {'nombre': 'Juan', 'altura':
175, 'edad': None}]
```

En el siguiente ejemplo vamos a leer un fichero CSV mediante la librería **Pandas** *https://pandas.pydata.org*, y almacenaremos el resultado del procesamiento en un fichero en formato Avro con la librería **fastavro** *https://pypi.org/project/fastavro*.

....

pandas_fastavro.py

```python
import pandas as pd
import fastavro
import copy
import json
from fastavro import writer, parse_schema

# Leemos el csv mediante pandas
df = pd.read_csv('ventas.csv',sep=';')

# Definimos el esquema
schema = {
    'name': 'Ventas',
    'namespace' : 'Ventas',
    'type': 'record',
    'fields': [
        {'name': 'ProductID', 'type': 'int'},
        {'name': 'Date', 'type': 'string'},
        {'name': 'Zip', 'type': 'string'},
        {'name': 'Units', 'type': 'int'},
        {'name': 'Revenue', 'type': 'float'},
        {'name': 'Country', 'type': 'string'}
    ]
}
schemaParseado = parse_schema(schema)

# Convertimos el Dataframe a una lista de diccionarios
records = df.to_dict('records')
```

```
# Persistimos en un fichero avro
with open('ventas.avro', 'wb') as f:
   writer(f, schemaParseado, records,'deflate')

# abrimos el archivo creado, lo leemos y mostramos línea a línea
with open("ventas.avro", "rb") as f:
   reader = fastavro.reader(f)
   # copiamos los metadatos del fichero leído
   metadata = copy.deepcopy(reader.metadata)
   # obtenemos el schema del fichero leído
   schemaReader = copy.deepcopy(reader.writer_schema)
   schemaFromFile = json.loads(metadata['avro.schema'])
   # Lee los primeros 10 registros
   primeros_10_ventas = [venta for _, venta in zip(range(10), reader)]

print(f'Schema del fichero ventas.avro:\n {schemaFromFile}')
print(f'Ventas:\n {primeros_10_ventas}')
```

Ejecución:

```
Schema del fichero ventas.avro:
 {'type': 'record', 'name': 'Ventas.Ventas', 'fields': [{'name': 'ProductID',
'type': 'int'}, {'name': 'Date', 'type': 'string'}, {'name': 'Zip', 'type':
'string'}, {'name': 'Units', 'type': 'int'}, {'name': 'Revenue', 'type':
'float'}, {'name': 'Country', 'type': 'string'}]]}
Ventas:
 [{'ProductID': 725, 'Date': '1/15/1999', 'Zip': '41540          ', 'Units': 1,
'Revenue': 115.5, 'Country': 'Germany'}, {'ProductID': 787, 'Date': '6/6/2002',
'Zip': '41540          ', 'Units': 1, 'Revenue': 314.8999938964844, 'Country':
'Germany'}, {'ProductID': 788, 'Date': '6/6/2002', 'Zip': '41540          ',
'Units': 1, 'Revenue': 314.8999938964844, 'Country': 'Germany'}, {'Produc-
tID': 940, 'Date': '1/15/1999', 'Zip': '22587          ', 'Units': 1, 'Reve-
nue': 687.7000122070312, 'Country': 'Germany'}, {'ProductID': 396, 'Date':
'1/15/1999', 'Zip': '22587          ', 'Units': 1, 'Revenue': 857.0999755859375,
'Country': 'Germany'}, {'ProductID': 734, 'Date': '4/10/2003', 'Zip': '22587
', 'Units': 1, 'Revenue': 330.70001220703125, 'Country': 'Germany'}, {'Pro-
ductID': 769, 'Date': '2/15/1999', 'Zip': '22587          ', 'Units': 1, 'Re-
venue': 257.20001220703125, 'Country': 'Germany'}, {'ProductID': 499, 'Date':
'1/15/1999', 'Zip': '12555          ', 'Units': 1, 'Revenue': 846.2999877929688,
'Country': 'Germany'}, {'ProductID': 2254, 'Date': '1/15/1999', 'Zip': '40217
', 'Units': 1, 'Revenue': 57.70000076293945, 'Country': 'Germany'}, {'Produc-
tID': 31, 'Date': '5/31/2002', 'Zip': '40217          ', 'Units': 1, 'Revenue':
761.2000122070312, 'Country': 'Germany'}]
```

1.12.3 Comprimiendo los datos

Para trabajar con Avro y grandes volúmenes de datos, podríamos utilizar la librería **Fastavro**. Fastavro soporta dos tipos de compresión: gzip (mediante el algoritmo **deflate**) y **snappy**.

```
#Persistimos en un fichero avro
with open('ventas.avro', 'wb') as f:
    writer(f, schemaParseado, records,'deflate')
```

Snappy *https://pypi.org/project/python-snappy* es una biblioteca de compresión y descompresión de datos de gran rendimiento que se utiliza con frecuencia en proyectos Big Data, la cual hemos de instalar previamente con el siguiente comando:

```
$ pip install python-snappy

Collecting python-snappy
  Downloading python_snappy-0.6.1-cp38-cp38-manylinux_2_12_x86_64.manylinux2010_
x86_64.whl (56 kB)

─────── 56.1/56.1 kB 1.1 MB/s eta 0:00:00
Installing collected packages: python-snappy
Successfully installed python-snappy-0.6.1
```

Para indicar el tipo de compresión, únicamente hemos de añadir un parámetro extra con el algoritmo de compresión en la función/constructor de persistencia:

```
# Persistimos en un fichero avro con el tipo de compresión 'snappy'
with open('ventas.avro', 'wb') as f:
    writer(f, schemaParseado, records,'snappy')
```

1.12.4 Parquet

Apache Parquet es un formato de almacenamiento basado en columnas, con soporte para muchos de los frameworks de procesamiento de datos, así como lenguajes de programación. De la misma forma que Avro, se trata de un formato de datos auto-descriptivo, de manera que embebe el esquema o estructura de los datos con los propios datos en sí.

Una de sus principales características es que permite acelerar y optimizar los tiempos de consulta sobre los datos, ya que sólo pueden leer las columnas necesarias para una consulta concreta. Por eso, está pensado para cargas de trabajo analítica donde, generalmente, se realizan cálculos sobre un conjunto de columnas en particular.

En la práctica, los lenguajes de programación y las librerías ya cuentan con métodos y funcionalidades predefinidas para manipular formatos como Parquet. Por ejemplo, la librería Pandas de Python cuenta con el método **to_parquet** para el almacenamiento de los datos *https://pandas.pydata.org/docs/reference/api/pandas.DataFrame.to_parquet.html*. Esto es posible, ya que son formatos abiertos y permiten la interoperabilidad con diferentes tipos de herramientas.

El formato parquet ofrece un ratio de compresión muy alto (mediante Snappy ronda el 75%), además, solo se recorren las columnas necesarias en cada lectura, lo que reduce las operaciones de entrada/salida en disco.

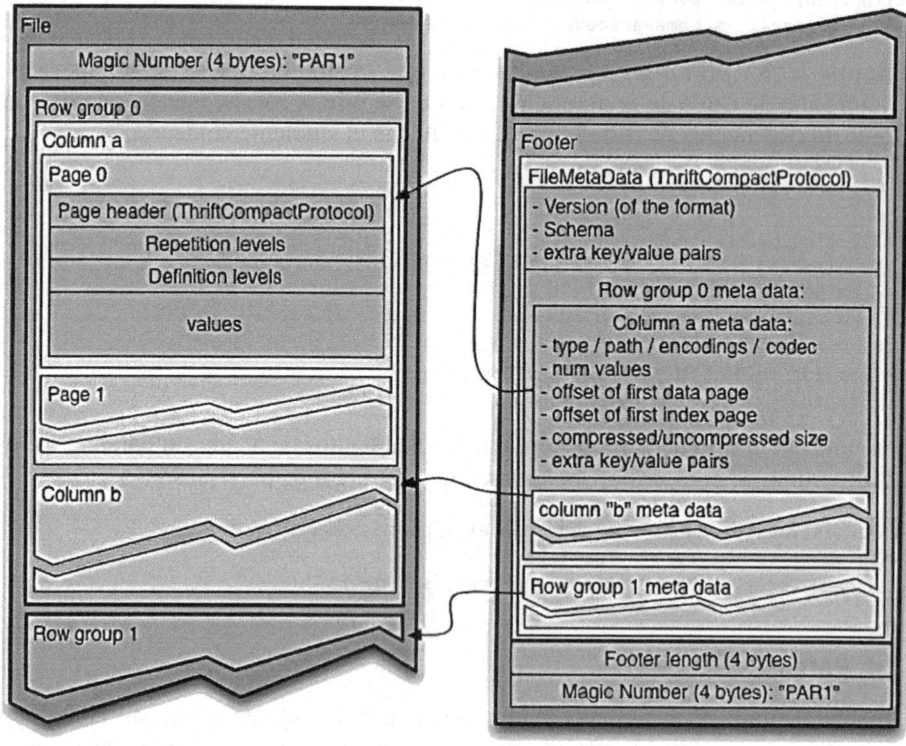

Figura 1.12. Esquema de un fichero en formato Parquet

Cada fichero Parquet almacena los datos en binario organizados en grupos de filas. Para cada grupo de filas (row group), los valores de los datos se organizan en columnas, lo que facilita la compresión a nivel de columna.

La columna de metadatos de un fichero Parquet se almacena al final del fichero, lo que permite que las escrituras sean rápidas con una única pasada. Los metadatos pueden incluir información como los tipos de datos, esquemas de codificación/compresión, estadísticas, nombre de los elementos, etc...

1.12.5 Interactuando con Parquet mediante Pyarrow

Para interactuar con el formato Parquet mediante Python, la librería más utilizada es la que ofrece **Apache Arrow** *https://arrow.apache.org*, en concreto la librería **PyArrow** *https://arrow.apache.org/docs/python*.

```
$ pip install pyarrow
```

Apache Arrow usa un tipo de estructura en formato tabla para almacenar los datos de forma bidimensional, muy similar al formato Dataframe de Pandas. La documentación de PyArrow dispone de un libro de recetas *https://arrow.apache.org/cookbook/py* con ejemplos con código para los diferentes casos de uso que se nos puedan plantear.

Vamos a simular el mismo ejemplo que hemos realizado previamente mediante Avro, y vamos a crear un fichero en formato JSON con empleados, y tras persistir en formato Parquet, lo vamos a recuperar:

empleados_parquet.py

```
import pyarrow.parquet as pq
import pyarrow as pa

# 1.- Definimos el esquema
schema = pa.schema([ ('nombre', pa.string()),
                     ('altura', pa.int32()),
                     ('edad', pa.int32()) ])

# 2.- Almacenamos los empleados por columnas
empleados = {"nombre": ["Carlos", "Juan"],
             "altura": [180, 44],
             "edad": [None, 34]}

# 3.- Creamos una tabla Arrow y la persistimos mediante Parquet
tabla = pa.Table.from_pydict(empleados, schema)
pq.write_table(tabla, 'empleados.parquet')

# 4.- Leemos el fichero generado
table2 = pq.read_table('empleados.parquet')
schemaFromFile = table2.schema

print(f'Schema del fichero empleados.parquet:\n{schemaFromFile}\n')
print(f'Tabla de Empleados:\n{table2}')
```

Ejecución:

```
Schema del fichero empleados.parquet:
nombre: string
altura: int32
edad: int32

Tabla de Empleados:
pyarrow.Table
nombre: string
altura: int32
edad: int32
----
nombre: [["Carlos","Juan"]]
altura: [[180,44]]
edad: [[null,34]]
```

En el caso del uso de Pandas el código se simplifica. El siguiente ejemplo estamos leyendo un archivo en formato Parquet y lo convertimos a un dataframe de Pandas:

parquet_pandas.py

```python
import pyarrow.parquet as pq
empleados = pq.read_table('empleados.parquet')
empleados_df = empleados.to_pandas()
print(type(empleados_df))
print(empleados_df)
```

Ejecución:

```
<class 'pandas.core.frame.DataFrame'>
    nombre   altura   edad
0   Carlos     180    NaN
1   Juan        44    34.0
```

También podríamos convertir un csv a formato parquet a través del método **to_parquet** que ofrece la librería pandas.

▼ *https://pandas.pydata.org/docs/reference/api/pandas.DataFrame.to_parquet.html.*

csv_parquet.py

```python
import pandas as pd
import pyarrow.parquet as pq

df = pd.read_csv('ventas.csv',sep=';')

# A partir de un DataFrame, persistimos los datos
df.to_parquet('ventas.parquet')

# Leemos el fichero generado
table = pq.read_table('ventas.parquet')
schemaFromFile = table.schema

print(f'Schema del fichero ventas.parquet:\n{schemaFromFile}\n')
print(f'Tabla de ventas:\n{table}')
```

Ejecución:

```
Schema del fichero ventas.parquet:
ProductID: int64
Date: string
Zip: string
Units: int64
```

```
Revenue: double
Country: string
-- schema metadata --
pandas: '{"index_columns": [{"kind": "range", "name": null, "start": 0, "' + 929

Tabla de ventas:
pyarrow.Table
ProductID: int64
Date: string
Zip: string
Units: int64
Revenue: double
Country: string
----
ProductID: [[725,787,788,940,396,...,726,758,1076,1182,702],[714,758,739,895,757
,...,730,1105,1936,2263,2331],...,[2331,206,506,1995,2049,...,1077,1078,1129,221
5,1009],[734,978,978,359,733,...,2225,1114,1997,1060,1416]]
Date: [["1/15/1999","6/6/2002","6/6/2002","1/15/1999","1/15/1999",...,"11/29/200
2","11/29/2002","3/30/2001","3/30/2001","3/31/2001"],["3/31/2001","3/31/2001","3
/31/2001","3/31/2001","3/31/2001",...,"3/5/2001","3/5/2001","3/5/2001","3/5/2001
","3/5/2001"],...,["3/31/2011","3/31/2011","3/31/2011","3/31/2011","3/31/2011",.
..,"3/31/2010","3/31/2010","3/31/2010","3/31/2010","4/1/2010"],["4/1/2010","4/1/
2010","4/1/2010","4/1/2010","4/1/2010",...,"1/25/2015","1/25/2015","5/7/2015","5
/7/2015","5/7/2015"]]
Zip: [["41540        ","41540        ","41540        ","22587        ","22587
",...,"7010        ","7010        ","5080        ","5030        ","5050
"],["7049        ","7220        ","7187        ","7150        ","5030
",...,"75831 CEDEX 17 ","75725 CEDEX 15 ","75702 CEDEX 13 ","75929 CEDEX 19
","75710 CEDEX 15 "],...,["10243        ","10247        ","10409        ","12163
","10365        ",...,"75499 CEDEX 10 ","75554 CEDEX 11 ","75387 CEDEX 08
","75472 CEDEX 10 ","75484 CEDEX 10 "],["75504 CEDEX 15 ","75389 CEDEX 08
","75509 CEDEX 15 ","75394 CEDEX 08 ","75504 CEDEX 15 ",...,"75201 CEDEX 13
","75021 CEDEX 01 ","75012        ","75215 CEDEX 16 ","75055 CEDEX 01 "]]
Units: [[1,1,1,1,1,...,1,1,1,1,1],[1,1,1,1,1,...,1,1,1,1,1],...,[1,1,1,1,1,...,1
,1,1,1,2],[1,1,1,1,1,...,1,2,1,1,1]]
Revenue: [[115.5,314.9,314.9,687.7,857.1,...,110.2,73.5,254.6,173.2,288.7],[162.
7,84,173.2,577.5,84,...,309.7,246.7,280.8,299.2,567],...,[697.7,871.5,1244.2,446
.2,456.7,...,341.2,351.7,461.9,393.7,225.7],[398.9,782.2,782.2,1144.2,398.9,...,
63,404.1,787.5,157.4,472.4]]
Country: [["Germany","Germany","Germany","Germany","Germany",...,"Mexico
","Mexico ","Mexico ","Mexico ","Mexico "],["Mexico ","Mexico ","Mexico ","Mexi-
co ","Mexico ",...,"France ","France ","France ","France ","France "],...,["Ge
rmany","Germany","Germany","Germany","Germany",...,"France ","France ","Fran-
ce ","France ","France "],["France ","France ","France ","France ","France
",...,"France ","France ","France ","France ","France "]]
```

1.12.6 Apache ORC

Apache ORC *https://orc.apache.org* es un formato de datos basado en columnas, optimizado para la lectura, escritura y procesamiento de datos. Los ficheros ORC se componen de tiras de datos (stripes), donde cada tira contiene un índice, los datos de la fila y un pie (con estadísticas como la cantidad, máximos y mínimos y la suma de cada columna convenientemente cacheadas).

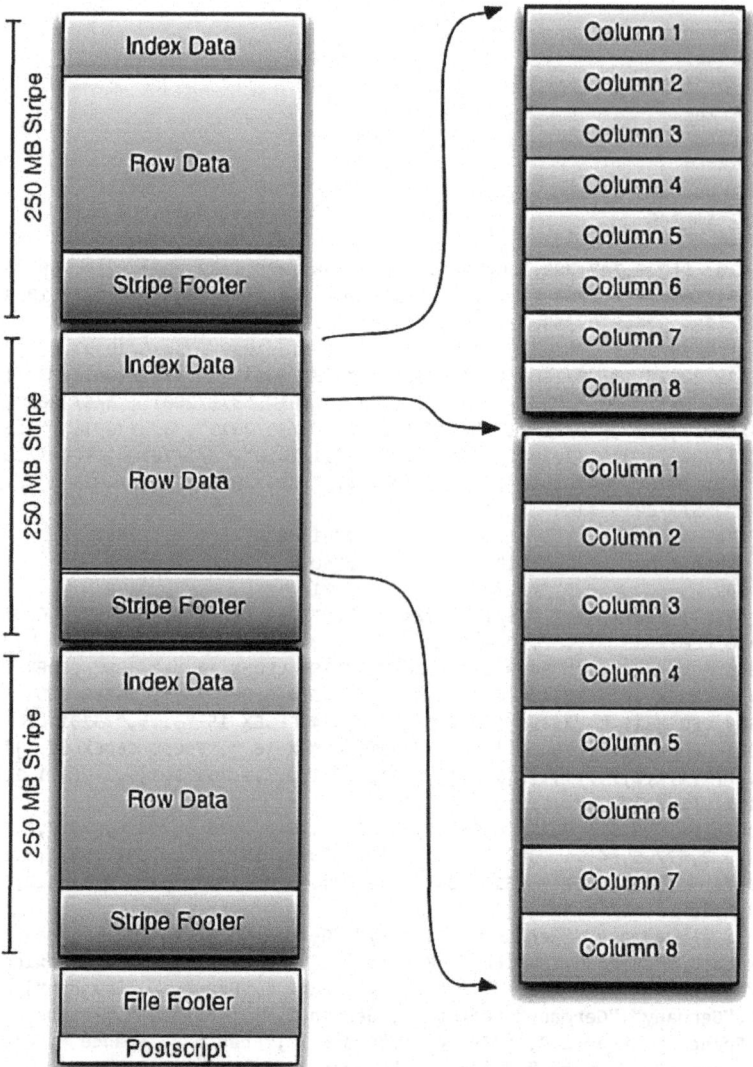

Figura 1.13. Esquema de un fichero en formato ORC

Para crear un archivo ORC y leerlo, volvemos a necesitar la librería **PyArrow**. Así pues, para la escritura de datos, por ejemplo, desde un Dataframe:

csv_orc.py

```python
import pandas as pd
import pyarrow as pa
import pyarrow.orc as orc

df = pd.read_csv('pdi_sales.csv',sep=';')

table = pa.Table.from_pandas(df, preserve_index=False)
orc.write_table(table, 'pdi_sales.orc')

df_orc = pd.read_orc('pdi_sales.orc')
print(df_orc)
```

Ejecución:

```
$ python csv_orc.py
        ProductID      Date          Zip      Units  Revenue   Country
0           725     1/15/1999        41540        1    115.5   Germany
1           787     6/6/2002         41540        1    314.9   Germany
2           788     6/6/2002         41540        1    314.9   Germany
3           940     1/15/1999        22587        1    687.7   Germany
4           396     1/15/1999        22587        1    857.1   Germany
...         ...       ...            ...         ...    ...      ...
841142     2225     1/25/2015    75201 CEDEX 13    1     63.0    France
841143     1114     1/25/2015    75021 CEDEX 01    2    404.1    France
841144     1997     5/7/2015     75012             1    787.5    France
841145     1060     5/7/2015     75215 CEDEX 16    1    157.4    France
841146     1416     5/7/2015     75055 CEDEX 01    1    472.4    France

[841147 rows x 6 columns]
```

1.12.7 Comparando formatos

Los formatos basados en filas ofrecen un rendimiento mayor en las escrituras que en las lecturas, ya que añadir nuevos registros es más sencillo. Si sólo vamos a hacer consultas sobre un subconjunto de las columnas, entonces un formato columnas se comportará mejor, ya que no necesita recuperar los registros enteros.

Respecto a la compresión, entendiendo que ofrece una ventaja a la hora de almacenar y transmitir la información, es útil cuando trabajamos con un gran volumen de datos. Los formatos basados en columnas ofrecen un mejor rendimiento ya que todos los datos del mismo tipo se almacenan de forma continua en memoria, lo que permite una mayor eficiencia en la compresión.

Respecto a la evolución del esquema, con operaciones como añadir o eliminar columnas o cambiar su nombre, la mejor decisión es decantarse por Avro. Además, al tener el esquema en JSON facilita su gestión y permite que tengan más de un esquema.

Si nuestros documentos tienen una estructura compleja compuesta por columnas anidadas y normalmente realizamos consultas sobre un subconjunto de las subcolumnas, la elección debería ser Parquet. Finalmente, hay que recordar que ORC está especialmente enfocado a su uso con Hive, mientras que Spark tiene un amplio soporte para Parquet y que, si trabajamos con Apache Kafka, Avro es una buena elección.

2

DATA LAKE Y DATA WAREHOUSE

2.1 INTRODUCCIÓN

En este capítulo describiremos dos tipos de sistemas de almacenamiento centralizado, Data Lake y Data Warehouse. Un Data Lake permite almacenar datos en su forma cruda y sin procesar. Además, admite la ingesta de datos de diferentes fuentes y formatos sin necesidad de definir un esquema rígido de antemano. En un Data Lake se sigue un esquema de ELT (Extract, Load, Transform) que consiste en recolectar los datos, cargarlos en un repositorio y luego procesarlos.

Por otro lado, un Data Warehouse es un sistema diseñado para almacenar, organizar y procesar datos estructurados con el propósito de respaldar el análisis de negocios y la toma de decisiones. A diferencia de un Data Lake, un Data Warehouse sigue un enfoque estructurado y requiere definir un esquema antes de la carga de datos. En este caso, se sigue el esquema de ETL (Extract, Transform, Load), donde los datos se extraen de las fuentes, se procesan y luego se cargan y almacenan.

2.2 DEFINICIÓN DE DATA LAKE

De acuerdo con Amazon Web Services la definición de Data Lake es: "Repositorio centralizado que permite almacenar todos los datos estructurados y no estructurados a cualquier escala. Puede almacenar los datos tal cual, sin tener que estructurarlos primero, y ejecutar diferentes tipos de análisis, desde cuadros de mando y visualizaciones hasta grandes procesamientos de datos, análisis en tiempo real y aprendizaje automático para tomar mejores decisiones."

Un Data Lake es un **repositorio centralizado** que permite **almacenar datos de cualquier tipo de estructura**, desde estructurados a no estructurados, a cualquier escala. Almacena los datos de forma cruda sin modificarlos y sin tener que estructurarlos primero.

Los Data Lakes se implementan comúnmente utilizando servicios en la nube, como Amazon S3, Azure Data Lake Storage y Google Cloud Storage. Estos servicios ofrecen una serie de ventajas a nivel de escalabilidad prácticamente ilimitada, lo que significa que los Data Lakes pueden crecer y adaptarse fácilmente a medida que se van obteniendo más datos. Además, estos servicios generalmente ofrecen modelos de precios flexibles, lo que resulta en menores costes en comparación con la implementación y mantenimiento de infraestructuras físicas on premise.

La principal utilidad de un data lake es que **permite centralizar una gran cantidad de fuentes de información**. En la actualidad, las organizaciones necesitan hacer un manejo óptimo de la información, bien sea de sus empleados, situación del mercado y métricas del negocio. En consecuencia, un data lake podrá usarse para organizar esta información a través de carpetas específicas.

A partir de aquí, se pueden detectar oportunidades de crecimiento empresarial y mejorar la productividad. Un Data Lake es capaz de proporcionar datos a la organización para una gran variedad de procesos analíticos diferentes:

- ▶ Descubrimiento y exploración de datos.
- ▶ Análisis ad hoc.
- ▶ Análisis para la toma de decisiones.
- ▶ Realizar informes.
- ▶ Análisis en tiempo real.

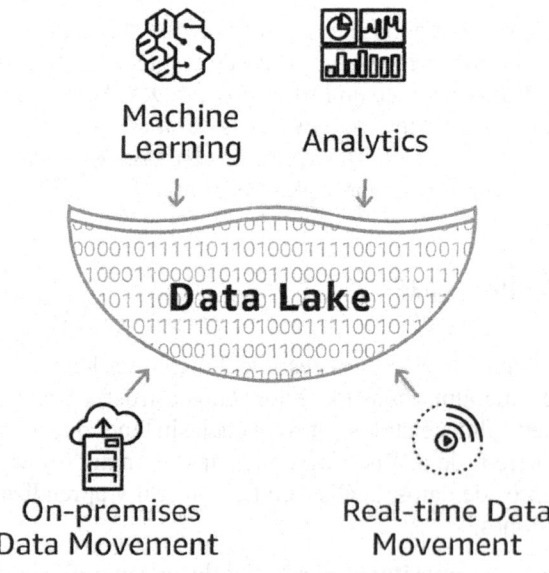

Figura 2.1. Casos de uso de un Data Lake

2.3 CARACTERÍSTICAS DE UN DATA LAKE

Un Data Lake, en su esencia, es una infraestructura de almacenamiento de datos diseñada para gestionar la creciente variedad y volumen de información generada por las organizaciones en la era digital. Su flexibilidad y capacidad para almacenar datos de diferentes formatos y estructuras lo convierten en una herramienta invaluable para la gestión y análisis de datos a gran escala.

Las características principales de un Data Lake incluyen su capacidad para almacenar datos de forma escalable y heterogénea, su esquema flexible que elimina la necesidad de definir una estructura de datos previa, y su integración con tecnologías de procesamiento distribuido y herramientas de análisis avanzado.

1. **Almacenamiento escalable**: los Data Lakes están diseñados para almacenar grandes volúmenes de datos, desde datos estructurados hasta datos no estructurados, en su forma original. Deben ser capaces de escalar horizontalmente para manejar el crecimiento de datos a largo plazo.

2. **Datos diversos y heterogéneos**: un Data Lake puede almacenar una amplia variedad de tipos de datos, incluidos datos estructurados, semiestructurados y no estructurados. Puede incluir datos de fuentes como bases de datos relacionales, registros de servidores, datos de sensores, archivos de registro, datos de redes sociales, entre otros.

3. **Esquema flexible**: a diferencia de los almacenes de datos tradicionales, los Data Lakes no requieren un esquema predefinido para los datos. Permiten la captura de datos en su forma original, lo que significa que no es necesario aplicar una estructura antes de almacenarlos.

4. **Procesamiento distribuido**: los Data Lakes suelen integrar capacidades de procesamiento distribuido para realizar análisis y consultas en grandes conjuntos de datos de manera eficiente. Esto puede incluir tecnologías como Apache Hadoop, Apache Spark, y motores de consulta distribuida.

5. **Integración con herramientas de análisis**: los Data Lakes deben ser compatibles con una variedad de herramientas de análisis y visualización para permitir a los usuarios extraer información útil de los datos almacenados. Esto puede incluir herramientas de Business Intelligence (BI), herramientas de análisis avanzado, lenguajes de programación como Python y R, entre otros.

6. **Seguridad y gobernanza**: los Data Lakes deben proporcionar mecanismos de seguridad robustos para proteger los datos almacenados, así como herramientas para gestionar el acceso y el cumplimiento normativo. También deben permitir la implementación de políticas de gobernanza de datos para garantizar la calidad y la integridad de los datos.

7. **Metadatos y descubrimiento de datos**: los Data Lakes suelen incluir capacidades de gestión de metadatos para ayudar a los usuarios a descubrir, entender y utilizar los datos almacenados. Esto puede incluir catálogos de datos, etiquetado automático de datos, y herramientas de búsqueda y navegación.

8. **Arquitectura abierta y flexible**: los Data Lakes deben ser capaces de integrarse con una variedad de tecnologías y sistemas existentes en el ecosistema de datos de una organización. Deben ser capaces de evolucionar con los requisitos cambiantes y permitir la incorporación de nuevas tecnologías y herramientas.

Las características de un Data Lake se podrían resumir en los siguientes puntos:

▼ Un Data lake almacena los datos tal y como se encuentran en un sistema empresarial. Esto permite guardar todos los datos independientemente de su fuente y estructura ya que se mantienen en su forma bruta y solo se transforman cuando sea necesario.

▼ El data lake adopta una estructura denominada **"Schema on Read"**, donde la estructura no está predeterminada antes de que se almacenen los datos.

▼ En un data lake se almacenan todos los datos, independientemente de su estructura, tipo o usabilidad por parte de los usuarios en el momento de su recogida.

▼ Un data lake almacena, al menos, dos tipos de datos: los datos brutos y los datos ya procesados por los usuarios, datos que se acumulan y cambian constantemente. Esto requiere una gran capacidad de gestión de datos, que abarca las fuentes de datos, las conexiones de datos, los formatos de estos y, por último, el esquema que presentan. Este tipo de repositorio permite un almacenamiento centralizado para los datos de una empresa u organización.

▼ Tener una arquitectura escalable con una capacidad de crecer con el volumen de los datos, lo que les permite conservar todos los datos para cuando puedan utilizarse, añadir nuevas fuentes, etc.

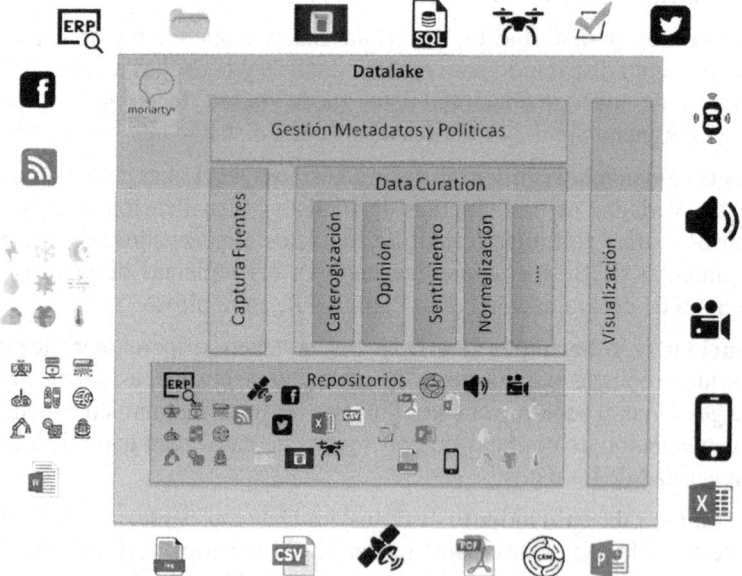

Figura 2.2. Características de un Data Lake

▶ Poseer herramientas para gobernar los datos, realizando una gestión de las políticas de acceso a los datos. Estas políticas deben soportar a todos los usuarios permitiendo el acceso controlado a los datos y garantizando el nivel de análisis requerido por distintos perfiles.

▶ Disponer de un catálogo centralizado del inventario de datos que incluya fuentes, versiones, veracidad y precisión de los datos. Sería deseable que este catálogo permitiese reflejar la cardinalidad de los datos y, además, guardar la traza de los datos.

Además, los Data Lakes deben ofrecer robustos mecanismos de seguridad y gobernanza, así como facilitar la gestión de metadatos y el descubrimiento de datos para garantizar un uso efectivo y responsable de la información almacenada. Su arquitectura abierta y flexible permite su adaptación a las necesidades cambiantes de las organizaciones y la integración con sistemas y herramientas existentes en el ecosistema de datos. En conjunto, estas características hacen que los Data Lakes sean una pieza fundamental en la infraestructura de datos moderna, capacitando a las organizaciones para obtener insights significativos y tomar decisiones informadas basadas en datos.

2.4 TIPOS DE DATA LAKES

Los Data Lakes son plataformas que permiten almacenar grandes cantidades de datos en su forma original, ya sea estructurada o no estructurada. Estos datos pueden provenir de una variedad de fuentes, como registros de servidores, datos de sensores, transacciones de negocios, redes sociales, entre otros. En términos generales, los Data Lakes están diseñados para almacenar datos de manera económica y escalable, y para proporcionar capacidades de análisis avanzadas.

En cuanto a los tipos de Data Lakes, aunque no hay una clasificación universalmente aceptada, podríamos agruparlos de la siguiente manera:

1. **Data Lakes en la nube**: se ejecutan en hardware y software en la nube de un proveedor. La mayoría sigue un modelo de suscripción de pago por uso. A medida que crecen los datos, simplemente compramos capacidad en la nube. El proveedor administra la seguridad, la confiabilidad, el respaldo de datos y el rendimiento para que podamos concentrar nuestros esfuerzos en determinar qué datos incluir y cómo analizarlos.

2. **Data Lake locales**: instala y ejecuta software para operar en servidores y almacenamiento en el centro de datos de una empresa. Se necesita una inversión de capital para comprar licencias de software y hardware, y experiencia en TI para instalarlo y administrarlo. Cada empresa es responsable de administrar la seguridad, proteger los datos y garantizar un rendimiento adecuado. Es posible que tengas que migrar el data lake a un sistema más grande a medida que crece. Sin embargo, un sistema local puede proporcionar un mejor rendimiento para los usuarios ubicados dentro de las instalaciones de la empresa.

3. **Data Lakes basados en archivos**: estos Data Lakes almacenan datos en su forma original, generalmente como archivos en sistemas de archivos distribuidos como Hadoop Distributed File System (HDFS), Amazon S3 o Azure Data Lake Storage (ADLS). Los archivos pueden ser de varios formatos, como Avro, Parquet, ORC, JSON, CSV, etc.
4. **Data Lakes basados en objetos**: similar a los Data Lakes basados en archivos, pero con un enfoque más orientado a objetos. Almacenan datos como objetos en un sistema de almacenamiento de objetos como Amazon S3, Google Cloud Storage (GCS) o Azure Blob Storage. Estos objetos pueden ser de cualquier tipo de datos y tamaño.
5. **Data Lakes basados en bases de datos**: estos Data Lakes utilizan sistemas de gestión de bases de datos (DBMS) para almacenar datos en su forma original o después de aplicar algún tipo de estructura. Ejemplos incluyen Amazon Redshift, Google BigQuery y Azure Synapse Analytics. Estos sistemas ofrecen capacidades de consulta y análisis sobre los datos almacenados.
6. **Data Lakes basados en almacenes de datos distribuidos**: estos Data Lakes combinan capacidades de almacenamiento de datos con capacidades de procesamiento distribuido. Un ejemplo popular es Apache Hadoop, que utiliza HDFS para almacenar datos y MapReduce o Apache Spark para procesarlos.
7. **Data Lakes híbridos**: estos Data Lakes combinan múltiples tecnologías y enfoques para satisfacer las necesidades específicas de una organización. Por ejemplo, podrían combinar almacenamiento basado en archivos con almacenamiento basado en bases de datos, o utilizar una combinación de servicios en la nube y en las instalaciones.

Cada tipo de Data Lake tiene sus propias ventajas y desventajas, y la elección del tipo adecuado depende de factores como los requisitos de almacenamiento, el presupuesto, la infraestructura existente y las necesidades de análisis de la organización.

2.5 ARQUITECTURA DE UN DATA LAKE

Un Data Lake consta de diversas capas, cada una desempeñando un papel en el flujo de datos y análisis:

- **Capa de ingesta**: la capa de ingesta desencadena el proceso de adquisición de datos desde una variedad de fuentes, abarcando tanto sistemas internos como externos. La recopilación de datos se hace activamente, programando extracciones periódicas y pasivamente, permitiendo la carga automática de datos al Data Lake en tiempo real.
- **Capa de almacenamiento**: una vez recopilados, los datos se almacenan en la nube utilizando servicios robustos y escalables que aseguran una gestión efectiva. En esta capa, hemos optado por aprovechar las ventajas de Azure Blob Storage

y Azure Data Lake Storage Gen2. Azure Blob Storage nos proporciona una plataforma confiable y altamente escalable para el almacenamiento de objetos, lo que garantiza que los datos se almacenen de manera segura y estén disponibles en cualquier momento. Por otro lado, Azure Data Lake Storage Gen2, con su capacidad para manejar grandes volúmenes de datos de diferentes formatos, permite una gestión ágil y eficiente de datos estructurados, semiestructurados y no estructurados.

▶ **Capa de procesamiento**: en la capa de procesamiento, los datos pasan por transformaciones esenciales para asegurar su calidad y utilidad. Aprovechamos la potencia de Azure HDInsight para llevar a cabo tareas de procesamiento distribuido a gran escala. Esta plataforma nos permite realizar procesamientos complejos de datos en paralelo, lo que acelera significativamente los tiempos de ejecución y mejora la eficiencia.

▶ **Capa de consumo**: finalmente, los resultados del análisis están disponibles para los usuarios finales en esta capa de consumo. Nos esforzamos por brindar acceso de manera eficiente y personalizada a la información valiosa que hemos extraído de los datos. Utilizamos interfaces web intuitivas y amigables que permiten a los usuarios explorar y consultar los datos según sus necesidades específicas. Además, proporcionamos APIs para aquellos que requieran una integración más profunda en sus propias aplicaciones. Para presentaciones y análisis visuales, aprovechamos herramientas líderes en la industria como Tableau y Power BI. Estas herramientas permiten la creación de visualizaciones interactivas y paneles de control que comunican de manera efectiva información compleja y resultados clave a los interesados.

En resumen, cada capa de nuestra arquitectura del Data Lake se diseña cuidadosamente para garantizar una recopilación, almacenamiento, procesamiento y consumo eficientes de datos, lo que lleva a una mejor toma de decisiones y a una ventaja competitiva. Por lo general, suele incluir los siguientes elementos:

▶ **Ingestión de datos**: es compatible con «conectores» y otros servicios que importan datos de múltiples fuentes estructuradas y no estructuradas.

▶ **Almacenamiento seguro**: debe poder almacenar y proteger un gran volumen de datos en expansión. La infraestructura que lo respalda debe escalar fácilmente y a un precio adecuado porque normalmente es imposible predecir todas las fuentes. También necesita estar protegido contra fallos del sistema y accesos no autorizados.

▶ **Gobernanza y conservación**: las empresas deben decidir qué datos se importan y cómo administrarlos. Los datos también deben catalogarse para que los profesionales puedan encontrarlos.

▶ **Procesamiento y análisis**: debe admitir una amplia gama de herramientas de análisis porque los profesionales usarán el data lake para diferentes tipos de análisis.

2.5.1 Beneficios de una arquitectura de Data Lake

El principal beneficio de un data lake es la centralización de diferentes fuentes de contenido. Una vez que estos datos están almacenados en una misma arquitectura, pueden ser combinadas y procesadas utilizando big data, búsquedas y análisis, que de otro modo no hubiera sido posible. Aun así, este tipo de arquitectura presenta algunos otros beneficios entre los que podemos destacar:

- En medidas de seguridad, un data lake permite otorgar acceso a cierta información a los usuarios que no tienen acceso a la fuente de datos original.

- Los datos son procesados según sea necesario, lo que reduce los costes de preparación sobre el procesamiento inicial.

- Una vez que los datos se encuentran almacenados en una arquitectura de data lake, pueden normalizarse y enriquecerse a través de la extracción de metadatos, conversión de formatos, aumento y extracción de entidades, agregaciones, indexaciones, entre muchas otras acciones.

- La arquitectura de los data lakes permite a las empresas generar diferentes tipos de informes, incluyendo la elaboración de informes sobre datos históricos, construcción de modelos de aprendizaje automático o aprendizaje profundo, entre otros. Estos informes permiten tomar decisiones en tiempo real y sugerir acciones o cambios para obtener mayores beneficios o un mayor rendimiento en la empresa u organización.

2.6 PROCESO DE CREACIÓN DE UN DATA LAKE

Aunque no existe una metodología estándar el proceso de creación de un data lake, se deberían considerar los siguientes pasos:

- **Adquisición de datos**: obtención de datos y metadatos, así como su preparación para una eventual inclusión en el Data Lake. Este proceso consiste en determinar qué datos, con qué granularidad (nivel de detalle), cuál es la frecuencia con la que se pueden obtener o si se pueden leer de una vez, etc. Para realizarse bien, hay que tener un conocimiento adecuado del uso que se quiere dar a los datos de cara a anticipar las necesidades de los usuarios.

- **Data Curation/Grooming data**: es el conjunto de procesos por los que los datos crudos son transformados en datos consumibles por las aplicaciones analíticas. Para ello, consideran los metadatos del paso anterior y aplican transformaciones a los datos para que puedan utilizarse.

- **Provisión de datos:** son el conjunto de procesos que permiten acceder a los datos contenidos en el Data Lake de acuerdo con las políticas que tiene establecidas.

▶ **Preservación de los datos:** son el conjunto de procesos y políticas que determinan qué datos deben conservarse, hasta cuándo y cuáles no. Otros objetivos de estos procesos es determinar cómo debe evolucionar la infraestructura para garantizar la disponibilidad de suficiente espacio y el rendimiento adecuado para acceder a los datos.

Un Data Lake debería permitir la ingesta de datos estructurados y no estructurados y almacenarlos con seguridad y con las debidas protecciones de acceso, incluso en tiempo real. Estas restricciones de acceso pueden ser de lectura o de modificación al nivel del dato e incluyen todas las capas de autenticación y autorización. Además, debe proporcionar un catálogo que permita a los analistas y profesionales descubrir los datos que contiene.

Es común que existan varias referencias a los mismos tipos de datos en un único Data Lake. Puede darse el caso de que los datos almacenados tengan etiquetas diferentes, pero se refieran al mismo concepto. De esta forma, se debe generar una relación para que los analistas conozcan su existencia.

Además de estos puntos, en cualquier Data Lake es necesaria su conexión con herramientas analíticas, de reporting, de procesamiento y de inteligencia artificial y de esta forma extraer valor de los datos de la organización.

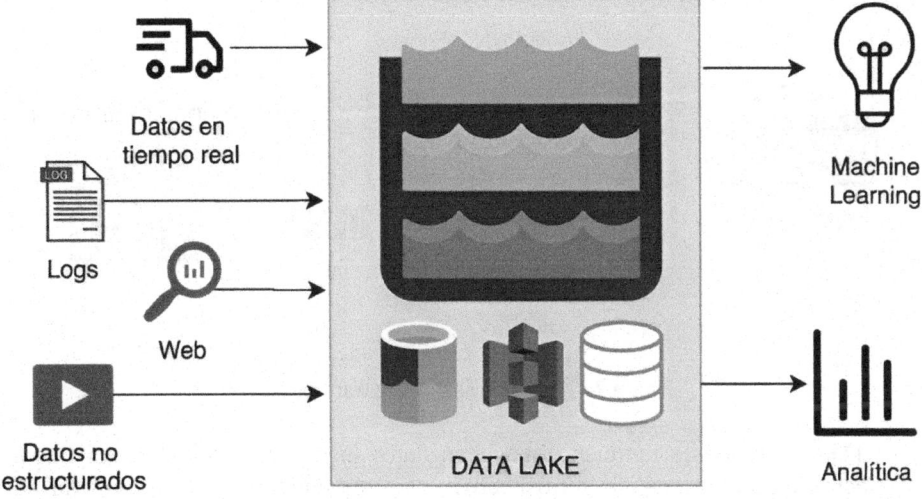

Figura 2.3. Creación de un Data Lake

Es importante anotar que, en cualquier proyecto de creación de Data Lake, hay que prestar especial atención al seguimiento y al desarrollo de un catálogo de los datos. No es suficiente con crear el Data Lake y volcar todos los datos en él, sino que debemos evaluar constantemente las oportunidades de sacar partido a estos datos.

2.7 DEFINICIÓN DE DATA WAREHOUSE

Un Data Warehouse es un sistema de almacenamiento centralizado, optimizado para almacenar datos históricos y actuales de una organización. Estos datos se estructuran y organizan de acuerdo con un esquema predefinido para facilitar el análisis y la generación de informes.

El objetivo principal de un Data Warehouse es proporcionar una fuente única y confiable de datos para la toma de decisiones empresariales y el análisis. A diferencia de otras bases de datos transaccionales, que están diseñadas para admitir operaciones de transacciones diarias, el Data Warehouse se enfoca en admitir consultas analíticas complejas y exhaustivas.

Un Data Warehouse integra datos de múltiples fuentes estructuradas, como sistemas de gestión de relaciones con clientes (CRM), sistemas de gestión de recursos empresariales (ERP) y bases de datos transaccionales. Estos datos se extraen, transforman y se cargan (ETL) en el Data Warehouse, donde se organizan y estructuran en un formato que facilite su análisis.

El esquema de datos en un Data Warehouse se establece de antemano y generalmente sigue un modelo dimensional o un modelo de estrella. Esto significa que los datos se organizan en dimensiones (características descriptivas) y hechos (medidas cuantitativas). Este enfoque facilita la realización de consultas y análisis eficientes mediante herramientas de business intelligence (BI).

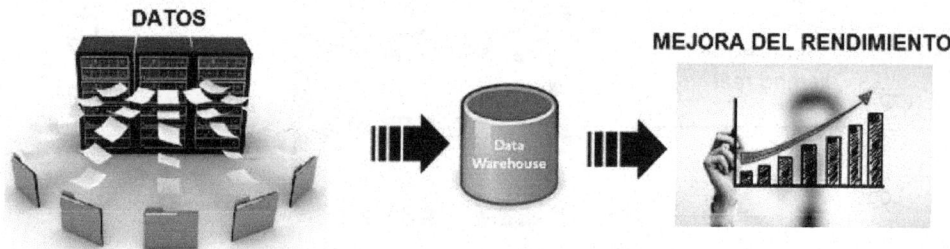

Figura 2.4. Esquema de un Data Warehouse

Los Data Warehouses también almacenan datos históricos a lo largo del tiempo, lo que permite realizar análisis retrospectivos y comparativos. Esto es esencial para identificar tendencias, patrones y comportamientos en los datos, lo que a su vez ayuda a tomar decisiones informadas y estratégicas.

Podemos definir el data warehouse como una especie de almacén digital en el que un negocio guarda gran parte de su información. Estos datos deben archivarse de forma segura, rápida y de fácil acceso. Además, en caso de pérdida debe tener la posibilidad de recuperarlo a través de algún mecanismo de recuperación. Toda esta información puede venir de diferentes fuentes, pero tiene que almacenarse de forma organizada para acceder a ella cuando se requiera. De esta manera, los administradores pueden ejecutar los análisis que sean necesarios.

Generalmente, también se puede guardar en servidores físicos o en la nube. Este último ha sido el método más utilizado debido a su omnipresencia y mayor seguridad. De emplearse, se instalan aplicaciones específicas para extraer los datos que se necesitan en cada momento. De esta manera, los directivos pueden utilizar el data warehouse para manejar grandes cantidades de información que les permita tomar decisiones precisas. Podrán solicitar datos cuando lo requieran y modificarlos gracias al fácil manejo que tiene este tipo de sistemas.

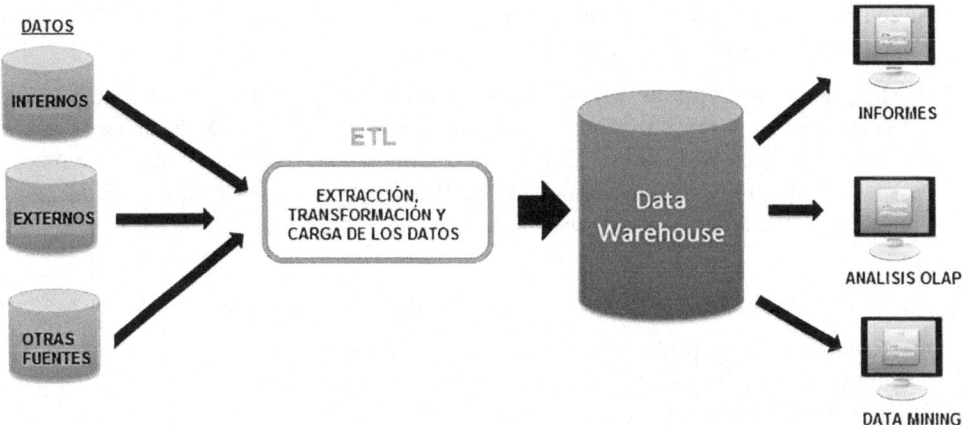

Figura 2.5. Esquema de una arquitectura Data Warehouse

2.7.1 Modelado bidimensional

El modelado dimensional es una técnica utilizada en la ingeniería de datos para diseñar la estructura de un Data Warehouse de manera eficiente y optimizada para el análisis de datos. Se basa en la creación de modelos que representan las dimensiones y los hechos de un conjunto de datos, siguiendo un enfoque intuitivo y fácil de entender. En el modelado dimensional, se distinguen dos conceptos principales: dimensiones y hechos.

▶ **Dimensiones**: las dimensiones representan las características descriptivas y contextuales de los datos. Pueden incluir elementos como fecha, producto, ubicación, cliente, entre otros. Cada dimensión tiene una tabla asociada en el modelo dimensional, donde se almacenan los atributos y las jerarquías correspondientes. Las tablas de dimensiones contienen columnas que describen los diferentes niveles de granularidad y los atributos relacionados con cada dimensión.

▶ **Hechos**: los hechos representan las medidas cuantitativas y numéricas que se analizan en el Data Warehouse. Pueden ser valores monetarios, cantidades, recuentos o cualquier otra medida relevante para el análisis. Los hechos se almacenan en una tabla de hechos en el modelo dimensional y se relacionan con las tablas de dimensiones mediante claves externas.

El enfoque central del modelado dimensional es la creación de esquemas de estrella y de copo de nieve.

▶ **Esquema de estrella**: en el esquema de estrella, una tabla de hechos central se conecta directamente a múltiples tablas de dimensiones. La tabla de hechos contiene las claves primarias de las dimensiones y las medidas numéricas. Este enfoque simplifica las consultas y los análisis, ya que se accede directamente a los datos en una única tabla de hechos.

▶ **Esquema de copo de nieve**: en el esquema de copo de nieve, las tablas de dimensiones se normalizan en múltiples niveles, lo que resulta en una estructura en forma de copo de nieve. Esto puede ayudar a reducir la redundancia de datos, pero también puede complicar las consultas al requerir más sentencias joins entre tablas para acceder a los datos.

El modelado **dimensional** tiene varias **ventajas** entre las que podemos destacar:

▶ **Facilidad de comprensión**: el modelado dimensional utiliza una estructura intuitiva y fácil de entender, lo que facilita la interpretación de los datos y la construcción de consultas.

▶ **Rendimiento optimizado**: el modelado dimensional permite un acceso rápido a los datos y un rendimiento eficiente en las consultas analíticas, ya que se minimiza la cantidad de joins necesarios y se evita la duplicación de datos.

▶ **Flexibilidad y escalabilidad**: el modelado dimensional es altamente flexible y se adapta bien a los cambios y adiciones futuras en las dimensiones y medidas. También es escalable, lo que significa que puede manejar grandes volúmenes de datos sin perder rendimiento.

2.7.2 Data Warehouse en la nube

Los data warehouses están atravesando actualmente dos transformaciones muy importantes que tienen el potencial de impulsar niveles significativos de innovación empresarial:

▶ La gran mayoría de los departamentos de TI están experimentando un rápido aumento de la demanda de datos. Los directivos quieren tener acceso a más datos históricos, mientras que, al mismo tiempo, los científicos de datos y los analistas de negocios están explorando formas de introducir nuevos flujos de datos en el almacén para enriquecer el análisis existente, así como impulsar nuevas áreas de análisis. Esta rápida expansión de los volúmenes y fuentes de datos significa que los equipos de TI necesitan invertir más tiempo y esfuerzo asegurando que el rendimiento de las consultas permanezca constante y necesitan proporcionar cada vez más entornos para validar el valor de los nuevos conjuntos de datos.

- La segunda área de transformación gira en torno a la necesidad de mejorar el control de costes. Se necesita hacer más con cada vez menos recursos, a la vez que se garantiza que todos los datos sensibles y estratégicos estén completamente asegurados, a lo largo del ciclo de vida, de la manera más rentable.

2.8 DATA LAKES VS DATA WAREHOUSE

Es cierto que el Data Lake y el Data Warehouse tienen muchas similitudes, pero es importante que entiendas cuáles son sus diferencias. La primera de ellas es que el Data Lake conserva todos sus datos para la consulta de cualquier usuario. Esto contrasta con el data warehouse, que va excluyendo información si hay datos sin utilizar. Además, el Data Lake tiene la capacidad de soportar cualquier tipo de información sin importar la fuente. Estos se transforman solo cuando van a usarse para que el usuario final lo comprenda.

Aunque ambos paradigmas se centran en el almacenamiento de datos, hay algunas diferencias entre un Data Lake y un Data Warehouse entre las que podemos destacar:

- **Estructura de los datos**: un Data Warehouse solo recoge datos estructurados, mientras que un Data Lake recoge datos tanto estructurados como no estructurados.
- **Finalidad de los datos**: este aspecto puede estar definido o no en un Data Lake, mientras que en un Data Warehouse no hay lugar para la improvisación.
- **Flexibilidad**: en un Data Lake es más sencillo hacer cambios por no tener estructura, pero en un Data Warehouse es más complicado por estar implicados otros procesos.
- **Esquema**: los Data Lakes se basan en esquemas On Read y los Data Warehouses en los On Write.
- **Usuarios**: en un Data Lake los datos son manejados por analistas, mientras que en un Data Warehouse cualquier usuario con acceso puede manejar los datos.
- **Accesibilidad**: mientras que en un Data Lake hay una gran y fácil accesibilidad, en un Data Warehouse este apartado es más costoso y complejo.
- **Almacenamiento**: un Data Lake tiene un coste limitado con la posibilidad de ampliación en la nube, mientras que un Data Warehouse es por lo general más caro.

La diferencia entre estos dos conceptos no es estricta, ya que Data Lake se suele usar como término para herramientas de gestión y de almacenamiento de datos que no cumplen el concepto tradicional de Data Warehouse. Por tanto, el data warehouse suele ser un subconjunto de las tecnologías involucradas en el despliegue de Data Lakes. Los Data Warehouses son más lentos y complejos de implementar que los Data Lakes. A continuación, se hace un cuadro comparativo de las dos tecnologías.

DIMENSIÓN	DATA WAREHOUSE	DATA LAKE
Carga de trabajo	• Cientos de miles de usuarios concurrentes. • Realizar analíticas interactivas • Capacidades avanzadas de gestión de la carga de trabajo. • Procesamiento por lotes.	• Procesamiento por lotes de datos a escala. • Actualmente mejora sus capacidades para apoyar a usuarios más interactivos.
Esquema	• Normalmente, el esquema se define antes de almacenar los datos. • Requiere trabajo al comienzo del proceso, pero ofrece rendimiento, seguridad e integración.	• Normalmente, el esquema se define después de almacenar los datos. • Ofrece agilidad extrema y facilidad de captura de datos, pero requiere trabajo al final del proceso. • Funciona bien para tipos de datos donde no se conoce el valor de los datos.
Escala	• Grandes volúmenes de datos a un costo moderado.	• Volúmenes de datos extremos a bajo costo.
Acceso	• Datos a los que se accede mediante SQL estándar y herramientas de BI estandarizadas. • Método de búsqueda .	• Datos a los que se accede a través de programas creados por desarrolladores.
Ventajas	• Respuesta rápida. • Rendimiento consistente. • Fácil de usar. • Integración de datos. • Análisis funcional cruzado. • Cargue una vez, use muchos.	• Excelente escalabilidad. • Soporte de programación.
Costes	• Uso eficiente de CPU / IO.	• Bajo costo de almacenamiento y procesamiento.

Un Data Warehouse recopila datos de múltiples fuentes en una única ubicación independiente, contando además con una infraestructura analítica alrededor (metadatos, modelos relacionales optimizados, data lineage, etc). Se trata de sistemas costosos, con alta disponibilidad y velocidad de acceso.

Los **Data Warehouses** abrieron las puertas del **procesamiento analítico.** El pasado se convirtió en un gran predictor del futuro. El almacenamiento de datos históricos y su análisis pronto comenzó a tener un gran valor. Por otro lado, los Data Warehouses estaban diseñados para la generación de reportes y el BI, el tratamiento de datos estructurados y basados en transacciones. La evolución tecnológica siguió su curso descubriéndose limitaciones en los Data Warehouses clásicos.

Con la finalidad de almacenar todos los datos generados por una organización, surgen los Data Lakes, capaces de almacenar grandes volúmenes de datos en brutos, con la esperanza de que, llegado el momento, si esos datos son necesarios, bastaría únicamente con indagar dentro del Data Lake y, una vez encontrados, cogerlos y manipularlos. Rápidamente se descubrió que usar los datos de un Data Lake no es tan sencillo por las siguientes razones:

▼ Dependiendo del tipo de usuario, sus necesidades son completamente distintas. Por ejemplo, un usuario de negocio frente a un científico de datos.

▼ El gran volumen de datos almacenado dificulta diferenciar qué datos son útiles de los que no.

▼ Al guardar los datos en bruto no se incluyen metadatos de estos.

▼ Problemas para saber si se tratan de datos actualizados o saber cuán precisos y veraces son.

▼ La falta de gobernanza en los datos y de optimización en los procesos ha dado lugar a que muchos de los Data Lakes actuales no hayan sido exitosos.

2.8.1 Conversión de los datos

Durante el desarrollo de un data warehouse, se gasta una cantidad considerable de tiempo analizando las fuentes de datos, entendiendo los procesos de negocio y perfilando los datos. El resultado es un modelo de datos altamente estructurado diseñado para la generación de informes. Una gran parte de este proceso incluye tomar decisiones sobre qué datos incluir y no incluir en el almacén. Generalmente, si los datos no se utilizan para responder a preguntas específicas o en un informe definido, pueden excluirse del almacén. Esto se hace generalmente para simplificar el modelo de datos y también para conservar el costoso espacio en el almacenamiento de disco que se utiliza para hacer el data warehouse.

En contraste, el Data Lake conserva todos los datos. No solo los datos que se utilizan, sino los que podrían utilizarse algún día. De esta forma, los datos se mantienen a lo largo del tiempo para que podamos volver a cualquier punto para hacer el análisis.

Este enfoque es posible porque el hardware para un data lake suele ser muy diferente del utilizado para un data warehouse. La ampliación de un data lake a terabytes y petabytes puede hacerse de manera bastante económica.

2.8.2 Soporte de los tipos de datos

Los Data Warehouse generalmente se componen de datos extraídos de sistemas transaccionales junto con métricas cuantitativas y los atributos que las describen. Las fuentes de datos no tradicionales, como los registros del servidor web, los datos de sensores, la actividad de las redes sociales, el texto y las imágenes, se ignoran en gran medida. Se siguen encontrando nuevos usos para estos tipos de datos, pero consumirlos y almacenarlos puede ser costoso y difícil.

El enfoque de un Data Lake abarca estos tipos de datos no tradicionales donde guardamos todos los datos independientemente de la fuente y la estructura. Los mantenemos en su forma bruta y sólo los transformamos cuando estamos listos para usarlos. Este enfoque se conoce como "Schema on Read" en comparación con el "Schema on Write" que es el enfoque utilizado en el data warehouse.

2.8.3 Adaptación a los cambios

Uno de los principales problemas sobre los data warehouses es cuánto tiempo se tarda en cambiarlos. Un tiempo considerable se gasta por adelantado durante el desarrollo de la estructura del almacén. Un buen diseño de almacén puede adaptarse al cambio, pero debido a la complejidad del proceso de carga de datos y al trabajo realizado para facilitar el análisis y la elaboración de informes, estos cambios podrían requerir más tiempo del inicialmente estipulado.

Muchas cuestiones relacionadas con el negocio, en ocasiones no pueden esperar a que el equipo que gestiona el data warehouse adapte su sistema para responderlas. De esta forma, la necesidad cada vez mayor de respuestas más rápidas es lo que ha dado lugar al concepto de auto-servicio de inteligencia empresarial.

En el Data Lake, por otro lado, como todos los datos se almacenan en bruto y siempre con accesibles a alguien que necesite utilizarlos, los usuarios tienen el poder de ir más allá de la estructura del almacén para explorar datos de nuevas maneras y responder a sus preguntas a su ritmo.

2.9 CAPAS DE UN DATA LAKE

Los Data Lakes se dividen típicamente en zonas o capas para organizar y gestionar los datos de manera eficiente. Estas zonas representan diferentes niveles de procesamiento y gobernanza sobre los datos almacenados. A continuación, se describen cada una de las capas de un Data Lake:

▶ **Landing**: la capa de "Landing", también conocida como zona de aterrizaje o de "raw data", es la primera capa en un Data Lake. Aquí los datos aterrizan desde diversas fuentes, mediante el uso de pipelines, sin transformaciones significativas. Los datos se almacenan en su forma bruta, preservando su integridad original.

En esta capa, se pueden incluir datos estructurados, semiestructurados y no estructurados, por eso los formatos a usar aquí pueden variar.

▶ **Trusted**: la capa Trusted es donde los datos crudos se transforman y preparan para un uso más amplio. Aquí se aplican procesos de limpieza, normalización, de duplicación, validación y otras transformaciones para mejorar la calidad y la estructura de los datos. Esta capa tiene como objetivo ofrecer datos de calidad, más estructurados y listos para los equipos de análisis y ciencia de datos. En esta capa, se suele trabajar con formatos columnares como Parquet.

▶ **Refined**: la capa Refined es la capa final en un Data Lake, donde se ofrecen datos enriquecidos y de valor para la organización. Aquí se aplican reglas de negocio y se realizan agregaciones, cálculos, transformaciones más avanzadas y se optimizan los datos para casos de uso específicos. Esta zona se utiliza para generar informes, paneles de control, visualizaciones y otros productos de datos que brinden información valiosa y respalden la toma de decisiones empresariales. Los datos en esta zona están altamente estructurados y están diseñados para ser utilizados por aplicaciones empresariales y usuarios finales de manera eficiente y rápida.

La división en capas proporciona una estructura lógica para gestionar y organizar los datos en el Data Lake. Cada capa tiene un propósito específico y ofrece distintos niveles de procesamiento y calidad de los datos. Las tres zonas mencionadas proporcionan una estructura común para organizar, preparar y utilizar los datos en un Data Lake. Ahora bien, es posible sumar nuevas capas de acuerdo con la necesidad de la organización. A continuación, se describen dos capas adicionales o complementarias.

▶ **Sensitive**. En esta zona, se almacenan y se gestionan datos sensibles que requieren un tratamiento especial debido a su naturaleza confidencial o regulaciones de privacidad. Esta zona está diseñada para garantizar la seguridad y el cumplimiento normativo de los datos sensibles. Aquí se aplican reglas y medidas específicas de seguridad, como el cifrado, el control de acceso restringido para proteger la confidencialidad y la integridad de los datos.

▶ **Sandbox**. Es un espacio dedicado a la experimentación y la colaboración para que los equipos de ciencia de datos puedan acceder a una copia de los datos en el data lake para realizar pruebas, prototipos y experimentos sin afectar los datos en las capas principales. La zona de sandbox proporciona un entorno seguro para probar nuevas ideas, explorar modelos de machine learning, desarrollar algoritmos y realizar investigaciones sin riesgo de impacto en las otras capas del Data Lake. Los datos en esta zona se utilizan para el desarrollo y la validación de modelos antes de implementarse.

2.10 SOLUCIONES DE DATA LAKE EN LA NUBE

Data Lake es una tecnología poderosa que ofrece a los usuarios muchas ventajas como son su flexibilidad, su eficiencia y su escalabilidad para facilitar la recuperación y el análisis de datos. Sin embargo, para sacar el máximo provecho, es importante que los usuarios implementen una buena estrategia.

En primer lugar, los usuarios deben asegurarse de elegir la solución Data Lake adecuada para sus necesidades. Está disponible en diferentes plataformas, tales como Hadoop, AWS y Azure. Los usuarios también deben asegurarse de que su Data Lake soporte el almacenamiento de datos sin formato y la interoperabilidad entre los sistemas.

Además, requiere una estrategia de ciclo de vida adecuada para garantizar que los datos se almacenen, administren y procesen correctamente. debe seguir un plan de almacenamiento lógico, para que los usuarios puedan recuperar rápidamente los datos necesarios en el momento adecuado. La administración adecuada de Data Lake también ayuda a reducir el riesgo de pérdida o corrupción de datos.

En última instancia, es una herramienta increíblemente útil para recopilar y almacenar grandes cantidades de datos sin formato. Ofrece a los usuarios la flexibilidad, escalabilidad y eficiencia que necesitan para obtener los resultados deseados. Sin embargo, requiere una estrategia adecuada para sacar el máximo partido de Data Lake. Los usuarios deben elegir la solución Data Lake adecuada para sus necesidades y seguir un plan de ciclo de vida sólido para garantizar el almacenamiento seguro y eficiente de los datos.

En los últimos años las soluciones de Data Lake que utilizan la nube han resultado clave para muchas empresas. Gracias a ellas es posible gestionar enormes cantidades de datos sin procesar de una forma económica y sin preocuparse de la complejidad técnica o grandes costes que supone la instalación y mantenimiento de las infraestructuras on premise.

Actualmente, los principales proveedores de la nube pública proporcionan servicios alrededor de los lagos de datos. Por ejemplo, AWS ofrece almacenamiento de objetos Amazon S3, además de otras herramientas para la implementación de microservicios como AWS Lambda, ElasticSearch, Glue o Athena.

Microsoft también pone su servicio Azure Data Lake a servicio de sus usuarios, consiguiendo una gobernanza y gestión de datos simplificada. También se ofrecen un ecosistema de herramientas que permiten sacar el máximo partido a nuestros datos, entre los que se incluye Data Lake Analytics, HDInsight (Apache Spark y Hadoop Cloud) o Azure Data Lake Store.

2.10.1 Azure Databricks

Databricks es una plataforma de procesamiento de datos que permite hacer analítica Big Data e Inteligencia Artificial de una forma sencilla y colaborativa, permitiendo flujos de trabajo no limitados al BI.

Además, contiene funcionalidades que la hacen una solución analítica completa, permitiendo fusionar los procesamientos de datos en un solo sistema, lo que significa que los desarrollos y gestión de pipelines sean más rápidos y cómodos, sin acceder a varios sistemas.

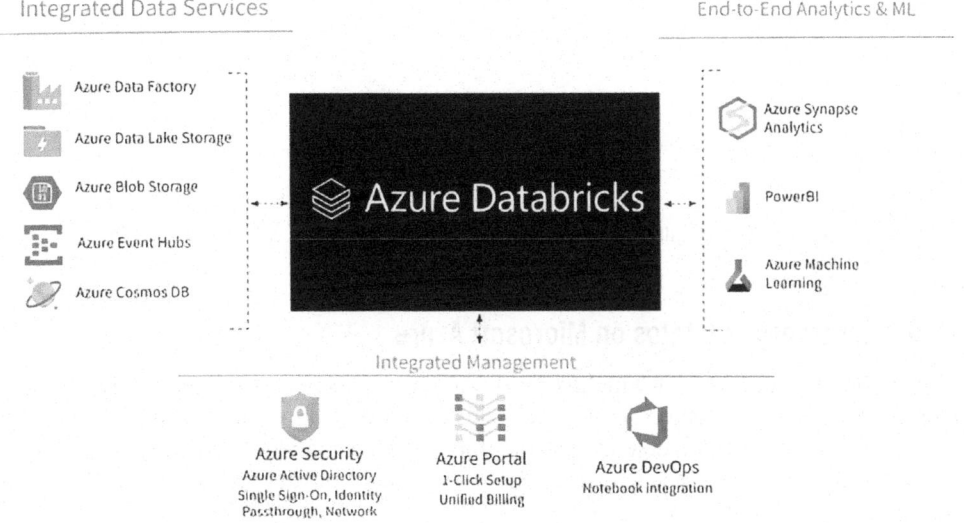

Figura 2.6. Esquema de servicios disponibles en Azure Databricks

El núcleo de la plataforma Databricks se compone de tres herramientas de código abierto:

▸ **Apache Spark.** El núcleo de Databricks es Apache Spark que es un framework de programación para procesar datos masivos de forma distribuida. Aunque está programado en Scala, cuenta con varias APIs que hacen posible su uso mediante lenguajes de programación como R, SQL, Python y Java. Cuenta con su propio optimizador de querys "Catalyst", generando un plan de operaciones lógico y un plan físico para la gestión de recursos. Permite tanto el procesamiento bach como streaming, y es capaz de escalar horizontalmente procesados con Pandas, mediante la librería externa Koalas, o de manera nativa desde con la API de Pandas en Spark, que está disponible a partir de la versión Apache Spark 3.2.

▸ **Delta Lake**. Se ejecuta sobre un Data Lake proporcionando transacciones ACID, metadatos y unifica el procesamiento de datos en flujo y por lotes, la aplicación de esquemas y el versionado de datos.

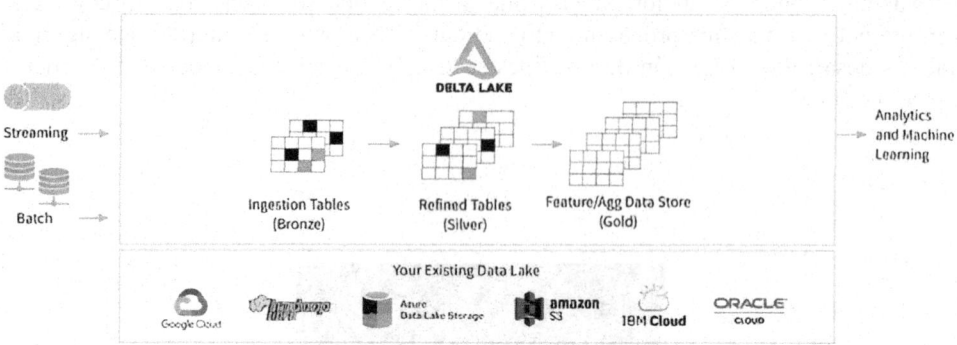

Figura 2.7. Esquema de la plataforma Delta Lake

2.10.2 Ingeniería de datos en Microsoft Azure

Microsoft Azure incluye muchos servicios que se pueden usar para implementar y administrar cargas de trabajo de ingeniería de datos. En el siguiente diagrama se muestra el flujo de izquierda a derecha de una solución típica de análisis de datos empresariales, incluidos algunos de los servicios clave de Azure que se pueden usar.

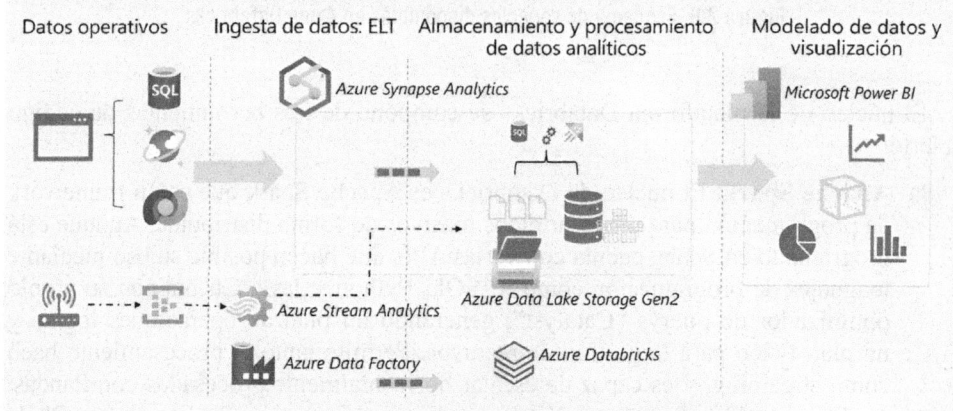

Figura 2.8. Servicios de microsoft azure

Los datos operativos se generan mediante aplicaciones y dispositivos y se almacenan en servicios de almacenamiento de datos de Azure, como Azure SQL Database, Azure Cosmos DB y Microsoft Dataverse. Los datos de streaming se capturan en servicios de agente de eventos, como Azure Event Hubs.

Estos datos operativos deben capturarse, ingerirse y consolidarse en almacenes analíticos, desde donde se pueden modelar y visualizar en informes y paneles. Estas tareas representan el área principal de responsabilidad del ingeniero de datos. Las tecnologías principales de Azure que se usan para implementar cargas de trabajo de ingeniería de datos incluyen:

- Azure Synapse Analytics
- Azure Data Lake Storage Gen2
- Azure Stream Analytics
- Azure Data Factory
- Azure Databricks

Los almacenes de datos analíticos que se rellenan con datos generados por cargas de trabajo de ingeniería de datos admiten el modelado y la visualización de datos para informes y análisis, a menudo mediante herramientas de visualización sofisticadas, como Microsoft Power BI.

2.10.3 Azure Synapse Analytics

El volumen de datos que generan los individuos y las organizaciones está creciendo a una velocidad vertiginosa. Estos datos impulsan a las empresas y otras organizaciones al proporcionarles una base para encontrar soluciones analíticas descriptivas, de diagnóstico, predictivas y prescriptivas que apoyan la toma de decisiones y los sistemas autónomos suministrando información en tiempo real sobre patrones establecidos y emergentes.

Las organizaciones tienen muchas herramientas y técnicas para el análisis de datos, que a menudo requieren experiencia en varios sistemas y una integración compleja de la infraestructura y las operaciones administrativas. Azure Synapse Analytics proporciona una única plataforma a escala en la nube que admite varias tecnologías analíticas, lo que permite una experiencia consolidada e integrada para ingenieros de datos, analistas de datos, científicos de datos y otros profesionales que necesitan trabajar con datos.

La empresa tecnológica de investigación y consultoría Gartner define cuatro tipos comunes de técnica analítica que las organizaciones suelen usar:

- **El análisis descriptivo**, que responde a la pregunta "¿Qué está ocurriendo en mi negocio?". Normalmente, los datos para responder a esta pregunta se crean mediante la creación de un almacenamiento de datos en el que los datos históricos se conservan en tablas relacionales para el modelado y los informes multidimensionales.

- **El análisis de diagnóstico**, que se centra en responder a la pregunta "¿Por qué sucede esto?". Esto puede implicar la exploración de información que ya existe en un almacenamiento de datos, pero normalmente conlleva una búsqueda más amplia del estado de los datos para encontrar más datos que admitan este tipo de análisis.

▶ **El análisis predictivo,** que permite responder a la pregunta "¿Qué es probable que suceda en el futuro en función de las tendencias y los patrones anteriores?".

▶ **Análisis prescriptivo**, que permite la toma de decisiones autónomas en función del análisis de los datos en tiempo real o casi en tiempo real mediante análisis predictivo.

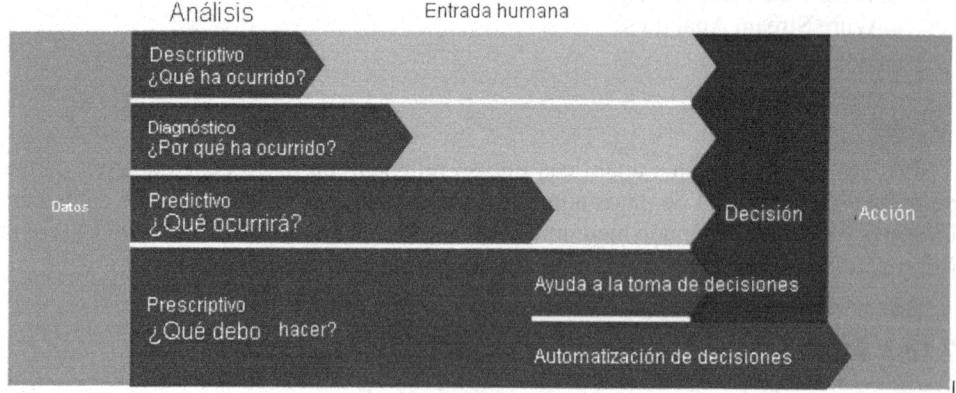

Figura 2.9. Tipos de técnicas analítica

Azure Synapse Analytics proporciona una plataforma en la nube para todas estas cargas de trabajo analíticas mediante la compatibilidad con varias tecnologías de almacenamiento, procesamiento y análisis de datos en una única solución integrada. El diseño integrado de Azure Synapse Analytics permite a las organizaciones aprovechar las capacidades y las inversiones en varias tecnologías de datos usadas habitualmente, como SQL o Apache Spark, entre otras y, al mismo tiempo, proporcionar un servicio administrado centralmente y una única interfaz de usuario coherente.

Para admitir las necesidades de análisis de las organizaciones actuales, Azure Synapse Analytics combina un servicio centralizado para el almacenamiento y el procesamiento de datos con una arquitectura extensible mediante la cual los servicios vinculados permiten integrar los almacenes de datos, las plataformas de procesamiento y las herramientas de visualización que se usan habitualmente.

Un área de trabajo de Synapse Analytics define una instancia del servicio Synapse Analytics en la que se pueden administrar los servicios y los recursos de datos necesarios para la solución de análisis. Puede crear un área de trabajo de Synapse Analytics en una suscripción de Azure de forma interactiva mediante Azure Portal o automatizar la implementación mediante Azure PowerShell, la interfaz de línea de comandos (CLI) de Azure.

Una vez creada el área de trabajo de Synapse Analytics, puede administrar los servicios en ella y realizar tareas de análisis de datos con los servicios mediante Synapse Studio (un portal basado en la web para **Azure Synapse Analytics**).

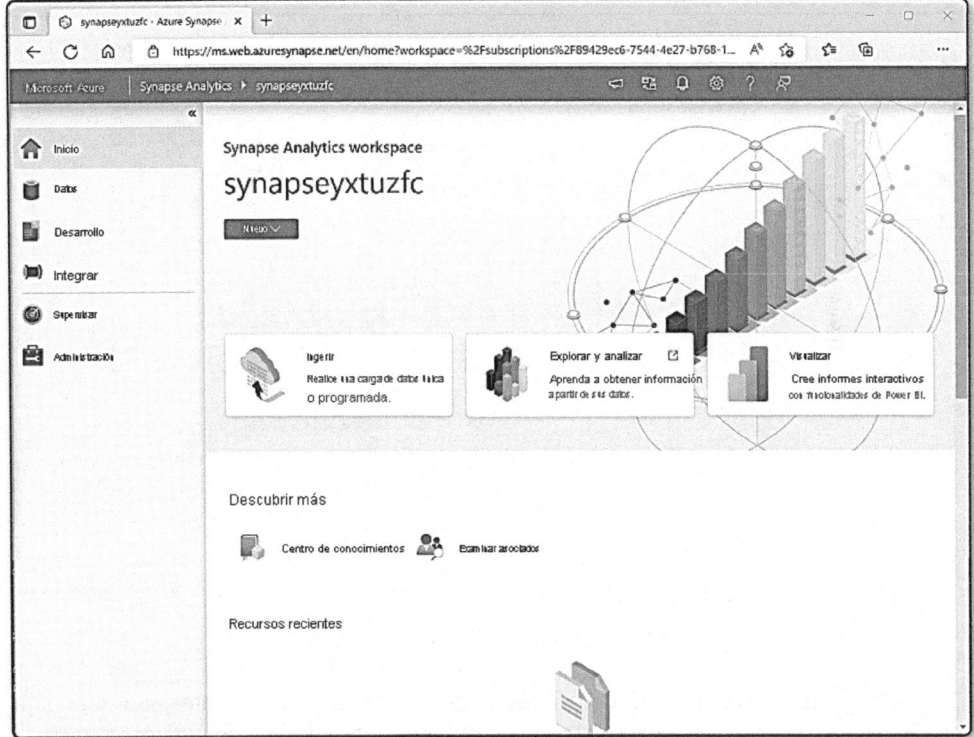

Figura 2.10. Portal de Azure Synapse Analytics

En la mayoría de las soluciones de análisis de datos empresariales, los datos se extraen de varios orígenes operativos y se transfieren a un lago de datos central o almacenamiento de datos para el análisis. Azure Synapse Analytics incluye compatibilidad integrada para crear, ejecutar y administrar canalizaciones que orquestan las actividades necesarias para recuperar datos de una variedad de orígenes, transformar los datos según sea necesario y cargar los datos transformados resultantes en un almacén analítico.

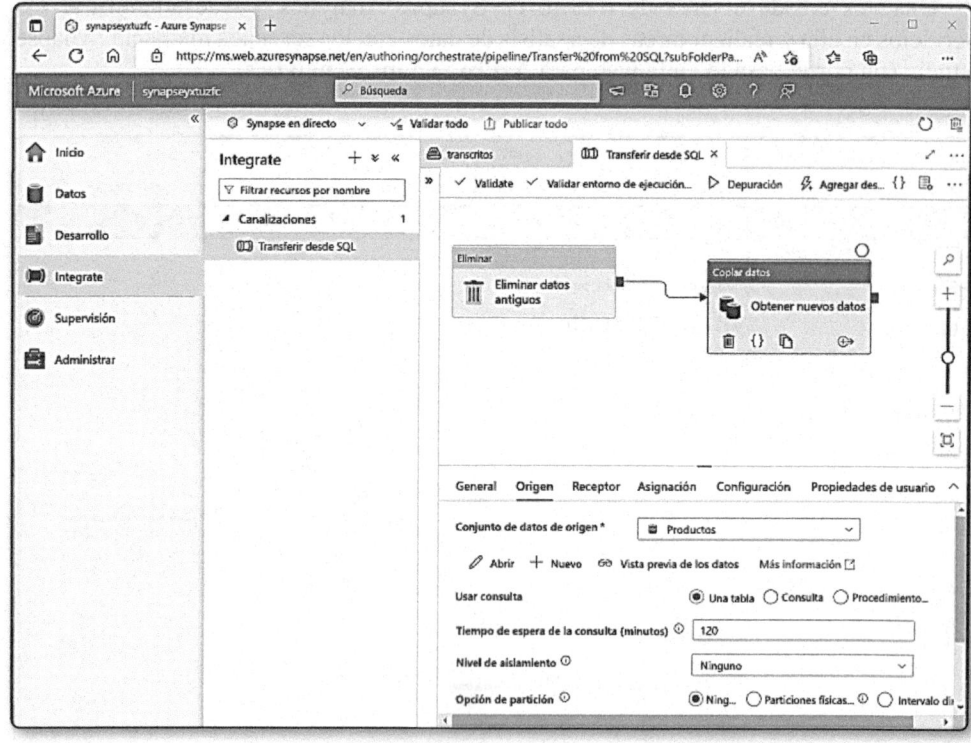

Figura 2.11. Portal de Azure Synapse Analytics

Azure Synapse Analytics se puede integrar con otros servicios de datos de Azure para soluciones de análisis integrales. Entre las soluciones integradas se incluyen:

▶ Azure Synapse Link permite la sincronización casi en tiempo real entre los datos operativos en Azure Cosmos DB, Azure SQL Database, SQL Server y Microsoft Power Platform Dataverse y el almacenamiento de datos analíticos que se puede consultar en Azure Synapse Analytics.

▶ La integración de Microsoft Power BI permite a los analistas de datos integrar un área de trabajo de Power BI en un área de trabajo de Synapse y realizar una visualización interactiva de datos en Azure Synapse Studio.

▶ La integración de Microsoft Purview permite a las organizaciones catalogar los recursos de datos en Azure Synapse Analytics y facilita a los ingenieros de datos encontrarlos y realizar un seguimiento del linaje de datos al implementar canalizaciones de datos que ingieren datos en Azure Synapse Analytics.

▶ La integración de Azure Machine Learning permite a los analistas de datos y a los científicos de datos integrar el entrenamiento y el consumo predictivos del modelo en soluciones analíticas.

2.10.4 Azure Data Lake

Uno de los recursos principales de un área de trabajo de Synapse Analytics es el lago de datos, donde los archivos de datos se pueden almacenar y procesar a gran escala. Normalmente, un área de trabajo tiene un lago de datos predeterminado, que se implementa como servicio vinculado a un contenedor de Azure Data Lake Storage Gen2.

Azure Data Lake *https://azure.microsoft.com/es-es/solutions/data-lake* es el repositorio a hiperescala de Microsoft para grandes cargas de trabajo de análisis de datos en la nube. Este servicio está construido para la nube, es compatible con HDFS (Hadoop Distributed File System) y tiene una escala sin límites con un rendimiento masivo y capacidades de grado empresarial.

Azure Data Lake resuelve muchos de los retos de productividad y escalabilidad que impiden a las organizaciones maximizar el valor de los recursos de datos con un servicio que está preparado para satisfacer sus necesidades de negocio actuales y futuras. Entre los diferentes servicios incluidos en Azure Data Lake se encuentran los siguientes:

▶ **Data Lake Analytics:** servicio de trabajos de análisis en la nube sin límites que permite desarrollar y ejecutar programas de procesamiento y transformación de datos en paralelo con los lenguajes SQL, R, Python y .Net.

▶ **HDInsight**: servicio de Apache Spark y Hadoop en la nube para empresas que proporciona clústeres de análisis de código abierto para Spark, Hive, Map Reduce, HBase, Storm, Kafka y R-Server, con el respaldo de un acuerdo de nivel de servicio del 99,9%.

▶ **Data Lake Store**: repositorio de datos en la nube sin límites que permite llevar a cabo análisis de macrodatos con el que se puede escalar de forma masiva y que se ha creado conforme al estándar abierto HDFS.

Azure Data Lake es un repositorio en la nube de Microsoft cuya capacidad de almacenamiento puede ajustarse (escalar o reducir) tanto como sea necesario, facilita la ejecución de procesamientos y análisis de datos con varios lenguajes de programación y permite la integración a plataformas de código abierto. Tener un repositorio con estas características es una solución rentable para las empresas que buscan maximizar la productividad de sus recursos, reducir costes de mantenimiento, optimizar los tiempos de análisis de los datos y proporcionar más seguridad a la información.

Similar a otras plataformas de la suite de Microsoft, Azure Data Lake se conecta con Azure Data Factory, Azure Synapse Analytics y Power BI lo cual permite que los equipos de inteligencia empresarial integren completamente sus plataformas de ingesta, almacenamiento, análisis exploratorios y visualización avanzada de sus datos en un mismo sitio.

La fuente de datos y principal sistema de almacenamiento en Azure para cualquier Data Lake es ADLS (Azure Data Lake Storage). ADLS Gen2 extiende la funcionalidad del almacenamiento de objetos de Azure Blob Storage *https://azure.microsoft.com/*

en-us/services/storage/blobs y lo convierte en un sistema de ficheros compatible con los conectores de Hadoop. Tiene un coste por uso y una escalabilidad prácticamente ilimitada.

2.10.5 Azure Data Lake Storage Gen2

Muchas organizaciones han dedicado las dos últimas décadas a crear almacenamientos de datos y soluciones de inteligencia empresarial (BI) basados en sistemas de bases de datos relacionales. Muchas soluciones de inteligencia empresarial (BI) han perdido la oportunidad de almacenar datos no estructurados debido al costo y la complejidad de estos tipos de datos y bases de datos.

Los lagos de datos se han convertido en una solución común a este problema. Un lago de datos proporciona almacenamiento basado en archivos, normalmente en un sistema de archivos distribuido que admite una alta escalabilidad para grandes volúmenes de datos. Las organizaciones pueden almacenar archivos estructurados, semiestructurados y no estructurados en el lago de datos y, después, consumirlos desde ahí en tecnologías de procesamiento de macrodatos, como Apache Spark.

Azure Data Lake Storage Gen2 proporciona una solución basada en la nube para el almacenamiento en lago de datos en Microsoft Azure y sustenta muchas soluciones de análisis a gran escala basadas en Azure.

Azure Data Lake Storage combina un sistema de archivos con una plataforma de almacenamiento para ayudar a identificar rápidamente conclusiones en los datos. Data Lake Storage se basa en la funcionalidad de Azure Blob Storage y lo optimiza específicamente para cargas de trabajo de análisis. Esta integración facilita el rendimiento analítico, las capacidades de administración del ciclo de vida de los datos y los niveles de Blob Storage y las capacidades de alta disponibilidad, seguridad y durabilidad de Azure Storage. Entre las características más relevantes de este servicio están:

- La optimización del rendimiento del análisis de los datos dado que distribuye los archivos en servidores individuales.

- La escalabilidad ilimitada del almacenamiento, manejabilidad, seguridad y alta disponibilidad de los datos al preparar copias redundantes que garanticen su recuperación si se presentan fallos.

- La semántica del sistema de archivos distribuido compatible con el ecosistema Hadoop y el empleo de API REST.

Por su parte, Azure Data Lake Storage Gen2, además de incorporar las funcionalidades de Azure Data Lake Storage Gen ofrece:

- Nuevas funcionalidades de análisis de macrodatos con integración a Azure Databricks.

▸ Un sistema de almacenamiento en niveles de bajo costo basado en Azure Blob Storage.

▸ Un espacio de nombres jerárquico para organizar los archivos y la estructura jerárquica de los directorios.

▸ Un nuevo controlador optimizado, Azure Blob Filesystem (ABFS), para el análisis de macrodatos.

Azure Data Lake Storage Gen2 no es un servicio de Azure independiente, sino una funcionalidad configurable de Azure Storage V2 (de uso general V2). Para habilitar Azure Data Lake Storage Gen2 en una cuenta de Azure Storage, puede seleccionar la opción Habilitar el espacio de nombres jerárquico en la página Opciones avanzadas cuando cree la cuenta de almacenamiento en Azure Portal:

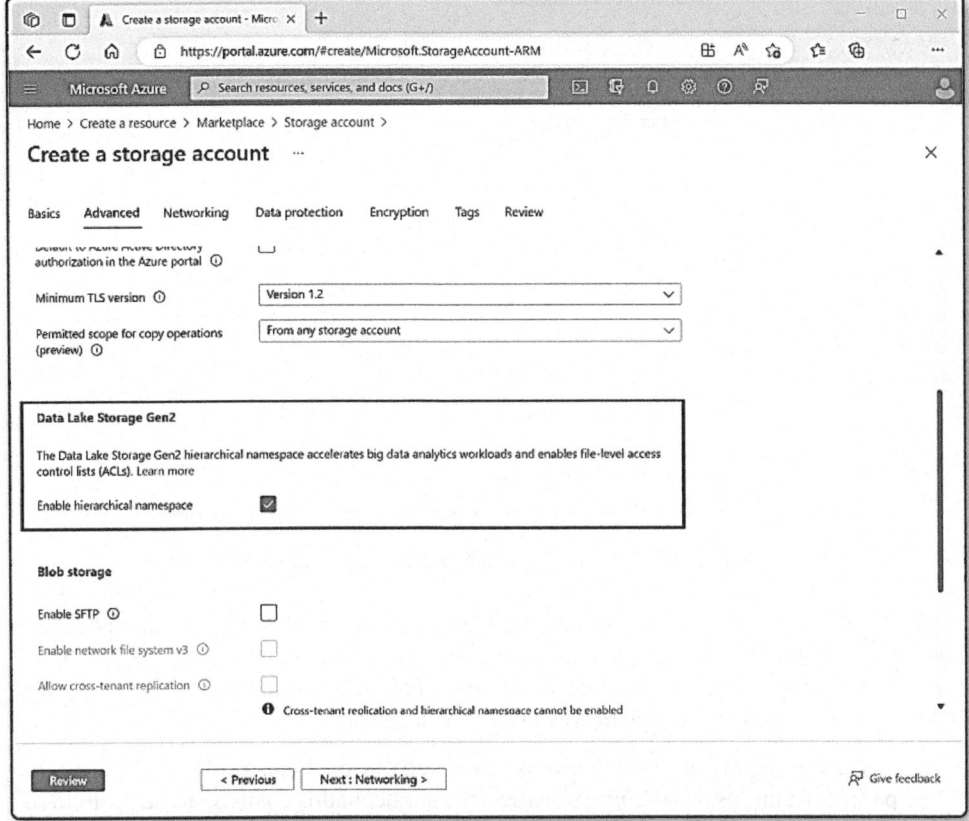

Figura 2.12. Habilitar el servicio de Azure Data Lake Storage Gen2

Como alternativa, si ya tiene una cuenta de Azure Storage y desea habilitar la funcionalidad de Azure Data Lake Storage Gen2, puede usar el asistente Actualización de Data Lake Gen2 en la página del recurso de la cuenta de almacenamiento en Azure Portal.

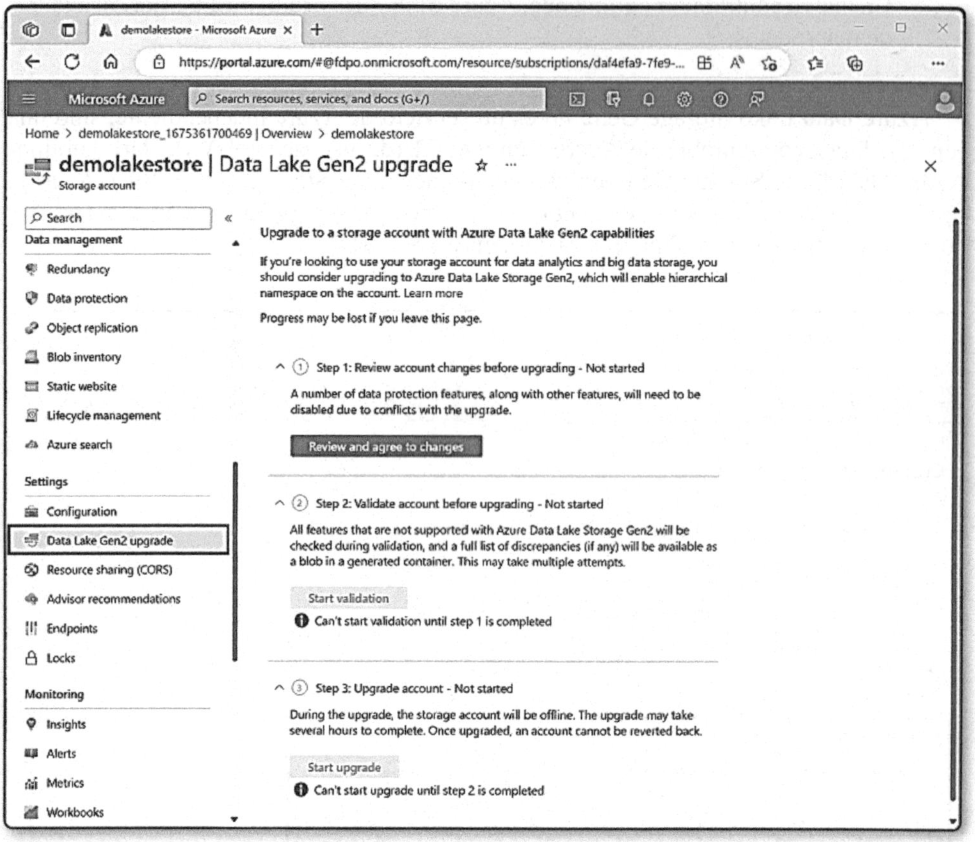

Figura 2.13. Asistente de actualización de Data Lake Gen2

Data Lake Storage está diseñado para afrontar esta variedad y este volumen de datos a escala de exabytes, a la vez que administra un procesamiento de cientos de gigabytes. Esto permite usar Data Lake Storage Gen2 como base para soluciones en tiempo real y de lotes. Entre las principales **ventajas** podemos destacar:

- **Acceso compatible con Hadoop.** Una ventaja de Data Lake Storage es que permite tratar los datos como si estuvieran almacenados en un Sistema de archivos distribuido de Hadoop (HDFS). Con esta característica, se pueden almacenar los datos en un solo lugar y acceder a ellos a través de tecnologías informáticas que incluyen Azure Databricks, Azure HDInsight y Azure Synapse Analytics sin mover los datos entre entornos. El ingeniero de datos también puede usar mecanismos de almacenamiento, como el formato parquet, que consigue una elevada compresión y funciona bien en varias plataformas usando un almacenamiento en columnas interno.

▶ **Seguridad**. Data Lake Storage admite listas de control de acceso (ACL) y permisos POSIX (interfaz de sistema operativo portable) que no heredan los permisos del directorio primario. De hecho, puede establecer permisos en el nivel de directorio o de archivo para los datos almacenados en el lago de datos, lo que proporciona un sistema de almacenamiento mucho más seguro. Esta seguridad se puede configurar usando tecnologías como Hive y Spark, o utilidades como el Explorador de Azure Storage, que se ejecuta en Windows, macOS y Linux. Todos los datos almacenados se cifran en reposo mediante claves administradas por el cliente o por Microsoft.

▶ **Rendimiento.** Azure Data Lake Storage organiza los datos almacenados en una jerarquía de directorios y subdirectorios muy similar a un sistema de archivos para facilitar la navegación. Como resultado, el procesamiento de datos requiere menos recursos informáticos, lo que reduce el tiempo y el costo.

▶ **Redundancia de datos.** Data Lake Storage aprovecha los modelos de replicación de Azure Blob que proporcionan redundancia de datos en un solo centro de datos con almacenamiento con redundancia local (LRS), o bien en una región secundaria mediante la opción de almacenamiento con redundancia geográfica (GRS). Esta característica garantiza que los datos estén siempre disponibles y protegidos si se produce una catástrofe.

2.10.6 Azure Data Lake Analytics

Es un servicio escalable de análisis de macrodatos por demanda. Se integra con Visual Studio por lo que soporta varios lenguajes de programación como C#, .NET, Python, R para desarrollar flujos de procesamiento y transformación simultáneamente con código propio. Adicionalmente, trabaja con el lenguaje de consultas U-SQL para visualizar el rendimiento del entorno de ejecución y detectar cuellos de botella. Como características relevantes encontramos:

▶ La simplificación del análisis de macrodatos, ya que no requiere de una infraestructura, ni servidores o clústeres que administrar.

▶ La facilidad de escalar la carga de procesamiento de forma transparente, puesto que basta con actualizar la cantidad de unidades de análisis.

▶ La disponibilidad de bibliotecas analíticas compatibles con una variedad de lenguajes de programación que enriquecen el análisis de los datos y las consultas con lenguaje U-SQL.

Adicionalmente a estos dos servicios, Microsoft también ofrece:

▶ **Azure HDInsight,** trata de un servicio de código abierto construido sobre componentes de Hadoop que permite crear clústeres optimizados para realizar consultas interactivas sobre los datos almacenados en el Data Lake.

▶ **Azure Synapse Analytics**, trata de un servicio de análisis con un enfoque híbrido dado que incluye elementos de los Data Warehouses y de los Data Lakes. Proporciona un motor SQL y Apache Spark para realizar consultas SQL sobre grandes cantidades de datos.

2.10.7 Aws Data Lake

Amazon Web Services (AWS) proporciona varias opciones para implementar nuestro Data Lake empresarial. Estos lagos se componen de varias tecnologías que podemos dividir por categorías.

▶ Como fuente de datos, **Amazon S3 (Simple Storage Service)** se encuentra en el centro de cualquier sistema de AWS. Este servicio de almacenamiento de objetos proporciona la durabilidad y escalabilidad necesaria.

▶ Por otro lado, **Amazon Redshift** permite desplegar un data warehouse como servicio. Usa SQL para las consultas y es totalmente compatible con S3 como capa de almacenamiento en varios formatos. Además, nos permite procesar los datos almacenados con streams.

▶ Si queremos un servicio en el que desplegar tecnologías open source del ecosistema Hadoop, podemos usar **Amazon EMR (Elastic MapReduce)**, que nos proporciona clusters flexibles.

2.10.8 Snowflake

Snowflake *https://www.snowflake.com/es* es un sistema de gestión de bases de datos en la nube que se utiliza para el almacenamiento y análisis de datos. Entre las principales **características** podemos destacar:

▶ **Arquitectura en la nube**: Snowflake opera completamente en la nube, lo que permite escalabilidad automática y elástica de los recursos de almacenamiento y cómputo.

▶ **Almacenamientos separado de cómputo:** Snowflake utiliza un modelo de almacenamiento separado de cómputo, lo que facilita la escalabilidad y permite que el almacenamiento y la computación se escalen independientemente.

▶ **Multi-Cloud y Multi-Region**: soporta implementaciones multi-cloud, lo que significa que puedes ejecutar Snowflake en varias plataformas de nube. También es multi-región, permitiendo distribuir datos en diferentes regiones.

▼ **Seguridad y cumplimiento**: proporciona robustas características de seguridad, incluyendo cifrado de datos en reposo y en tránsito, autenticación de dos factores y cumplimiento de normativas de seguridad.

▼ **Administración de datos semi estructurados y estructurados**: Snowflake es capaz de manejar tanto datos estructurados como semiestructurados, facilitando la gestión de datos de diferentes formatos.

▼ **Compartición de datos**: permite compartir datos entre diferentes cuentas de Snowflake sin tener que replicar físicamente los datos.

▼ **Virtual Data Warehouse:** facilita la creación de almacenes de datos virtuales, permitiendo la ejecución de consultas analíticas complejas sin afectar el rendimiento de otros procesos.

Entre los principales **casos de uso** podemos destacar:

▼ **Análisis de datos en tiempo real:** Snowflake es adecuado para casos de uso que requieren análisis de datos en tiempo real debido a su capacidad de escalabilidad y procesamiento paralelo.

▼ **Almacenamiento y análisis de grandes volúmenes de datos**: es utilizado para el almacenamiento y análisis de grandes volúmenes de datos, gracias a su arquitectura en la nube que permite el escalado horizontal.

▼ **Business Intelligence (BI) y Reporting:** Snowflake se integra bien con herramientas de BI, lo que facilita la creación de informes y paneles de control basados en datos.

▼ **Data Warehousing:** su capacidad para manejar grandes almacenes de datos virtuales lo hace adecuado para casos de uso de data warehousing.

▼ **Ciencia de datos y Machine Learning:** Snowflake proporciona un entorno adecuado para realizar análisis de datos avanzados, ciencia de datos y entrenamiento de modelos de machine learning.

▼ **Integración con Herramientas de ETL**: puede integrarse fácilmente con herramientas de ETL (Extract, Transform, Load) para facilitar la carga y transformación de datos.

2.11 DATA LAKEHOUSE

Partiendo desde los Data Lakes, emerge un nuevo tipo de arquitectura llamado el **Data Lakehouse**, que busca solucionar los problemas anteriormente mencionados fusionando las principales ventajas de los Data Lakes y los Data Warehouses.

Un Data Lakehouse debe ser capaz de almacenar información estructurada y no estructurada, contar con características de gestión similares a las de un Data Warehouse y operar directamente en los sistemas de almacenamiento de bajo coste usados en los Data Lakes. Entre las principales características de un Data Lakehouse podemos destacar:

- **Apoyarse en un Data Lake.** Almacenar todo tipo de información en sistemas de almacenamiento de bajo coste, como Amazon S3, Azure Blob Storage o Google Cloud.

- **Aportar calidad y fiabilidad a los datos almacenados.** Implantar sistemas que garanticen la coherencia de los datos cuando se escriban o lean, desde varias fuentes y de manera simultánea.

- **El uso de catálogos y esquemas aportando mecanismos de gobernanza y auditoría.** Permitir DML mediante múltiples lenguajes, almacenar historiales de registros sobre los cambios realizados y los datos. Además de generar snapshots de los datos y controles de acceso basado en roles.

- **Soporte para que herramientas de BI trabajen directamente sobre la fuente de los datos**, reduciendo latencias y costes al no tener que mantener dos copias tanto en Data Lake como en el Warehouse.

- **Facilitar el intercambio de información entre plataformas,** haciendo uso de formatos de código abierto como parquet y ORC, ofreciendo APIs para el acceso eficiente a los datos.

- **Tipos de datos extendidos (Extended data):** Data Lakehouse tienen acceso a una gama más amplia de datos que los data warehouse, lo que les permite acceder a registros, audio, video y archivos del sistema.

- **Transmisión de datos (Data streaming):** permite a las empresas realizar informes en tiempo real al admitir análisis de transmisión. Especialmente cuando se usa con productos de integración de transmisión de datos como Striim en conjunto.

- **Esquemas**: a diferencia de los Data Lakes, Data Lakehouse aplica esquemas a los datos, lo que ayuda en la estandarización de grandes volúmenes de datos.

- **Soporte de Business Intelligence y Data Science**: los profesionales de BI y análisis pueden compartir el mismo repositorio de datos. Dado que los datos de un Data Lakehouse pasan por la limpieza y la integración, son útiles para el análisis. Además, puede almacenar datos más actualizados que un data warehouse. Esto mejora la calidad de los procesos de BI.

- **Compatibilidad con transacciones**: pueden manejar transacciones simultáneas de escritura y lectura. Por lo tanto, pueden trabajar con varias canalizaciones de datos.

- **Apertura**: Data Lakehouse admite formatos de almacenamiento abiertos (p. ej., Parquet). De esta forma, los profesionales de datos pueden usar R y Python para acceder a ellos fácilmente.

- **Desacoplamiento de procesamiento/almacenamiento**: un Data Lakehouse reduce los costos de almacenamiento mediante el uso de clústeres que se ejecutan en hardware económico. Puede ofrecer almacenamiento de datos en un clúster y ejecución de consultas en un clúster separado. Este desacoplamiento de procesamiento y almacenamiento puede ayudar a aprovechar al máximo los recursos.

Muchas organizaciones suelen implementar soluciones basadas en Data warehouse y Data Lakes con mucho éxito. Sin embargo, en ocasiones aparecen ciertos problemas en ciertos casos.

- ▶ **Duplicación de datos:** si una empresa utiliza varios Data Warehouses y un Data Lake, está obligada a crear redundancia de datos, cuando la misma pieza de datos se almacena en dos o más lugares separados. No solo es ineficiente, sino que también puede causar inconsistencia en los datos (cuando los mismos datos se almacenan en diferentes versiones en más de una tabla). Un Data Lakehouse puede ayudar a consolidar todo, eliminar copias adicionales de datos y crear una única versión de la verdad para la empresa.

- ▶ **Doble enfoque**: los Data scientists usan técnicas de análisis en Data Lakes para analizar datos no clasificados, mientras que los analistas de BI usan un Data Warehouse. Un Data Lake House ayuda a ambos equipos a trabajar en un repositorio único y compartido. Esto ayuda a reducir los silos de datos.

- ▶ **Caducidad de los datos:** según una encuesta de Exasol, el 58% de las empresas toman decisiones basadas en datos desactualizados. data warehouse generalmente hay retos a la hora de procesar y actualizar constantemente los datos en tiempo real. Un Data Lakehouse admite una integración confiable y conveniente de transmisión en tiempo real junto con el procesamiento por lotes. Esto asegura que los analistas siempre puedan usar los datos más recientes.

2.11.1 Ventajas de un Data Lakehouse

Además de combinar la estructura de datos y las características de administración de un Data Warehouse con el almacenamiento y la flexibilidad de bajo costo de un Data Lake. Algunos de los beneficios de un Data Lakehouse incluyen:

- ▶ **Reducción de la redundancia de datos:** un Data Lakehouse reduce la duplicación de datos al proporcionar una única plataforma de almacenamiento de datos multiusos para satisfacer todas las demandas de datos comerciales. Debido a las ventajas de un data warehouse y data lake, la mayoría de las empresas optan por una solución híbrida. Sin embargo, este enfoque podría dar lugar a la duplicación de datos, lo que puede resultar costoso.

- ▶ **Rentabilidad**: los Data Lakehouse implementan las funciones de almacenamiento rentables de los data lake mediante el uso de opciones de almacenamiento de objetos de bajo costo. Además, Data Lakehouse elimina los costos y el tiempo de mantener múltiples sistemas de almacenamiento de datos al brindar una única solución.

▶ **Compatibilidad con una variedad más amplia de cargas de trabajo**: un Data Lakehouse ofrece acceso directo a algunas de las herramientas de inteligencia comercial más utilizadas como Tableau y PowerBI para permitir análisis avanzados. Además, un Data Lakehouse usa formatos de datos abiertos como Parquet y bibliotecas de aprendizaje automático, incluido Python/R, lo que facilita que los científicos de datos y los ingenieros de aprendizaje automático utilicen los datos.

▶ **Facilidad de control de versiones, gobierno y seguridad de los datos**: la arquitectura Data Lakehouse hace cumplir el esquema y la integridad de los datos, lo que facilita la implementación de mecanismos sólidos de seguridad y gobierno de datos.

▶ **Flexibilidad**: al combinar características de un data lake y un data warehouse, ofrece una arquitectura altamente flexible. Puedes almacenar datos en su formato nativo sin tener que preocuparte por el esquema de datos, lo que facilita la integración de datos de diferentes fuentes. Además, puedes transformar, procesar y consultar los datos en tiempo real sin tener que moverlos a otra ubicación.

▶ **Escalabilidad**: un data lake house te permite escalar vertical y horizontalmente según tus necesidades. Puedes agregar más recursos de almacenamiento y procesamiento para manejar mayores volúmenes de datos y consultas más complejas. Además, puedes agregar nuevas fuentes de datos sin preocuparte por la capacidad de almacenamiento.

▶ **Eficiencia**: al evitar la necesidad de mover datos entre diferentes sistemas de almacenamiento y procesamiento, un data lake house puede reducir significativamente los tiempos de procesamiento y aumentar la eficiencia. También puedes utilizar motores de procesamiento distribuido, como Apache Spark, para procesar grandes volúmenes de datos en paralelo y acelerar el tiempo de procesamiento.

▶ **Coste**: al evitar la necesidad de mover datos entre diferentes sistemas de almacenamiento y procesamiento, un data lake house puede reducir significativamente el coste de almacenamiento y procesamiento.

2.11.2 Capas de un Data Lakehouse

El concepto de "Data LakeHouse" combina las características de un Data Lake con las ventajas de un Data Warehouse, creando así una infraestructura integral para el almacenamiento, procesamiento y análisis de datos a gran escala. Las capas principales de un Data Lakehouse incluyen:

▶ **Capa de ingestión.** La primera capa extrae datos de múltiples fuentes de datos y los entrega a la capa de almacenamiento. La capa utiliza diferentes protocolos para vincularse a una variedad de fuentes externas e internas, como aplicaciones de CRM, bases de datos relacionales y bases de datos NoSQL.

- **Capa de almacenamiento.** Almacena formatos de archivo de código abierto para almacenar datos no estructurados, semi estructurados y estructurados. Los Data Lakehouse están diseñados para aceptar todo tipo de datos como objetos en almacenes de objetos asequibles (por ejemplo, AWS S3). Puede usar formatos de archivo abiertos para leer estos objetos a través de las herramientas del cliente. Como resultado, los componentes de la capa de consumo y diferentes API pueden acceder y trabajar con los mismos datos.
- **Capa de metadatos.** Es un catálogo unificado que abarca los metadatos de los objetos del Data Lake. Esta capa proporciona las funciones de almacenamiento de datos a las que se puede acceder en los sistemas de administración de bases de datos relacionales (RDBMS). Por ejemplo, puede crear tablas, implementar upserts y definir funciones que mejoren el rendimiento de RDBMS.
- **Capa API.** Esta capa se utiliza para alojar diferentes API para permitir que los usuarios finales procesen tareas rápidamente y aprovechen los análisis avanzados. Esta capa produce un nivel de abstracción que permite a los consumidores y desarrolladores obtener el beneficio del uso de una gran cantidad de lenguajes y bibliotecas. Estas API y bibliotecas están optimizadas para consumir sus activos de datos en su capa de Data Lake (ejemplo: las API de DataFrames en Apache Spark).
- **Capa de consumo de datos.** Esta capa se utiliza para albergar diferentes herramientas y aplicaciones. Las aplicaciones cliente pueden usar la arquitectura de Data Lake House para acceder a los almacenes de datos en el Data Lake. Los empleados dentro de una empresa pueden usar el mismo, para realizar diferentes actividades de análisis, como consultas SQL, tableros de BI y visualización de datos.
- **Capa de análisis y visualización**: aquí es donde se realizan análisis avanzados sobre los datos almacenados en el Data Lake House para obtener insights significativos. Incluye herramientas de Business Intelligence (BI), análisis de datos, machine learning y visualización de datos que permiten a los usuarios explorar y comprender los datos de manera efectiva.
- **Capa de orquestación y gestión**: esta capa se encarga de coordinar y gestionar las distintas tareas y procesos dentro del Data Lakehouse. Incluye herramientas de orquestación de flujos de trabajo, programación y monitoreo para garantizar la eficiencia y disponibilidad de la infraestructura.

Estas capas ofrecen una infraestructura completa para la gestión y análisis de datos en un entorno empresarial moderno, permitiendo a las organizaciones aprovechar su información para tomar decisiones informadas y estratégicas.

2.11.3 Arquitectura de un Data Lakehouse

La arquitectura de un Data Lakehouse combina elementos de un Data Warehouse y un Data Lake. Un Data Lakehouse se compone de un almacenamiento escalable y eficiente de datos en bruto, sin procesar. También, consta de una capa de procesamiento de datos flexible y escalable y de una capa de servicios para proporcionar un acceso controlado a los datos.

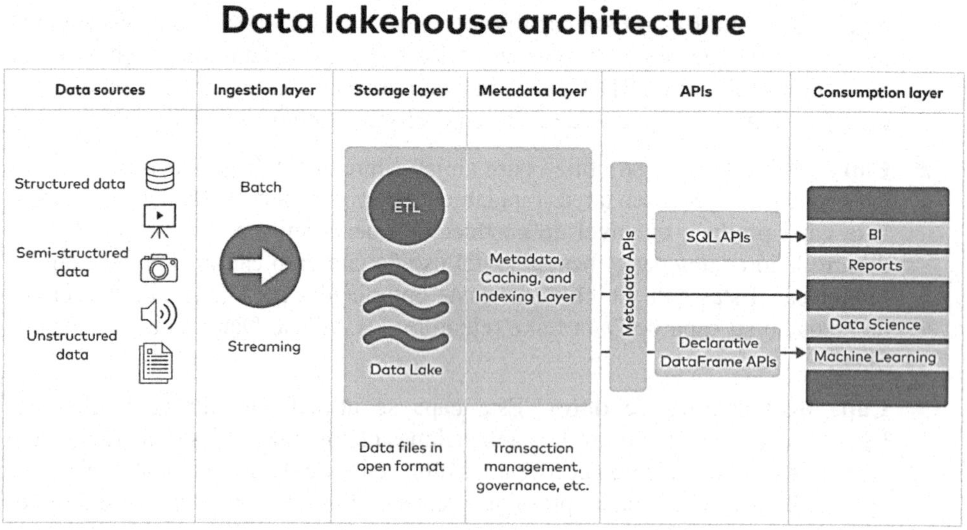

Figura 2.14. Arquitectura de un Data Lakehouse

- **Capa de almacenamiento**: contiene los datos en su formato nativo y están organizados por temas o dominios de negocio. El almacenamiento de datos se basa en una infraestructura de almacenamiento distribuida que puede escalar horizontalmente a medida que aumenta la cantidad de datos. Generalmente, serán servicios como ADLS en Azure y S3 en AWS.

- **Capa de procesamiento de datos**: proporciona la capacidad de procesar grandes cantidades de datos de forma paralela y distribuida. Esta capa utiliza tecnologías como Apache Spark o Apache Flink para procesar los datos y transformarlos en información valiosa. La capa de procesamiento de datos se ejecuta en un clúster de procesamiento distribuido y escalable que puede ajustarse en función de la carga de trabajo, por ejemplo, usando Databricks.

- **Capa de servicios**: proporciona una capa de abstracción que permite a los usuarios acceder a los datos de forma segura y controlada. Esta capa incluye tecnologías como Apache Hive o Presto para permitir el acceso a los datos mediante SQL, y tecnologías de virtualización de datos para proporcionar acceso a los datos a través de APIs RESTful.

2.11.4 Herramientas para implementar un Data Lakehouse

Para implementar un Data Lakehouse, se necesita un conjunto de tecnologías y herramientas que permitan integrar, procesar y analizar los datos. Las opciones de almacenamiento para un Data Lake House pueden variar desde sistemas de almacenamiento de archivos distribuidos como HDFS o Amazon S3 hasta bases de datos columnares como Snowflake *https://www.snowflake.com*.

Por otro lado, Spark es una tecnología ampliamente utilizada para procesamiento de datos en tiempo real y batch en un Data Lakehouse. Otras herramientas populares incluyen Apache Flink para streaming y Apache Beam.

También necesitaremos herramientas de orquestación de flujo de trabajo e integración de datos. Algunas opciones son Apache Airflow, Apache Nifi y Apache Kafka. La elección de las herramientas y tecnologías adecuadas dependerá de las necesidades específicas de la empresa y de los datos que se estén procesando. Es muy importante conocer estas tecnologías para diseñar una solución adecuada y adaptada a estas necesidades.

Si lo analizamos desde su uso, **Snowflake** se destaca en el **almacenamiento** y **procesamiento de datos en la nube**, ofreciendo escalabilidad y rendimiento. Por otra parte, también disponemos de soluciones como **Databricks**, basado en Apache Spark, que se trata de una herramienta ideal para **análisis avanzado y procesamiento de datos distribuido.** La decisión final dependerá de si se priorizan más las capacidades de almacenamiento y consulta (Snowflake) o el análisis y procesamiento avanzado (Databricks).

Aunque tanto Data Lakehouse como Data Warehouse son arquitecturas de almacenamiento de datos, existen algunas diferencias clave entre ellas. Conocerlas es esencial para que escojas la solución que mejor encaje con tu empresa.

El **Data Warehouse** es la tecnología de almacenamiento de big data con mayor antigüedad, con una larga historia en aplicaciones de inteligencia comercial, informes y análisis. Sin embargo, tienden a requerir una mayor inversión y problemas con los datos no estructurados, como la transmisión y la variedad de datos.

- ▶ Los **Data Lakes** o lagos de datos por su parte, surgieron para manejar datos sin procesar en varios formatos en almacenamiento económico para cargas de trabajo de ciencia de datos y aprendizaje automático (machine learning and data science workloads). Y aunque los Data Lakes funcionan bien con datos no estructurados, carecen de las funciones transaccionales ACID de los Data Warehouse, lo que dificulta garantizar la coherencia y la confiabilidad de los datos.

- ▶ El **Data LakeHouse** es la arquitectura de almacenamiento de datos más reciente que combina la rentabilidad y la flexibilidad de los lagos de datos con la confiabilidad y consistencia de los almacenes de datos. Por lo tanto, un Data Lakehouse integra y unifica un Data Warehouse y un Data Lake para combinar lo mejor de ambos mundos y construir de manera flexible y elástica un ecosistema que respalde sin problemas la inteligencia empresarial y los informes, la ciencia de los datos y la ingeniería de datos, el aprendizaje automático e IA.

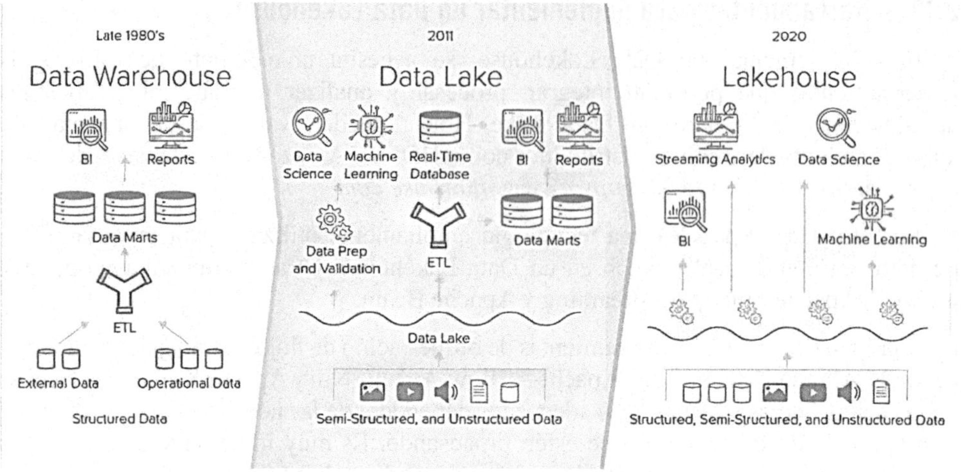

Figura 2.15. Data Warehouse vs Data Lake vs Data Lakehouse

Esta tabla resume las diferencias entre Data Warehouse, Data Lake y Data Lakehouse:

	Data Warehouse	Data Lake	Data Lakehouse
Tipo de datos de almacenamiento	Funciona bien con datos estructurados.	Funciona bien con datos semiestructurados y no estructurados.	Puede manejar datos estructurados, semiestructurados y no estructurados.
Objetivo	Óptimo para casos de uso de análisis de datos e inteligencia empresarial (BI).	Adecuado para cargas de trabajo de aprendizaje automático (ML) e inteligencia artificial (IA).	Adecuado tanto para análisis de datos como para cargas de trabajo de aprendizaje automático.
Costes	El almacenamiento es costoso y requiere mucho tiempo.	El almacenamiento es rentable, rápido y flexible.	El almacenamiento es rentable, rápido y flexible.
Cumplimiento ACID	Registra datos de manera compatible con ACID para garantizar los más altos niveles de integridad.	Cumplimiento no ACID: las actualizaciones y eliminaciones son operaciones complejas.	Cumple con ACID para garantizar la coherencia ya que varias partes leen o escriben datos al mismo tiempo.

▶ **Estructura de datos**: en un data warehouse, los datos se estructuran antes de su almacenamiento. Se busca que sean homogéneos, incluso si su volumen es grande, para facilitar el posterior análisis. Mientras tanto, en un lakehouse se guardan en bruto y sin una estructura definida.

▶ **Procesamiento de datos**: los datos, en el caso de un warehouse, se procesan antes de almacenarse para asegurar su calidad e integridad. En el caso de un Data Lake, no se realiza este procedimiento porque se quiere garantizar que los análisis que se hagan sean flexibles.

▶ **Escalado**: la escalabilidad es uno de los rasgos distintivos de un Lakehouse, algo que es esencial hoy en día. Esto se debe a que el big data ha ido ganando importancia con el paso de los años. Por tanto, conviene tener la posibilidad de adaptarse al aumento en el volumen de los datos.

▶ **Herramientas de análisis**: las herramientas de análisis utilizadas en un data warehouse están, por regla general, especializadas. Esto hace que sean costosas de adquirir y mantener a largo plazo. Al fin y al cabo, tienes que abonar regularmente las licencias y hacer frente a otros gastos. Sin embargo, esto no ocurre con las soluciones de Data Lake y Data Lakehouse ya que suelen tener alternativas de código abierto sin tener que pagar licencias.

La elección de qué arquitectura de almacenamiento de big data elegir dependerá en última instancia del tipo de datos con los que esté tratando, la fuente de datos y cómo las partes interesadas utilizarán los datos.

2.12 PARADIGMA ACTUAL

En la actualidad, la mayoría de las organizaciones han adoptado arquitecturas en las que es muy común encontrarse con el uso de múltiples sistemas de análisis, incluyendo uno o varios Data Warehouses, Data Marts, un Data Lake y otros sistemas especializados. Los principales problemas de este tipo de arquitecturas son:

▶ **Costes, por el movimiento de datos entre sistemas.** Los Data Lakes están preparados para poder almacenar un alto volumen de datos a bajo precio, pero no cuentan con capacidad de procesamiento. Para superar la falta de rendimiento y refinar la calidad de los datos, se utilizan ETL (Extract/Transform/Load) para copiar un subconjunto de los datos del Data Lake a un Data Warehouse. Esta arquitectura dual requiere de sistemas de ETLs y ELTs, donde mantener la coherencia entre el Data Lake y el Data Warehouse es un proceso tedioso y costoso.

▶ **Dificultad para intercambiar información entre sistemas.** Los Data Warehouses usan formatos propios que provocan costes adicionales a la hora de migrar datos y flujos de trabajo. En general, es habitual que únicamente se permita el acceso mediante SQL, complicando ejecutar otros sistemas de análisis como el Machine Learning. En la actualidad, la mayoría de los frameworks de Machine Learning como **TensorFlow** *https://www.tensorflow.org*, **PyTorch** *https://pytorch. org* y **XGBoost** *https://xgboost.readthedocs.io/en/stable* tienen problemas de integración al montarse sobre un Data Warehouse.

APACHE NIFI

3.1 INTRODUCCIÓN

Apache NiFi *https://nifi.apache.org* es un sistema distribuido dedicado a extraer, transformar y cargar datos (ETL). Es un proyecto open source desarrollado y mantenido por Apache Software Foundation. En la web del proyecto podemos encontrar la siguiente definición: **"An easy to use, powerful, and reliable system to process and distribute data"**.

NiFi se ha diseñado para poder automatizar de una manera eficiente y visual los flujos de datos entre distintos sistemas: ingesta, enrutado y gestión. Para ello, cuenta con más de 300 conectores externos ya implementados y además es posible añadir conectores que se hayan desarrollado a medida. Las unidades de procesamiento o carga de datos se denominan **processors** y se pueden extender con funcionalidad personalizada.

Aunque se pueda considerar una herramienta ETL, NiFi no está realmente optimizada para realizar transformaciones de datos complejas. Es posible realizar transformaciones de datos más o menos simples, pero no es un motor de transformaciones batch completo. A pesar de este aspecto, es común su integración en sistemas Big Data, ya que ofrece muchas ventajas como herramienta de automatización de ingestas de datos y para realizar transformaciones sencillas.

Permite definir flujos o topologías de una forma visual, muy sencilla e intuitiva a la vez que flexible para ETLs. Para ello, define un modelo de programación basado en flujos de datos, donde podemos definir aplicaciones como un conjunto de procesos que intercambian datos utilizando mensajes los cuales se envían entre conexiones predefinidas. Entre sus **características** principales destacamos:

▼ Flujos de datos escalables.

▼ Procesadores personalizados.

▼ Ingesta de datos en streaming.

▼ Uso del paradigma de programación basado en flujos.

▼ Define las aplicaciones como grafos acíclicos dirigidos (DAG) a través de conexiones que envían mensajes.

Entre los principales **casos de uso** podemos destacar:

▼ Transferencias de datos entre sistemas, por ejemplo, de JSON a una base de datos, de un FTP a Hadoop.

▼ Preparar y enriquecer los datos.

▼ Conversión de datos entre formatos.

3.2 COMPONENTES DE APACHE NIFI

Apache NiFi es una plataforma potente y flexible para la automatización de flujos de datos. Sus principales componentes se agrupan en varias categorías clave que ayudan a gestionar y procesar los datos de manera eficiente y segura. A continuación, se describen los componentes más importantes de Apache NiFi:

▼ **WorkFlow**: el workflow es la definición del flujo de datos que se implementa e indica la forma en la que se deben gestionar los datos.

▼ **Flowfile**: es el paquete de datos que viaja por el flow entre los procesadores. Está compuesto por un puntero al propio dato o contenido (un array de bytes) y metadatos asociados llamados atributos. Los atributos son pares clave-valor editables y NiFi los usa para enriquecer la información. Los metadatos más importantes son el identificador (uuid), el nombre del fichero (filename) y el path. Para mejorar el rendimiento del sistema, el flowfile no contiene el propio dato, sino que contiene un puntero o referencia al dato donde está almacenado. Muchas de las operaciones que se realizan no alteran el propio dato ni necesitan cargarlo en memoria. En concreto, el dato se encuentra en el llamado repositorio de contenido (**Content Repository**).

▼ **Processor**: los procesadores son los componentes principales de NiFi. Se encargan de ejecutar el proceso de extracción, transformación o carga de datos. NiFi permite realizar operaciones diversas en los processors, así como distribuir y programar su ejecución. Estos componentes también proporcionan una interfaz para acceder a los flowfiles y sus propiedades. Además, es posible programar su ejecución mediante cron, tiempo predefinido o mediante eventos de entrada. Los processors también tienen relaciones de salida (connections) en función de su comportamiento, por ejemplo, éxito (success), fallo (failure) o reintento (retry). Llevan incorporado un validador de configuración y gráficas con las estadísticas de uso e indicadores de trazabilidad.

▶ **Connection**: son las tuberías de conexión entre dos processors que les permiten interactuar. Las Connections conectan procesadores y controlan el flujo de datos entre ellos. Actúan como colas que almacenan FlowFiles esperando procesarse. Los usuarios pueden definir la relación entre los procesadores utilizando conexiones, incluyendo condiciones de enrutamiento y políticas de prioridad.

▶ **Process Group:** agrupación de processors y connections para tratarlos como una unidad lógica independiente dentro del flujo de procesamiento. Para interactuar con el resto de los componentes tienen puertos de entrada y de salida que gestionan el envío de flowfiles.

▶ **Controller Service**: los controladores se utilizan para compartir un recurso entre distintos processors. Por ejemplo, puede ser una conexión a una base de datos, a S3 o a un contenedor de Azure. Proporcionan configuraciones reutilizables y compartidas que pueden ser utilizadas por múltiples procesadores, como conexiones a bases de datos, controladores de caché y otros servicios externos.

▶ **NiFi Registry**: NiFi Registry es una aplicación complementaria que gestiona el versionado de flujos de datos. Permite a los usuarios versionar flujos, compartirlos y desplegarlos fácilmente en diferentes entornos.

▶ **User Interface (UI)**: es la interfaz gráfica basada en la web que permite a los usuarios diseñar, controlar y monitorear los flujos de datos en NiFi. La UI facilita el arrastrar y soltar componentes, configurar propiedades, y ver estadísticas en tiempo real.

▶ **Flow Controller**: es el núcleo del motor de ejecución de NiFi, que gestiona la ejecución de los flujos, la programación de los procesadores, y el movimiento de FlowFiles a través del flujo de datos.

▶ **Provenance Repository:** almacena los eventos de procedencia de los datos, proporcionando un historial detallado de cómo se han movido y transformado los FlowFiles a lo largo del flujo. Esto es crucial para auditorías, depuración y cumplimiento de normativas.

▶ **Content Repository:** almacena el contenido de los FlowFiles. Este repositorio está diseñado para ser eficiente en términos de almacenamiento y rendimiento, permitiendo un acceso rápido al contenido de los datos.

▶ **FlowFile Repository:** mantiene el estado de todos los FlowFiles que están actualmente en proceso dentro del flujo de datos. Esto incluye información sobre la ubicación, los atributos y el contenido de cada FlowFile.

▶ **Cluster Manager:** Cluster Manager gestiona la coordinación y el control de un clúster de nodos NiFi, facilitando la alta disponibilidad, la escalabilidad y el balanceo de carga.

3.2.1 Tipos de procesadores

Como hemos comentado, un procesador es el encargado de ejecutar alguna transformación sobre los datos o el flujo para generar un nuevo Flowfile. La salida de un procesador es un Flowfile que podría ser la entrada de otro procesador. De esta forma, para implementar un flujo de datos, el objetivo es crear una secuencia de procesadores que reproduzcan las acciones y transformaciones que queremos realizar sobre los datos.

Los procesadores tienen la capacidad de ejecutarse en paralelo mediante diferentes hilos de ejecución, abstrayendo la complejidad de la programación concurrente y además se pueden ejecutar en varios nodos de forma simultánea.

Si bien es posible diseñar un procesador, se ofrece un amplio catálogo con más de 300 procesadores, que cubre ampliamente las operaciones más comunes que se van a necesitar en un flujo de datos: añadir o modificar los atributos del Flowfile, capturar cambios en una base de datos, cambiar de formato el contenido de los ficheros que se van a procesar, extraer el contenido de un fichero, extraer el valor de un campo de un fichero JSON a partir de su ruta, extraer cabeceras de un email, obtener un fichero de una cola, escribir en un log, unir el contenido de varios ficheros, realizar una petición HTTP, transformar un fichero XML, validar un fichero CSV, enviar mensajes a un websocket, etc.

En la documentación oficial *https://nifi.apache.org/docs.html*, podemos consultar información acerca de los procesadores que ya tenemos definidos entre los que podemos destacar:

- ▸ **Transformación de datos**: ReplaceText, JoltTransformJSON, CompressContent
- ▸ **Enrutado**: RouteOnAttribute, RouteOnContent
- ▸ **Acceso a base de datos:** ExecuteSQL, ConvertJSONToSQL, PutSQL
- ▸ **Extracción de atributos**: EvaluateJsonPath, ExtractText, UpdateAttribute
- ▸ **Interacción con el sistema**: ExecuteProcess
- ▸ **Ingesta de datos**: GetFile, GetFTP, GetHTTP, GetHDFS
- ▸ **Envío de datos**: PutEmail, PutFile, PutFTP, PutKafka, PutMongo
- ▸ **División y agregación**: SplitText, SplitJson, SplitXml, MergeContent
- ▸ **Peticiones HTTP**: GetHTTP, ListenHTTP, PostHTTP
- ▸ **Interacción con AWS**: FetchS3Object, PutS3Object, PutSNS, PutSQS

3.2.2 Conectores en Apache NiFi

Un conector es una cola que une diferentes procesadores y contiene los flujos de datos que todavía no se han ejecutado, pudiendo definir diferentes prioridades (por ejemplo, FIFO o LIFO según necesitemos). De esta forma, los conectores unen la salida de un procesador con la entrada de otro o un procesador consigo mismo, por ejemplo, para realizar reintentos sobre una operación.

En Apache NiFi, los conectores se refieren a los componentes que permiten la integración con diversas fuentes de datos, sistemas y servicios. Estos conectores se implementan principalmente como **Processors** (procesadores) y **Controller Services**. A continuación, se describen los tipos de conectores más comunes y cómo se usan en NiFi:

▼ **Conectores de Fuentes de Datos (Source Processors)**

- **GetFile**: lee archivos desde el sistema de archivos local.
- **GetHTTP**: recupera datos desde una URL mediante solicitudes HTTP.
- **GetSFTP**: conecta a un servidor SFTP y descarga archivos.
- **ConsumeKafka**: consume mensajes de un tema de Apache Kafka.

▼ **Conectores de Destino de Datos (Sink Processors)**

- **PutFile**: escribe archivos en el sistema de archivos local.
- **PutHTTP**: envía datos a una URL mediante solicitudes HTTP.
- **PutSFTP**: conecta a un servidor SFTP y sube archivos.
- **PublishKafka**: publica mensajes en un tema de Apache Kafka.

▼ **Conectores de Bases de Datos**

- **ExecuteSQL**: ejecuta consultas SQL en una base de datos y genera FlowFiles con los resultados.
- **PutDatabaseRecord**: escribe registros en una base de datos desde FlowFiles.
- **QueryDatabaseTable**: realiza consultas en tablas de bases de datos y genera FlowFiles con los resultados.

▼ **Conectores de Mensajería**

- **ConsumeJMS**: consume mensajes desde una cola o tópico JMS.
- **PublishJMS**: publica mensajes en una cola o tópico JMS.

▼ **Conectores de Cloud y Servicios Web**

- **FetchS3Object**: recupera objetos desde Amazon S3.
- **PutS3Object**: sube objetos a Amazon S3.
- **GetAzureBlobStorage**: recupera blobs desde Azure Blob Storage.
- **PutAzureBlobStorage**: permite subir blobs al servicio de Azure Blob Storage.

Las conexiones se caracterizan y nombran por el tipo de puerto de salida del procesador del que nacen. En la mayoría de los casos nos enfrentaremos a conexiones de tipo success, que recogen el flujo de datos que devuelve un procesador cuando ha terminado satisfactoriamente su tarea, o de tipo failure, que conducen el flujo de datos en los casos en los que la tarea ha fallado.

Además, se pueden configurar aspectos de la conexión, como el número de flujos que pueden viajar simultáneamente, la prioridad de salida que hay en la conexión o el tiempo que los flujos de datos deben esperar para procesarlos.

3.3 ARQUITECTURA DE APACHE NIFI

Apache NiFi es una aplicación que se ejecuta sobre la máquina virtual de Java (JVM). La arquitectura de Apache NiFi está diseñada para facilitar la automatización, gestión y monitoreo del flujo de datos a través de un sistema distribuido. Esta arquitectura es flexible y extensible, permitiendo que NiFi se adapte a una amplia variedad de entornos y casos de uso. En la siguiente imagen podemos ver los componentes más importantes de su arquitectura.

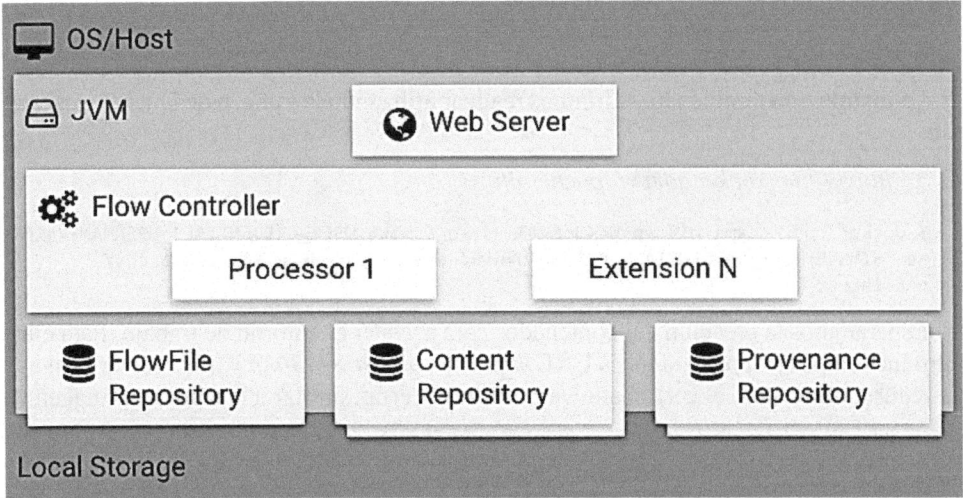

Figura 3.1. Arquitectura de Apache NIFI

> ◤ **Flowfile Repository** o repositorio de flowfiles almacena los atributos y del estado de cada flujo del sistema, junto a las referencias al contenido. Los flowfiles se almacenan en un Hashmap en memoria. Cuando el número de flowfiles en esta estructura excede el establecido en la propiedad nifi.queue.swap.threshold, NiFi los escribe a un fichero de intercambio (swap) en disco.

> ◤ El **Content Repository** mantiene todo el contenido de los flowfiles. Cada vez que un dato se modifica se realiza una copia para no perder el original (copy on write).

> ◤ El **Provenance Repository** se encarga de almacenar la información del origen de cada flowfile mediante snapshots a partir de los que se podría restaurar el ciclo de vida de cada uno. Este repositorio añade la dimensión del tiempo.

En los sistemas en los que NiFi tiene un volumen de datos muy alto, es posible que el content repository llene el disco, y en el caso de que el **Flowfile** repository se encuentre en el mismo disco, podría corromper su contenido, por lo que es algo a tener en cuenta al diseñar la solución.

3.4 INSTALACIÓN DE APACHE NIFI

Para instalar Apache Nifi, bastaría con descargar la última versión desde la página del proyecto *https://nifi.apache.org* y tras descomprimirla, debemos crear unas credenciales de acceso. Para ello, ejecutaremos el siguiente comando indicando el usuario y contraseña que queramos.

```
$ ./nifi.sh set-single-user-credentials <username> <password>
```

A continuación, ya podemos arrancar Apache Nifi ejecutando el siguiente comando que ejecutará el proceso en segundo plano:

```
$ ./bin/nifi.sh start
```

La **instalación** también la podríamos realizar utilizando la imagen de Docker **apache/nifi**:

▶ *https://hub.docker.com/r/apache/nifi.*

```
$ docker run --name nifi -p 8443:8443 -d -e SINGLE_USER_CREDENTIALS_USERNAME=nifi
-e SINGLE_USER_CREDENTIALS_PASSWORD=nifi -e NIFI_JVM_HEAP_MAX=2g apache/
nifi:latest
```

Esperaremos la creación del contenedor para acceder al entorno de trabajo. Para ello, introduciremos en el navegador la URL *https://localhost:8443/nifi* y tras aceptar la alerta de seguridad respecto al certificado veremos un interfaz similar a la siguiente imagen:

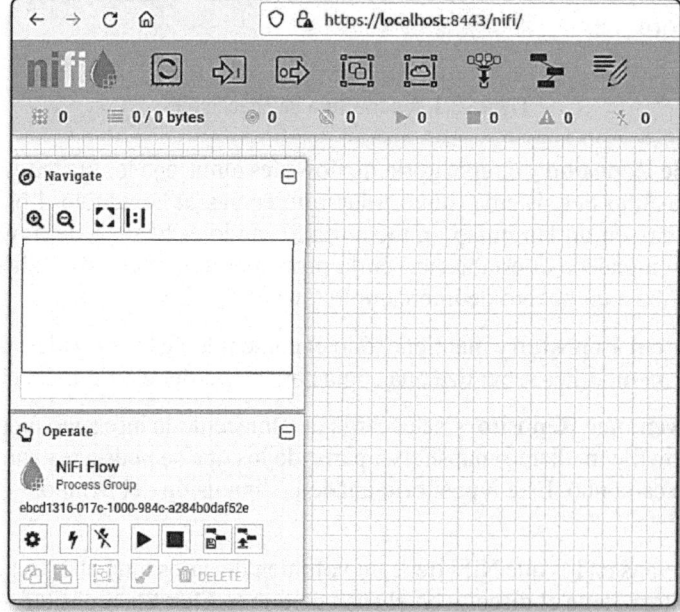

Figura 3.2. Interfaz de Apache NIFI

Respecto al interfaz de usuario, podemos destacar cuatro zonas:

▸ Menú superior con los iconos grandes (procesadores, puertos de entrada y salida).

▸ Iconos debajo del menú superior que indican el estado de la ejecución (hilos, procesadores en marcha, detenidos, etc.).

▸ Cuadro Navigate para realizar zoom sobre la zona de trabajo.

▸ Cuadro Operate con las opciones del flujo de trabajo o del recurso seleccionado.

▸ Zona de trabajo drag & drop.

3.5 APACHE NIFI REGISTRY

Apache NiFi Registry *https://nifi.apache.org/registry.html* es un subproyecto complementario que proporciona una ubicación para el almacenamiento y la gestión de recursos compartidos a través de una o más instancias de NiFi. Su utilidad principal es el uso como repositorio de configuraciones.

Uno de los usos más comunes de NiFi Registry es almacenar y gestionar las versiones de los flujos en los llamados **buckets**, así como definir usuarios y permisos de acceso a estas configuraciones. De esta forma podremos tener mucho más control sobre los cambios que se producen en los flujos e incluso restaurar versiones anteriores con mayor facilidad.

La característica principal de Apache NiFi Registry es la gestión de los flujos y sus diferentes versiones. Los flujos de datos a nivel de grupo de procesos creados en NiFi se pueden colocar bajo control de versiones y almacenar en un registro. El registro organiza dónde se almacenan los flujos y gestiona los permisos para acceder a ellos, crearlos, modificarlos o eliminarlos.

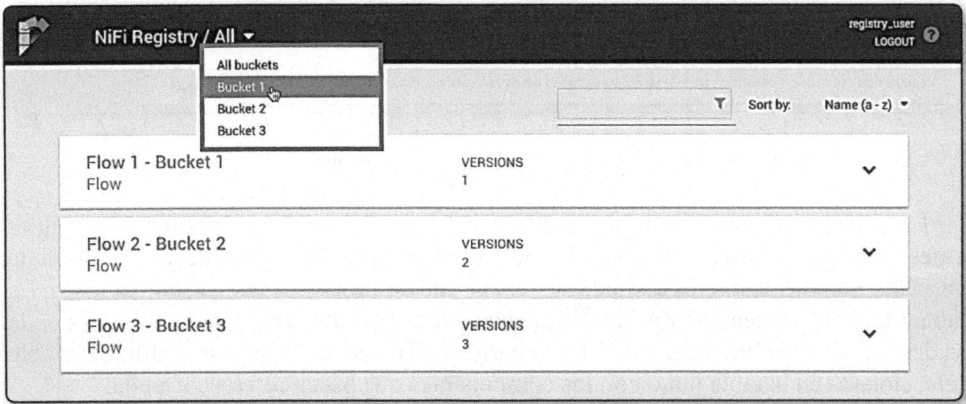

Figura 3.3. Interfaz de Apache NIFI Registry

Para probar las características del "flow registry", primero empezaremos creando un nuevo grupo de procesos y usaremos variables para el host del broker, el puerto y el nombre del tópico. Para ello, revisaremos la configuración del grupo de procesos y luego en las variables añadiremos tres nuevas, una para el host, otra para el puerto y otra para el "topic" name.

Estas variables son manejadas por el framework y almacenadas en el archivo de definición de flujo (**flow.xml**) y se incluyen cuando un grupo de procesos se coloca bajo control de versiones. Si se importa un flujo versionado que hace referencia a una variable no definida en el grupo de procesos versionado, la referencia se mantiene si la variable existe. Si la variable de referencia no existe, se definirá una copia de la variable en el grupo de procesos.

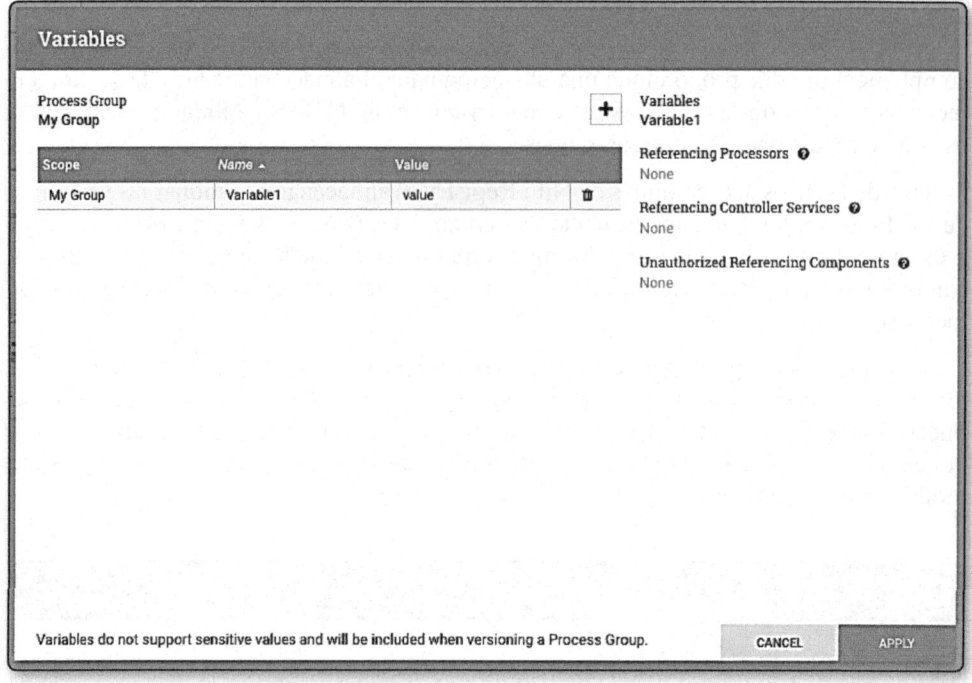

Figura 3.4. Creación de variables en Apache NIFI

La tabla que vemos en la imagen anterior lista todas las variables que están disponibles en el ámbito del "Grupo de Procesos" actual, el nombre de la variable y el valor de la variable. Sólo las variables definidas en el "Grupo de Procesos" actual son editables. La tabla también contiene un enlace de navegación para ir al "Grupo de Procesos" donde se definen las variables heredadas. En la parte derecha del diálogo se muestra la variable seleccionada en la tabla junto con los componentes que hacen referencia a ella.

3.6 PROCESADORES EN APACHE NIFI

Uno de los puntos fuertes de Apache NiFi es que la estructura es agnóstica a los datos, es decir, no importa qué tipo de datos está procesando. Hay múltiples procesadores para trabajar con diferentes formatos como JSON, XML, CSV, Avro. Una de las ventajas de Apache NiFi es que dispone de múltiples procesadores para tratar flujos de información.

▸ **JSON**: SplitJson, EvaluateJsonPath, ConvertJSONToAvro

- *https://nifi.apache.org/docs/nifi-docs/components/org.apache.nifi/nifi-standard-nar/1.9.2/org.apache.nifi.processors.standard.SplitJson/index.html*

- *https://nifi.apache.org/docs/nifi-docs/components/org.apache.nifi/nifi-standard-nar/1.6.0/org.apache.nifi.processors.standard.EvaluateJsonPath/index.html*

- *https://nifi.apache.org/docs/nifi-docs/components/org.apache.nifi/nifi-kite-nar/1.5.0/org.apache.nifi.processors.kite.ConvertJSONToAvro/*

▸ **AVRO**: SplitAvro, ExtractAvroMetadata, ConvertAvroToJSON

- *https://nifi.apache.org/docs/nifi-docs/components/org.apache.nifi/nifi-avro-nar/1.5.0/org.apache.nifi.processors.avro.SplitAvro/*

- *https://nifi.apache.org/docs/nifi-docs/components/org.apache.nifi/nifi-avro-nar/1.5.0/org.apache.nifi.processors.avro.ExtractAvroMetadata/*

- *https://nifi.apache.org/docs/nifi-docs/components/org.apache.nifi/nifi-avro-nar/1.5.0/org.apache.nifi.processors.avro.ConvertAvroToJSON/index.html*

▸ **TEXT**: SplitText, ExtractText, RouteText

- *https://nifi.apache.org/docs/nifi-docs/components/org.apache.nifi/nifi-standard-nar/1.9.2/org.apache.nifi.processors.standard.SplitText/index.html*

- *https://nifi.apache.org/docs/nifi-docs/components/org.apache.nifi/nifi-standard-nar/1.5.0/org.apache.nifi.processors.standard.ExtractText/index.html*

- *https://nifi.apache.org/docs/nifi-docs/components/org.apache.nifi/nifi-standard-nar/1.5.0/org.apache.nifi.processors.standard.RouteText/index.html*

Por ejemplo, **EvaluateJsonPath** es un procesador que nos va a permitir recorrer un fichero JSON en búsqueda de valores y categorizarlos. Un ejemplo es la siguiente imágen, en la que podemos categorizar datos como: "id", "lang", "text". De esta forma, podremos aplicar "Rules" a lo que acabamos de categorizar.

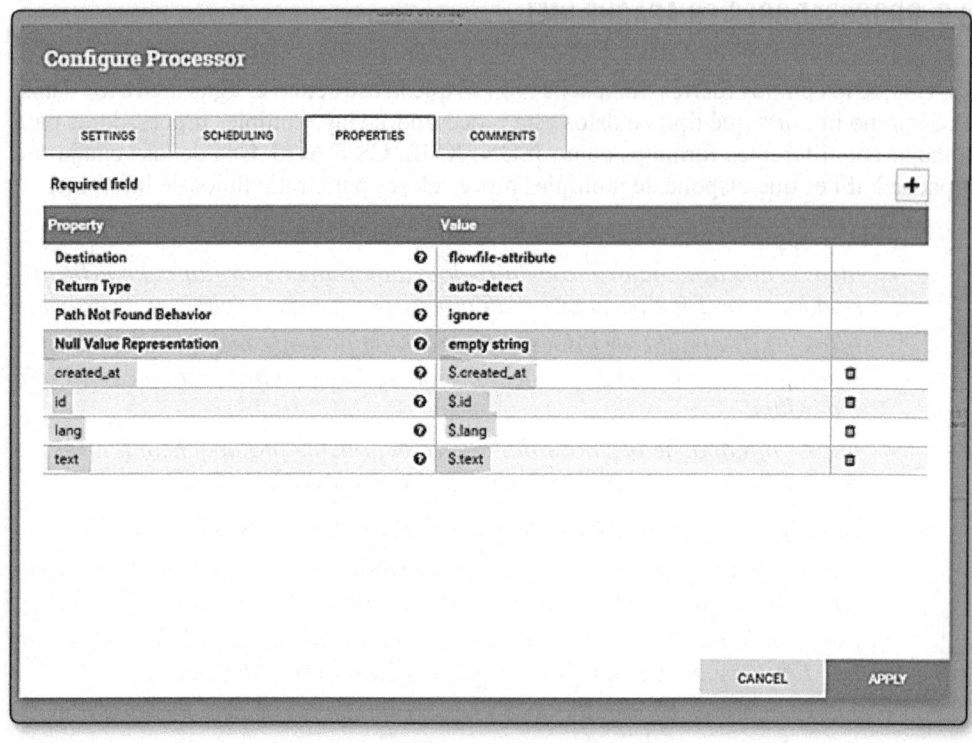

Figura 3.5. Configuración de un procesador en Apache NIFI

3.7 APACHE NIFI RECORD PROCESSING

Apache NiFi es una herramienta de integración de datos de código abierto que proporciona una interfaz de usuario intuitiva para diseñar flujos de datos y automatizar tareas de ingestión, transformación y enrutamiento de datos. El modelo de flujo de datos de NiFi se basa en el concepto de "procesadores", que son componentes modulares responsables de realizar tareas específicas de procesamiento de datos. El modelo de datos de NiFi se basa en el concepto de "registros" y "esquemas" para permitir el procesamiento de datos estructurados.

En las versiones más recientes de Apache NiFi, a partir de la 1.2.0, se añadió la capacidad para poder trabajar con datos orientados a registros. Estos nuevos procesadores hacen que los flujos de construcción para manejar datos sean más sencillos. También podemos construir procesadores que acepten cualquier formato de datos sin tener que preocuparnos por el análisis y la lógica de serialización. Otra gran ventaja de este enfoque es que podemos mantener los archivos FlowFiles más grandes, cada uno de los cuales consta de múltiples registros, lo que resulta en un mejor rendimiento.

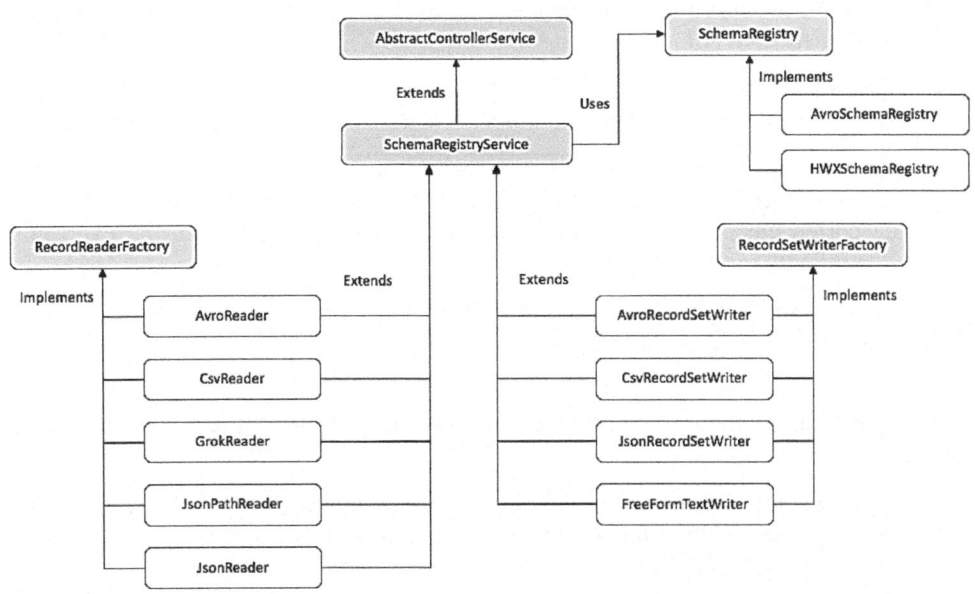

Figura 3.6. Procesadores para trabajar con registros y esquemas

Las capacidades de procesamiento basadas en registros de Apache NiFi se introducen a través de la característica de Integración de Datos Orientada a Registros (RecordPath y procesadores basados en registros). Esto le permite trabajar con diferentes formatos de datos estructurados como Avro, JSON, XML y más de una manera que conserva el esquema y la estructura de los datos en todo el flujo de datos.

▼ **Lenguaje de expresiones RecordPath:** RecordPath es un lenguaje de consulta en NiFi que le permite navegar y manipular campos dentro de registros de datos estructurados. Puede usarlo para extraer, transformar y filtrar datos dentro de registros.

▼ **Lectores y escritores de registros:** NiFi proporciona diferentes procesadores para leer y escribir registros en varios formatos como Avro, JSON, CSV, XML. Estos procesadores le ayudan a convertir datos entre diferentes formatos conservando la estructura de los datos.

▼ **Procesadores basados en registros:** NiFi ofrece un conjunto de procesadores diseñados específicamente para el procesamiento basado en registros. Estos procesadores pueden realizar operaciones como filtrar, dividir, fusionar y transformar registros utilizando el lenguaje de expresiones RecordPath.

A continuación, mostramos un ejemplo de cómo se podría usar el procesamiento basado en registros en NiFi:

▼ **Entrada:** tienes un archivo JSON que contiene una lista de registros de clientes, cada uno con campos como "nombre", "correo electrónico", "dirección", etc.

▼ **Procesamiento:** utilizas un lector de registros para leer el archivo JSON y luego usas un procesador basado en registros para filtrar los clientes cuyas direcciones de correo electrónico coinciden con ciertos criterios utilizando una expresión RecordPath.

▼ **Salida:** escribe los registros filtrados en un nuevo archivo JSON, conservando el esquema y la estructura originales.

Las principales ventajas de utilizar el procesamiento basado en registros en Apache NiFi son:

▼ **Preservación del esquema:** NiFi realiza un seguimiento del esquema de los datos, lo que es importante para mantener la integridad de los datos y garantizar la compatibilidad entre diferentes etapas de procesamiento de datos.

▼ **Simplicidad**: el procesamiento basado en registros simplifica el manejo de datos estructurados, facilitando el trabajo con formatos de datos complejos sin necesidad de secuencias de comandos personalizadas.

▼ **Flexibilidad:** NiFi admite varios formatos de registros y le permite personalizar la lógica de procesamiento de datos utilizando expresiones RecordPath.

▼ **Escalabilidad:** NiFi puede manejar grandes volúmenes de datos y puede implementarse en configuraciones de clúster para alta disponibilidad y escalabilidad.

En general, las capacidades de procesamiento basado en registros de Apache NiFi lo convierten en una herramienta valiosa para construir pipelines de integración de datos que involucran formatos de datos estructurados y requieren la preservación del esquema en todo el flujo de datos.

3.8 APACHE NIFI SCHEMAS & SCHEMA REGISTRIES

Para tratar el contenido de un archivo de flujo como "Records", necesitamos una forma de interpretar ese contenido, y eso se hace a través de un esquema. Un esquema define la información sobre un registro, como los nombres de campo, los tipos de campo, los valores propuestos y los alias.

Cada "Reader" y "Writer" tiene un "Schema Access Strategy" que le indica cómo obtener un esquema, y las opciones pueden ser diferentes dependiendo del tipo de lector o escritor. Por ejemplo, un **CsvReader** puede elegir crear un esquema utilizando los nombres de columna del encabezado del CSV.

En general, todos los "Readers" y "Writers" tienen la opción de usar Apache Avro para definir un esquema. Existen varias opciones para obtener un esquema Avro, tales como:

▶ **Schema Name,** proporciona el nombre de un esquema para buscarlo en el Schema Registry.

▶ **Schema Text,** proporciona el texto de un esquema directamente a los "Readers/ Writers".

▶ **HWX Content-Encoded Schema Reference**, el contenido del FlowFile contiene una referencia a un esquema en un servicio de Schema Registry.

▶ **HWX Schema Reference Attributes**, el FlowFile contiene 3 atributos que se usarán para buscar un esquema desde el Schema Registry configurado: 'schema. identifier', 'schema.version', y 'schema.protocol.version'.

Actualmente se prestan dos servicios de Schema Registry:

▶ **AvroSchemaRegistry**, un registro de esquemas local a una instancia Apache NiFi dada que soporte la recuperación de un esquema por nombre.

▶ **HortonworksSchemaRegistry** o **ConfluentSchemaRegistry**, instancias externas que admiten la recuperación de un esquema por nombre o por Id. y versión.

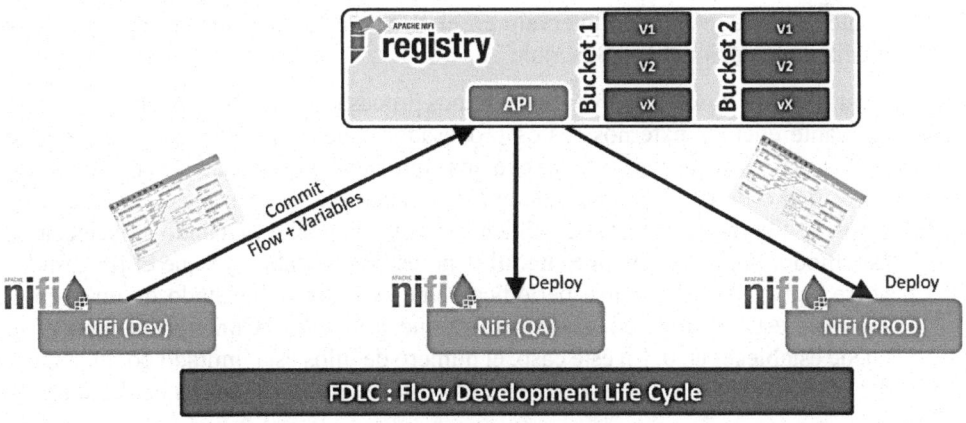

Figura 3.7. Apache Nifi Schema Registry

3.9 APACHE NIFI SCHEDULING

Apache NiFi te permite programar flujos de datos y tareas de procesamiento de datos mediante el uso de procesadores, tareas de generación de informes y servicios de control. La programación en NiFi es fundamental para automatizar la ingestión, transformación y enrutamiento de datos de manera regular. Así es cómo funciona el scheduling en NiFi:

- **Planificación de procesadores:** cada procesador en NiFi se puede planificar de forma independiente. Podemos configurar cuándo debe ejecutarse un procesador, con qué frecuencia debe ejecutarse y otras propiedades relacionadas con la planificación de este. Por ejemplo, podemos configurar un procesador para que se ejecute cada hora y obtenga nuevos datos de una fuente origen.
- **Planificación basada en Cron:** NiFi admite la planificación basada en cron para procesadores, lo que permite crear planificaciones utilizando expresiones cron, que definen momentos específicos o intervalos para que se ejecute un procesador. Por ejemplo, puedes programar un procesador para que se ejecute todos los días a medianoche o todos los días a una hora concreta. Cuando se utiliza este modo de planificación, el procesador se programa para que se ejecute periódicamente, de forma similar al modo de programación controlado por temporizadores. El modo CRON proporciona una flexibilidad significativamente mayor a costa de aumentar la complejidad de la configuración.
- **Planificación basada en temporizador:** con la planificación basada en temporizador, puedes establecer un tiempo de retraso entre las ejecuciones del procesador. Por ejemplo, podemos configurar un procesador para que se ejecute cada 5 minutos. En este caso el procesador se programará para que se ejecute a intervalos regulares. El intervalo en el que se ejecuta el procesador se define mediante la opción “Run Schedule”.
- **Planificación basada en eventos:** algunos procesadores en NiFi pueden activarse mediante eventos externos. Estos procesadores no se programan en el sentido tradicional, sino que responden a eventos como la llegada de datos en un directorio específico o un cambio en el contenido de una cola de mensajes. Para procesar datos en tiempo real se suele utilizar esta programación. Cuando se selecciona este modo, la opción “**Run Schedule**” no es configurable, ya que el procesador no se activa para ejecutarse periódicamente sino como resultado de un evento. Además, este es el único modo para el que la opción “**Concurrent Tasks**” se puede establecer en 0. En este caso, el número de hilos está limitado por el tamaño del grupo de hilos controlado por eventos que el administrador ha configurado.
- **Tareas de generación de informes:** NiFi te permite programar tareas que generan informes o estadísticas sobre tus flujos de datos y el rendimiento del sistema. Puedes programar estas tareas para que se ejecuten periódicamente y exporten los resultados a otros archivos.

▼ **Planificación de servicios de Control**: los servicios de control, que proporcionan funcionalidad y propiedades de configuración compartidas para los procesadores, también se pueden planificar. Esto es útil para administrar recursos y conexiones en los que dependen varios procesadores.

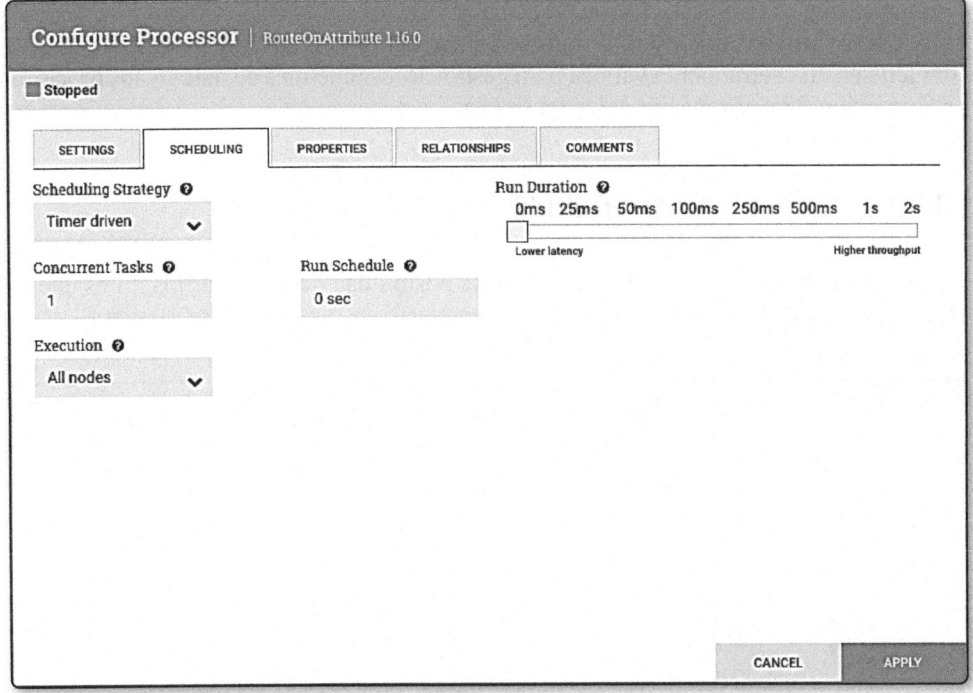

Figura 3.8. Opciones de scheduling de un procesador en Apache Nifi

A modo de resumen, los siguientes serían los pasos generales al planificar un procesador en Apache NiFi:

1. **Selecciona el procesador:** elige el procesador en tu flujo de datos de NiFi que deseas programar o planificar.

2. **Configura las propiedades de scheduling:** accede a la configuración de scheduling para el procesador seleccionado y configura propiedades como la estrategia de programación (basada en temporizador, basada en cron o basada en eventos), la hora de inicio y el patrón de recurrencia.

3. **Inicia el procesador:** comprobamos que el procesador esté iniciado o habilitado para que pueda comenzar a procesar datos según la programación especificada.

4. **Monitorización y administración:** supervisa la ejecución del procesador y ajusta la programación según sea necesario. También puedes ver el estado de las ejecuciones del procesador y cualquier error que pueda ocurrir.

Como vemos en la imagen anterior, la pestaña de **Scheduling** proporciona una opción de configuración llamada "**Concurrent Tasks**" que permite controlar cuántos FlowFiles deben procesarse al mismo tiempo. Aumentar este valor normalmente permitirá al procesador manejar más datos en la misma cantidad de tiempo.

La planificación de procesadores es una característica fundamental que permite la automatización y la orquestación de flujos de datos. De esta forma, podemos asegurarnos de que los datos se procesan y transfieren en los momentos adecuados, lo que lo convierte en una herramienta valiosa para gestionar los pipelines de datos y los procesos de Extracción, Transformación y Carga (ETL).

3.10 APACHE NIFI FLOW MONITORING

Una gran ventaja de usar Apache NiFi es la posibilidad de gestionar los flujos que se creen, conectarlos entre sí y aplicar lógica de negocio en caso de que se requiera.

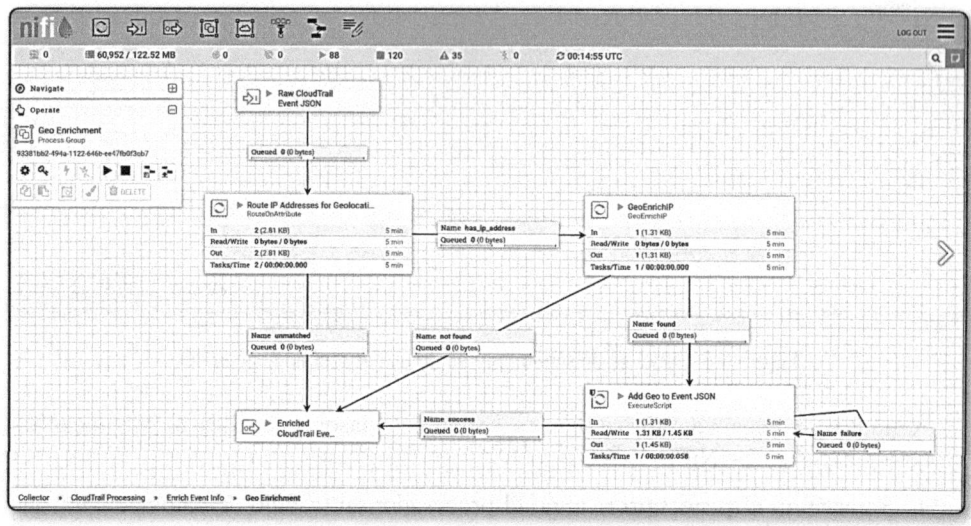

Figura 3.9. Gestión de flujos en Apache Nifi

Con Apache NiFi también podemos monitorizar todos nuestros flujos y no tener que depender de otra herramienta. Rápidamente tendremos control de todos nuestros flujos y aplicaremos reglas en caso de necesidad.

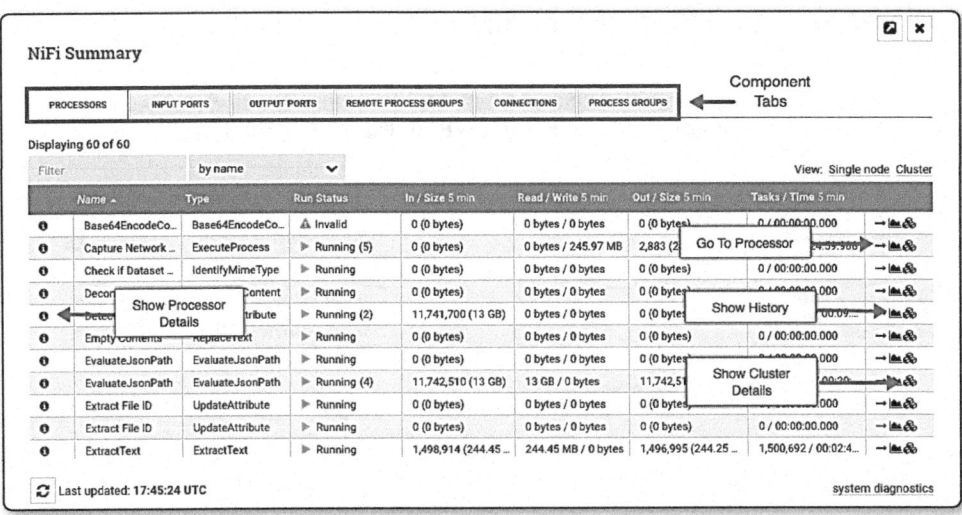

Figura 3.10. Monitorización de procesadores en Apache Nifi

Podríamos controlar la performance de estos jobs de una forma global y de una forma unitaria.

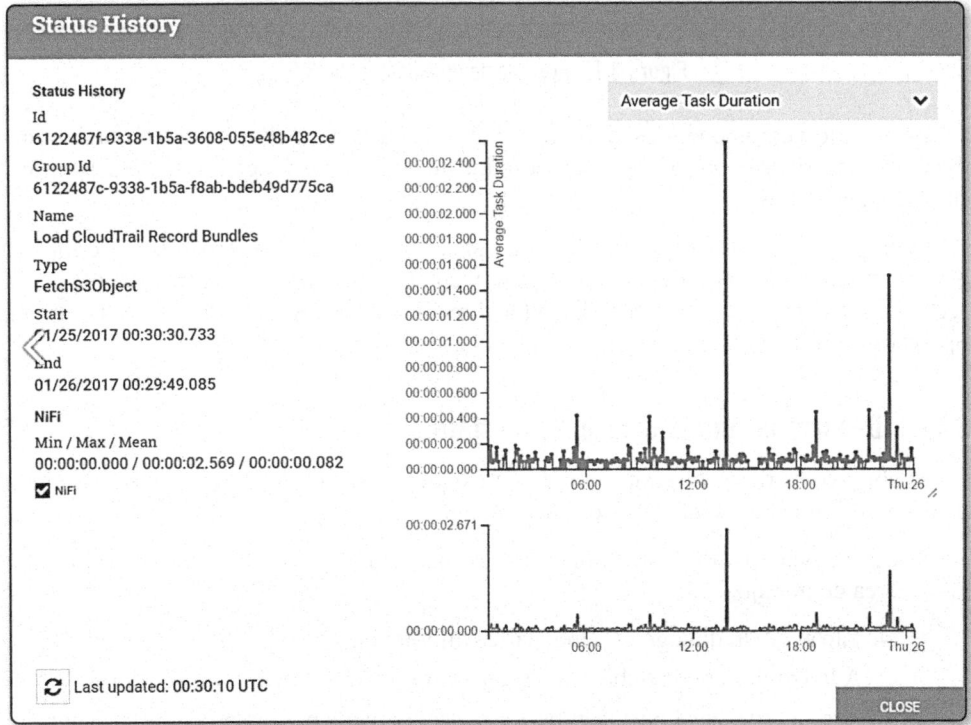

Figura 3.11. Monitorización de procesadores en Apache Nifi

3.11 EJEMPLO DE FLUJO EN APACHE NIFI

En la siguiente imagen podemos ver un ejemplo de un flujo en Apache NiFi que se compone de tres procesadores: **GenerateFlowFile**, **PutFTP** y **PutFile**.

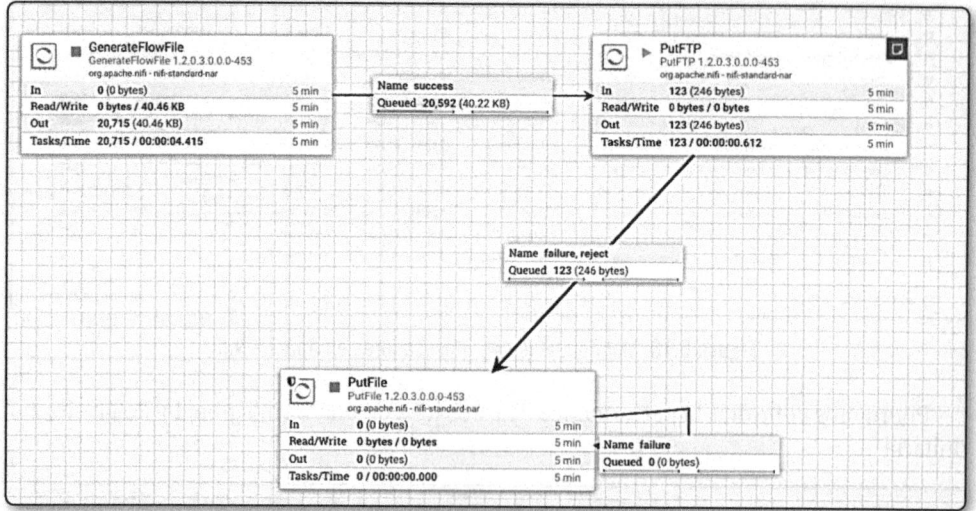

Figura 3.12. Ejemplo de flujo en Apache Nifi

En el flujo vemos que existen 3 conexiones, cada una de ellas se corresponde a un evento particular generado por el procesador del que parte y actúan de cola para los flowfiles generados.

El propósito del flujo es generar flowfiles aleatorios en el primer processor, escribirlos en un servidor FTP en el segundo processor, y en el caso de que esta escritura falle o sea rechazada, escribir los datos en el disco local mediante el processor PutFile. Esta última operación permitiría realizar reintentos en el caso de fallo de la escritura.

3.11.1 Desarrollar un flujo para mover datos

El objetivo es desarrollar un flujo de datos que mueva un fichero de un directorio a otro. A continuación, detallamos los pasos a realizar:

▶ Seleccionamos un procesador (primer icono grande) y lo arrastramos en nuestra área de trabajo.

▶ Nos aparece un diálogo con tres partes diferenciadas:

- A la izquierda una nube de etiquetas para poder filtrar los procesadores.
- Arriba a la derecha tenemos un buscador para buscar procesadores por su nombre.

- La parte central con el listado de procesadores, desde donde lo podemos seleccionar.

Buscamos el procesador **GetFile** y lo añadimos al flujo, el cual permite recuperar un fichero desde una carpeta.

▶ *https://nifi.apache.org/docs/nifi-docs/components/org.apache.nifi/nifi-standard-nar/latest/org.apache.nifi.processors.standard.GetFile/index.html*

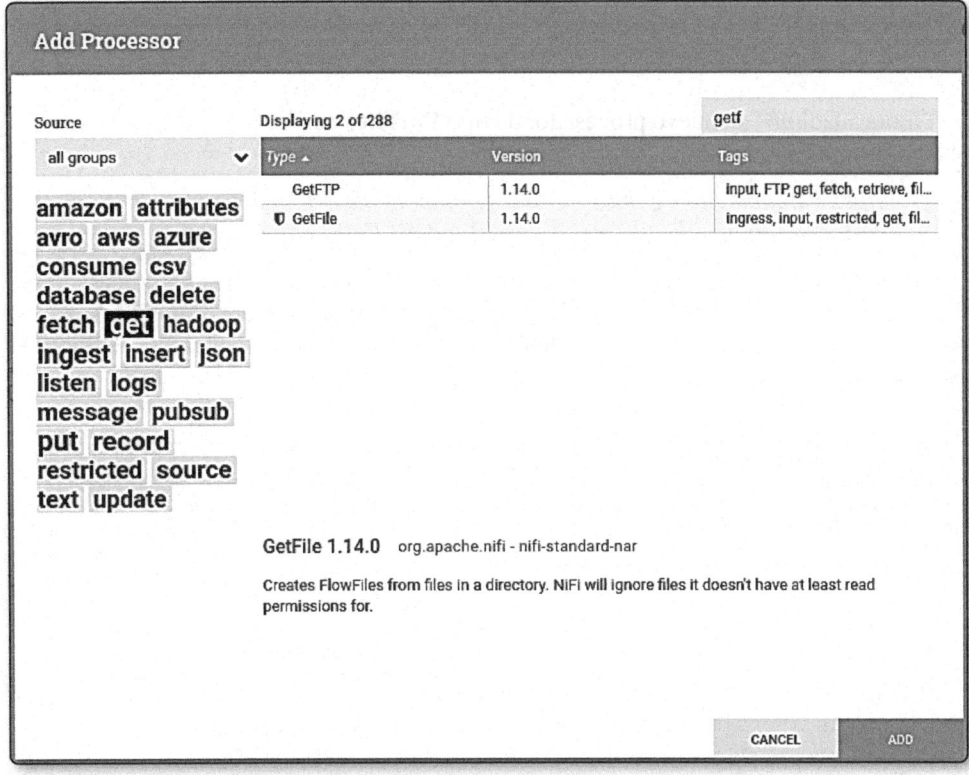

Figura 3.13. Selección de un procesador en Apache Nifi

En la pestaña **properties** del procesador tenemos que indicar el directorio de entrada de donde recogerá el fichero a través de la propiedad **Input Directory**.

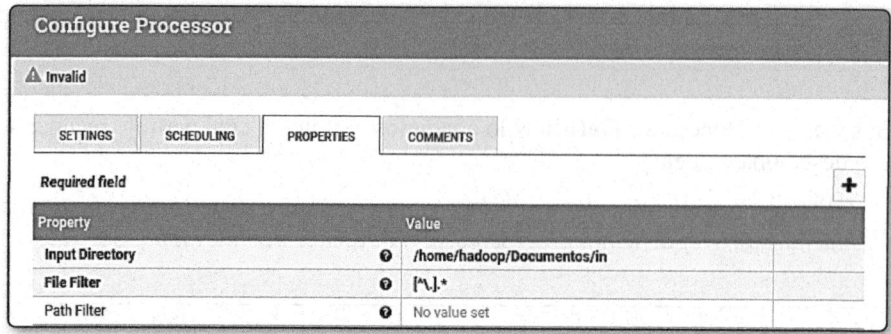

Figura 3.14. Opciones de configuración de un procesador en Apache Nifi

Ahora añadimos un nuevo procesador de tipo **PutFile**, y en las propiedades indicamos el directorio de salida con la propiedad **directory**.

▼ *https://nifi.apache.org/docs/nifi-docs/components/org.apache.nifi/nifi-standard-nar/latest/org.apache.nifi.processors.standard.PutFile/index.html*

Dentro de la pestaña **Settings**, una buena práctica es ponerles nombre a los procesadores. Por ejemplo, a la propiedad Name le podríamos poner el nombre **PonerFichero**. Si nos centramos en el lado derecho, podemos configurar el comportamiento a seguir si el procesador se ejecuta correctamente (success) o se produce un error (failure).

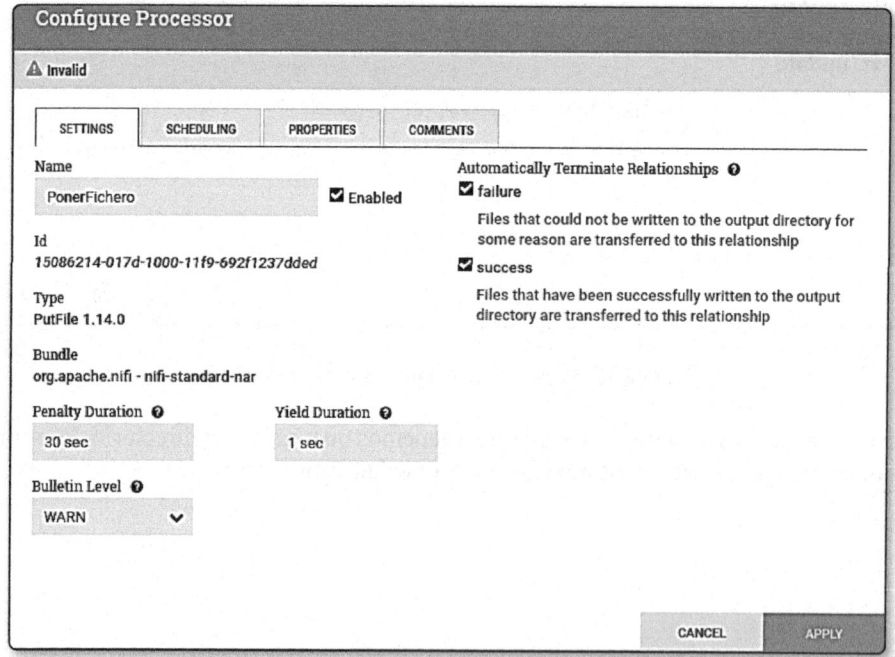

Figura 3.15. Opciones de configuración de un procesador en Apache Nifi

El siguiente paso consiste en unir ambos procesadores creando una conexión. Para ello, tras pulsar sobre el icono de la flecha que aparece al dejar el ratón sobre el primer procesador y lo arrastramos hasta el segundo.

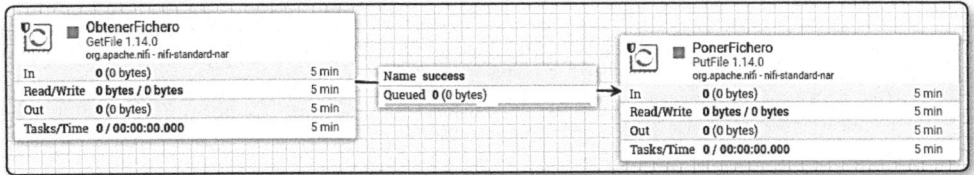

Figura 3.16. Conexión mediante un conector entre procesadores

Al ejecutar el procesador **ObtenerFichero** mediante el botón derecho y la opción Start, comprobamos que el fichero ya no está en la carpeta de entrada, y debería aparecer en la cola (Queued). También podemos comprobar como tampoco está en la carpeta out. Al ejecutar el procesador de **PonerFichero** vemos como la cola se vacía y el archivo aparece en la carpeta de salida.

3.11.2 Gestión de errores en el flujo

Tal como lo hemos definido en nuestro flujo, si leemos dos veces un archivo con el mismo nombre, sólo se guardará la primera copia. Si vamos a la pestaña Properties del procesador **PonerFichero**, podemos cambiar este comportamiento en la propiedad **Conflict Resolution Strategy** al valor "replace", de esta manera, se guardará el último archivo.

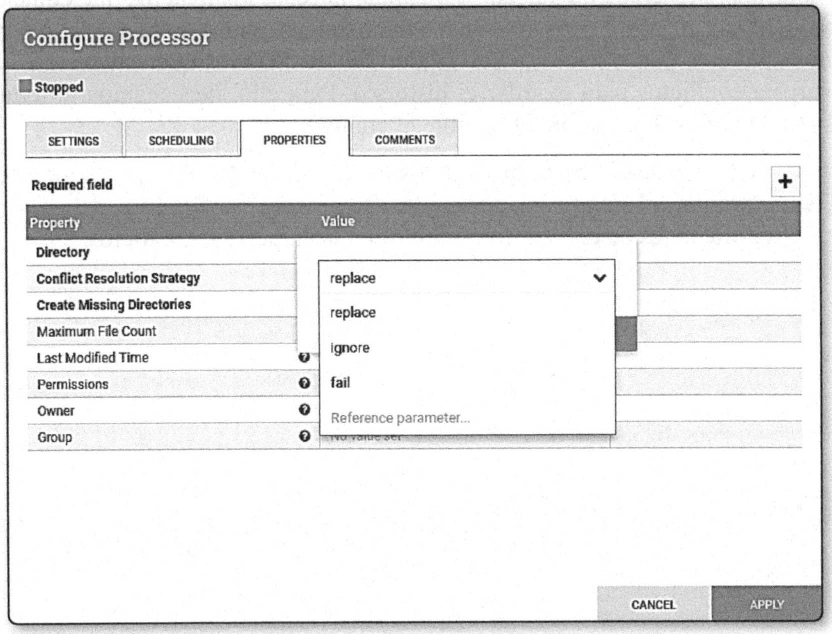

Figura 3.17. Conexión mediante un conector entre procesadores

Lo ideal sería definir un nuevo flujo que dependa del estado de finalización del procesador. Así, podríamos almacenar los archivos que llegaron con el mismo nombre para su posterior estudio.

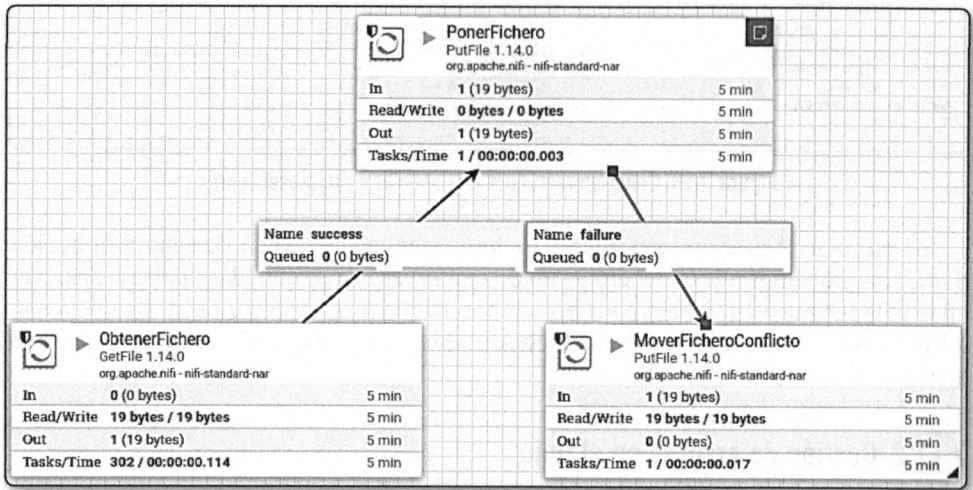

Figura 3.18. Creación de flujos entre procesadores

Aunque ahora tenemos un mecanismo para almacenar los ficheros que coinciden en nombre, sólo nos guardará uno (nos sucede lo mismo que antes, pero ahora sólo con los repetidos). En este punto necesitamos renombrar los ficheros que vayamos a colocar en la carpeta conflictos para guardar el histórico. Para ello, necesitamos introducir un procesador previo que le cambie el nombre al archivo.

Nifi añade la propiedad **filename** a todos los FlowFile. Esta propiedad la podemos consultar mediante el lenguaje de expresiones y haciendo uso del procesador **UpdateAttribute** antes de colocar los archivos en la carpeta de conflictos.

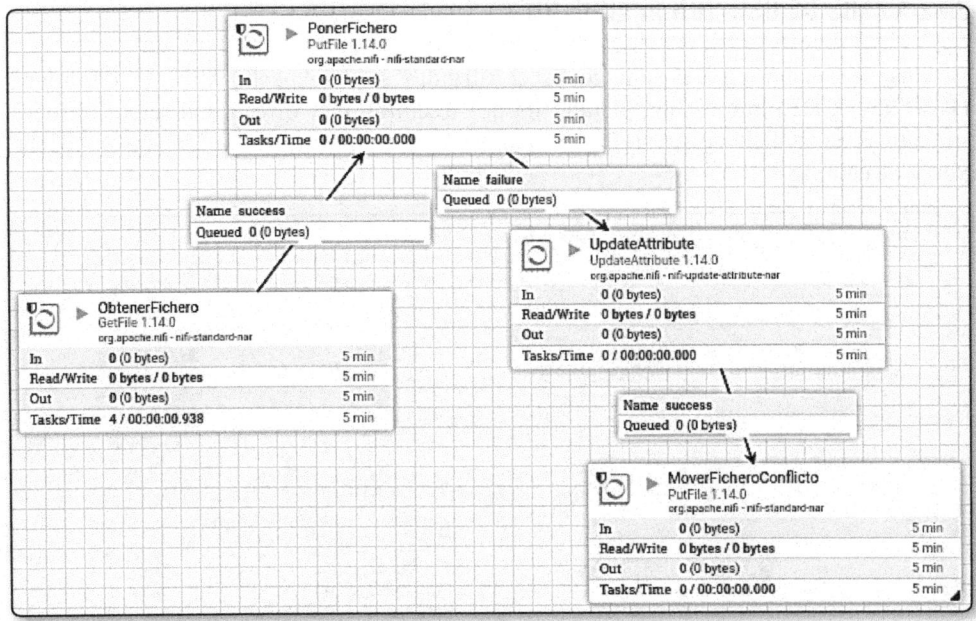

Figura 3.19. Creación de flujos entre procesadores

Podríamos añadir como prefijo al nombre del archivo la fecha del sistema en formato de milisegundos. Para ello, podríamos añadir un nuevo atributo que llamaremos **filename** haciendo clic sobre el icono de + que aparece arriba a la derecha y en su valor utilizaremos la expresión **${now():toNumber()}-${filename}**.

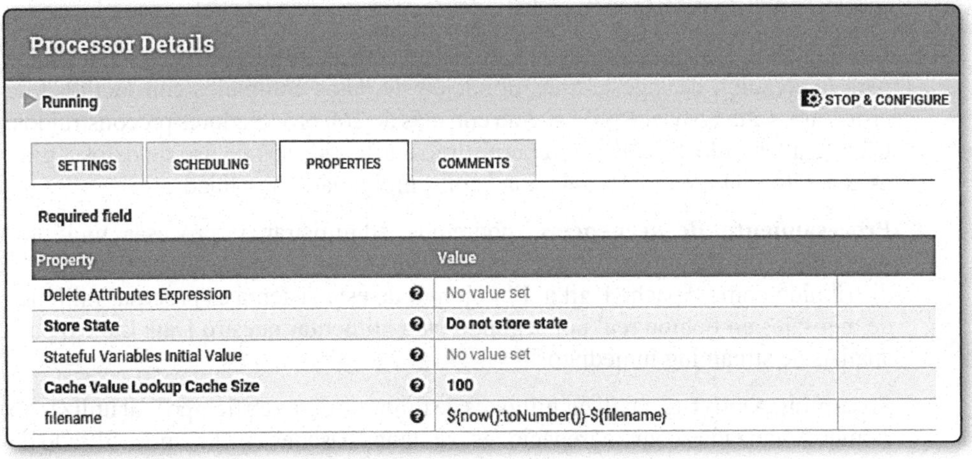

Processor Details

▶ **Running**   ⏻ **STOP & CONFIGURE**

| SETTINGS | SCHEDULING | **PROPERTIES** | COMMENTS |

Required field

Property		Value
Delete Attributes Expression	❓	No value set
Store State	❓	**Do not store state**
Stateful Variables Initial Value	❓	No value set
Cache Value Lookup Cache Size	❓	**100**
filename	❓	${now():toNumber()}-${filename}

Figura 3.20. Propiedades de un procesador

3.12 CASOS DE USO CON APACHE NIFI

Una de las principales soluciones construidas sobre Apache NiFi es **Cloudera DataFlow** (CDF) que es una plataforma de streaming que ofrece una selección de 3 soluciones de análisis de streaming diferentes: Apache Storm, Kafka Streams y Apache Spark Streaming.

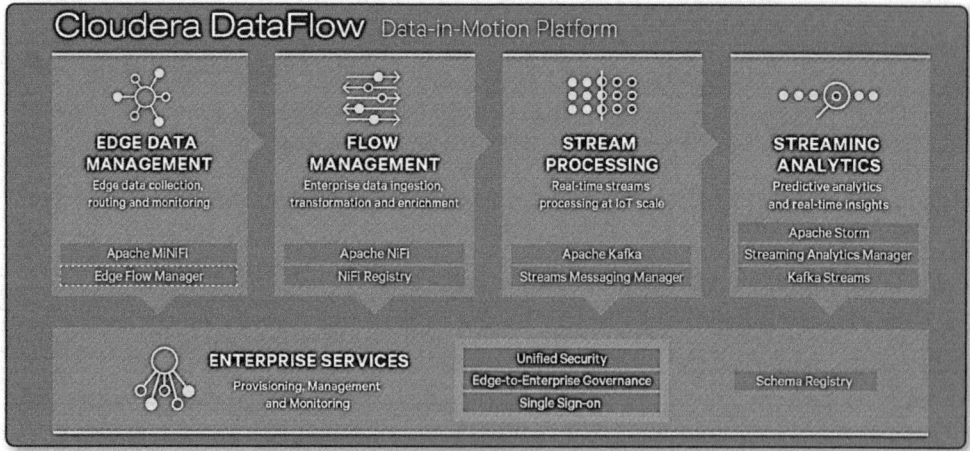

Figura 3.21. Plataforma Cloudera Dataflow

Los aspectos clave de la plataforma **Cloudera DataFlow (CDF)**, son:

▸ **Administración de Datos Edge**, es posible configurar agentes MiNiFi para permitir la recolección de datos Edge, filtrado de contenido, enrutamiento, etc… Esto permite enfrentarse a casos de uso complejos y distribuidos, como la conexión de cientos de tiendas minoristas, o la obtención de datos de miles de sensores de servicios públicos (dispositivos IoT) desde el punto de vista del consumidor.

▸ **Gestión de flujos,** gracias a la facilidad de Apache NiFi podremos crear flujos para la creación de ingesta/transformación de datos complejos con facilidad de arrastrar y soltar. Apache NiFi cuenta con más de 260 procesadores preconstruidos. Cloudera DataFlow (CDF) va a permitirnos utilizar casos de uso de datos a gran escala, alto volumen y alta velocidad con simplicidad y facilidad.

▸ **Procesamiento de secuencias**, podremos administrar y procesar múltiples secuencias de datos en tiempo real utilizando un sistema de procesamiento distribuido como Apache Kafka. El objetivo de este sistema es procesar millones de mensajes en tiempo real por segundo para alimentar nuestro Data Lake o para análisis de streaming inmediato.

▸ **Streaming Analytics**, analizar millones de flujos de datos en tiempo real utilizando técnicas avanzadas como agregaciones, ventanas basadas en el tiempo, filtrado de contenido, etc…, para generar información clave e inteligencia procesable para análisis predictivos y prescriptivos.

4

PROCESAMIENTO EN STREAMING

4.1 INTRODUCCIÓN

En la actualidad, los negocios cada vez necesitan interacciones más eficientes para generar ciclos de venta más rápidos. Los servicios en tiempo real y las recomendaciones proactivas se vuelven activos fundamentales para la actividad de negocio. Estos servicios permiten comunicaciones más rápidas con el cliente incluso el uso de notificaciones push en tiempo real.

Las tecnologías de procesamiento y analítica en streaming como **Apache Flink** proporcionan valor rápidamente. Ingestando y procesando eventos en tiempo real tanto integradas como parte de una aplicación de forma independiente.

También permiten reaccionar y responder a los clientes del negocio con muy baja latencia, mejorando la experiencia de usuario. Esta ventaja es muy usada en los smartphones y aplicaciones móviles. También se puede aprovechar para desarrollar una interacción continua en las redes sociales.

Cuando hablamos de procesamiento en tiempo real o stream analytics debemos tener en cuenta en qué consiste exactamente el tiempo real. En el caso de tiempos de procesamiento superiores a 1 hora, nos encontraríamos en un caso de uso de procesamiento batch. De 10 milisegundos a 1 segundo hablamos de procesamiento en tiempo real. Con latencias inferiores a 500 milisegundos, generalmente nos referimos a tecnologías OLTP (OnLine Transaction Processing, Procesamiento de transacciones en línea).

4.2 INTRODUCCIÓN A APACHE FLINK

Apache Flink es un framework de código abierto orientado al procesamiento de flujos de datos en streaming de forma distribuida y con alta disponibilidad. El proyecto surgió en el año 2015. Las características más importantes de Apache Flink son las siguientes:

▸ **Procesamiento de flujos de datos**: permite obtener resultados en tiempo real a partir de flujos de datos.

▸ **Procesamiento Batch**: procesamiento de datos históricos y estáticos.

▸ **Aplicaciones orientadas a eventos**: se pueden realizar acciones y dar servicios a partir de los datos procesados en tiempo real.

Una tupla en terminología de streaming consiste en un conjunto de elementos o de tipos de datos simples guardados de forma consecutiva. De esta forma, sobre un flujo de datos se pueden realizar dos tipos de operaciones:

▸ **Operaciones sin estado (stateless).** Las operaciones sin estado son acciones que obtienen una tupla como resultado de procesar una única tupla de entrada. Los más comunes son los siguientes:

  ● **Map**: transforma el esquema de la tupla en un nuevo esquema.

  ● **Filter**: descarga o enruta las tuplas dependiendo de las condiciones.

  ● **Union**: combina varias secuencias de tuplas que comparten esquema.

▸ **Operadores con estado (stateful).** Son capaces de operar sobre N tuplas de entrada para generar una tupla de salida. Los operadores con estado más comunes son los siguientes:

  ● **Agregación**: funciones de agregación.

  ● **Equijoin**: empareja tuplas de dos secuencias con el mismo criterio.

4.3 CARACTERÍSTICAS A APACHE FLINK

Apache Flink proporciona soporte para diversas API y bibliotecas para procesamiento de datos en tiempo real y por lotes. Estas API son esenciales para construir aplicaciones de procesamiento de datos con Flink. Entre las API principales admitidas por Apache Flink podemos destacar:

▸ **DataStream API:** esta API se utiliza para el procesamiento de datos en tiempo real y permite a los desarrolladores crear aplicaciones que procesan flujos de datos de forma contínua, como información de sensores, eventos y datos de transmisión en tiempo real. La API ofrece operadores de transformación y ventana para el procesamiento de flujos de datos y es adecuada para aplicaciones de procesamiento de eventos en tiempo real.

- ▰ **DataSet API:** esta API se utiliza para el procesamiento de datos por lotes y permite a los desarrolladores trabajar con conjuntos de datos estáticos o históricos. La API ofrece operaciones de transformación y agregación en lotes de datos, lo que la hace adecuada para tareas de análisis de datos por lotes.

- ▰ **Table API:** permite a los usuarios expresar operaciones SQL-like en conjuntos de datos y flujos. Esta API es útil para aquellos que prefieren una forma más intuitiva de definir sus operaciones de procesamiento de datos.

- ▰ **SQL API:** Apache Flink soporta el lenguaje de consultas SQL sobre datos y flujos. Los usuarios pueden ejecutar consultas SQL estándar en sus datos, lo que facilita la integración con otras herramientas que también admiten SQL.

- ▰ **CEP (Complex Event Processing) API:** esta API se utiliza para el procesamiento de eventos complejos y permite la detección de patrones en flujos de datos en tiempo real. Su principal utilidad está en aplicaciones de detección de fraudes, monitoreo de sistemas y otros casos en los que es necesario identificar eventos en tiempo real.

- ▰ **Gelly:** es una biblioteca que se integra con Flink y proporciona operaciones a realizar sobre los grafos. Es útil para resolver problemas relacionados con grafos, como análisis de redes sociales, obtención de rutas y otros algoritmos orientados a las operaciones con grafos.

- ▰ **ML (Machine Learning) API:** aunque Flink no es un framework de aprendizaje automático como TensorFlow o PyTorch, admite la integración con bibliotecas de ML para el procesamiento de datos de aprendizaje automático en flujos y lotes.

Apache Flink tiene altas capacidades de escalabilidad y soporta miles de nodos manteniendo una latencia baja. Puede escalar el sistema de forma automática, cambiando dinámicamente el paralelismo de los operadores. Estas operaciones de escalado y las actualizaciones no tienen downtime o periodo de inactividad. El clúster de Flink siempre está disponible cuando se realizan cambios en el código, cambios de paralelismo y actualizaciones del framework.

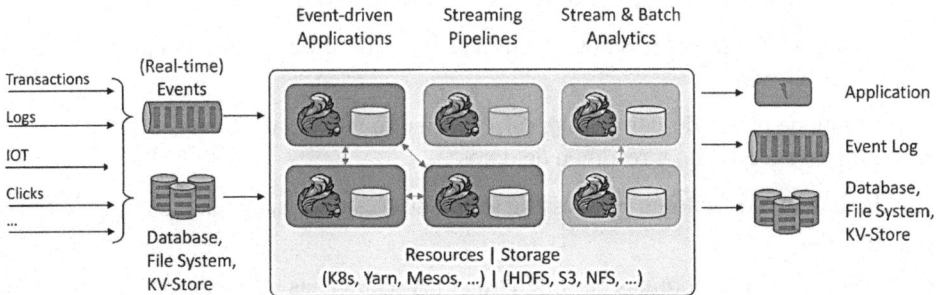

Figura 4.1. Arquitectura de Apache Flink

Flink tiene dos mecanismos para asegurar su tolerancia a fallos: los puntos de control o **checkpoints** y los puntos de salvaguardado o **savepoints**.

▶ Los **checkpoints** se crean de forma transparente en el sistema y son gestionados por Flink. Se usan para recuperar el estado de forma automática cuando ocurren fallos no esperados. Cuando termina el trabajo, los checkpoints también se eliminan.

▶ Los **savepoints** contienen más datos acerca del estado, los gestiona el usuario y no se eliminan con la terminación del trabajo asociado. Se usan generalmente para controlar las actualizaciones, los cambios de paralelismo y las ventanas de mantenimiento.

4.4 CONTROL DE EVENTOS EN APACHE FLINK

Un stream o flujo de eventos se refiere a una secuencia continua de eventos o mensajes que se generan y transmiten de manera constante, y en tiempo real. Estos eventos pueden representar diferentes tipos de información, como registros de actividad, transacciones, lecturas de sensores, clics de usuarios, tweets, y mucho más.

Los eventos se generan y transmiten de manera continua, sin interrupciones. El flujo puede ser constante o variar en su ritmo, pero siempre está en movimiento. Comparado al procesamiento batch, donde se opera sobre un conjunto de datos limitado por intervalos de tiempo, en los stream de eventos nos encontramos con dataset sin límites, que no tiene fin. Existen tres controles importantes en Flink para controlar el flujo de eventos:

▶ **Event Time**: momento en el que se creó un evento. Por lo general, se describe mediante una marca de tiempo generada por el sensor o el productor del dato.

▶ **Ingestion Time**: momento en el que un evento ingresa en el flujo de datos de Flink en el origen.

▶ **Processing Time:** tiempo local de cada operador que realiza una operación basada en tiempo.

Desde el punto de vista de la gestión del flujo de eventos:

▶ Es capaz de procesar datos de entrada fuera de orden o que llegan con retraso (datos tardíos).

▶ Mantiene el estado de la aplicación, pudiendo gestionar decenas de terabytes de estado (agregación y resumen de datos).

▶ La garantía de entrega (processing semantics) es de exactamente una vez (exactly once).

▶ Las ventanas temporales permiten tratar las secuencias infinitas con unos recursos limitados (memoria) dividiendo los datos de entrada en partes finitas. Se basan en la idea de que sólo los datos más recientes son relevantes.

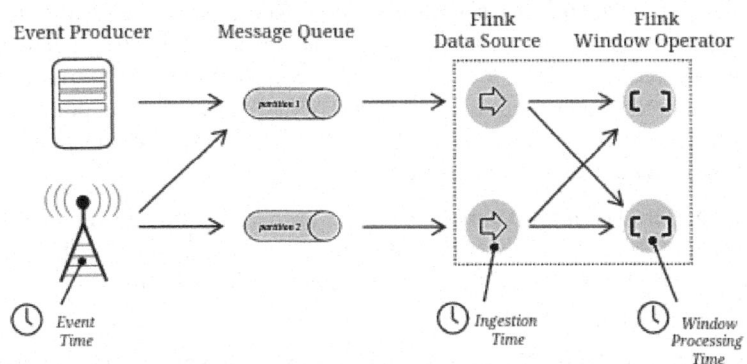

Figura 4.2. Flujos de eventos de Apache Flink

Las ventanas temporales pueden estar basadas en tiempo o en el número de elementos y desplazarse por bloques de elementos o de la forma FIFO (First IN First OUT). El procesamiento en ventanas permite tener varios niveles de paralelismo: **paralelismo entre consultas** (escalable por consultas) y **paralelismo dentro de consultas** (escalable por volumen de eventos).

Las ventanas se crean cuando el primer evento que pertenece a la ventana llega al sistema. La ventana vence cuando el tiempo (de evento o de procesamiento) termina y además pasa el tiempo de retraso máximo definido por el usuario.

Por último, cada ventana tiene un Trigger que especifica las condiciones para que se aplique la función de procesamiento. Existe otro concepto llamado **Evictor**, que permite controlar el borrado de elementos de la ventana una vez que el trigger aplique el procesamiento sobre estos eventos.

4.4.1 Tipos de ventanas de procesamiento

En Apache Flink, las ventanas de procesamiento son un componente fundamental para el procesamiento de flujos de datos en tiempo real ya que permiten a los desarrolladores agrupar y analizar datos en ventanas de tiempo específicas. Entre los tipos principales de ventanas de procesamiento en Apache Flink podemos destacar:

▸ **Ventana de tiempo fijo (Tumbling Windows)**: en una ventana de tamaño fijo en el tiempo, los datos se agrupan en ventanas de tiempo de igual duración y se procesan por separado. Cada ventana tiene un comienzo y un final definidos. Por ejemplo, puedes crear ventanas de 5 segundos, y todos los datos que lleguen en ese período se agruparán en una ventana y se procesarán juntos.

▸ **Ventana de tiempo deslizante (Sliding Windows)**: en una ventana de tiempo deslizante, los datos se agrupan en ventanas que se superponen. Esto permite que algunos datos estén presentes en varias ventanas y se puedan procesar múltiples veces. Por ejemplo, podríamos tener ventanas de 5 segundos que se deslizan cada 2 segundos.

▶ **Ventana de tiempo de sesión (Session Windows)**: permiten agrupar los elementos recibidos por claves o sesiones de actividad. Cada ventana vence cuando no recibe eventos que pertenezcan a ella durante un período de tiempo fijo llamado Session Gap (período de inactividad). Por ejemplo, podríamos definir una ventana de sesión de 30 minutos y todos los eventos de un usuario dentro de ese período se agruparán en una ventana.

▶ **Ventana global (Global Window)**: en este caso, no se utilizan ventanas de tiempo específicas. Todos los datos se agrupan en una sola ventana global, y se procesan juntos sin importar cuándo llegaron. Es útil cuando no se necesita la agrupación basada en tiempo.

▶ **Ventana Delta (Delta Window)**: este es un tipo de ventana personalizado en el que se definen reglas específicas para agrupar datos en ventanas en función de cambios en los datos o algún otro criterio. Las ventanas delta pueden ser útiles cuando se necesita una lógica de agrupación personalizada.

▶ **Ventana procesamiento continuo (Continuous Processing Windows)**: este es un enfoque de procesamiento continuo donde los datos se procesan a medida que llegan, y no se agrupan en ventanas fijas. Este tipo podría ser más adecuado para aplicaciones que requieren un procesamiento continuo sin interrupciones.

4.5 COMPONENTES DE APACHE FLINK

Apache Flink tiene dos componentes principales. Por un lado, el Task Manager es el encargado de ejecutar los trabajos de Flink. Por otro lado, el **Job Manager** se encarga de distribuir estos trabajos en los **Task Managers.**

En Apache Flink, el **Job Manager (administrador de trabajos)** es uno de los componentes centrales de la arquitectura del sistema. Su función principal es coordinar y administrar los trabajos de procesamiento de datos que se ejecutan en un clúster de Flink. Entre las principales las responsabilidades y funciones de este componente podemos destacar:

▶ **Planificación y administración de trabajos**: el Job Manager es responsable de recibir y planificar trabajos de procesamiento de datos que se envían al clúster de Flink. Esto implica distribuir tareas y recursos entre los nodos del clúster para garantizar un procesamiento eficiente y paralelo de los datos.

▶ **Supervisión del estado del trabajo**: el Job Manager supervisa continuamente el estado de los trabajos que se están ejecutando en el clúster. Esto incluye el seguimiento de métricas, estadísticas y progreso del trabajo, y la detección y gestión de errores o excepciones.

▶ **Tolerancia a fallos**: en caso de que ocurra un fallo en una parte del trabajo, el Job Manager puede coordinar la ejecución de tareas específicas o del trabajo completo, garantizando la tolerancia a fallos y la recuperación ante los mismos.

▶ **Gestión de recursos**: el Job Manager asigna y administra los recursos disponibles en el clúster, como CPU y memoria, para garantizar que las tareas de procesamiento de datos se ejecuten de manera eficiente y sin sobrecarga.

▶ **Escalado dinámico**: puede realizar el escalado dinámico del clúster, aumentando o reduciendo la cantidad de recursos asignados a un trabajo en función de la carga y los requisitos del trabajo.

▶ **Interacción con el cliente**: el Job Manager proporciona una interfaz para que los usuarios interactúen con el sistema. Los usuarios pueden enviar trabajos, consultar el estado de ejecución y obtener resultados a través de esta interfaz.

▶ **Control de acceso y seguridad**: el Job Manager también juega un papel en la seguridad y la autenticación, asegurando que solo usuarios autorizados puedan enviar y monitorear trabajos en el clúster.

Respecto al **Task Manager (administrador de tareas)**, es uno de los componentes fundamentales del sistema que se encarga de ejecutar tareas de procesamiento de datos en paralelo. Estos task managers se ejecutan en los nodos del clúster de Flink y son responsables de ejecutar las operaciones definidas en las aplicaciones de Flink. Entre las principales caracterséiticas de un task manager podemos destacar:

▶ **Ejecución de tareas:** un task manager ejecuta las tareas de procesamiento que componen una aplicación de Flink. Cada tarea es una unidad de trabajo que procesa un subconjunto de los datos de entrada. Los task managers pueden ejecutar múltiples tareas en paralelo para aprovechar al máximo la capacidad de procesamiento del clúster.

▶ **Gestión de recursos**: los task managers administran los recursos de hardware disponibles en un nodo del clúster, como CPU y memoria. Se aseguran de que las tareas se ejecuten de manera eficiente y sin conflictos con otros procesos en el mismo nodo.

▶ **Planificación y ejecución de flujos de datos**: los task managers son responsables de ejecutar el plan de ejecución de la aplicación de Flink. Esto incluye la planificación de operaciones de transformación, el manejo de ventanas de tiempo y la gestión de la comunicación entre tareas.

▶ **Gestión de estado**: los task managers pueden mantener y administrar el estado de las tareas, lo que permite que las aplicaciones de Flink sean resistentes a fallos y puedan recuperarse en caso de que un nodo falle.

▶ **Comunicación interproceso**: los task managers se comunican entre sí y con otros componentes de Flink, como el JobManager, para coordinar la ejecución de tareas y el flujo de datos a través del clúster.

4.6 DESPLIEGUE DE APACHE FLINK

El despliegue de Apache Flink implica configurar y ejecutar un clúster de Flink para procesar datos en tiempo real o por lotes.

▶ En primer lugar, es importante revisar que cumplimos con los requisitos en nuestro entorno, que incluyen tener la máquina virtual de Java instalada y configurada correctamente en todas las máquinas del clúster.

▶ Descargar la versión de Apache Flink que deseas utilizar desde el sitio web oficial del proyecto *https://flink.apache.org/downloads.html*.

▶ **Configura las propiedades de Flink según las necesidades del proyecto.** El archivo de configuración principal es **flink-conf.yaml** donde podemos configurar las propiedades relacionadas con el clúster, como el número de slots, la ubicación del directorio de checkpoints y la configuración de alta disponibilidad.

▶ **Iniciar el Job Manager**: en una de las máquinas del cluster, iniciar el Job Manager ejecutando el siguiente comando:

```
./bin/start-cluster.sh
```

▶ **Iniciar el Task Manager**: en el resto de las máquinas del clúster, iniciar los Task Managers con el siguiente comando:

```
./bin/taskmanager.sh start
```

▶ **Ejecución de trabajos: a**hora puedes enviar trabajos de procesamiento de datos al clúster de Flink utilizando la interfaz de línea de comandos (./bin/flink run) o mediante la API de Flink.

▶ **Monitoreo y administración:** utilizar la interfaz web de Flink (por defecto, en *http://localhost:8081*) para monitorear el estado de tus trabajos y el rendimiento del clúster.

▶ **Gestión de recursos**: puedes gestionar la asignación de recursos y el escalado del clúster utilizando las herramientas y configuraciones de Flink según sea necesario.

▶ **Configurar alta disponibilidad:** si se desea lograr alta disponibilidad, habría que configurar un clúster de Flink con múltiples Job Managers y configurar un servicio de alta disponibilidad externo, como Apache ZooKeeper, para coordinarlos.

▶ **Detener el Clúster:** cuando hayas terminado de usar el clúster, puedes detenerlo ejecutando los siguientes comandos, primero parando el task manager y luego parando el cluster general:

```
./bin/taskmanager.sh stop
./bin/stop-cluster.sh
```

Podríamos comprobar si el cluster está activo abriendo la url localhost:8081:

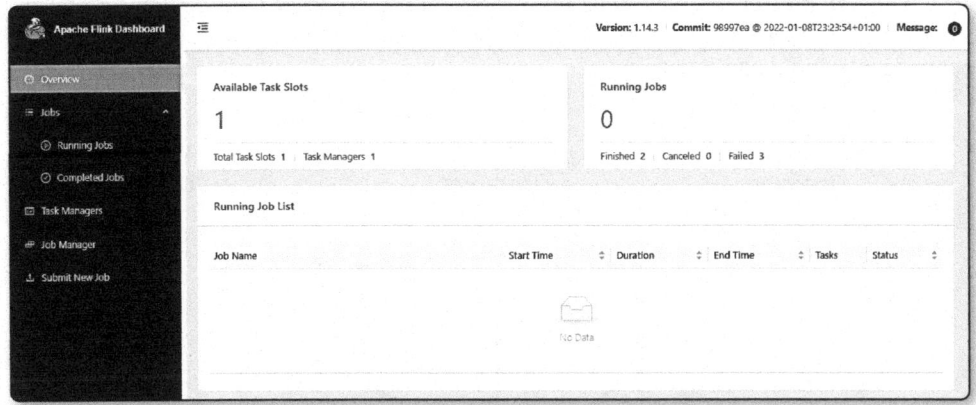

Figura 4.3. Interfaz del cluster de Apache Flink

4.7 IMPLEMENTANDO FLINK EN PYTHON

Aunque la mayoría de las implementaciones de Flink se realizan en Java o Scala, también es posible interactuar con Apache Flink desde Python utilizando la API de Python de Flink, que se llama **PyFlink** *https://pypi.org/project/apache-flink*. En el siguiente repositorio de GitHub podemos encontrar el código fuente y ejemplos de cómo podríamos usar el API para procesar flujos de datos con Flink *https://github.com/apache/flink/tree/master/flink-python/pyflink*. Además, podemos encontrar la documentación oficial en el siguiente repositorio: *https://nightlies.apache.org/flink*

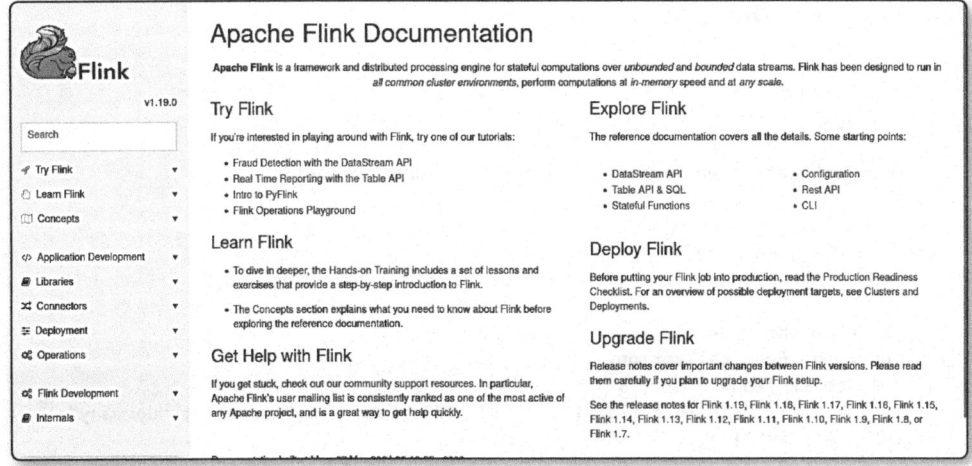

Figura 4.4. Documentación oficial de Apache Flink

Como veremos en los ejemplos, Flink nos permite procesar flujo de datos de forma ilimitada y realizar operaciones definidos por el usuario para transformar este flujo, como se muestra a continuación:

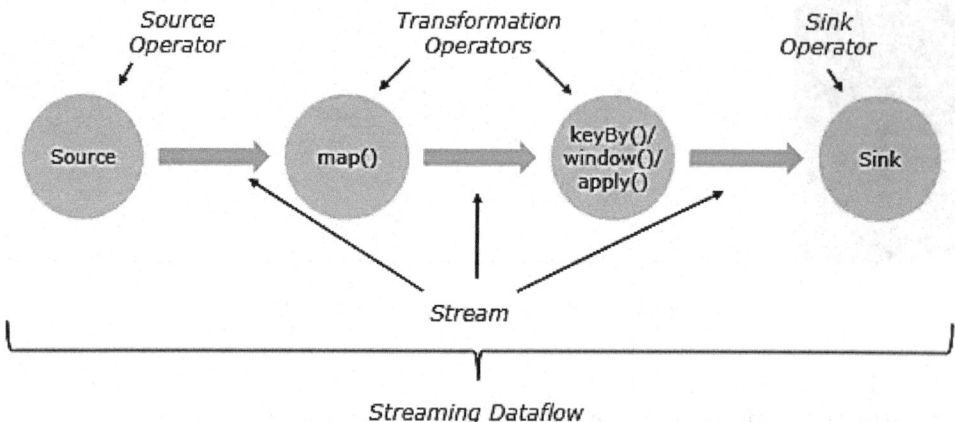

Figura 4.5. Flujo de datos y operaciones de Apache Flink

La instalación del módulo se puede realizar con el siguiente comando.

```
$ pip install apache-flink
```

El siguiente código utiliza Apache Flink con Python (PyFlink) para procesar un flujo de datos JSON.

process_json_data.py

```python
import json
import logging
import sys

from pyflink.datastream import StreamExecutionEnvironment


def process_json_data():
    env = StreamExecutionEnvironment.get_execution_environment()

    # define the source
    ds = env.from_collection(
        collection=[
            (1, '{"name": "Flink", "tel": 123, "addr": {"country": "Germany",
"city": "Berlin"}}'),
            (2, '{"name": "hello", "tel": 135, "addr": {"country": "China",
"city": "Shanghai"}}'),
            (3, '{"name": "world", "tel": 124, "addr": {"country": "USA",
```

```
“city”: “NewYork”}}’),
            (4, ‘{“name”: “PyFlink”, “tel”: 32, “addr”: {“country”: “China”,
“city”: “Hangzhou”}}’)]
    )

    def update_tel(data):
        # parse the json
        json_data = json.loads(data[1])
        json_data[‘tel’] += 1
        return data[0], json_data

    def filter_by_country(data):
        # the json data could be accessed directly, there is no need to parse it
again using
        # json.loads
        return “China” in data[1][‘addr’][‘country’]

    ds.map(update_tel).filter(filter_by_country).print()

    # submit for execution
    env.execute()


if __name__ == ‘__main__’:
    logging.basicConfig(stream=sys.stdout, level=logging.INFO, format=”%(message)s”)

    process_json_data()
```

A continuación, realizamos una explicación detallada de cada parte del código:

```
import json
import logging
import sys
from pyflink.datastream import StreamExecutionEnvironment
```

- **json**: módulo para trabajar con datos JSON.
- **logging**: módulo para manejar el registro de eventos (logs).
- **sys**: módulo para manipular partes del entorno de ejecución de Python.
- **StreamExecutionEnvironment**: clase de PyFlink para configurar el entorno de ejecución de Flink.

La siguiente instrucción permite crear el entorno de ejecución de Flink:

```
def process_json_data():
   env = StreamExecutionEnvironment.get_execution_environment()
```

El siguiente código define una colección de tuplas, donde cada tupla contiene un identificador y un string JSON. Esta colección se usa como fuente de datos.

```
ds = env.from_collection(
   collection=[
       (1, ‘{“name”: “Flink”, “tel”: 123, “addr”: {“country”: “Germany”, “city”:
“Berlin”}}’),
```

```
        (2, '{"name": "hello", "tel": 135, "addr": {"country": "China", "city":
"Shanghai"}}'),
        (3, '{"name": "world", "tel": 124, "addr": {"country": "USA", "city":
"NewYork"}}'),
        (4, '{"name": "PyFlink", "tel": 32, "addr": {"country": "China", "city":
"Hangzhou"}}')]
)
```

La siguiente función toma una tupla (id, string JSON), parsea el JSON, incrementa el valor del campo tel en 1, y devuelve una nueva tupla con el JSON actualizado.

```
def update_tel(data):
    json_data = json.loads(data[1])
    json_data['tel'] += 1
    return data[0], json_data
```

La siguiente función permite filtrar las tuplas cuyo campo country en la dirección (addr) sea "China".

```
def filter_by_country(data):
    return "China" in data[1]['addr']['country']
```

El siguiente código permite realizar diferentes transformaciones sobre el flujo de datos:

▼ **map(update_tel):** aplica la función update_tel a cada elemento del flujo de datos.

▼ **filter(filter_by_country):** filtra el flujo de datos usando la función filter_by_country.

▼ **print():** imprime los elementos resultantes del flujo de datos.

```
ds.map(update_tel).filter(filter_by_country).print()
```

La siguiente instrucción permite ejecutar el entorno de Flink para procesar el flujo de datos definido.

```
env.execute()
```

El código final realiza la configuración del registro y llamada a la función principal:

```
if __name__ == '__main__':
    logging.basicConfig(stream=sys.stdout, level=logging.INFO,
format="%(message)s")
    process_json_data()
```

▼ Configura el sistema de registro para que los mensajes de log se impriman en la salida estándar con un formato específico.

▼ Llama a la función **process_json_data** si el script se está ejecutando como el programa principal.

En la ejecución del script anterior vemos como en la salida se filtran aquellos ítems cuyo país sea el de China.

```
$ python process_json_data.py
NumExpr defaulting to 4 threads.
Using Any for unsupported type: typing.Sequence[~T]
1> (2, {'name': 'hello', 'tel': 136, 'addr': {'country': 'China', 'city':
'Shanghai'}})
3> (4, {'name': 'PyFlink', 'tel': 33, 'addr': {'country': 'China', 'city':
'Hangzhou'}})
```

El siguiente código es un ejemplo de aplicación que cuenta las palabras a partir de un flujo de datos utilizando Python:

word_count.py

```python
import argparse
import logging
import sys

from pyflink.common import WatermarkStrategy, Encoder, Types
from pyflink.datastream import StreamExecutionEnvironment, RuntimeExecutionMode
from pyflink.datastream.connectors.file_system import (FileSource, StreamFormat,
FileSink,
                                    OutputFileConfig, RollingPolicy)


word_count_data = ["To be, or not to be,--that is the question:--",
                   "Whether 'tis nobler in the mind to suffer",
                   "The slings and arrows of outrageous fortune",
                   "Or to take arms against a sea of troubles,",
                   "And by opposing end them?--To die,--to sleep,--",
                   "No more; and by a sleep to say we end",
                   "The heartache, and the thousand natural shocks",
                   "That flesh is heir to,--'tis a consummation",
                   "Devoutly to be wish'd. To die,--to sleep;--",
                   "To sleep! perchance to dream:--ay, there's the rub;",
                   "For in that sleep of death what dreams may come,",
                   "When we have shuffled off this mortal coil,",
                   "Must give us pause: there's the respect",
                   "That makes calamity of so long life;",
                   "For who would bear the whips and scorns of time,",
                   "The oppressor's wrong, the proud man's contumely,",
                   "The pangs of despis'd love, the law's delay,",
                   "The insolence of office, and the spurns",
                   "That patient merit of the unworthy takes,",
                   "When he himself might his quietus make",
                   "With a bare bodkin? who would these fardels bear,",
                   "To grunt and sweat under a weary life,",
                   "But that the dread of something after death,--",
                   "The undiscover'd country, from whose bourn",
                   "No traveller returns,--puzzles the will,",
                   "And makes us rather bear those ills we have",
                   "Than fly to others that we know not of?",
                   "Thus conscience does make cowards of us all;",
```

```
                          "And thus the native hue of resolution",
                          "Is sicklied o'er with the pale cast of thought;",
                          "And enterprises of great pith and moment,",
                          "With this regard, their currents turn awry,",
                          "And lose the name of action.--Soft you now!",
                          "The fair Ophelia!--Nymph, in thy orisons",
                          "Be all my sins remember'd."]


def word_count(input_path, output_path):
    env = StreamExecutionEnvironment.get_execution_environment()
    env.set_runtime_mode(RuntimeExecutionMode.BATCH)
    # write all the data to one file
    env.set_parallelism(1)

    # define the source
    if input_path is not None:
        ds = env.from_source(
            source=FileSource.for_record_stream_format(StreamFormat.text_line_
format(),
                                    input_path)
                        .process_static_file_set().build(),
            watermark_strategy=WatermarkStrategy.for_monotonous_timestamps(),
            source_name="file_source"
        )
    else:
        print("Executing word_count example with default input data set.")
        print("Use --input to specify file input.")
        ds = env.from_collection(word_count_data)

    def split(line):
        yield from line.split()

    # compute word count
    ds = ds.flat_map(split) \
            .map(lambda i: (i, 1), output_type=Types.TUPLE([Types.STRING(), Ty-
pes.INT()])) \
            .key_by(lambda i: i[0]) \
            .reduce(lambda i, j: (i[0], i[1] + j[1]))

    # define the sink
    if output_path is not None:
        ds.sink_to(
            sink=FileSink.for_row_format(
                base_path=output_path,
                encoder=Encoder.simple_string_encoder())
            .with_output_file_config(
                OutputFileConfig.builder()
                .with_part_prefix("prefix")
                .with_part_suffix(".ext")
                .build())
            .with_rolling_policy(RollingPolicy.default_rolling_policy())
            .build()
        )
```

```
    else:
        print("Printing result to stdout. Use --output to specify output path.")
        ds.print()

    # submit for execution
    env.execute()


if __name__ == '__main__':
    logging.basicConfig(stream=sys.stdout, level=logging.INFO, format="%(message)
s")

    parser = argparse.ArgumentParser()
    parser.add_argument(
        '--input',
        dest='input',
        required=False,
        help='Input file to process.')
    parser.add_argument(
        '--output',
        dest='output',
        required=False,
        help='Output file to write results to.')

    argv = sys.argv[1:]
    known_args, _ = parser.parse_known_args(argv)

    word_count(known_args.input, known_args.output)
```

El código anterior crea un flujo de datos a partir de una lista de palabras, registra ese flujo de datos y luego ejecuta una serie de funciones para contar las palabras. Finalmente, el resultado se imprime en la consola.

A continuación, realizamos una explicación detallada de cada parte del código. En primer lugar, se importan las librerías necesarias, incluyendo las de Apache Flink para manejar el entorno de ejecución, las estrategias de marcas de agua, los tipos de datos, y los conectores del sistema de archivos.

```
import json
import argparse
import logging
import sys

from pyflink.common import WatermarkStrategy, Encoder, Types
from pyflink.datastream import StreamExecutionEnvironment, RuntimeExecutionMode
from pyflink.datastream.connectors.file_system import (FileSource, StreamFormat,
FileSink,
                        OutputFileConfig, RollingPolicy)
```

Posteriormente, se define una lista de cadenas de texto que se utilizarán como datos de entrada por defecto si no se especifica un archivo de entrada.

```
word_count_data = ["To be, or not to be,--that is the question:--",
```

```
              "Whether 'tis nobler in the mind to suffer",
              ...
              "Be all my sins remember'd."]
```

La función **word_count** es la que contiene la lógica asociada para cargar el entorno de ejecución y realizar el conteo de cada palabra. En esta función se obtiene el entorno de ejecución de Flink y se establece el modo de ejecución en BATCH (procesamiento por lotes). También se establece el paralelismo en 1, lo que significa que el trabajo se ejecutará en un solo hilo.

```
def word_count(input_path, output_path):
    env = StreamExecutionEnvironment.get_execution_environment()
    env.set_runtime_mode(RuntimeExecutionMode.BATCH)
    env.set_parallelism(1)
```

Si se proporciona el parámetro **input_path**, se crea una fuente de datos que lee líneas de texto desde el archivo especificado. Si no se proporciona un archivo de entrada, se utilizan los datos de entrada por defecto (word_count_data).

```
    if input_path is not None:
        ds = env.from_source(
            source=FileSource.for_record_stream_format(StreamFormat.text_line_
format(), input_path)
                          .process_static_file_set().build(),
            watermark_strategy=WatermarkStrategy.for_monotonous_timestamps(),
            source_name="file_source"
        )
    else:
        print("Executing word_count example with default input data set.")
        print("Use --input to specify file input.")
        ds = env.from_collection(word_count_data)
```

El siguiente código se encarga de la división del texto en palabras y el cálculo del conteo de palabras.

▶ La función **split** divide cada línea en palabras y **flat_map** aplica esta función a cada línea del dataset.

▶ La función **map** convierte cada palabra en una tupla (palabra, 1).

▶ La función **key_by** agrupa las tuplas por la palabra.

▶ La función **reduce** permite sumar los conteos de cada palabra.

```
    def split(line):
        yield from line.split()

    ds = ds.flat_map(split) \
            .map(lambda i: (i, 1), output_type=Types.TUPLE([Types.STRING(), Ty-
pes.INT()])) \
            .key_by(lambda i: i[0]) \
            .reduce(lambda i, j: (i[0], i[1] + j[1]))
```

Si se proporciona un **output_path**, los resultados se escriben en un archivo. De lo contrario, los resultados se imprimen en la consola.

```
if output_path is not None:
    ds.sink_to(
        sink=FileSink.for_row_format(
            base_path=output_path,
            encoder=Encoder.simple_string_encoder())
        .with_output_file_config(
            OutputFileConfig.builder()
            .with_part_prefix("prefix")
            .with_part_suffix(".ext")
            .build())
        .with_rolling_policy(RollingPolicy.default_rolling_policy())
        .build()
    )
else:
    print("Printing result to stdout. Use --output to specify output path.")
    ds.print()
```

Finalmente, se envía el trabajo para su ejecución utilizando el método **execute()**.

```
env.execute()
```

En el programa principal, se configura el logging, se define un parser para los argumentos de línea de comandos (input y output) y se obtienen los argumentos proporcionados y se llama a la función **word_count** con estos argumentos.

```
if __name__ == '__main__':
    logging.basicConfig(stream=sys.stdout, level=logging.INFO,
format="%(message)s")

    parser = argparse.ArgumentParser()
    parser.add_argument('--input', dest='input', required=False, help='Input
file to process.')
    parser.add_argument('--output', dest='output', required=False, help='Output
file to write results to.')

    argv = sys.argv[1:]
    known_args, _ = parser.parse_known_args(argv)

    word_count(known_args.input, known_args.output)
```

Este script permite ejecutar un trabajo de conteo de palabras utilizando Apache Flink, leyendo de un archivo de entrada especificado o utilizando datos por defecto, y escribiendo los resultados en un archivo de salida o imprimiéndolos en la consola. En la ejecución del script anterior vemos como en la salida se muestra, para cada palabra, el número de veces que aparece en el texto de entrada.

$ python word_count.py

```
NumExpr defaulting to 4 threads.
Using Any for unsupported type: typing.Sequence[~T]
Executing word_count example with default input data set.
Use --input to specify file input.
Printing result to stdout. Use --output to specify output path.
(a,5)
(Be,1)
(Is,1)
(No,2)
(Or,1)
(To,4)
(be,1)
(by,2)
(he,1)
(in,3)
(is,2)
(my,1)
(of,14)
…
```

El siguiente script genera una secuencia de palabras aleatorias y cuenta la frecuencia de cada palabra.

streaming_word_count.py

```
import argparse
import logging
import sys

from pyflink.common import Encoder, Types
from pyflink.datastream import StreamExecutionEnvironment
from pyflink.datastream.connectors.file_system import (FileSink, OutputFileConfig,
RollingPolicy)
from pyflink.table import StreamTableEnvironment, TableDescriptor, Schema, Data-
Types

words = ["flink", "window", "timer", "event_time", "processing_time", "state",
        "connector", "pyflink", "checkpoint", "watermark", "sideoutput", "sql",
        "datastream", "broadcast", "asyncio", "catalog", "batch", "streaming"]

max_word_id = len(words) - 1


def word_count(output_path):
    env = StreamExecutionEnvironment.get_execution_environment()
    t_env = StreamTableEnvironment.create(stream_execution_environment=env)

    # define the source
    # randomly select 5 words per second from a predefined list
```

```python
    t_env.create_temporary_table(
        'source',
        TableDescriptor.for_connector('datagen')
                       .schema(Schema.new_builder()
                               .column('word_id', DataTypes.INT())
                               .build())
                       .option('fields.word_id.kind', 'random')
                       .option('fields.word_id.min', '0')
                       .option('fields.word_id.max', str(max_word_id))
                       .option('rows-per-second', '5')
                       .build())

    table = t_env.from_path('source')
    ds = t_env.to_data_stream(table)

    def id_to_word(r):
        # word_id is the first column of the input row
        return words[r[0]]

    # compute word count
    ds = ds.map(id_to_word) \
           .map(lambda i: (i, 1), output_type=Types.TUPLE([Types.STRING(), Ty-
pes.INT()])) \
           .key_by(lambda i: i[0]) \
           .reduce(lambda i, j: (i[0], i[1] + j[1]))

    # define the sink
    if output_path is not None:
        ds.sink_to(
            sink=FileSink.for_row_format(
                base_path=output_path,
                encoder=Encoder.simple_string_encoder())
            .with_output_file_config(
                OutputFileConfig.builder()
                .with_part_prefix("prefix")
                .with_part_suffix(".ext")
                .build())
            .with_rolling_policy(RollingPolicy.default_rolling_policy())
            .build()
        )
    else:
        print("Printing result to stdout. Use --output to specify output path.")
        ds.print()

    # submit for execution
    env.execute()


if __name__ == '__main__':
    logging.basicConfig(stream=sys.stdout, level=logging.INFO, format="%(message)
s")

    parser = argparse.ArgumentParser()
    parser.add_argument(
```

```
    '--output',
    dest='output',
    required=False,
    help='Output file to write results to.')

argv = sys.argv[1:]
known_args, _ = parser.parse_known_args(argv)

word_count(known_args.output)
```

A continuación, realizamos una explicación detallada de cada parte del código. En primer lugar, se importan las librerías necesarias, incluyendo las de Apache Flink para manejar el entorno de ejecución, las estrategias de marcas de agua, los tipos de datos, y los conectores del sistema de archivos.

```
import json
from pyflink.common import Encoder, Types
from pyflink.datastream import StreamExecutionEnvironment
from pyflink.datastream.connectors.file_system import (FileSink, OutputFileConfig,
RollingPolicy)
from pyflink.table import StreamTableEnvironment, TableDescriptor, Schema, Data-
Types
```

Posteriormente, se define una lista de palabras y una variable max_word_id que almacena el índice máximo de la lista de palabras. Esta variable se utiliza para generar IDs de palabras aleatorias.

```
words = ["flink", "window", "timer", "event_time", "processing_time", "state",
         "connector", "pyflink", "checkpoint", "watermark", "sideoutput", "sql",
         "datastream", "broadcast", "asyncio", "catalog", "batch", "streaming"]

max_word_id = len(words) - 1
```

La función **word_count** crea el entorno de ejecución de flujo (**env**) y el entorno de tabla de flujo (**t_env**). Esta función define una tabla temporal que actúa como fuente de datos. Utiliza el conector datagen para generar datos de forma aleatoria, produciendo 5 IDs de palabras por segundo dentro del rango de 0 a max_word_id.

```
def word_count(output_path):
    env = StreamExecutionEnvironment.get_execution_environment()
    t_env = StreamTableEnvironment.create(stream_execution_environment=env)

    t_env.create_temporary_table(
    'source',
    TableDescriptor.for_connector('datagen')
            .schema(Schema.new_builder()
                    .column('word_id', DataTypes.INT())
                    .build())
            .option('fields.word_id.kind', 'random')
            .option('fields.word_id.min', '0')
            .option('fields.word_id.max', str(max_word_id))
            .option('rows-per-second', '5')
            .build())
```

Las siguientes líneas convierten la tabla temporal en una secuencia de datos (**DataStream**).

```
table = t_env.from_path('source')
ds = t_env.to_data_stream(table)
```

El siguiente código permite realizar el cómputo del conteo de palabras:

```
ds = ds.map(id_to_word) \
       .map(lambda i: (i, 1), output_type=Types.TUPLE([Types.STRING(), Types.
INT()])) \
       .key_by(lambda i: i[0]) \
       .reduce(lambda i, j: (i[0], i[1] + j[1]))
```

▶ **ds.map(id_to_word):** convierte cada ID de palabra en la palabra correspondiente.

▶ **ds.map(lambda i: (i, 1), output_type=Types.TUPLE([Types.STRING(), Types.INT()])):** transforma cada palabra en una tupla (palabra, 1).

▶ **ds.key_by(lambda i: i[0]):** agrupa las tuplas por palabra.

▶ **ds.reduce(lambda i, j: (i[0], i[1] + j[1])):** suma los conteos de cada palabra.

El script permite ejecutar un trabajo de conteo de palabras utilizando Apache Flink, leyendo de un archivo de entrada especificado o utilizando datos por defecto, y escribiendo los resultados en un archivo de salida o imprimiéndolos en la consola. En la ejecución del script anterior vemos como en la salida se muestra para cada palabra, el número de veces que aparece en el texto de entrada.

`$ python streaming_word_count.py`

```
NumExpr defaulting to 4 threads.
Using Any for unsupported type: typing.Sequence[~T]
Printing result to stdout. Use --output to specify output path.
1> (batch,1)
2> (watermark,1)
4> (connector,1)
4> (processing_time,1)
4> (sideoutput,1)
4> (sideoutput,2)
4> (connector,2)
2> (datastream,1)
........
```

5

PROCESAMIENTO EN TIEMPO REAL

5.1 INTRODUCCIÓN

En este capítulo analizamos el campo del procesamiento de datos en tiempo real. Comenzaremos comprendiendo los fundamentos de este tipo de procesamiento y su importancia en comparación con los enfoques de procesamiento por lotes.

También analizaremos las ventajas asociadas con el procesamiento en tiempo real y detallaremos los componentes para implementar estas soluciones. Por último, abordaremos conceptos y términos claves para comprender cómo se implementa el procesamiento de datos en tiempo real de forma eficiente.

El procesamiento de datos en tiempo real, o en streaming, es una disciplina fundamental en la ingeniería de datos, que se enfoca en el manejo eficiente y rápido de flujos continuos de datos para generar informes o respuestas automáticas en tiempo real o casi en tiempo real. En este caso, se debe realizar el procesamiento sobre los datos a medida que se generan o se reciben, en lugar de procesarlos de manera batch (por lotes) en un momento posterior. Esta forma de procesamiento es esencial para aplicaciones que requieren respuestas rápidas y acciones en tiempo real, como sistemas de detección de fraudes, monitoreo de redes, análisis de sensores y muchas otras aplicaciones en tiempo real.

En el procesamiento en streaming, **cada nuevo dato se procesa a medida que llega**. A diferencia del procesamiento batch, no hay que esperar hasta el siguiente intervalo de procesamiento, sino que los datos se procesan como unidades individuales en tiempo real, en lugar de por lotes.

El procesamiento en streaming es ideal para operaciones en las que el tiempo es un factor crítico y que requieren una **respuesta instantánea en tiempo real.** Por ejemplo, un sistema que vigila un edificio en busca de humo y calor necesita activar alarmas y desbloquear puertas para que los residentes puedan escapar inmediatamente en caso de incendio.

Otro ejemplo puede ser una solución de control del tráfico en tiempo real, que consume datos de sensores para detectar volúmenes de tráfico elevados. Estos datos podrían utilizarse para actualizar dinámicamente un mapa que muestre la congestión, o iniciar automáticamente carriles de alta ocupación u otros sistemas de gestión del tráfico. A continuación, se presenta una **tabla comparativa entre el procesamiento batch y el streaming.**

	Batch	Tiempo real
Alcance	Procesa todos los datos de un dataset	Procesa el dato más reciente, o aquellos que están dentro de una ventana de tiempo móvil (por ej: de los últimos 30 segundos)
Tamaño	Es ideal para grandes volúmenes de datos	Es adecuado para registros individuales o "micro lotes" de datos
Performance	El procesamiento puede demorar horas o minutos	El procesamiento demorar segundos o milisegundos.

El procesamiento en tiempo real se basa en una serie de conceptos y términos fundamentales que sustentan su funcionamiento eficiente y ágil. En este caso, este tipo de procesamiento consume eventos o mensajes de sistemas como una cola de mensajería (message queue), un repositorio de archivos, bases de datos, etc.

Por lo general, estos datos entrantes suelen llegar en un formato no estructurado o semiestructurado, como JSON. Una vez que los datos son procesados, aplicando filtros, transformaciones y agregaciones, los resultados son dirigidos hacia algún sistema como un almacén de datos optimizado para el análisis y la visualización, que soporte altos volúmenes de escritura. A grandes rasgos, en el procesamiento en tiempo real, nos vamos a encontrar con los siguientes componentes:

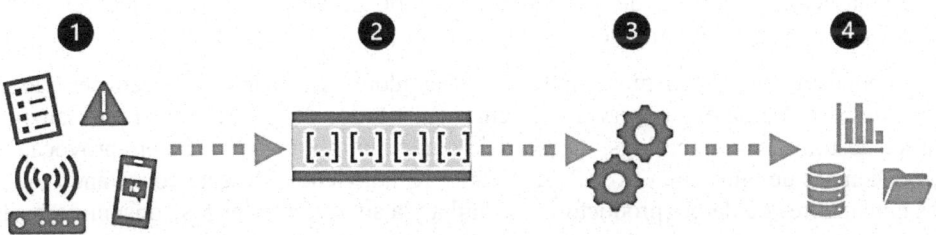

Figura 5.1. Componentes de un sistema de procesamiento en tiempo real

1. **Fuente de datos**, que genere o emita eventos o mensajes de forma continua.

2. **Ingesta de mensajes en tiempo real**. Se trata de un componente para capturar y almacenar mensajes en tiempo real que serán consumidos por otros procesos de forma inmediata. En casos sencillos, podría implementarse como un repositorio en el que los mensajes nuevos se depositan en una carpeta o directorio. Pero a menudo, se requiere algo más robusto como una cola o un broker de mensajes, que actúe como un búfer. Una cola o un broker encapsula la lógica para garantizar que los datos de los eventos sean procesados de forma ordenada y que cada evento se procese una sola vez. Algunos ejemplos son tecnologías como Apache Kafka, Apache Pulsar, MQTT, RabbitMQ.

3. **Motor de procesamiento**: tras capturar los mensajes en tiempo real, el motor se encarga de procesarlos, aplicando filtros, agregaciones y preparando los datos para el análisis. El motor puede operar sobre registros individuales, o bien sobre "micro-lotes" de datos a partir de ventanas temporales (por ej. eventos de los últimos 30 segundos).

4. **Un sistema de destino para depositar los resultados** puede ser en un repositorio de archivos, una base de datos SQL o NoSQL, otra cola o broker para continuar con el procesamiento, etc.

5.2 APACHE KAFKA

Actualmente, las compañías necesitan cumplir con unos ambiciosos requisitos de negocio para mantenerse competitivas en el mercado. Por ello, ha surgido una gran demanda de soluciones para el procesamiento de grandes flujos de datos en tiempo real. Y en este panorama tecnológico se encuentra Apache Kafka, una plataforma distribuida de transmisión de datos.

Apache Kafka es un middleware de mensajería entre sistemas heterogéneos, el cual, mediante un sistema de colas (topics, para ser concreto) facilita la comunicación asíncrona, desacoplando los flujos de datos de los sistemas que los producen o consumen. Funciona como un broker de mensajes, encargado de enrutar los mensajes entre los clientes de un modo muy rápido.

Supongamos que tenemos múltiples generadores de datos, ya sean servidores web, de bases de datos, un servidor de chat y que todos deben almacenar sus datos en varios destinos, como son logs, métricas de rendimiento y monitorización, provocando dependencias de unos con otros. Para evitarlo, Kafka viene al rescate conectando todos los generadores de datos (productores) a Kafka y a su vez, a todos los consumidores de estos datos.

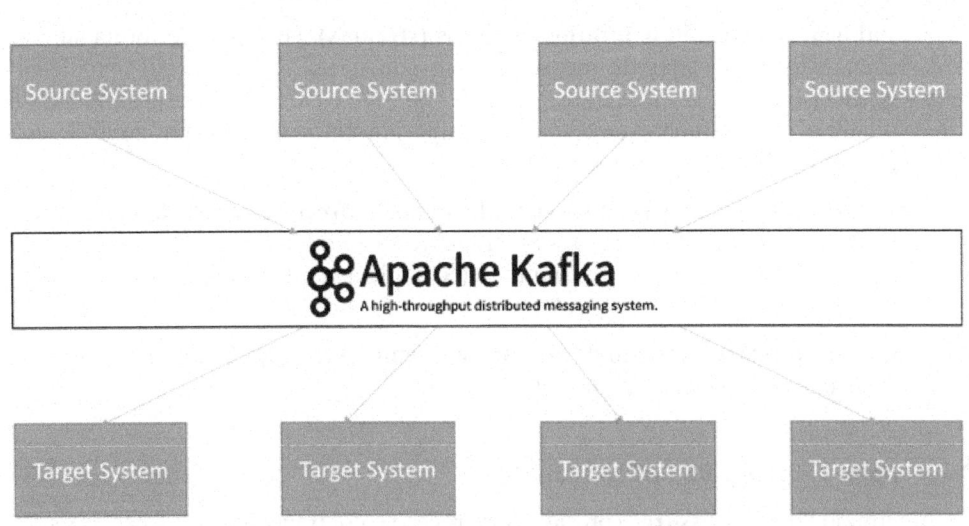

Figura 5.2. Kafka como conector entre sistemas generadores y consumidores de datos

En concreto, se trata de una plataforma open source distribuida de transmisión de eventos/mensajes en tiempo real con almacenamiento duradero y que proporciona de base un alto rendimiento (capaz de manejar millones de peticiones al día, con una latencia inferior a 10ms), tolerancia a fallos, disponibilidad y escalabilidad horizontal (mediante cientos de nodos).

Además de almacenar estos eventos, la funcionalidad se extiende con la capacidad de procesarlos en tiempo real, a medida que se reciben de múltiples fuentes de datos. Kafka se integra con numerosas tecnologías, de esta forma, permite construir flujos de datos en tiempo real entre distintos sistemas y aplicaciones. Como sistema de mensajes, sigue un modelo publicador-suscriptor y su arquitectura tiene dos directivas claras:

- ▶ No bloquear a los productores (para poder gestionar la backpressure, la cual sucede cuando un publicador produce más elementos de los que un suscriptor puede consumir).

- ▶ Aislar los productores y los consumidores, de manera que los productores y los consumidores no hay comunicación directa y no se conocen entre sí.

Apache Kafka originalmente consistía en un sistema de intermediación de mensajes basado en el modelo publicador/suscriptor en el que varios productores y suscriptores pueden leer y escribir. Con el tiempo y la evolución del producto se ha convertido en toda una plataforma de streaming de eventos distribuida y el estándar de facto para streaming. Además, también podemos considerarla una herramienta complementaria a las bases de datos, proporcionando garantías ACID. Sus principales funcionalidades son:

▶ **Publicar y suscribirse a flujos de datos (streams),** actuando de forma similar a un sistema de colas de mensajes, pero con un alto rendimiento obteniendo latencias muy bajas en la transmisión de mensajes. Nos ofrece la posibilidad de dividir el procesamiento de datos en múltiples instancias de consumidores, lo que le permite escalar su procesamiento.

▶ **Permite almacenar streams y se replican para ofrecer una tolerancia a fallos.** Kafka permite a los productores esperar el reconocimiento para que una escritura no se considere completa hasta que esté completamente replicada y se garantice que persiste.

▶ **Facilita el procesamiento de streams en tiempo real,** pudiendo transformar los datos que se almacenan en Kafka.

5.2.1 Back Pressure en Apache Kafka

El término "**back pressure**" (presión de retroceso o contrapresión) en Apache Kafka se refiere a un mecanismo utilizado para manejar situaciones en las que la velocidad de producción de datos en un topic es más rápida que la velocidad de consumo. En otras palabras, se produce una acumulación excesiva de datos en un topic y los consumidores no pueden procesarlos lo suficientemente rápido.

Se trata de un concepto importante en Kafka porque ayuda a evitar que los consumidores se vean abrumados por la cantidad de datos que llegan. Cuando este mecanismo se activa, los productores de datos pueden reconocer que los consumidores no están procesando datos lo suficientemente rápido y pueden tomar medidas para ralentizar la velocidad de producción o gestionar mejor la carga. En Kafka, este mecanismo se puede manejar de varias maneras:

▶ **Limitación de la velocidad de producción**: los productores pueden ajustar la velocidad a la que producen datos para que coincida con la velocidad de procesamiento de los consumidores. Esto se puede lograr mediante la configuración de límites de velocidad o mediante la implementación de lógica personalizada en el lado del productor.

▶ **Aumento de la capacidad de procesamiento**: los consumidores pueden aumentar su capacidad de procesamiento para manejar mayores volúmenes de datos. Esto podría implicar escalar horizontalmente agregando más instancias de consumidores o mejorar el rendimiento del código de procesamiento.

▶ **Reequilibrio de particiones:** Kafka admite la capacidad de equilibrar automáticamente las particiones entre los consumidores en un grupo de consumidores. Esto ayuda a distribuir la carga de manera uniforme y evitar que un consumidor específico se vea sobrecargado.

▶ **Almacenamiento de datos en Kafka**: en lugar de perder datos debido a una "back pressure" extrema, los datos pueden almacenarse temporalmente en Kafka para que los consumidores los procesen cuando estén listos.

La gestión de la "back pressure" es fundamental para garantizar un flujo de datos eficiente y confiable en un sistema Kafka. Permite que los productores y consumidores se adapten a las diferencias en las tasas de producción y consumo, lo que es esencial para el funcionamiento escalable y robusto de los flujos de datos en tiempo real.

5.2.2 Patrón productor/consumidor

El patrón productor/consumidor es un modelo de comunicación utilizado en sistemas distribuidos y en el procesamiento en tiempo real. Este patrón facilita la transmisión eficiente de eventos o mensajes desde los "productores" a los "consumidores".

En este patrón, los productores son responsables de publicar los eventos en tópicos específicos. Cada evento se envía al tópico correspondiente sin necesidad de conocer quiénes son los consumidores o suscriptores. Los productores no están directamente vinculados a los consumidores, lo que brinda una mayor flexibilidad y escalabilidad en el sistema.

Por otro lado, los consumidores se suscriben a los tópicos que les interesan. Al suscribirse, indican su interés en recibir los eventos relacionados con esos tópicos. Cuando un evento se publica en un tópico, todos los consumidores suscritos a ese tópico recibirán el evento y podrán procesarlo de acuerdo con sus necesidades.

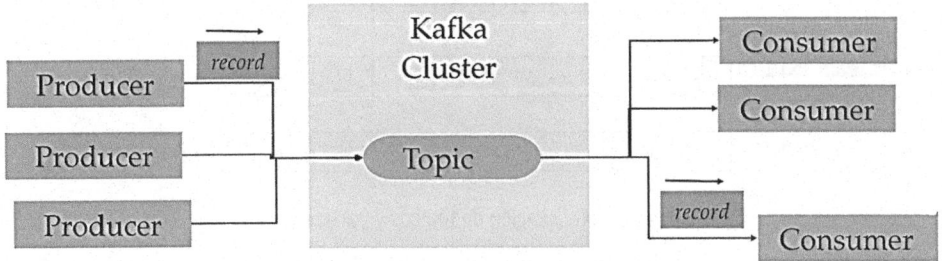

Figura 5.3. Modelo Productor/consumidor

Este modelo de comunicación asincrónica permite que los productores y consumidores operen de manera independiente y sin acoplamiento directo. Los productores pueden continuar publicando eventos sin preocuparse por quién los recibirá, mientras que los consumidores pueden recibir eventos de múltiples productores sin necesidad de saber de dónde provienen.

5.2.3 Tópicos y particiones

Un tópico actúa como un canal de comunicación que recibe eventos o mensajes y los distribuye a las aplicaciones o sistemas interesados en ellos. Es una forma de organizar y categorizar los datos en un sistema de procesamiento en tiempo real.

Cuando un evento ocurre y necesita transmitirse a otros componentes del sistema, se publica en un tópico específico. Los eventos pueden incluir información como transacciones, actualizaciones de estado, alertas, cambios de datos, entre otros. Cada evento está asociado a un tópico que define su naturaleza o contexto.

Un tópico permite que múltiples aplicaciones o sistemas se suscriban de manera asincrónica a él. Esto significa que los consumidores pueden recibir y procesar los eventos a su propio ritmo, sin necesidad de estar sincronizados entre sí. Cada consumidor interesado en un tópico en particular puede suscribirse a él y recibir los eventos que se publiquen allí.

Por lo general, los mensajes dentro de un tópico se ordenan siguiendo el principio **FIFO (First-In, First-Out)**. Cuando un evento es publicado en un tópico, se añade al final de la cola de eventos pendientes en ese tópico. Los consumidores que están suscritos al tópico recibirán los eventos en el orden en que se publicaron, asegurando así la integridad de la secuencia de eventos.

Un tópico se divide en **particiones**, las cuales se enumeran, siendo la primera la 0. Al crear un topic podemos indicar la cantidad de particiones inicial, la cual podemos modificar a posteriori en el archivo **server.properties** donde tenemos configurado que, por defecto, cada topic tenemos una partición mediante la propiedad **num.partitions=1**.

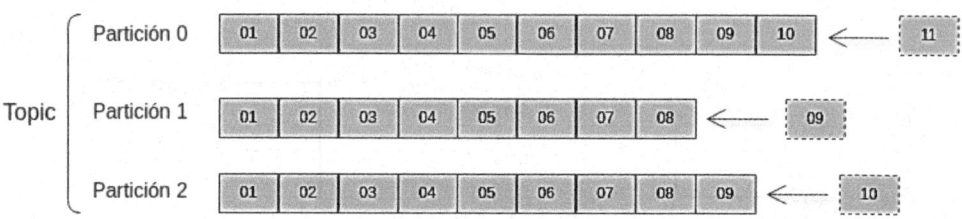

Figura 5.4. Creación de tópicos y particiones

Podemos crear tantos tópicos como queramos y estos serán identificados por su nombre. Los tópicos pueden dividirse en **particiones** en el momento de su creación. Cada elemento que se almacena en un tópico se denomina mensaje. **Los mensajes son inmutables y son añadidos a una partición determinada** (específica definida por la clave del mensaje o mediante round-robin en el caso de ser nula) en el orden el que fueron enviados, es decir, se garantiza el orden dentro de una partición, pero no entre ellas.

Cada mensaje dentro de una partición tiene un identificador numérico incremental llamado **offset**. Aunque los mensajes se guarden en los tópicos por un tiempo limitado (una semana por defecto) y sean eliminados, el offset seguirá incrementando su valor.

Para **crear un tópico** podríamos hacerlo con el comando **kafka-topics.sh,** utilizando el parámetro **--create**:

```
$ kafka-topics.sh --create --topic iabd-topic --bootstrap-server iabd-virtual-
box:9092
```

También podemos obtener un **listado de los tópicos** que hemos creado mediante el parámetro **--list:**

```
$ kafka-topics.sh --list --bootstrap-server iabd-virtualbox:9092
```

Si queremos obtener la descripción del tópico creado con la cantidad de particiones le pasamos el parámetro **--describe:**

```
$ kafka-topics.sh --describe --topic iabd-topic --bootstrap-server iabd-virtual-
box:9092
```

Para un manejo eficiente de altos volúmenes de datos y generados a grandes velocidades, es necesario trabajar con plataformas distribuidas. En tecnologías como Apache Kafka, un tópico internamente se divide en particiones. En vez de tener un solo canal, vamos a contar con varios canales para el mismo tópico. Las particiones permiten distribuir y procesar la carga de trabajo de manera eficiente y paralela, lo que facilita la escalabilidad y el rendimiento en sistemas de alto volumen y alta velocidad.

Los eventos en cada partición se ordenan según el principio FIFO, como ya se explicó hace instantes, y pueden procesarse de acuerdo con el tiempo en el que llegaron. Los mensajes pueden arribar a una partición en particular de forma aleatoria, o la aplicación que publique los datos debe definir de antemano a qué partición enviará cada mensaje. Existe la posibilidad de que cada partición haga referencia a una categoría específica dentro del mismo tópico. Cada partición se ocupa de un conjunto específico de eventos relacionados con la categoría correspondiente.

Al crear un tópico, si queremos indicar la cantidad de particiones, podemos hacerlo a través del parámetro **partitions** y el número de particiones deseadas:

```
$ kafka-topics.sh --create --topic iabd-topic-p3 --partitions 3 --bootstrap-ser-
ver iabd-virtualbox:9092
```

Cada partición está ordenada, de manera que cada mensaje dentro de una partición tendrá un identificador incremental, llamado **offset** (desplazamiento). Cada partición funciona como un commit log almacenando los mensajes que recibe.

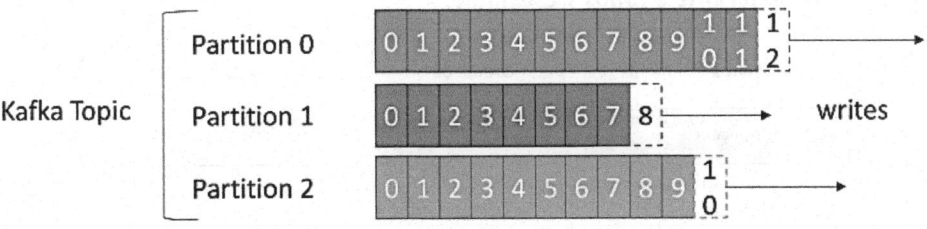

Figura 5.5. Offset dentro de las particiones de un topic

Como podemos observar en la imagen anterior, cada partición tiene sus propios offset (el offset 3 de la partición 0 no representa el mismo dato que el offset 3 de la partición 1).

Habíamos comentado que las particiones están ordenadas, pero el orden solo se garantiza en una partición (no entre particiones). Esto significa que el mensaje 7 de la partición 0 puede haber llegado antes o después que el mensaje 5 de la partición 1.

Los datos de una partición tienen un tiempo de vida limitado (retention period) que indica el tiempo que se mantendrán los mensajes antes de eliminarlos. Por defecto es de una semana. Además, una vez que los datos se escriben en una partición, no se pueden modificar (los mensajes son inmutables). Finalmente, por defecto, los datos se asignan de manera aleatoria a una partición. Sin embargo, existe la posibilidad de indicar una clave de particionado.

Para **enviar un mensaje a un tópico,** ejecutaremos un productor mediante el comando **kafka-console-producer.sh**. Por defecto, cada línea que introducimos resultará en un evento separado que escribirá un mensaje en el topic (podemos pulsar CTRL+C en cualquier momento para cancelar):

```
$ kafka-console-producer.sh --topic iabd-topic --bootstrap-server iabd-virtual-
box:9092
```

Para **consumir mensajes de un tópico,** ejecutaremos un consumidor mediante el comando **kafka-console-consumer.sh**.

```
$ kafka-console-consumer.sh --topic iabd-topic --from-beginning --bootstrap-ser-
ver iabd-virtualbox:9092
```

Al ejecutarlo veremos los mensajes que habíamos introducido antes (ya que hemos indicado la opción --from-beginning). Si ahora volvemos a escribir en el productor, casi instantáneamente, aparecerá en el consumidor el mismo mensaje.

5.2.4 Brokers

Un clúster de Kafka consiste en uno o más servidores denominados Kafka Brokers. **Cada broker es identificado por un ID (integer) y contiene ciertas particiones de un tópico**, no necesariamente todas. Además, permite replicar y particionar dichos tópicos balanceando la carga de almacenamiento entre los brokers. **Esta característica permite que Kafka sea tolerante a fallos y escalable**.

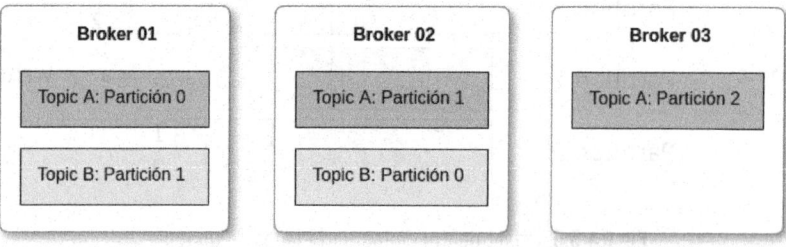

Figura 5.6. Conjunto de brokers que forman un cluster de Kafka

Cada broker contiene un conjunto de particiones, de manera que un broker contiene parte de los datos, nunca los datos completos ya que Kafka es un sistema distribuido. Al conectarse a un broker del clúster (bootstrap broker), automáticamente nos conectaremos al clúster entero.

Para comenzar se recomienda una arquitectura de 3 brokers, aunque algunos clústers lo forman cerca de un centenar de brokers. Por ejemplo, el siguiente diagrama muestra un clúster con tres brokers, de manera que el tópico A está dividido en tres particiones, cada una de ellas residiendo en un broker diferente (no hay ninguna relación entre el número de la partición y el nombre del broker), y el tópico B está a su vez dividido en dos particiones:

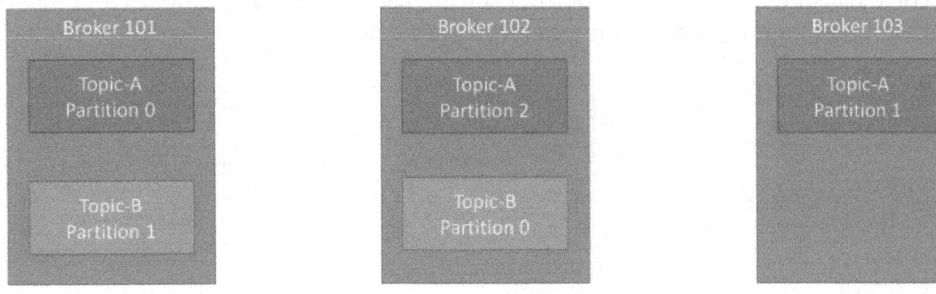

Figura 5.7. Arquitectura típica con 3 brokers en un cluster de Kafka

Cada broker de Kafka es un servidor bootstrap, lo que significa que dicho servidor contiene un listado con todos los nodos del clúster, de manera que, al conectarnos a un broker, automáticamente nos conectaremos al clúster de forma global. De esta forma, cuando un cliente se conecta a un broker, también realiza una petición de los metadatos, y obtiene un listado con todos los brokers. Tras ello, ya puede conectarse a cualquiera de los brokers que necesite.

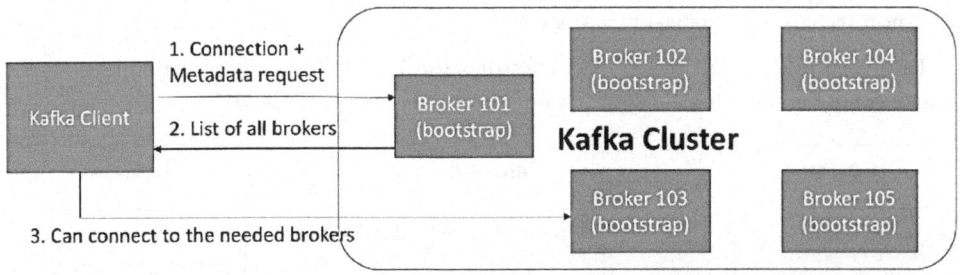

Figura 5.8. Conexión de un cliente en un cluster de Kafka

5.2.5 Factor de replicación

Una réplica en Kafka consiste en realizar una copia de una partición disponible en otro broker. Este mecanismo de replicación permite a Kafka ser tolerante a fallos y asegura que no hay pérdida de datos.

Cuando existen varias réplicas disponibles, una de ellas es elegida como líder, y el resto como seguidores. Las réplicas que siguen al líder y están sincronizadas se marcan como ISR (In Sync Replica). Para que un tópico se encuentre en un estado sano, el valor de ISR debe ser igual al factor de replicación.

Para soportar la tolerancia a fallos, los tópicos deben tener un factor de replicación mayor que uno (normalmente se configura entre 2 y 3). En la siguiente imagen podemos ver como tenemos 3 brokers, y un tópico A con dos particiones y un factor de replicación de 2, de manera que cada partición crea una réplica de sí misma:

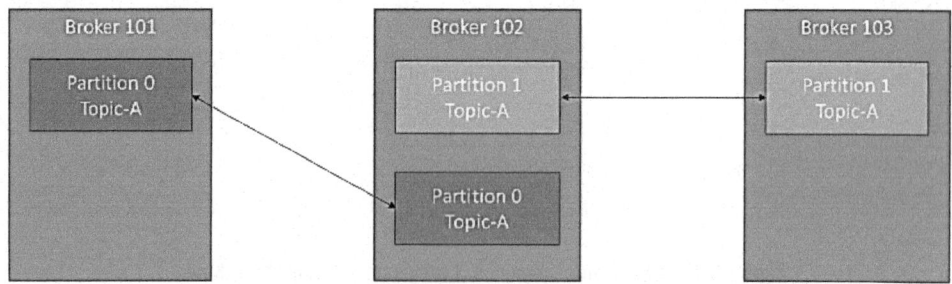

Figura 5.9. Configuración de un cluster con factor de replicación=2

Para garantizar esa alta disponibilidad en caso de que falle algún broker, los tópicos normalmente se configuran con un factor de replicación > 1 (normalmente 2 y 3), de esta forma si un broker se cae, otro broker puede servir los datos. Para crear la configuración de a imagen anterior, tenemos que indicar el factor de replicación mediante el parámetro **--replication-factor:**

```
$ kafka-topics.sh --create --topic TopicA --partitions 2 --replication-factor 2
--bootstrap-server iabd-virtualbox:9092
```

De esta forma, si el broker con identificador 102 deja de estar disponible, Kafka podría devolver los datos al estar disponibles en los nodos 101 y 103.

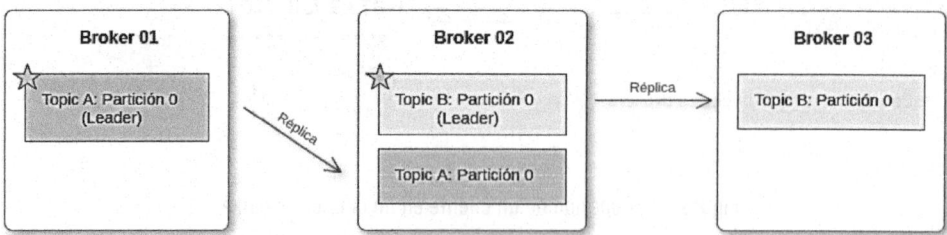

Figura 5.10. Configuración de una réplica lider

En cada momento sólo puede haber un broker líder para cada partición de un tópico. Sólo el líder puede recibir y servir datos de una partición, mientras tanto los otros brokers sincronizan sus datos. Si este se cae, se cambia el líder.

5.2.6 Réplica líder

Acabamos de ver que cada broker tiene múltiples particiones, y cada partición tiene múltiples réplicas, de manera que, si se cae un nodo/broker, Kafka puede utilizar otro broker para servir los datos.

En cualquier instante, una determinada partición tendrá una única réplica que será la líder, y esta réplica líder será la única que pueda recibir y servir los datos de una partición. La réplica líder es importante porque todas las lecturas y escrituras siempre van a esta réplica. El resto de brokers sincronizan sus datos. En resumen, cada partición tendrá un líder y múltiples ISR (in-sync réplica).

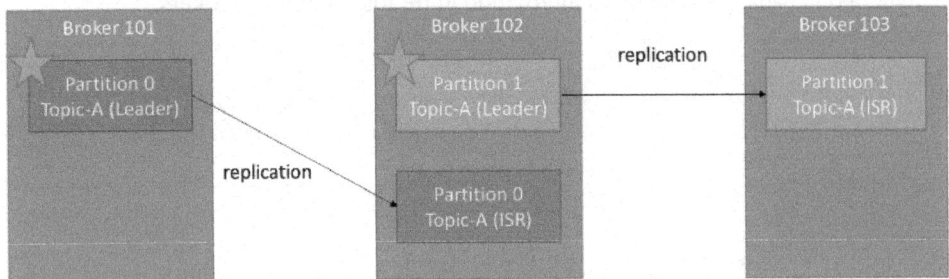

Figura 5.11. Configuración de una réplica lider

Según el diagrama anterior, si se cayera el Broker 101, entonces la partición 0 del Broker 102 se convertiría en la líder. Y cuando vuelva a funcionar el Broker 101, intentará volver a ser la partición líder.

5.2.7 Productores

Se denominan productores a los clientes conectados a Kafka encargados de publicar mensajes en un broker y son los responsables de serializar, particionar, comprimir y repartir la carga entre los brokers en función de las particiones.

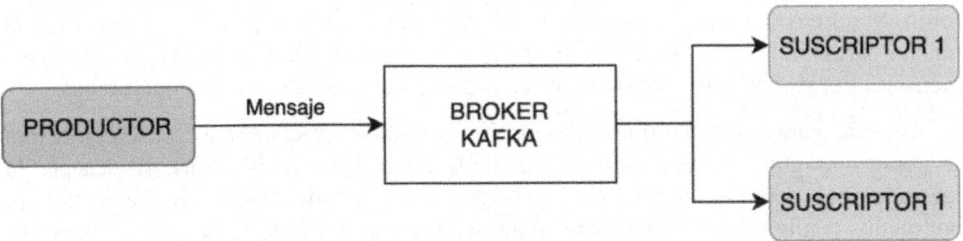

Figura 5.12. Esquema Productor/Consumidor

Normalmente, los productores envían los mensajes que están compuestos por una clave, el valor y una marca de tiempo asignada. Se recomienda no almacenar mensajes de más de 1MB, que es el valor por defecto en la configuración. El envío y la escritura de mensajes por parte del productor incluye 5 pasos en el broker:

- ▼ Serialización.
- ▼ Particionado.
- ▼ Compresión.
- ▼ Acumulación de registros.
- ▼ Agrupación por broker y envío.

Los productores escriben datos en los tópicos, sabiendo automáticamente el broker y la partición en la cual deben escribir. En el caso de un fallo de un broker, los productores automáticamente se recuperan y se comunican con el broker adecuado. Si el productor envía los datos sin una clave determinada, Kafka utiliza un algoritmo de **Round Robin**, de manera que cada mensaje se va alternando entre los diferentes brokers.

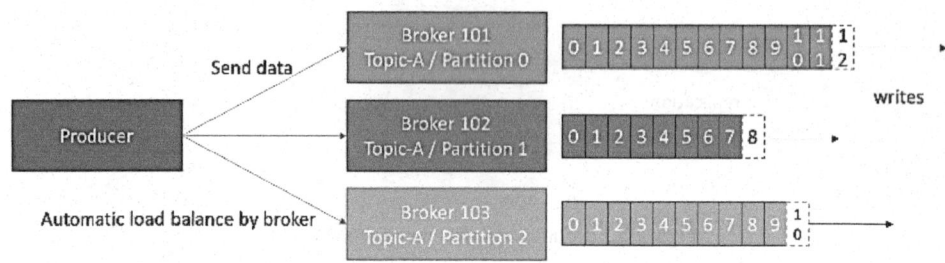

Figura 5.13. Uso del algoritmo de Round Robin para el envío de datos

Un productor permite que una aplicación pueda publicar mensajes de un tópico de Kafka de forma asíncrona. Los productores automáticamente saben a qué broker y a qué partición deben escribir. En el caso de que un broker se caiga, el productor sabe cómo recuperarse y seguirá escribiendo en el resto. Los productores envían los mensajes con clave (string, número, etc) o sin ella.

Kafka trabaja con pares clave-valor, de manera que, si no indicamos la clave, se considerará por defecto como nula y, por tanto, la partición se identifica mediante round robin. Si se envía la clave, todos los mensajes con la misma clave siempre irán a la misma partición. Por lo tanto, enviaremos una clave cuando necesitemos ordenar los mensajes por un campo específico (por ejemplo, el identificador de una operación).

Además, para confirmar que los mensajes han sido correctamente escritos en Kafka se podrá configurar la recepción del **mensaje de confirmación (ack),** ya sea por la recepción del mensaje por parte broker líder o por todos los brokers réplica. Para ello, podríamos configurar los productores para que reciban un ACK de las escrituras de los datos con los siguientes valores:

▶ **ack=0**: el productor no espera la confirmación (posible pérdida de datos), lo que se traduce en un envío asíncrono.

▶ **ack=1**: el productor espera la confirmación del líder (limitación de la pérdida de datos), de manera que los envíos son síncronos.

▶ **ack=all**: el productor espera la confirmación del líder y de todas las réplicas (sin pérdida de datos).

Para enviar mensajes con la clave, desde el terminal, necesitamos indicar dos propiedades mediante **--property**:

▶ **parse.key**: si es true, obligatoriamente enviaremos la clave (por defecto es false).

▶ **key.separator:** carácter para separar la clave del valor.

Así pues, podríamos enviar mensajes en un determinado tópico con una clave específica mediante el siguiente comando:

```
$ kafka-console-producer.sh --topic iabd-topic --property "parse.key=true"
--property "key.separator=:" --bootstrap-server iabd-virtualbox:9092
```

5.2.8 Consumidores

Los consumidores de Kafka son los clientes conectados suscritos a los tópicos que consumen los mensajes. Cada consumidor tiene asociado un grupo de consumidores. Kafka garantiza que cada mensaje sólo es leído por un consumidor de cada grupo.

Los consumidores obtienen los datos de los tópicos y las particiones, y saben de qué broker deben leer los datos. Igual que los productores, en el caso de un fallo de un broker, los consumidores automáticamente se recuperan y se comunican con el broker adecuado.

Los datos se leen en orden dentro de cada partición, de manera que el consumidor no podrá leer, por ejemplo, los datos del offset 6 hasta que no haya leído los del offset 5. Además, un consumidor puede leer de varias particiones (se realiza en paralelo), pero el orden sólo se respeta dentro de cada partición, no entre particiones.

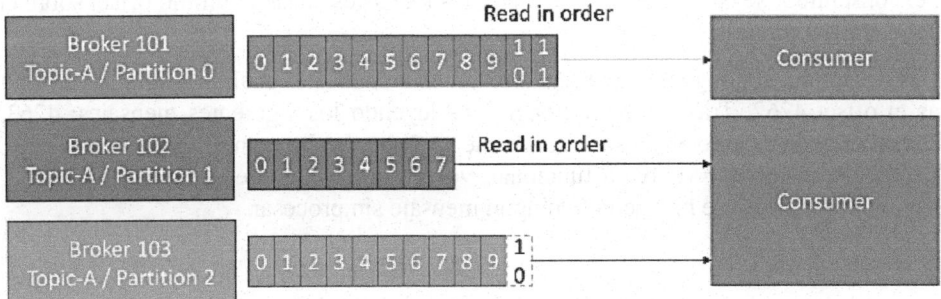

Figura 5.14. Lectura de datos por parte de los consumidores

Un consumidor puede pertenecer a un grupo de consumidores, de manera que cada uno de los consumidores del grupo obtendrán una parte de los datos, es decir, una partición de un tópico. Por ejemplo, tenemos una aplicación compuesta por dos consumidores, formando un grupo de consumidores. El consumidor 1 lo hará de dos particiones, y el consumidor 2 lo hará de la tercera partición.

También tenemos otra aplicación compuesta de tres consumidores, de manera que cada consumidor lo hará de cada una de las particiones. Finalmente, tenemos un tercer grupo de consumidores formado por un único consumidor que leerá las tres particiones. En conclusión, cada grupo de consumidores funciona como un único consumidor de manera que accede a todas las particiones de un tópico.

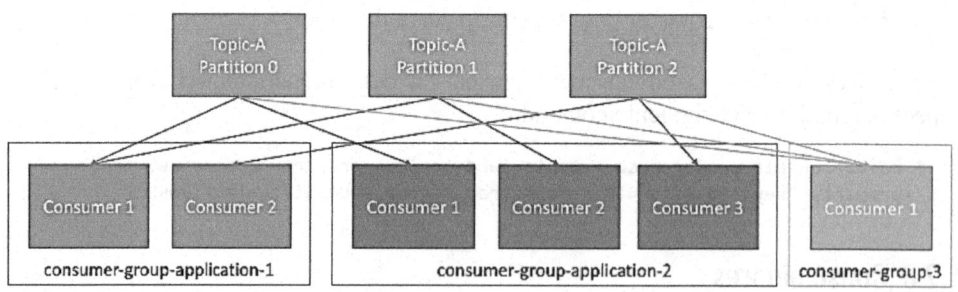

Figura 5.15. Agrupación de consumidores en grupos asociados a diferentes particiones

Del diagrama anterior podemos destacar que los diferentes grupos de consumidores reciben el mismo dato de cada partición, es decir, el consumidor 1 del grupo 1 y el consumidor 1 del grupo 2 reciben la información que había en la partición 0. Este caso de uso es muy útil cuando tenemos dos aplicaciones que queremos que reciban los mismos datos (por ejemplo, uno encargado de realizar tareas de machine learning y otro encargado de la analítica de datos).

Kafka almacena los offsets por el que va leyendo un grupo de consumidores, a modo de checkpoint, en un tópico llamado **consumer_offsets**. Cuando un consumidor de un grupo ha procesado los datos que ha leído de Kafka, realizará un commit de sus offsets. Si el consumidor se cae, podrá volver a leer los mensajes desde el último offset sobre el que se realizó commit.

Por ejemplo, supongamos que tenemos un consumidor el cual ha hecho un commit tras el offset 4262. Tras el commit seguimos leyendo los siguientes mensajes: 4263, 4264, 4265 y de repente el consumidor se cae sin haber hecho commit de esos mensajes. Cuando el consumidor vuelva a funcionar, volverá a leer los mensajes desde el 4263, asegurándose que no se ha quedado ningún mensaje sin procesar.

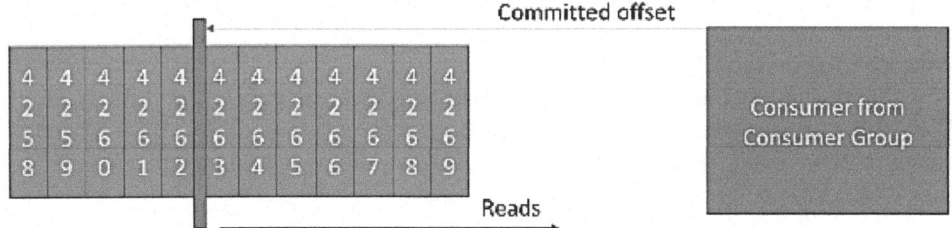

Figura 5.16. Lectura de datos por parte de los consumidores

El **commit** de los mensajes está muy relacionado con la semántica de la entrega. Los consumidores pueden elegir cuándo realizar el commit de los offsets:

▶ **As most once:** se realiza el commit del mensaje tan pronto como se recibe el mensaje. Si falla su procesamiento, el mensaje se perderá (y no se volverá a leer).

▶ **At least once (opción más equilibrada):** el commit se realiza una vez procesado el mensaje. Este enfoque puede resultar en un procesado duplicado de los mensajes, por lo que hemos de asegurarnos que son idempotentes (el volver a procesar un mensaje no tendrá un impacto en el sistema)

▶ **Exactly once:** sólo se puede conseguir utilizando flujos de trabajo de Kafka con Kafka mediante el API de Kafka Streams. Si necesitamos la interacción de Kafka con un sistema externo, como una base de datos, se recomienda utilizar un consumidor idempotente que nos asegura que no habrá duplicados en la base de datos.

5.3 USO DE KAFKA DESDE PYTHON

Para poder producir y consumir mensajes desde Python necesitamos instalar la librería Kafka-python *https://kafka-python.readthedocs.io/en/master*.

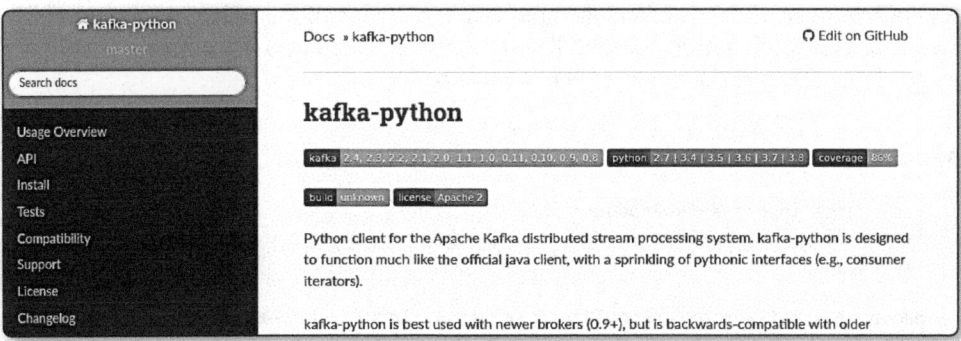

Figura 5.17. Página oficial de la librería kafka-python

La instalación se puede hacer con el siguiente comando:

```
$ pip install kafka-python
```

A continuación, vamos a utilizar la librería para crear un consumidor, mediante la clase **KafkaConsumer**. Este script lo que hará será escuchar de un tópico llamado **topico_prueba** donde se escriben mensajes utilizando un broker como Apache Kafka:

consumidor.py

```python
from kafka import KafkaConsumer
from json import loads

consumer = KafkaConsumer(
    'topico_prueba',
    auto_offset_reset='earliest',
    enable_auto_commit=True,
    group_id='grupo-1',
    bootstrap_servers=['localhost:29092'])

for message in consumer:
    print(message.value.decode("utf-8"))
```

Al crear el consumidor, es importante configurar los siguientes parámetros:

- En el primer parámetro indicamos el nombre del tópico desde el que vamos a leer los mensajes

- **auto_offset_reset**: le indica al consumidor desde donde empezar a leer los mensajes si se cae: el valor de **earliest** indica que se moverá hasta el mensaje más antiguo y el valor de **latest** al más reciente.

- **enable_auto_commit**: si el valor es True, el offset del consumidor realizará periódicamente commit en segundo plano.

- **bootstrap_servers**: indica el servidor y el puerto donde el broker está escuchando.

Una vez definido el consumidor, pasamos crear el productor mediante la clase **KafkaProducer**, En el siguiente ejemplo vamos a enviar 10 mensajes en formato JSON mediante el método **send()**, pasándole como primer parámetro el nombre del tópico y luego el mensaje que queremos enviar al mismo:

productor.py

```python
from kafka import KafkaProducer
import time
import json

producer = KafkaProducer(bootstrap_servers=['localhost:29092'])

for i in range(10):
    producer.send("topico_prueba", json.dumps({"message": f"Hello, Kafka! - test
```

```
{i}"}).encode("utf-8"))

# Como el envío es asíncrono, para que no se salga del programa antes de enviar
el mensaje, esperamos 1 seg
time.sleep(1)

producer.flush()
```

Al ejecutar primero el script productor.py y luego el script consumidor.py vemos los mensajes que el broker ha procesado.

Ejecución:

```
{"message": "Hello, Kafka! - test 0"}
{"message": "Hello, Kafka! - test 1"}
{"message": "Hello, Kafka! - test 2"}
{"message": "Hello, Kafka! - test 3"}
{"message": "Hello, Kafka! - test 4"}
{"message": "Hello, Kafka! - test 5"}
{"message": "Hello, Kafka! - test 6"}
{"message": "Hello, Kafka! - test 7"}
{"message": "Hello, Kafka! - test 8"}
{"message": "Hello, Kafka! - test 9"}
```

El siguiente ejemplo crea y configura un topic Kafka llamado my-topic, inicia un productor que envía mensajes cada segundo a my-topic, inicia un consumidor que lee mensajes del tópico my-topic y los imprime. Por último, ejecuta esta comunicación durante 10 segundos antes de detener ambos hilos.

....

producto-consumidor.py

```
#!/usr/bin/env python
import threading, time

from kafka import KafkaAdminClient, KafkaConsumer, KafkaProducer
from kafka.admin import NewTopic


class Producer(threading.Thread):
    def __init__(self):
        threading.Thread.__init__(self)
        self.stop_event = threading.Event()

    def stop(self):
        self.stop_event.set()

    def run(self):
        producer = KafkaProducer(bootstrap_servers='localhost:29092')

        while not self.stop_event.is_set():
            producer.send('my-topic', b"test")
            producer.send('my-topic', b"\xc2Hola, mundo!")
            time.sleep(1)
```

```python
        producer.close()


class Consumer(threading.Thread):
    def __init__(self):
        threading.Thread.__init__(self)
        self.stop_event = threading.Event()

    def stop(self):
        self.stop_event.set()

    def run(self):
        consumer = KafkaConsumer(bootstrap_servers='localhost:29092',
                                 auto_offset_reset='earliest',
                                 consumer_timeout_ms=1000)
        consumer.subscribe(['my-topic'])

        while not self.stop_event.is_set():
            for message in consumer:
                print(message)
                if self.stop_event.is_set():
                    break

        consumer.close()


def main():
    # Create 'my-topic' Kafka topic
    try:
        admin = KafkaAdminClient(bootstrap_servers='localhost:29092')

        topic = NewTopic(name='my-topic',
                         num_partitions=1,
                         replication_factor=1)
        admin.create_topics([topic])
    except Exception:
        pass

    tasks = [
        Producer(),
        Consumer()
    ]

    # Start threads of a publisher/producer and a subscriber/consumer to 'my-
topic' Kafka topic
    for t in tasks:
        t.start()

    time.sleep(10)

    # Stop threads
    for task in tasks:
        task.stop()

    for task in tasks:
        task.join()
```

```
if __name__ == "__main__":
    main()
```

Ejecución:

```
$ python productor-consumidor.py
ConsumerRecord(topic='my-topic', partition=0, offset=0, timestamp=1717268826706,
timestamp_type=0, key=None, value=b'test', headers=[], checksum=None, seriali-
zed_key_size=-1, serialized_value_size=4, serialized_header_size=-1)
ConsumerRecord(topic='my-topic', partition=0, offset=1, timestamp=1717268826706,
timestamp_type=0, key=None, value=b'\xc2Hola, mundo!', headers=[],
checksum=None, serialized_key_size=-1, serialized_value_size=13, serialized_hea-
der_size=-1)
ConsumerRecord(topic='my-topic', partition=0, offset=2, timestamp=1717268827707,
timestamp_type=0, key=None, value=b'test', headers=[], checksum=None, seriali-
zed_key_size=-1, serialized_value_size=4, serialized_header_size=-1)
ConsumerRecord(topic='my-topic', partition=0, offset=3, timestamp=1717268827707,
timestamp_type=0, key=None, value=b'\xc2Hola, mundo!', headers=[],
checksum=None, serialized_key_size=-1, serialized_value_size=13, serialized_hea-
der_size=-1)
```

5.3.1 Desplegar un servidor de Kafka

Como se mencionó antes, Kafka utiliza tópicos y particiones para organizar los mensajes de uno o más publicadores. Cada broker puede contener uno o más tópicos y, a su vez, un tópico puede contener una o más particiones. En esta ocasión, vamos a utilizar el caso más simple: 1 broker, 1 tópico y 1 partición.

Para instalar Apache Kafka, en la documentación oficial *https://kafka.apache.org/quickstart* podemos encontrar una guía para realizar la instalación paso a paso. En una instalación típica necesitamos descargarnos la última versión de Apache Kafka desde *https://kafka.apache.org/downloads*, arrancar los servidores de Zookepeer y Kafka.

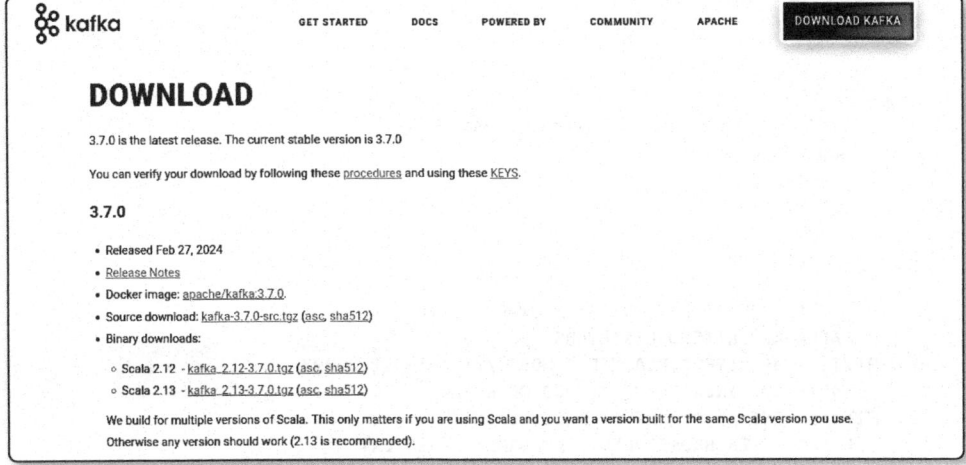

Figura 5.18. Página oficial de descargas de Apache Kafka

Para iniciar el servidor de **Zookeeper** lo podemos hacer con el siguiente comando:

```
# Start the ZooKeeper service
$ bin/zookeeper-server-start.sh config/zookeeper.properties
```

Para iniciar el servidor de **Kafka** lo podemos hacer con el siguiente comando:

```
# Start the Kafka broker service
$ bin/kafka-server-start.sh config/server.properties
```

Por defecto, el servidor de Kafka escuchará en el puerto 9092 y el servidor zookeeper en el puerto 2181. Puedes cambiar estos ajustes modificando el archivo **server.properties** y **zookeeper.properties** respectivamente.

Si desea crear un cluster Kafka multinodo, necesitará instalar y configurar brokers Kafka adicionales en máquinas separadas. Cada broker necesitará su propio y único ID de broker, y tendrás que configurar el cluster para que los brokers puedan comunicarse entre sí.

Otra alternativa para desplegar Zookeper y Kafa en una máquina es hacerlo a través de **Docker** y docker-compose. Podemos realizar la configuración en un archivo **docker-compose.yml**, lo que garantiza que el servidor Zookeeper siempre se inicie antes que el servidor Kafka y se detenga después. Vamos a crear un archivo docker-compose.yml sencillo con dos servicios, zookeeper y kafka:

docker-compose.yml

```yaml
version: '3.7'
services:
  zookeeper:
      image: confluentinc/cp-zookeeper:latest
      environment:
      ZOOKEEPER_CLIENT_PORT: 2181
      ZOOKEEPER_TICK_TIME: 2000
      ports:
      - 22181:2181

  kafka:
      image: confluentinc/cp-kafka:latest
      depends_on:
      - zookeeper
      ports:
      - 29092:29092
      environment:
      KAFKA_BROKER_ID: 1
      KAFKA_ZOOKEEPER_CONNECT: zookeeper:2181
      KAFKA_ADVERTISED_LISTENERS:
PLAINTEXT://kafka:9092,PLAINTEXT_HOST://localhost:29092
      KAFKA_LISTENER_SECURITY_PROTOCOL_MAP:
PLAINTEXT:PLAINTEXT,PLAINTEXT_HOST:PLAINTEXT
      KAFKA_INTER_BROKER_LISTENER_NAME: PLAINTEXT
      KAFKA_OFFSETS_TOPIC_REPLICATION_FACTOR: 1
```

Para realizar el despliegue lo podemos hacer ejecutando el siguiente comando:

```
$ docker-compose up -d
[+] Running 15/15
 :: kafka Pulled
       152.9s
 :: 22ebf0e44c85 Pull complete
       26.6s
 :: 00b33c871d26 Pull complete
       115.9s
 :: 6b11e56702ad Pull complete
       117.7s
 :: 53d69aa7d3fc Pull complete
       118.6s
 :: a3ab11953ef9 Pull complete
       121.9s
 :: 91ef9543149d Pull complete
       122.8s
 :: 2ec4f59af178 Pull complete
       123.7s
 :: 8b7e81cd5ef1 Pull complete
       124.4s
 :: c52916c1316e Pull complete
       125.2s
 :: d93f69e96600 Pull complete
       144.5s
 :: bbb9d15c45a1 Pull complete
       145.9s
 :: zookeeper Pulled
       152.9s
 :: 7a1cb9ad7f75 Pull complete
       144.5s
 :: 0a92c7dea7af Pull complete
       145.8s
[+] Running 2/2
 :: Container descargas-zookeeper-1  Started
       9.1s
 :: Container descargas-kafka-1      Started
```

En esta configuración, nuestro servidor Zookeeper está escuchando en el puerto 2181 para el servicio kafka, que está definido dentro de la misma configuración del contenedor. Sin embargo, para cualquier cliente que se ejecute en el host, estará expuesto en el puerto 22181. Podríamos utilizar los siguientes comandos para verificar que ambos **servicios** están escuchando en los puertos respectivos:

```
$ docker ps
CONTAINER ID    IMAGE                           COMMAND             CREATED
STATUS       PORTS                              NAMES
987da8693a89    confluentinc/cp-kafka:latest    "/etc/confluent/dock…"   50 seconds
ago    Up 39 seconds    9092/tcp, 0.0.0.0:29092->29092/tcp, :::29092->29092/tcp
descargas-kafka-1
7f99f364b004    confluentinc/cp-zookeeper:latest    "/etc/confluent/dock…"   52
```

```
seconds ago   Up 42 seconds    2888/tcp, 3888/tcp, 0.0.0.0:22181->2181/tcp,
:::22181->2181/tcp   descargas-zookeeper-1
$  nc -zv localhost 22181
localhost [127.0.0.1] 22181 open
$ nc -zv localhost 29092
localhost [127.0.0.1] 29092 open
```

Además, también podemos comprobar los registros mientras los contenedores se están iniciando y verificar que el servidor Kafka está en marcha:

```
$ docker-compose logs kafka | grep -i started
descargas-kafka-1  | [2024-06-01 17:21:05,062] DEBUG [ReplicaStateMachine
controllerId=1] Started replica state machine with initial state -> HashMap()
(kafka.controller.ZkReplicaStateMachine)
descargas-kafka-1  | [2024-06-01 17:21:05,091] DEBUG [PartitionStateMachine
controllerId=1] Started partition state machine with initial state -> HashMap()
(kafka.controller.ZkPartitionStateMachine)
descargas-kafka-1  | [2024-06-01 17:21:05,159] INFO [KafkaServer id=1] started
(kafka.server.KafkaServer)
```

```
$ docker logs descargas-zookeeper-1
===> User
uid=1000(appuser) gid=1000(appuser) groups=1000(appuser)
===> Configuring ...
===> Running preflight checks ...
===> Check if /var/lib/zookeeper/data is writable ...
===> Check if /var/lib/zookeeper/log is writable ...
===> Launching ...
===> Launching zookeeper …

$ docker logs descargas-kafka-1
===> User
uid=1000(appuser) gid=1000(appuser) groups=1000(appuser)
===> Configuring ...
Running in Zookeeper mode...
===> Running preflight checks ...
===> Check if /var/lib/kafka/data is writable ...
===> Check if Zookeeper is healthy ...
[2024-06-01 17:20:33,621] INFO Client environment:zookeeper.version=3.8.3-
6ad6d364c7c0bcf0de452d54ebefa3058098ab56, built on 2023-10-05 10:34 UTC (org.
apache.zookeeper.ZooKeeper)
```

Utilizar Apache-Kafka como herramienta de trasmisión de mensajes tiene grandes ventajas, entre las principales: permite gestionar una gran cantidad de mensajes por segundo con baja latencia (del orden de milisegundos), almacena eficazmente flujos de mensajes en el orden en que se publicaron, permite construir pipelines de datos para aplicaciones que requieren análisis de datos en tiempo real, escalable horizontalmente debido a su naturaleza distribuida y tolerante a fallos. De esta forma, Kafka permite evitar la pérdida de información entre la fuente de datos y el consumidor cuando:

▸ **El consumidor falla o simplemente no está disponible**: en este escenario, cuando el consumidor está disponible (o se recupera de un fallo), recibe los mensajes que se emitieron durante su ausencia en el orden en que se emitieron.

▸ **El consumidor no se inicia al mismo tiempo que el publicador:** cuando finalmente se conecta es posible recibir los datos desde el comienzo o, si no es necesario, comenzar a recibirlos en tiempo real dejando de lado los publicados antes.

5.4 COMPLEMENTOS DE APACHE KAFKA

Apache Kafka es una plataforma distribuida que se usa para crear aplicaciones de transmisión de datos en tiempo real. Sin embargo, para maximizar su funcionalidad y adaptarse a diversas necesidades, se pueden usar varios complementos y herramientas que amplían sus capacidades. A continuación, se detallan algunos de los complementos más utilizados y útiles para Apache Kafka:

▸ **Kafka Connect**. Kafka Connect es un framework que proporciona la capacidad de conectar Kafka con sistemas externos para mover datos hacia o desde nuestro clúster. Por ejemplo, podríamos conectar Kafka con sistemas externos como bases de datos, sistemas de almacenamiento, y servicios de aplicaciones. Permite la ingesta y la exportación de datos hacia y desde Kafka de manera sencilla y escalable. Entre los principales **conectores** podemos destacar:

   ● **JDBC Connector**: para conectarse a bases de datos SQL.

   ● **Debezium**: para capturar cambios en bases de datos y transmitirlos a Kafka.

   ● **Elasticsearch Connector**: para enviar datos desde Kafka a Elasticsearch.

▸ **Kafka Stream.** Kafka Streams es una biblioteca cliente para la creación de aplicaciones y microservicios que procesan datos en flujo en Kafka. Proporciona APIs para operaciones de procesamiento de flujo y procesamiento de eventos. Facilita procesar un flujo consumiendo un flujo de entrada de uno o más tópicos y produciendo un flujo para uno o más tópicos de salida.

▸ **KSQL (Kafka SQL).** KSQL es una interfaz SQL para Kafka Streams que permite el procesamiento de flujo mediante consultas SQL. Facilita la creación de aplicaciones de transmisión en tiempo real utilizando un lenguaje familiar.

▸ **Kafka Manager.** Kafka Manager es una herramienta web de gestión para monitorizar y administrar clústeres de Kafka. Proporciona una interfaz de usuario para realizar diversas operaciones administrativas como la visualización de tópicos y particiones, gestión de consumidores y productores, y monitorización del rendimiento del clúster.

▶ **Confluent Control Center.** Confluent Control Center es una herramienta comercial ofrecida por Confluent que proporciona monitorización avanzada, administración y capacidades de análisis para Kafka.

▶ **Schema Registry.** Schema Registry es un servicio que proporciona un repositorio para los esquemas de datos utilizados en Kafka. Ayuda a garantizar la compatibilidad de esquemas entre productores y consumidores.

▶ **Kafka MirrorMaker.** Kafka MirrorMaker es una herramienta para replicar datos entre clústeres de Kafka. Es útil para la redundancia, la recuperación ante desastres y la geo-replicación.

▶ **Burrow.** Burrow es una herramienta de monitorización de consumidores de Kafka. Proporciona información sobre el estado de los consumidores y sus lags.

5.4.1 Kafka Streams

Kafka Streams *https://kafka.apache.org/documentation/streams/* es uno de los principales complementos que tenemos dentro del ecosistema de Kafka, y permite procesar y transformar datos dentro de Kafka. Una vez que los datos se almacenan en Kafka como eventos, podemos procesar los datos en nuestras aplicaciones cliente mediante Kafka Streams y sus librerías desarrolladas en Java y/o Scala, ya que requiere una JVM.

Kafka Streams es una de las herramientas fundamentales de la arquitectura de streaming en tiempo real que permite construir aplicaciones robustas y escalables con una facilidad asombrosa. Esta herramienta se integra de forma muy sencilla con Apache Kafka, y permite manejar grandes volúmenes de datos en tiempo real gracias a su capacidad de escalabilidad.

Figura 5.19. Esquema de Kafka streams

Kafka Streams, al tener un funcionamiento de Kafka nativo, funciona de forma similar a cómo funcionan los consumidores y grupos de consumidores en Kafka. De esta forma, una aplicación implementada con Kafka Streams crea un grupo de consumidores y asigna unas particiones a cada consumidor. Es decir, a cada instancia de la aplicación Kafka Streams.

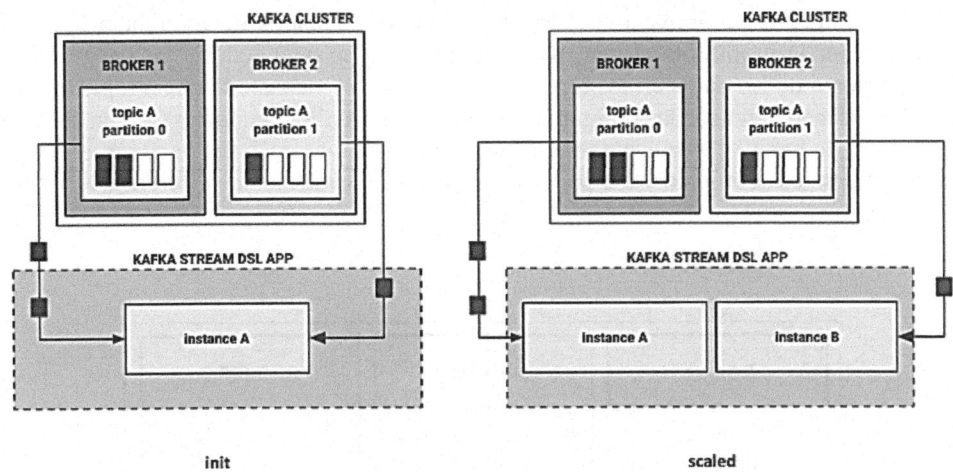

Figura 5.20. Escenario con Kafka streams y gestión de instancias

En el escenario inicial, tenemos un tópico A que contiene dos particiones. Una única instancia maneja los mensajes de ambas particiones del tópico. En un momento dado, si se necesita más capacidad, se añade una instancia más y cada partición se asigna a una instancia.

En este punto es donde hay que tener en cuenta el diseño realizado respecto a las particiones, ya que como solo hay dos, se ha llegado al máximo nivel de escalado. Si añadimos más instancias, no habrá ningún efecto en el sistema porque el grupo de consumidores asociado a la aplicación no asignará ninguna partición a la nueva instancia. En la siguiente imagen vemos que la instancia C queda sin efecto al no haber ninguna partición que haga uso de esta.

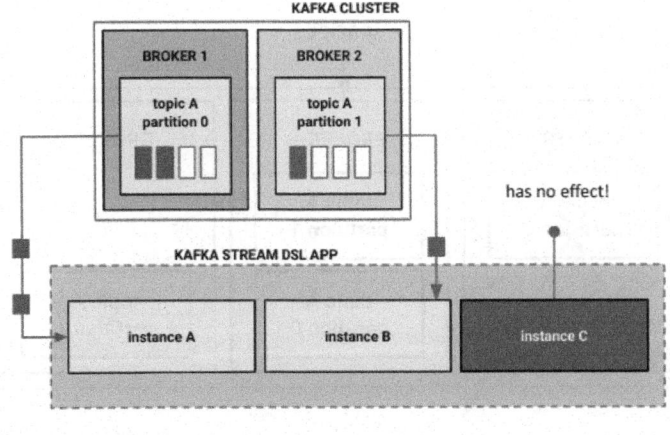

Figura 5.21. Gestión de instancias con Kafka streams

Kafka Streams se apoya directamente en las capacidades de tolerancia a fallos provistos por la propia plataforma Kafka, por lo que se beneficia de las capacidades de replicación de los datos en los topics. Una vez que un mensaje llega un topic, puede replicarse dependiendo de la configuración establecida (replication factor). En un entorno productivo, lo habitual es que el factor de replicación de un tópico sea mayor que 1, para que los mensajes del tópico y sus particiones estén replicados en los diferentes brokers.

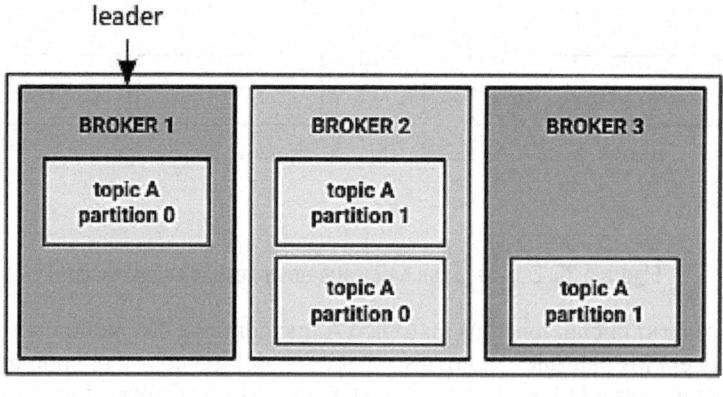

Figura 5.22. Gestión de particiones en un cluster Kafka

Si el broker líder de la partición no está disponible, otro broker en el que se hayan replicado los datos se asigna como líder y, por tanto, no habría una pérdida de datos ni de servicio.

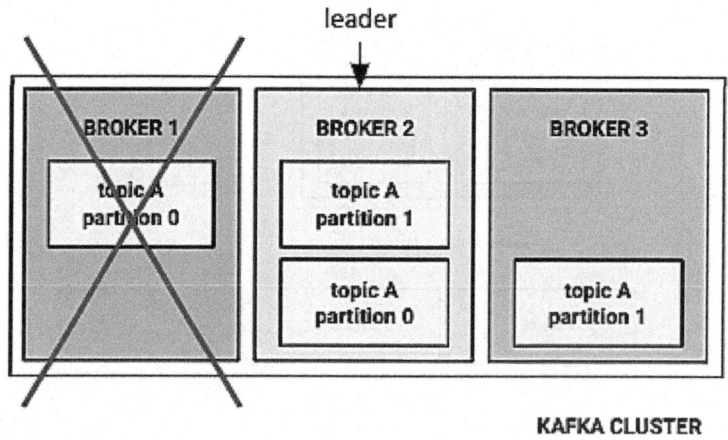

Figura 5.23. Gestión de particiones en un cluster Kafka

Además, Kafka Streams crea una serie de topics internos para manejar la información que necesita almacenar. Como esos topics están replicados, mantiene también una buena tolerancia a fallos.

Para concluir, podemos decir que Kafka Streams nos ofrece una solución escalable y con un gran rendimiento que puede utilizarse prácticamente en cualquier aplicación actual. Se desarrolló pensando que su uso resultara muy sencillo y proporciona muchas herramientas para construir aplicaciones que procesen datos en tiempo real.

5.4.2 Zookeeper en Apache Kafka

Apache Zookeeper *https://zookeeper.apache.org* es un servicio que ayuda a gestionar sistemas distribuidos como, por ejemplo, Apache Kafka. Ofrece a sistemas externos capacidades de almacenamiento clave-valor, sincronización y registro de nombres, entre otros.

Zookeeper proporciona a Kafka la alta disponibilidad, y Kafka no puede funcionar sin Zookeeper. Entre los nodos de Zookeeper, se elige uno como líder. El resto de los nodos del clúster se denominan seguidores, y uno de ellos es elegido líder si el líder actual tiene un fallo. Generalmente, los clusters de Zookeeper se despliegan con 3 ó 5 nodos.

Para gestionar un clúster de Kafka, Zookeeper almacena información del estado del clúster: detalles de los topics como el nombre, las particiones, las réplicas y los grupos de consumidores. En el momento en el que Zookeeper detecta que uno de los brokers de Kafka está caído, realiza las siguientes acciones:

- ▼ Elige un nuevo broker para tomar el lugar del broker que se ha caído.

- ▼ Actualiza los metadatos para la distribución de carga de los productores y los consumidores para que no exista pérdida de servicio.

Tras estas acciones, se pueden volver a escribir y leer mensajes con normalidad. Actualmente, se está trabajando para eliminar la dependencia de Zookeeper en Apache Kafka. Cuando este cambio se publique, no será necesario contar con un cluster de Zookeeper desplegado para sincronizar los brokers de Apache Kafka, ya que se gestionará en el propio clúster de Kafka.

5.4.3 Apache Kafka como base de datos

Si dudamos de si es posible reemplazar una base de datos tradicional relacional por Apache Kafka, debemos considerar que cada base de datos del mercado tiene características diferentes. Para cada caso de uso se debe elegir la base de datos adecuada que cumpla con nuestros requisitos. Debemos plantear preguntas como cuánto tiempo almacenar los datos, qué estructura deben tener o qué tipo de consultas y con qué frecuencia se van a realizar.

Aunque Kafka se puede usar como una base de datos y proporciona garantías ACID, funciona de forma diferente a otras bases de datos. Puede proporcionar una base de almacenamiento persistente para los eventos y consultas, pero no reemplaza a otras bases de datos, y debemos tratarla como una herramienta complementaria.

Kafka no proporciona un lenguaje de consulta similar a otras bases de datos, sino que sirve una API para que consumidores y productores de mensajes puedan optimizar el paso de mensajes con más facilidad.

Un concepto que debemos evaluar al crear aplicaciones con Apache Kafka es que pueden contener el estado o ser aplicaciones sin estado. Esta decisión es fundamental al crear microservicios, ya que podemos mantener el estado de la aplicación directamente en Kafka, lo que puede resultar una mejor opción o más sencilla que gestionar el estado en la aplicación.

5.5 ALTERNATIVAS DE APACHE KAFKA

Como alternativas a Apache Kafka para la transmisión de datos y el procesamiento de flujo de eventos, existen varias opciones en el mercado, cada una con sus propias características y ventajas, entre las que podemos destacar:

- **Confluent** *https://www.confluent.io/es-es* es una solución PaaS que ofrece el despliegue y la monitorización de Kafka en un producto. Pese a existir una versión Community que podemos probar en local (incluso mediante Docker), los requisitos a nivel de RAM son bastante altos, ya que requiere un mínimo de 8GB de RAM sólo para Kafka, con lo que el ordenador host debe tener mínimo 12GB de RAM.
- **RabbitMQ** *https://www.rabbitmq.com* es una plataforma de mensajería de código abierto ampliamente utilizada para la transmisión de mensajes y eventos. Es altamente configurable, es compatible con múltiples protocolos de comunicación y es conocido por su confiabilidad y escalabilidad. RabbitMQ es ideal para aplicaciones que requieren una comunicación de mensajes fiable y una alta disponibilidad.
- **Apache Pulsar** *https://pulsar.apache.org* es un sistema de mensajería y transmisión de datos de código abierto que se ha vuelto popular en el procesamiento de eventos y flujos de datos. Ofrece una arquitectura escalable, una fuerte separación entre los componentes de almacenamiento y de procesamiento, y una integración nativa con sistemas de almacenamiento en la nube. Pulsar es adecuado para aplicaciones de transmisión de eventos en tiempo real y procesamiento de flujos de datos.
- **Amazon Kinesis** *https://aws.amazon.com/es/kinesis* es un servicio de transmisión de datos en la nube ofrecido por AWS, que permite la recopilación y el análisis de datos en tiempo real. Es altamente escalable y completamente gestionado, lo que facilita la implementación y el escalado de soluciones de transmisión de datos en

AWS. Kinesis es ideal para aplicaciones que se ejecutan en la plataforma de AWS y requieren el procesamiento de datos en tiempo real.

▸ **NATS** *https://nats.io/* es un sistema de mensajería de alto rendimiento de código abierto que se centra en la simplicidad y la velocidad. NATS es extremadamente ligero y rápido, lo que lo hace adecuado para aplicaciones que requieren una latencia ultrabaja. Se utiliza en situaciones donde la velocidad y la simplicidad son críticas, como aplicaciones financieras y sistemas IoT.

▸ **MQTT (Message Queuing Telemetry Transport)** *https://mqtt.org* es un protocolo de mensajería ligero y eficiente diseñado para aplicaciones IoT y M2M (machine-to-machine). Es altamente eficiente en términos de uso de ancho de banda y adecuado para dispositivos con recursos limitados. MQTT se utiliza comúnmente en aplicaciones IoT y sistemas de monitorización remota.

▸ **Google Cloud Pub/Sub** *https://cloud.google.com/pubsub* es un servicio de transmisión de datos gestionado ofrecido por Google Cloud Platform. Ofrece alta disponibilidad y escalabilidad, junto con integración nativa con otros servicios de Google Cloud. Es adecuado para aplicaciones que se ejecutan en la plataforma de Google Cloud y requieren una transmisión de datos fiable y escalable.

▸ **Red Panda** *https://redpanda.com* es una solución con una arquitectura que se basa en la de Apache Kafka, aunque con una serie de cambios en su diseño y en su implementación con el objetivo de construir una plataforma más fácil de usar y más eficiente. Como dato interesante, y dada la naturaleza de su arquitectura, esta tecnología es compatible con el protocolo Kafka, por lo que permite usar la gran mayoría de aplicaciones, librerías y clientes alrededor de Apache Kafka para interactuar con Red Panda.

La elección de una alternativa a Apache Kafka dependerá de las necesidades específicas del proyecto, incluyendo los casos de uso, los requisitos de rendimiento y escalabilidad, la infraestructura existente y las preferencias tecnológicas.

5.5.1 Apache Kafka vs Red Panda

Red Panda y Apache Kafka son dos sistemas de transmisión de datos y procesamiento de flujo de eventos que se utilizan para administrar flujos de datos a gran escala. En la siguiente url *https://redpanda.com/blog/redpanda-vs-kafka-performance-benchmark* podemos ver una **comparativa con Apache Kafka desde el punto de vista del rendimiento.** A continuación, se presenta una comparación entre Redpanda y Kafka:

Red Panda es un proyecto de código abierto desarrollado por la empresa Confluent, que también está involucrada en el desarrollo de Apache Kafka.

1. **Compatibilidad:** Red Panda es compatible con el protocolo Kafka, lo que significa que se puede utilizar como un reemplazo de Kafka sin modificar las aplicaciones existentes que utilizan Kafka.

2. **Enfoque de alto rendimiento:** Red Panda se ha diseñado para ofrecer un alto rendimiento y baja latencia, lo que lo hace adecuado para aplicaciones que requieren un procesamiento de eventos en tiempo real a alta velocidad.

3. **Almacenamiento:** Red Panda utiliza un motor de almacenamiento en disco eficiente que se integra directamente con el motor de procesamiento de eventos, lo que mejora el rendimiento y reduce la complejidad.

4. **Ecosistema de Confluent:** Red Panda se integra fácilmente con otras herramientas y servicios de Confluent, como Kafka Connect y Kafka Streams.

Apache Kafka es un proyecto de código abierto desarrollado por la Apache Software Foundation y se ha convertido en un estándar de facto para el procesamiento de flujo de eventos.

1. **Amplia adopción:** Kafka tiene una base de usuarios muy grande y una amplia adopción en la industria, lo que significa que hay una gran cantidad de recursos, bibliotecas y herramientas disponibles.

2. **Ecosistema extenso:** Kafka cuenta con un ecosistema robusto que incluye herramientas para conectarse a diversas fuentes y destinos, como Kafka Connect, y procesar flujos de datos en tiempo real, como Kafka Streams.

3. **Escalabilidad:** Kafka es altamente escalable y puede manejar grandes volúmenes de datos y alto rendimiento en aplicaciones de misión crítica.

4. **Madurez:** Kafka ha estado en uso durante más tiempo que Redpanda y ha demostrado su confiabilidad en numerosos casos de uso y empresas.

La elección entre Redpanda y Apache Kafka dependerá de los requisitos específicos de tu proyecto, la experiencia y las preferencias tecnológicas, y si estás buscando una solución altamente optimizada y de alto rendimiento, o si valoras la amplia adopción y el ecosistema maduro de Kafka. Ambos sistemas son sólidos y pueden ser adecuados para diferentes casos de uso.

5.6 APACHE SPARK STREAMING

5.6.1 Introducción

Apache Spark *https://spark.apache.org* es un framework open source para el procesamiento de datos masivos diseñado con tres prioridades en mente: velocidad, facilidad de uso, y capacidades avanzadas de analítica. Spark ha tomado gran popularidad en los últimos años ya que viene a resolver varias de las limitaciones inherentes de Hadoop y MapReduce. En este sentido, Spark extiende el modelo MapReduce para hacerlo más rápido y habilitar más escenarios de análisis, como por ejemplo consultas interactivas y procesamiento de flujos en tiempo real. Los componentes principales que conforman el framework son estos:

- ▶ **Spark Core**: es la base o conjunto de librerías donde se apoya el resto de los módulos. Es el núcleo del framework.

- ▶ **Spark SQL**: es el módulo para el procesamiento de datos estructurados y semiestructurados. Con este módulo vamos a poder transformar y realizar operaciones sobre los RDD o los dataframes.

- ▶ **Spark Streaming**: es el que permite la ingesta de datos en tiempo real. Si tenemos una fuente, por ejemplo, Kafka, con este módulo podemos ingestar los datos de esa fuente y volcarlos a un destino. Entre la ingesta de datos y su volcado posterior, podemos tener una serie de transformaciones.

- ▶ **Spark MLLib**: es una librería muy completa que contiene numerosos algoritmos de Machine Learning, tanto de clusterización, clasificación, regresión, etc. Nos permite, de una forma amigable, poder utilizar algoritmos de Machine Learning.

- ▶ **Spark Graph**: permite el procesamiento de grafos (DAG) y crear operaciones con grafos, con sus nodos y aristas, e ir realizando operaciones.

Uno de los elementos clave de Spark es su capacidad para procesamiento continuo (stream processing). Esto se logra por medio del componente **Spark Streaming** *https://spark.apache.org/streaming/* que tiene la capacidad de ingerir datos de un amplio número de fuentes, incluyendo flujos que tengan como fuente otras tecnologías de procesamiento como Apache Kafka, Apache Flume, Amazon Kinesis, así como de sensores y dispositivos conectados por medio de sockets TCP. También se pueden procesar datos almacenados en sistemas de archivos como HDFS o Amazon S3.

A grandes rasgos, lo que hace Spark Streaming es tomar un flujo de datos continuo y convertirlo en un flujo discreto, llamado **DStream**, formado por paquetes de datos. Internamente, lo que sucede es que Spark Streaming almacena y procesa estos datos como una secuencia de **RDDs** (Resilient Distributed Data).

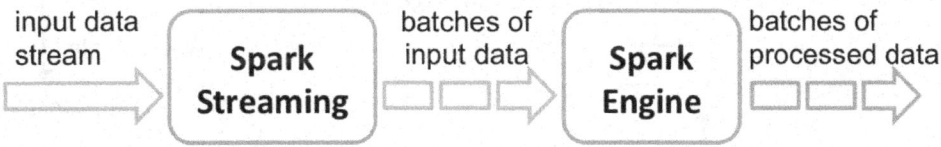

Figura 5.24. Spark Streaming prepara un flujo para que Spark Core lo pueda consumir

DStream o stream discreto es una abstracción proporcionada por Spark Streaming que representa a una secuencia de RDDs ordenados en el tiempo que cada uno de ellos guarda datos de un intervalo concreto. Con esta abstracción se consigue que el core lo analice sin enterarse de que está procesando un flujo de datos, ya que el trabajo de crear y coordinar los RDDs es realizado por Spark Streaming.

Un RDD es una colección de datos particionada (distribuida) e inmutable. Es la unidad de información que el motor de procesamiento de Spark (Spark Core) tradicionalmente consume. Así que cuando usamos Spark Streaming para alimentar un stream a Spark Core, éste último los analiza de forma normal, sin enterarse de que está procesando un flujo de datos, porque el trabajo de crear y coordinar los RDDs lo realiza Spark Streaming.

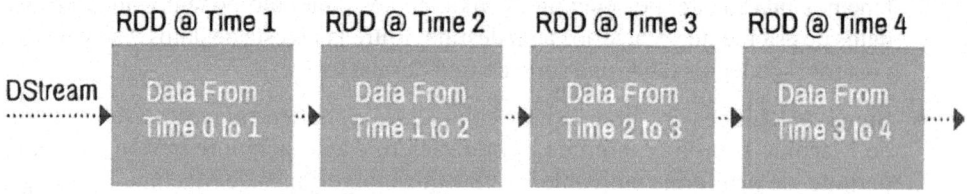

Figura 5.25. Spark Streaming genera RDDs por intervalos de tiempo

La siguiente figura muestra a grandes rasgos cómo opera la orquestación del clúster. Las actividades son orquestadas por un programa conocido como **Driver** que actúa de **controlador** y se encarga de instanciar un objeto **SparkContext** para realizar la orquestación de los procesos ejecutores, que son los que operan sobre los datos.

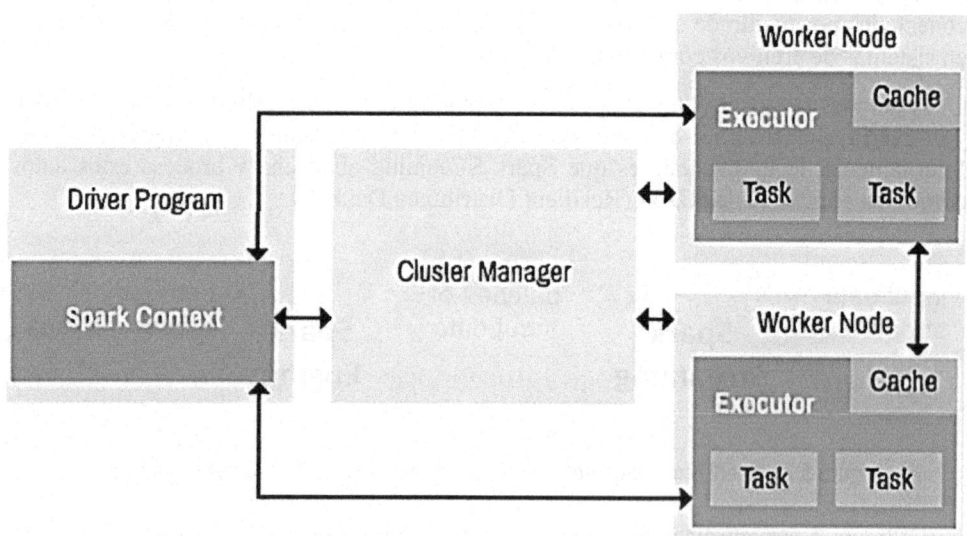

Figura 5.26. El SparkContext orquesta el cluster de procesamiento

En el caso de aplicaciones basadas en streams, se utiliza **StreamingContext** en lugar de SparkContext, ya que StreamingContext soporta DStreams. Spark Streaming soporta un concepto llamado "**checkpointing**" que asegura que todos los datos y metadatos asociados con RDDs que forman flujos de datos son replicados continuamente, proporcionando almacenamiento tolerante a fallos. Esto permite que, en caso de un fallo del controlador (driver), se pueda recuperar y procesar el flujo de datos.

5.6.2 Modelos de procesamiento

Spark Streaming soporta diferentes modelos de procesamiento correspondientes a las semánticas típicamente utilizadas para el procesamiento de flujos. Esto asegura que el sistema entrega resultados confiables, aún en caso de fallo en algún nodo que forme parte del clúster. Los flujos de datos pueden procesarse de acuerdo con los siguientes modelos:

▼ **Exactamente una vez (exactly once)** donde cada elemento es procesado una sola vez.

▼ **Como máximo una vez (at most once)** donde cada elemento puede procesarse máximo una vez, y es posible que no sea procesado.

▼ **Por lo menos una vez (at least once)** donde cada elemento debe ser procesado por lo menos una vez. Esto aumenta la posibilidad de que no se pierdan datos, pero también aumenta la probabilidad de que se generen elementos duplicados.

Desde un punto de vista de procesamiento, el modelo más sencillo de construir es "at most once". Lo que implica este escenario es que es aceptable que ocasionalmente haya pérdida de datos, ya que lo que más importa es mantener la continuidad del flujo de datos. Pensemos en cómo funciona un stream de video: de vez en cuando se pierden paquetes de información y baja un poco la calidad, pero lo importante es que se mantenga el flujo y que no tengamos que comenzar desde el inicio.

Bajo un modelo "at least once", tenemos la garantía de que, aunque haya algún fallo en algún nodo, no perderemos datos ya que cuando el nodo se recupere (o se reasigne su carga a otro), éste procesa todos los datos. Trasladando esto a nuestro ejemplo de streaming de un video, lo que sucedería es que todos los datos tienen buena calidad, pero podría pasar que se repitan pedazos que ya habíamos visto. Al usar este modelo debemos buscar que las operaciones sean idempotentes, es decir que siempre produzcan el mismo resultado sin importar si han sido ejecutadas anteriormente De esta manera, no importa si procesamos un dato varias veces, ya que en ambas ocasiones nos generará el mismo resultado y podemos filtrar en base a esto.

Respecto del modelo "exactly once", es el más intensivo en el uso de recursos y puede ocasionar problemas de rendimiento debido a todo el procesamiento extra que se requiere para asegurar que cada uno de los datos no se pierda ni se duplique.

5.6.3 Operaciones en Spark Streaming

Como hemos comentado, **Dstreams (Discretized Streams)** es la abstracción básica proporcionada por Spark Streaming y representa un stream continuo de datos, ya sea el flujo de entrada recibido desde una fuente, o el flujo de datos procesados de salida. La representación de un DStream es una secuencia de RDDs ordenados en el tiempo, cada uno de ellos guardando datos para un intervalo concreto.

Spark Streaming no opera en base a flujos continuos sino en formato de micro-batches que tienen un tiempo de intervalo entre ellos (típicamente de menos de 5 segundos). Por un lado, se puede configurar y reducir el intervalo a menos de un segundo, lo cual nos daría un desempeño casi de tiempo real, pero con un un aumento en los costes en recursos de procesamiento.

Cualquier operación realizada sobre un *DStream* se traduce en una operación sobre cada uno de los RDDs que lo forman.

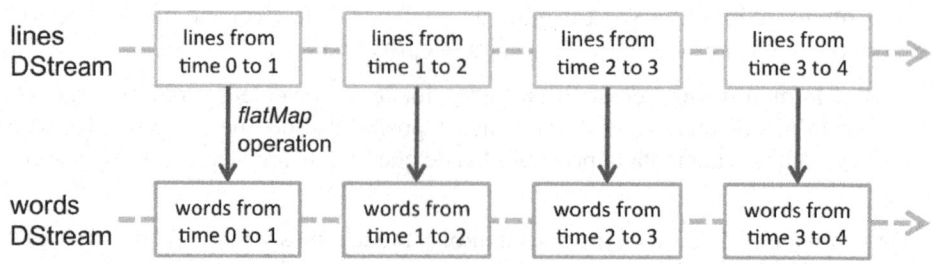

Figura 5.27. Uso de operaciones sobre DStream

Las transformaciones que se pueden aplicar sobre un DStream son prácticamente las mismas que se pueden aplicar sobre un RDD, aunque existen tres operaciones a las que es *importante* analizar con detalle.

▶ **UpdateStateByKey:** esta operación permite mantener un estado arbitrario mientras se actualiza continuamente con nueva información. Para poder utilizarlo hay que:

  ● Definir el estado. Puede ser un tipo de dato arbitrario.

  ● Definir la función de actualización de estado. Especificar en una función como actualizar el estado utilizando el estado anterior y los nuevos valores de un stream de entrada.

  ● En cada batch Spark aplicará la función de actualización de estado para todas las claves existentes, independientemente de si se tienen nuevos datos o no. Si la función devuelve none entonces se eliminará el par de clave-valor.

▶ **Transform**: son operaciones que permiten aplicar funciones en RDDs sobre un DStream. También puede utilizarse para aplicar funciones definidas por el usuario y que no están definidas en la API de DStream.

▶ **Window**: las operaciones de ventana actúan sobre los datos de una duración concreta. Si necesitamos disponer de los datos de los últimos diez intervalos de tiempo para realizar algún cálculo podemos utilizar alguna de las operaciones de ventana.

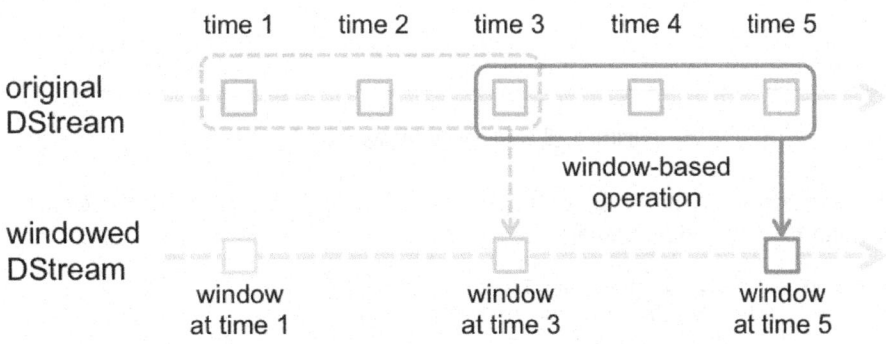

Figura 5.28. Uso de operaciones de ventana sobre DStream

5.6.4 Instalación y configuración de Apache Spark

Instalar y configurar Apache Spark en un sistema operativo basado en Debian es un proceso que incluye la instalación de Java, la descarga de Spark, y la configuración del entorno para ejecutar aplicaciones Spark. Como paso previo a la instalación, es recomendable actualizar los paquetes de tu sistema. En el caso del sistema operativo **Debian**, es recomendable ejecutar los siguientes comandos:

```
$ sudo apt update
$ sudo apt upgrade -y
```

Apache Spark requiere tener instalado **Java** en el sistema operativo, por lo que el primer paso es instalar **OpenJDK** con el siguiente comando:

```
$ sudo apt install -y default-jdk
```

A continuación, podríamos descargar la última versión estable de Apache Spark desde el sitio oficial *https://spark.apache.org/downloads.html* o usando el comando wget. Por ejemplo, podríamos utilizar la versión con Hadoop preempaquetado:

```
$ wget https://dlcdn.apache.org/spark/spark-3.5.1/spark-3.5.1-bin-hadoop3.tgz
```

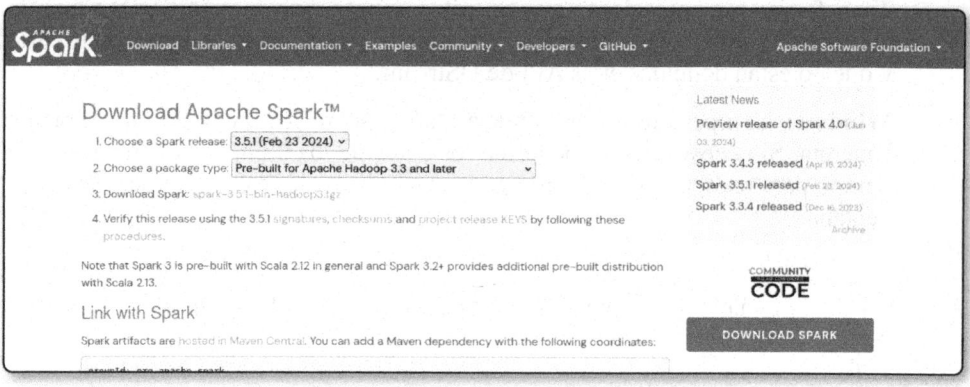

Figura 5.29. Descarga de Apache Spark

Una vez descargado, procedemos a descomprimirlo y añadir las variables de entorno para ejecutar los comandos de spark.

```
$ tar -xvf spark-3.5.1-bin-hadoop3.tgz
$ sudo mv spark-3.5.1-bin-hadoop3 /opt/spark
$ export SPARK_HOME=/opt/spark
$ export PATH=$PATH:$SPARK_HOME/bin:$SPARK_HOME/sbin
```

Podríamos comprobar que Spark esté instalado correctamente ejecutando el siguiente comando, que debería mostrar la consola interactiva de Scala para Spark, lo que indica que la instalación fue exitosa.

```
$ spark-shell
24/08/10 22:42:03 WARN Utils: Your hostname, linux-hpelitebook8470p resolves to
a loopback address: 127.0.1.1; using 192.168.18.143 instead (on interface wlo1)
24/08/10 22:42:03 WARN Utils: Set SPARK_LOCAL_IP if you need to bind to another
address
WARNING: An illegal reflective access operation has occurred
WARNING: Illegal reflective access by org.apache.spark.unsafe.Platform (file:/
home/linux/anaconda3/lib/python3.8/site-packages/pyspark/jars/spark-unsafe_2.12-
3.2.0.jar) to constructor java.nio.DirectByteBuffer(long,int)
WARNING: Please consider reporting this to the maintainers of org.apache.spark.
unsafe.Platform
WARNING: Use --illegal-access=warn to enable warnings of further illegal reflec-
tive access operations
WARNING: All illegal access operations will be denied in a future release
Using Spark's default log4j profile: org/apache/spark/log4j-defaults.properties
Setting default log level to "WARN".
To adjust logging level use sc.setLogLevel(newLevel). For SparkR, use
setLogLevel(newLevel).
24/08/10 22:42:17 WARN NativeCodeLoader: Unable to load native-hadoop library
for your platform... using builtin-java classes where applicable
Spark context Web UI available at http://192.168.18.143:4040
Spark context available as 'sc' (master = local[*], app id = lo-
cal-1723322540069).
Spark session available as 'spark'.
```

```
Welcome to
      ____              __
     / __/__  ___ _____/ /__
    _\ \/ _ \/ _ `/ __/  '_/
   /___/ .__/\_,_/_/ /_/\_\   version 3.2.0
      /_/

Using Scala version 2.12.15 (OpenJDK 64-Bit Server VM, Java 11.0.15)
Type in expressions to have them evaluated.
Type :help for more information.

scala> sc
res0: org.apache.spark.SparkContext = org.apache.spark.SparkContext@30ca1686
```

Spark Streaming no requiere una configuración especial adicional ya que viene integrado con Apache Spark. A continuación, vamos a utilizar Python para procesar datos en streaming.

5.6.5 Procesamiento de datos en Streaming con Python

El procesamiento de datos en streaming con Python es una técnica que permite analizar y procesar datos en tiempo real a medida que llegan. Esto es importante en aplicaciones donde se necesita una respuesta inmediata, como la monitorización de redes. A continuación, se analiza cómo realizar procesamiento de datos en streaming en Python utilizando algunas de las bibliotecas más populares.

En nuestro caso utilizaremos el módulo de **pyspark** *https://pypi.org/project/pyspark*, que se puede instalar con el siguiente comando:

```
$ pip install pyspark
```

A continuación, se muestra un ejemplo básico utilizando **PySpark** Streaming para contar palabras en un flujo de datos. Al ejecutar la consulta, Spark crea un proceso que está a la escucha de manera ininterrumpida de nuevos datos. Mientras no lleguen datos, Spark queda a la espera, de manera que cuando llegue algún dato al flujo de entrada, se creará un nuevo micro-batch, lo que lanzará un nuevo job de Spark.

word_count_streaming.py

```python
from pyspark import SparkContext
from pyspark.streaming import StreamingContext

# Crear un SparkContext y un StreamingContext con un intervalo de 1 segundo
sc = SparkContext("local[2]", "NetworkWordCount")
ssc = StreamingContext(sc, 1)

# Crear un DStream que conecte al puerto 9999 de localhost
lines = ssc.socketTextStream("localhost", 9999)

# Procesamiento: separar las líneas en palabras y contar
```

```
words = lines.flatMap(lambda line: line.split(" "))
word_counts = words.map(lambda word: (word, 1)).reduceByKey(lambda a, b: a + b)

# Imprimir los resultados
word_counts.pprint()

# Iniciar el cómputo
ssc.start()

# Esperar la finalización
ssc.awaitTermination()
```

En el script anterior, la función **flatMap** es una operación (transformación one-to-many) para DStream que crea un nuevo objeto al generar múltiples registros por cada registro en el DStream de la fuente. En este caso, cada línea se tratará para obtener múltiples palabras y representarse en el DStream final words.

El DStream words es transformado (map, one-to-one) al siguiente DStream de pares clave-valor con el siguiente formato (word, 1), donde se le aplica la función de reducción **reduceByKey** para obtener la frecuencia de palabras en cada batch de datos. Finalmente, **wordCounts.pprint()** imprime el contador generado en cada intervalo.

Para probar el script anterior, podríamos iniciar un servidor **netcat** para enviar datos al puerto 9999 y ejecutarlo con el comando **spark-submit,** cada uno lanzado desde una terminal distinta:

```
#terminal 1
$ spark-submit streaming_wordcount.py
#terminal 2
$ nc -lk 9999
```

El siguiente ejemplo es similar al anterior con la diferencia de que estamos utilizando la clase **SparkSession** y el método **readStream** en lugar de **SparkContext y StreamingContext.**

word_count_streaming_spark_session.py

```
from pyspark.sql import SparkSession
from pyspark.sql.functions import explode
from pyspark.sql.functions import split

spark = SparkSession.builder.appName("StructuredNetworkWordCount").getOrCreate()

# Create DataFrame representing the stream of input lines from connection to
localhost:9999
lines = spark.readStream.format("socket").option("host", "localhost").
option("port", 9999).load()

# Split the lines into words
words = lines.select(
    explode(
```

```
        split(lines.value, " ")
    ).alias("word")
)

# Generate running word count
wordCounts = words.groupBy("word").count()

 # Start running the query that prints the running counts to the console
query = wordCounts.writeStream.outputMode("complete").format("console").start()

query.awaitTermination()
```

En el siguiente ejemplo vamos a usar Apache Kafka como fuente de datos para procesar en Apache Spark Streaming. En primer lugar, comprobaremos que tenemos Apache Kafka instalado y en funcionamiento. Podríamos ejecutar los siguientes comandos para configurarlo:

```
#Descargar e instalar Kafka
wget https://dlcdn.apache.org/kafka/3.5.0/kafka_2.13-3.5.0.tgz
tar -xvf kafka_2.13-3.5.0.tgz
cd kafka_2.13-3.5.0
#Iniciar Zookeeper (Kafka requiere Zookeeper para funcionar)
bin/zookeeper-server-start.sh config/zookeeper.properties
#Iniciar el servidor de Kafka
bin/kafka-server-start.sh config/server.properties
#Crear un tópico en Kafka
bin/kafka-topics.sh --create --topic test --bootstrap-server localhost:9092
--partitions 1 --replication-factor 1
```

En el siguiente ejemplo hacemos uso de los módulos **pyspark** y **kafka-python** en el que se lee un flujo de datos desde Kafka y se procesa en tiempo real con Spark Streaming.

```
word_count_streaming_kafka.py
from pyspark import SparkContext
from pyspark.streaming import StreamingContext
from pyspark.streaming.kafka import KafkaUtils

# Crear un SparkContext y un StreamingContext
sc = SparkContext(appName="KafkaSparkStreaming")
ssc = StreamingContext(sc, 5)  # Intervalo de 5 segundos

# Conectarse a Kafka y leer el flujo de datos del tópico 'test'
kafkaStream = KafkaUtils.createDirectStream(ssc, ["test"], {"metadata.broker.
list": "localhost:9092"})

# Procesamiento de los datos: Contar las palabras
lines = kafkaStream.map(lambda x: x[1])  # x[1] es el valor del mensaje
words = lines.flatMap(lambda line: line.split(" "))
word_counts = words.map(lambda word: (word, 1)).reduceByKey(lambda a, b: a + b)

# Imprimir los resultados en la consola
word_counts.pprint()

# Iniciar el StreamingContext
```

```
ssc.start()
ssc.awaitTermination()
```

Para probar el script anterior, podríamos enviar datos a Kafka en un topic llamado 'test' utilizando el siguiente comando:

```
$ bin/kafka-console-producer.sh --broker-list localhost:9092 --topic test
```

Otra fuente común de datos para procesar datos en tiempo real es utilizar un directorio de archivos HDFS. En el siguiente ejemplo, configuramos Spark Streaming para monitorear un directorio de HDFS y procesar archivos tan pronto como se depositen en ese directorio.

El siguiente script de PySpark monitorea un directorio HDFS para nuevos archivos y cuenta las palabras en los archivos que se van registrando en dicho directorio:

word_count_streaming_hdfs.py

```
from pyspark import SparkContext
from pyspark.streaming import StreamingContext

# Crear un SparkContext y un StreamingContext
sc = SparkContext(appName="HDFSStreaming")
ssc = StreamingContext(sc, 10)  # Intervalo de 10 segundos

# Configurar el directorio HDFS para monitorear
hdfsDirectory = "hdfs://localhost:9000/user/hdfs/streaming"

# Crear un DStream que monitorea el directorio HDFS
lines = ssc.textFileStream(hdfsDirectory)

# Procesamiento de los datos: Contar las palabras
words = lines.flatMap(lambda line: line.split(" "))
word_counts = words.map(lambda word: (word, 1)).reduceByKey(lambda a, b: a + b)

# Imprimir los resultados en la consola
word_counts.pprint()

# Iniciar el StreamingContext
ssc.start()
ssc.awaitTermination()
```

Podríamos añadir archivos al directorio HDFS utilizando el siguiente comando. De esta forma, cada vez que un archivo nuevo se añade al directorio monitoreado, Spark Streaming lo podrá procesar de forma automática.

```
$ hadoop fs -put local_file.txt /user/hdfs/streaming/
```

Estos ejemplos muestran cómo Spark Streaming puede usarse para procesar datos en tiempo real desde diferentes fuentes como Apache Kafka y HDFS. Estas herramientas permiten construir aplicaciones robustas para análisis en tiempo real, con la capacidad de escalar a grandes volúmenes de datos.

5.6.6 Fuentes de datos en Spark Streaming

Spark Streaming permite procesar datos en tiempo real, y una de sus principales fortalezas es la capacidad de conectarse a diversas fuentes de datos en streaming. A continuación, te presento algunas de las principales fuentes de datos compatibles con Spark Streaming:

▼ **FileStreams:** similar a HDFS, pero aplicado a cualquier sistema de archivos accesible desde Spark, como un sistema de archivos local. Los directorios pueden monitorearse para nuevos archivos que se procesan en tiempo real.

```
lines = ssc.textFileStream("/path/to/local/directory")
```

▼ **Sockets TCP**: Spark Streaming puede conectarse directamente a un socket TCP y recibir datos en tiempo real. Esto es útil para escenarios simples donde los datos se envían en forma de texto desde una fuente que está emitiendo a través de un puerto TCP.

```
from pyspark import SparkContext
from pyspark.streaming import StreamingContext

sc = SparkContext("local[2]", "NetworkWordCount")
ssc = StreamingContext(sc, 1)

lines = ssc.socketTextStream("localhost", 9999)
words = lines.flatMap(lambda line: line.split(" "))
wordCounts = words.map(lambda word: (word, 1)).reduceByKey(lambda a, b: a +
b)
wordCounts.pprint()

ssc.start()
ssc.awaitTermination()
```

▼ **Apache Kafka:** Kafka es una plataforma de streaming distribuida que permite publicar y suscribirse a flujos de registros en tiempo real. Spark Streaming se integra directamente con Kafka, lo que permite procesar flujos de datos desde uno o varios tópicos de Kafka.

```
from pyspark.streaming.kafka import KafkaUtils

kafkaStream = KafkaUtils.createDirectStream(ssc, ["my_topic"], {"metadata.
broker.list": "localhost:9092"})
lines = kafkaStream.map(lambda x: x[1])   # x[1] es el valor del mensaje
```

▼ **HDFS (Hadoop Distributed File System)**: Spark Streaming puede monitorear directorios en HDFS (o sistemas de archivos compatibles como S3 o Azure Blob Storage) y procesar archivos que se añaden a esos directorios en tiempo real. Esta fuente es útil para procesar grandes volúmenes de datos almacenados en archivos.

```
lines = ssc.textFileStream("hdfs://localhost:9000/user/hdfs/streaming")
```

▼ **Amazon Kinesis:** Amazon Kinesis es un servicio en la nube que permite procesar grandes flujos de datos en tiempo real. Spark Streaming tiene un conector específico para Kinesis, permitiendo consumir datos directamente desde streams de Kinesis.

```
from pyspark.streaming.kinesis import KinesisUtils

kinesisStream = KinesisUtils.createStream(ssc, "myApp", "myStream",
"https://kinesis.us-east-1.amazonaws.com", "us-east-1", InitialPositionInS-
tream.LATEST, 2)
```

▼ **Flume:** Apache Flume es un servicio distribuido para recolectar, agregar y mover grandes cantidades de datos de logs de manera eficiente. Spark Streaming puede recibir datos directamente de un agente Flume.

```
from pyspark.streaming.flume import FlumeUtils
flumeStream = FlumeUtils.createStream(ssc, "localhost", 12345)
```

Como hemos analizado, Spark Streaming es extremadamente versátil y puede integrarse con una amplia variedad de fuentes de datos. Ya sea que estés trabajando con sistemas de mensajería como Kafka, servicios en la nube como Kinesis, o leyendo datos desde un socket TCP, Spark Streaming te permite construir pipelines de datos en tiempo real que pueden escalar con las necesidades del proyecto y de la aplicación.

5.6.7 Trabajando con ventanas temporales en Spark Streaming

Trabajar con ventanas temporales en Spark Streaming es una técnica esencial para manejar flujos de datos en tiempo real, permitiendo agregar y procesar datos en intervalos de tiempo específicos. Esto es útil en aplicaciones donde se deben analizar datos en bloques de tiempo definidos, como en la monitorización de logs, análisis de tráfico web o procesamiento de datos de sensores.

Al realizar agregaciones basadas en el tiempo, es importante aclarar el concepto de ventana temporal (windowing). Una ventana temporal puede durar una semana, una hora, un minuto o incluso un segundo. Estas ventanas permiten acotar los datos sobre un flujo que en principio no tiene un inicio ni un fin predefinidos. Existen diferentes tipos de ventanas temporales:

▼ **De tamaño fijo (fixed/tumbling window):** divide los flujos de datos en segmentos fijos, con un tamaño de ventana, un tiempo de inicio y uno de finalización. En este tipo, cada dato se asigna a una única ventana, de manera que es fácil realizar agregaciones como la suma, el máximo o la media.

▼ **Deslizantes (sliding):** cada ventana tiene una longitud y un intervalo de deslizamiento. Si el intervalo tiene el mismo tamaño que la ventana, actúa igual que una ventana de tamaño fijo. En la imagen podemos ver un intervalo de deslizamiento más pequeño que el tamaño de la ventana, lo que implica que un dato puede llegar a más de una ventana. Como las ventanas deslizantes se solapan, las agregaciones de datos producen resultados más precisos que con ventanas de tamaño fijo.

▶ **De sesión (session)**: se utiliza para analizar el comportamiento de usuario de un sitio web. No tienen un tamaño definido, sino que se define por la duración de la navegación del usuario.

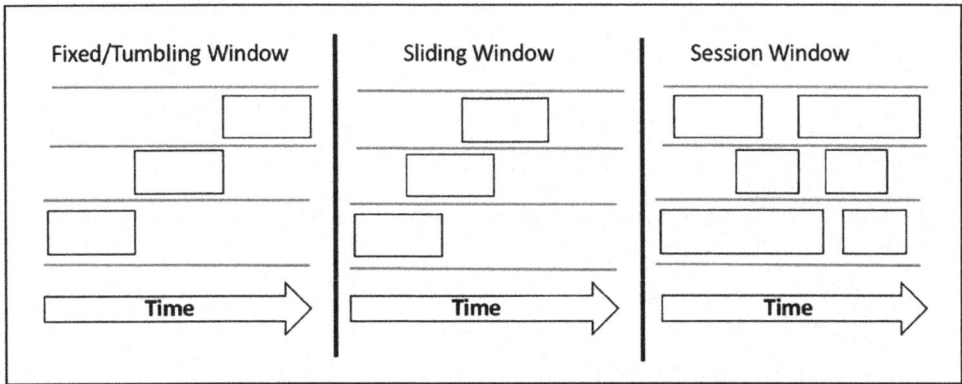

Figura 5.30. Tipos de ventanas temporales

En Spark Streaming, una ventana temporal (window) permite agrupar los datos en intervalos de tiempo definidos, lo que es muy útil para realizar agregaciones y análisis en tiempo real sobre datos que llegan continuamente. Un ejemplo típico es contar la cantidad de eventos que ocurren en los últimos 10 segundos, con actualizaciones cada 5 segundos. Esto se logra utilizando el concepto de "ventana deslizante" (sliding window) en Spark Streaming. A continuación, analizamos un ejemplo en el que se cuenta la cantidad de palabras que llegan a través de un socket TCP, utilizando una ventana temporal con un tamaño fijo.

El siguiente script de PySpark cuenta las palabras en los últimos 10 segundos, actualizando el resultado cada 5 segundos. En el ejemplo se define una ventana temporal con un tamaño de 10 segundos (**windowDuration=10**) y un deslizamiento de 5 segundos (**slideDuration=5**).

sliding_window_spark_streamming.py

```python
from pyspark import SparkContext
from pyspark.streaming import StreamingContext

# Crear un SparkContext y un StreamingContext
sc = SparkContext("local[2]", "NetworkWordCount")
ssc = StreamingContext(sc, 1)  # El intervalo de lote es de 1 segundo

# Configurar el punto de control (checkpoint) para mantener la información de
estado
ssc.checkpoint("checkpoint")
```

```
# Crear un DStream que se conecte al puerto 9999 de localhost
lines = ssc.socketTextStream("localhost", 8989)

# Dividir las líneas en palabras
words = lines.flatMap(lambda line: line.split(" "))

# Mapear cada palabra a un par (palabra, 1)
pairs = words.map(lambda word: (word, 1))

# Agregar los pares por palabra utilizando una ventana de 10 segundos, deslizán-
dose cada 5 segundos
# Agregar los pares por palabra utilizando una ventana de 10 segundos, deslizán-
dose cada 5 segundos
windowed_word_counts = pairs.reduceByKeyAndWindow(lambda a, b: a + b, windowDu-
ration=10, slideDuration=5)

# Imprimir los resultados
windowed_word_counts.pprint()

# Iniciar el StreamingContext
ssc.start()

# Esperar la finalización
ssc.awaitTermination()
```

En el script anterior, cada 5 segundos, el script de Spark Streaming imprimirá el conteo de palabras basado en los datos recibidos en los últimos 10 segundos. El resultado se actualizará continuamente según la ventana deslizante definida.

▸ **windowDuration**: este parámetro define el tamaño de la ventana, es decir, el intervalo de tiempo que se está analizando. En el ejemplo, es de 10 segundos.

▸ **slideDuration**: este parámetro define el intervalo de tiempo entre las actualizaciones de la ventana. En el ejemplo, es de 5 segundos, lo que significa que cada 5 segundos se recalcula el conteo de palabras para los últimos 10 segundos.

▸ **reduceByKeyAndWindow**: este método aplica una función de reducción (en este caso, sumar los conteos) sobre cada clave (palabra) dentro de la ventana temporal definida.

Para probar el script anterior, podríamos crear un script en Python para simular un servidor que envíe datos a Spark Streaming a través de un socket TCP. Este script permitiría enviar datos de manera programática al puerto que Spark Streaming está monitoreando. El siguiente script Python actúa como un servidor TCP que envía datos de manera periódica al puerto 8989.

tcp_server.py

```
import socket
import time
```

```
# Crear un socket TCP
server_socket = socket.socket(socket.AF_INET, socket.SOCK_STREAM)

# Vincular el socket a la dirección y puerto
server_socket.bind(('localhost', 8989))

# Poner el servidor a la escucha
server_socket.listen(1)

print("Esperando conexión...")

# Aceptar la conexión del cliente
client_socket, addr = server_socket.accept()
print(f"Conectado a {addr}")

# Enviar datos periódicamente al cliente
try:
    while True:
        # Datos de ejemplo para enviar
        messages = [
            "hello spark streaming",
            "spark streaming is powerful",
            "streaming with python",
            "continuous processing is useful",
            "real-time data processing"
        ]

        # Enviar cada mensaje con un retraso
        for message in messages:
            client_socket.sendall((message + "\n").encode('utf-8'))
            print(f"Enviado: {message}")
            time.sleep(1)  # Esperar 1 segundos antes de enviar el siguiente
mensaje
finally:
    # Cerrar la conexión
    client_socket.close()
    server_socket.close()
```

Este servidor que simula un servidor se quedará a la escucha en el puerto 9999 y enviará una línea de texto cada segundo al cliente que se conecte (en este caso, el script de Spark Streaming).

```
$ python tcp_server.py
Esperando conexión...
Conectado a ('127.0.0.1', 34682)
Enviado: hello spark streaming
Enviado: spark streaming is powerful
Enviado: streaming with python
Enviado: continuous processing is useful
Enviado: real-time data processing
Enviado: hello spark streaming
Enviado: spark streaming is powerful
Enviado: streaming with python
```

Con el servidor TCP en ejecución, podríamos usar el script de Spark Streaming para conectarte a él y procesar los datos en tiempo real. En la siguiente ejecución podemos ver una salida parcial donde vemos cómo obtiene el número de veces que se envía una palabra en una ventana de tiempo concreta.

```
$ spark-submit windowed_wordcount.py
('streaming', 3)
('is', 2)
('python', 1)
('continuous', 1)
('useful', 1)
('hello', 1)
('spark', 2)
('powerful', 1)
('with', 1)
('processing', 1)
```

5.6.8 Tipos de operaciones de ventana en Spark Streaming

En Spark Streaming, las ventanas temporales son fundamentales para el procesamiento de datos en tiempo real. Las ventanas permiten agrupar datos en intervalos de tiempo específicos para su análisis, lo que puede resultar útil cuando hay que hacer agregaciones sobre datos que llegan de forma continua. A continuación, se describen los principales tipos de operaciones con ventanas en Spark Streaming:

▶ **reduceByKeyAndWindow(func, windowDuration, slideDuration):** esta operación aplica una función de reducción sobre pares (clave, valor) dentro de una ventana de tiempo específica. Es ideal para realizar agregaciones, como contar, sumar o calcular promedios, sobre un flujo de datos agrupado por clave. Por ejemplo, podríamos contar el número de veces que cada palabra aparece en los últimos 10 segundos, actualizando el conteo cada 5 segundos.

```
wordCounts = pairs.reduceByKeyAndWindow(lambda x, y: x + y, windowDura-
tion=10, slideDuration=5)
```

▶ **countByWindow(windowDuration, slideDuration)**: esta operación cuenta el número de elementos en cada ventana de tiempo. Es útil cuando se necesita saber cuántos elementos han llegado en un intervalo de tiempo específico. Por ejemplo, podríamos contar cuántos mensajes se han recibido en los últimos 10 segundos, actualizando el conteo cada 5 segundos.

```
messageCount = messages.countByWindow(windowDuration=10, slideDuration=5)
```

▶ **countByValueAndWindow(windowDuration, slideDuration):** similar a countByWindow, pero en lugar de contar el número total de elementos, cuenta las ocurrencias de cada valor específico dentro de la ventana de tiempo. Es útil para casos donde se necesita contar frecuencias de valores específicos. Por ejemplo, podríamos contar cuántas veces cada tipo de error aparece en los logs en los últimos 10 segundos.

```
errorCounts = errorMessages.countByValueAndWindow(windowDuration=10, slide-
Duration=5)
```

▶ **reduceByWindow(func, windowDuration, slideDuration)**: esta operación aplica una función de reducción a todos los elementos de la ventana, sin necesidad de claves. Es útil para agregaciones sobre todo el conjunto de datos en la ventana que se esté procesando. Por ejemplo, podríamos calcular la suma total de todas las ventas en los últimos 15 segundos, actualizando cada 5 segundos.

```
totalSales = sales.reduceByWindow(lambda x, y: x + y, windowDuration=15,
slideDuration=5)
```

▶ **window(windowDuration, slideDuration)**: la operación window agrupa los datos en ventanas de tiempo, permitiendo aplicar cualquier transformación RDD sobre estos grupos. Es una operación flexible que permite aplicar cualquier lógica personalizada sobre los datos de la ventana. Por ejemplo, podríamos agrupar todos los logs recibidos en los últimos 30 segundos y aplicar un análisis personalizado.

```
windowedLogs = logs.window(windowDuration=30, slideDuration=10)
```

▶ **joinWithWindow:** aunque no es una operación directamente nombrada en la API como las anteriores, se puede realizar una operación join sobre DStreams con ventanas aplicadas, lo que permite unir dos flujos de datos sobre una ventana de tiempo común. Por ejemplo, podríamos unir dos flujos de datos que contienen diferentes aspectos de eventos (por ejemplo, clics y compras) que ocurrieron en la misma ventana de 15 segundos.

```
windowedLogs = logs.window(windowDuration=30, slideDuration=10)
```

▶ **aggregateByKeyAndWindow(seqOp, combOp, windowDuration, slideDuration):** esta operación permite realizar agregaciones complejas sobre una ventana de tiempo, utilizando combinadores para una mejor eficiencia en la agregación de datos. Por ejemplo. podríamos calcular el promedio de valores asociados a una clave en una ventana de tiempo.

```
averageCounts = pairs.aggregateByKeyAndWindow(
    lambda acc, value: (acc[0] + value, acc[1] + 1),  # seqOp
    lambda acc1, acc2: (acc1[0] + acc2[0], acc1[1] + acc2[1]),  # combOp
    windowDuration=10,
    slideDuration=5
).mapValues(lambda acc: acc[0] / acc[1])
```

Las operaciones con ventanas en Spark Streaming permiten manejar y analizar datos en tiempo real de manera eficiente y flexible. Dependiendo del tipo de análisis que se quiera realizar, ya sea contar, sumar, unir flujos o realizar agregaciones más complejas, Spark Streaming ofrece una variedad de herramientas que se pueden aplicar a ventanas temporales para extraer valor de los datos en movimiento. Estos métodos son esenciales para aplicaciones que requieren un análisis continuo y dinámico de datos, como la detección de fraudes, el monitoreo de sistemas, y el análisis de tráfico web. A continuación, analizamos con más detalle los principales casos de uso de spark streaming.

5.6.9 Casos de uso de Apache Spark Streaming

Apache Spark Streaming es una poderosa herramienta para el procesamiento de datos en tiempo real. Sus capacidades permiten a las organizaciones analizar y actuar sobre flujos de datos en tiempo real, proporcionando un marco flexible y escalable. A continuación, se presentan algunos casos de uso clave donde Apache Spark Streaming destaca:

▸ **Monitoreo de log en tiempo real**: las empresas que manejan grandes volúmenes de logs de aplicaciones, servidores, y sistemas distribuidos pueden utilizar Spark Streaming para monitorear y analizar estos logs en tiempo real. Por ejemplo, una empresa de comercio electrónico puede usar Spark Streaming para monitorear los logs de su sitio web en tiempo real, detectando posibles errores, problemas de rendimiento, o comportamientos anómalos de los usuarios. Si se detecta una anomalía, como un aumento repentino en los errores 500, se puede alertar al equipo de desarrollo inmediatamente.

▸ **Procesamiento de datos de sensores IoT**: los dispositivos IoT generan grandes volúmenes de datos que deben procesarse y analizarse en tiempo real. Spark Streaming es ideal para procesar estos flujos de datos y realizar análisis en tiempo real. Por ejemplo, en la industria de la salud, los dispositivos portátiles (wearables) pueden enviar datos en tiempo real sobre el ritmo cardíaco, la actividad física y otros parámetros vitales. Spark Streaming puede procesar estos datos para alertar a los profesionales médicos en caso de irregularidades, permitiendo una intervención temprana.

▸ **Análisis de redes sociales**: las plataformas de redes sociales generan un flujo constante de datos en tiempo real, incluyendo tweets, posts, y comentarios. Spark Streaming permite analizar estos datos en tiempo real para obtener insights sobre tendencias, opiniones públicas, y eventos virales. Por ejemplo, una empresa de marketing puede usar Spark Streaming para analizar tweets que mencionan su marca. Mediante el análisis de sentimiento en tiempo real, la empresa puede medir la respuesta del público a una nueva campaña publicitaria y ajustar su estrategia en función de los resultados.

▸ *Detección de fraude en tiempo real*: en industrias como la banca y el comercio electrónico, es crucial detectar y responder al fraude en tiempo real. Spark Streaming permite analizar transacciones en tiempo real para identificar patrones sospechosos y activar medidas de seguridad inmediatamente. Por ejemplo, un banco puede usar Spark Streaming para analizar transacciones de tarjetas de crédito en tiempo real. Si se detecta un patrón inusual, como compras en diferentes países en un corto período, el sistema puede bloquear la tarjeta automáticamente y notificar al cliente.

▸ **Monitoreo y optimización de infraestructura**: las grandes infraestructuras de TI, como centros de datos y redes de telecomunicaciones, requieren monitoreo continuo para garantizar un rendimiento óptimo. Spark Streaming puede analizar métricas de rendimiento en tiempo real para detectar y resolver problemas antes de que afecten a los usuarios. Por ejemplo, un proveedor de servicios en la nube puede utilizar Spark Streaming para monitorizar el uso de recursos en sus centros de datos. Si se detecta un uso excesivo de CPU o memoria en un servidor, Spark Streaming puede desencadenar la migración de cargas de trabajo a otros servidores para evitar interrupciones.

▶ **Análisis de tráfico web**: las empresas que operan sitios web con alto tráfico pueden usar Spark Streaming para analizar el comportamiento de los usuarios en tiempo real, optimizando la experiencia del usuario y mejorando la conversión. Por ejemplo, un sitio de noticias puede usar Spark Streaming para analizar qué artículos están recibiendo más visitas en tiempo real. Con esta información, pueden ajustar la posición de los artículos en la página principal para maximizar el tiempo de permanencia de los usuarios.

▶ **Procesamiento de datos financieros**: en el sector financiero, donde los mercados de valores y otros instrumentos financieros generan flujos de datos en tiempo real, Spark Streaming es utilizado para procesar y analizar estos datos, permitiendo la toma de decisiones rápida y basada en datos. Por ejemplo, un fondo de inversión puede utilizar Spark Streaming para procesar datos de mercado en tiempo real y ejecutar operaciones automáticas basadas en algoritmos que detectan patrones en los precios de las acciones.

▶ **Sistema de recomendación en tiempo real**: los sistemas de recomendación pueden mejorar significativamente la experiencia del usuario al personalizar contenido o productos. Spark Streaming permite la actualización continua de los modelos de recomendación en función del comportamiento en tiempo real de los usuarios. Por ejemplo, una plataforma de streaming de video puede usar Spark Streaming para recomendar películas o series en función de lo que el usuario está viendo actualmente, mejorando la relevancia de las recomendaciones.

▶ **Ingestión de datos en tiempo real para ETL**: los pipelines de ETL (Extract, Transform, Load) en tiempo real se benefician de Spark Streaming, que permite la ingestión continua de datos, su transformación y la carga en almacenes de datos en tiempo real. Por ejemplo, una empresa de telecomunicaciones puede utilizar Spark Streaming para ingerir datos de llamadas en tiempo real, transformarlos para enriquecerlos con información geográfica y cargarlos en su sistema de facturación.

▶ **Análisis predictivo y Machine Learning en tiempo real:** Integrar Spark Streaming con Spark MLlib permite realizar análisis predictivo en tiempo real, aplicando modelos de machine learning para prever eventos futuros basados en datos en tiempo real. Por ejemplo, una empresa de logística puede usar Spark Streaming junto con un modelo predictivo para optimizar rutas de entrega en tiempo real, basándose en el tráfico actual, el clima y otros factores dinámicos.

Apache Spark Streaming ofrece una solución potente y flexible para una amplia gama de aplicaciones en tiempo real. Desde la detección de fraude hasta el análisis de redes sociales, su capacidad para procesar grandes volúmenes de datos de manera eficiente y en tiempo real lo convierte en una herramienta esencial para cualquier organización que necesite actuar rápidamente sobre datos en movimiento. Estos casos de uso destacan cómo Spark Streaming puede transformar la forma en que las empresas manejan y responden a la información en tiempo real.

5.6.10 Apache Kafka Streams vs Apache Spark Streaming

Kafka Streams y Spark Streaming son potentes herramientas para el procesamiento de datos en tiempo real, pero están diseñadas con diferentes arquitecturas y casos de uso en mente. Kafka Streams es una biblioteca ligera de Java y Scala que se ejecuta directamente dentro de las aplicaciones, utilizando Kafka como sistema de mensajería y almacenamiento. Esto lo hace ideal para escenarios donde la simplicidad y la integración estrecha con Kafka son prioritarias. En contraste, Spark Streaming es un componente de Apache Spark que opera en un clúster distribuido, procesando flujos de datos en intervalos de tiempo llamados mini-lotes o batches. Esta arquitectura es más compleja, pero permite manejar cargas de trabajo masivas y procesamientos de datos más intensivos.

En términos de **modelo de procesamiento**, Kafka Streams funciona bajo un paradigma basado en eventos, lo que le permite procesar registros individuales en tiempo real con latencia mínima. Este enfoque es beneficioso para aplicaciones que requieren respuestas rápidas y precisas, aprovechando las capacidades de Kafka para lograr un procesamiento exactamente-once (EOS). Por otro lado, Spark Streaming utiliza un modelo de mini-lotes, agrupando los datos en pequeños lotes antes de procesarlos. Esto introduce una latencia mínima igual al intervalo de tiempo de los mini-lotes, pero permite un procesamiento más complejo y flexible, integrando fácilmente el procesamiento en tiempo real con el procesamiento por lotes.

En cuanto a la **simplicidad de desarrollo**, Kafka Streams destaca por su facilidad de uso, especialmente en aplicaciones de microservicios que interactúan directamente con Kafka. No requiere la gestión de clústeres separados, lo que reduce la complejidad operativa. Por su parte, Spark Streaming es más adecuado para desarrolladores que necesitan trabajar con flujos de trabajo complejos y con múltiples fuentes de datos, aunque la curva de aprendizaje puede ser más pronunciada debido a la necesidad de gestionar un clúster de Spark y comprender su ecosistema más amplio.

En términos de **escalabilidad**, Kafka Streams escala horizontalmente mediante la repartición de temas en Kafka, lo que permite que diferentes instancias de una aplicación procesen particiones diferentes en paralelo. Esta capacidad es ideal para escenarios de microservicios donde cada servicio maneja una parte específica del flujo de datos. En comparación, Spark Streaming escala agregando nodos al clúster de Spark, lo que permite manejar grandes volúmenes de datos distribuidos. Esto lo hace adecuado para aplicaciones que requieren un procesamiento distribuido a gran escala y alta capacidad de cómputo.

La **tolerancia a fallos** en Kafka Streams se maneja mediante las características inherentes de Kafka, como la replicación de datos y el procesamiento idempotente. Además, puede reanudar el procesamiento desde el último offset procesado en caso de fallo, lo que minimiza la pérdida de datos. Spark Streaming, por su parte, proporciona tolerancia a fallos mediante el uso de checkpoints y RDDs (Resilient Distributed Datasets), que permiten volver a computar los datos en caso de fallo. Sin embargo, la recuperación puede ser más lenta en comparación con Kafka Streams debido a su modelo de procesamiento por lotes.

En cuanto a los **casos de uso,** Kafka Streams es ideal para aplicaciones que necesitan un procesamiento continuo y de baja latencia sobre flujos de datos de Kafka, como el análisis en tiempo real y las transformaciones de datos en flujo. Spark Streaming, por otro lado, es mejor para escenarios donde se requiere la integración con otras fuentes de datos y un procesamiento más complejo, como el análisis de logs, redes sociales en tiempo real y ETL (Extract, Transform, Load) en tiempo real para grandes volúmenes de datos.

Finalmente, en términos de **integración con ecosistemas,** Kafka Streams está estrechamente integrado con Apache Kafka y es la elección natural para los usuarios de Kafka que desean procesamiento en tiempo real sin necesidad de herramientas adicionales. Sin embargo, su integración con otras fuentes de datos fuera de Kafka es limitada. Spark Streaming, por el contrario, se integra bien con una amplia gama de fuentes de datos y herramientas dentro del ecosistema de big data, como HDFS, Cassandra y HBase, y es particularmente útil para los usuarios que ya están utilizando Apache Spark para otras formas de procesamiento de datos.

En la siguiente tabla encontramos una comparativa entre ambos sistemas teniendo en cuenta diferentes características:

Característica	Kafka Streams	Spark Streaming
Arquitectura	Biblioteca ligera que se ejecuta en la aplicación, usa Kafka como sistema de mensajería.	Componente de Apache Spark que requiere un clúster distribuido.
Modelo de procesamiento	Basado en eventos, procesamiento continuo y de baja latencia.	Basado en mini-lotes, procesamiento con latencia mínima igual al intervalo de los lotes.
Simplicidad de desarrollo	Sencillo, sin necesidad de un clúster separado, ideal para microservicios.	Curva de aprendizaje más pronunciada, adecuado para flujos de trabajo complejos.
Escalabilidad	Escala horizontalmente mediante la repartición en Kafka.	Escala añadiendo nodos al clúster Spark para procesamiento distribuido.
Tolerancia a fallos	Integrada con Kafka, recuperación rápida.	Usa checkpoints y RDDs, recuperación más lenta debido al modelo de mini-lotes o batches.
Casos de uso	Ideal para análisis en tiempo real y aplicaciones de microservicios que usan Kafka.	Mejor para procesamiento complejo y grandes volúmenes de datos, integración con múltiples fuentes.
Integración con ecosistemas	Integración estrecha con Kafka, limitada con otras fuentes de datos.	Amplia integración con el ecosistema de big data, adecuado para usuarios de Spark.

6

PIPELINES DE DATOS

6.1 INTRODUCCIÓN A LOS PIPELINES DE DATOS

Un "pipeline de datos" es una serie de etapas que los datos atraviesan desde su origen hasta su destino final. Este proceso está diseñado para recoger, procesar y mover datos de manera eficiente y efectiva. Los pipelines de datos son fundamentales en el manejo de grandes volúmenes de datos, permitiendo la automatización del flujo de datos y asegurando que estos sean transformados y almacenados correctamente para su análisis o uso posterior. A continuación, se analizan los principales **componentes** de un pipeline de datos.

- ▶ **Ingesta de Datos (Data Ingestion)**: proceso mediante el cual se recopilan datos de diversas fuentes y se introducen en un sistema de almacenamiento o procesamiento para su posterior análisis. Este proceso es fundamental en la construcción de pipelines de datos, ya que establece la base sobre la cual se llevarán a cabo las transformaciones, almacenamiento y análisis de datos.

  - **Fuentes de datos**: los datos pueden provenir de diversas fuentes, como bases de datos, archivos, APIs, sensores IoT, entre otros.

  - **Métodos de ingesta**: los datos pueden ser capturados en tiempo real (streaming) o en lotes (batch processing).

- ▶ **Transformación de Datos (Data Transformation)**: es una etapa crucial dentro de un pipeline de datos, donde los datos brutos recogidos de diversas fuentes son convertidos en un formato adecuado para su análisis. Este proceso puede incluir varias actividades, desde la limpieza hasta la agregación de datos.

  - **Limpieza de datos**: eliminación de datos duplicados, corrección de errores, y manejo de valores nulos.

  - **Enriquecimiento de datos**: integración de datos de diversas fuentes para agregar valor.

- **Transformación**: cambio en el formato de los datos, agregación, normalización, y otras operaciones para preparar los datos para el análisis.

▶ **Almacenamiento de Datos (Data Storage)**: es un componente crucial en cualquier pipeline de datos. Se refiere a cómo se guardan y gestionan los datos tras capturarlos y transformarlos, para que puedan utilizarse eficientemente en análisis posteriores y tomar decisiones. Este proceso incluye la utilización de diversas tecnologías y estructuras que permiten el almacenamiento seguro, accesible y escalable de grandes volúmenes de datos.

- **Bases de datos**: relacionales (SQL) y no relacionales (NoSQL).

- **Data Lakes:** almacenes que permiten guardar grandes volúmenes de datos en su formato bruto.

- **Data Warehouses:** almacenes de datos diseñados para consultas y análisis rápidos.

▶ **Análisis y consumo de Datos (Data Analysis and Consumption):** etapa dentro de un pipeline de datos que permite a las organizaciones extraer valor de sus datos para la toma de decisiones y generación de insights. Esta etapa incluye diversas actividades y herramientas que permiten analizar, visualizar y utilizar los datos transformados.

- **Herramientas de Business Intelligence**: herramientas de inteligencia empresarial para análisis y visualización de datos.

- **Modelos de Machine Learning**: aplicación de algoritmos de aprendizaje automático para obtener insights a partir de los datos.

Entre las **ventajas** de usar pipelines de datos podemos destacar:

▶ **Automatización**: reduce la intervención manual, minimizando errores y aumentando la eficiencia.

▶ **Escalabilidad**: capacidad para manejar grandes volúmenes de datos y escalar según la demanda.

▶ **Integridad y calidad de datos**: asegura que los datos sean precisos, completos y consistentes.

▶ **Tiempos de respuesta más rápidos**: facilita el análisis de datos en tiempo real, permitiendo decisiones rápidas y basadas en datos.

Imaginemos una empresa de e-commerce que desea analizar el comportamiento de sus clientes. El pipeline de datos podría ser la siguiente:

▶ **Ingestar datos**: capturar datos de transacciones de compra en tiempo real desde su aplicación web y móvil.

▶ **Transformar datos**: limpiar y transformar estos datos para identificar patrones de compra y tendencias.

▶ **Almacenar datos**: guardar los datos transformados en un data warehouse para análisis históricos y un data lake para análisis más detallados.

▶ **Analizar datos**: utilizar herramientas de BI para visualizar las tendencias de compra y aplicar modelos de machine learning para recomendar productos personalizados.

6.2 SEGURIDAD EN PIPELINES DE DATOS

Al implementar un pipeline de datos debemos considerar la seguridad de cada componente. La seguridad en un pipeline de datos es fundamental para garantizar la protección, integridad y privacidad de los datos a medida que se mueven y transforman a través del proceso. A continuación, analizamos algunos puntos clave para asegurar un pipeline de datos:

▶ **Acceso y autenticación**: el acceso y la autenticación son dos componentes fundamentales en la seguridad de sistemas informáticos y redes.

- **Gestión de acceso:** limita el acceso al pipeline de datos solo a usuarios y sistemas autorizados. Utiliza autenticación fuerte, como autenticación de dos factores (2FA) si es posible.

- **Control de identidad**: utiliza sistemas de autenticación y autorización robustos para garantizar que solo las personas y aplicaciones autorizadas tengan acceso a los datos.

▶ **Cifrado de datos**: el cifrado de datos es un proceso mediante el cual se transforman datos legibles en un formato codificado que solo puede ser descifrado y vuelto a su forma original por personas autorizadas que poseen la clave de descifrado adecuada. Este proceso es fundamental para proteger la confidencialidad y la integridad de los datos, especialmente en entornos donde los datos pueden estar expuestos a accesos no autorizados.

- **En reposo:** cifra los datos en reposo en servidores y sistemas de almacenamiento para protegerlos contra accesos no autorizados.

- **En tránsito:** utiliza protocolos de cifrado, como HTTPS o TLS, para proteger los datos mientras se transmiten a través de la red.

▶ **Monitoreo y auditoría**: el monitoreo y la auditoría son componentes esenciales en la gestión y seguridad de sistemas y datos. Ambos procesos ayudan a asegurar que los sistemas funcionan correctamente y que se cumple con las políticas de seguridad y regulaciones.

- **Registro de auditoríar:** registra todas las actividades en el pipeline de datos para detectar y responder a eventos de seguridad sospechosos o inusuales.

- **Alertas de seguridad:** configura alertas para notificar a los equipos de seguridad sobre posibles amenazas o violaciones de seguridad.

▼ **Gestión de claves**: la gestión de claves (Key Management) es un aspecto crucial de la seguridad de la información que se enfoca en la administración de criptografía, específicamente en la generación, distribución, almacenamiento, rotación, y destrucción de claves criptográficas. Estas claves son utilizadas para cifrar y descifrar datos, asegurar la autenticidad de los mensajes, y proteger la integridad de la información.

- **Almacenamiento seguro**: almacenar las claves de cifrado de datos de manera segura, utilizando servicios de administración de claves o hardware de seguridad.

- **Rotación de claves**: implementa la rotación regular de claves para aumentar la seguridad.

▼ **Seguridad en el procesamiento de datos**: la seguridad en el procesamiento de datos es una disciplina esencial dentro de la gestión de datos que se centra en proteger los datos durante todas las etapas de su ciclo de vida, desde la recolección hasta el almacenamiento y la destrucción. Esto incluye la implementación de prácticas y tecnologías que aseguren la confidencialidad, integridad y disponibilidad de los datos, protegiéndolos contra accesos no autorizados, alteraciones, pérdida o destrucción.

- **Validación de datos**: validación de los datos de entrada para prevenir inyecciones de código y otros ataques.

- **Seguridad en las transformaciones:** asegúrate de que las transformaciones de datos se realicen de manera segura y no introduzcan vulnerabilidades.

▼ **Gestión de errores y fallos**: la gestión de errores y fallos es un proceso que se centra en identificar, prevenir y manejar los errores y fallos que pueden ocurrir en un sistema, ya sea un sistema informático, un proceso industrial, un proyecto de construcción, entre otros. Consiste en desarrollar estrategias y procedimientos para minimizar el impacto negativo de los errores y fallos, así como para recuperarse de ellos de manera eficiente.

- **Manejo de excepciones**: implementa un manejo adecuado de errores y excepciones para evitar fugas de información sensible en mensajes de error.

- **Identificación de errores y fallos**: consiste en detectar posibles problemas que puedan surgir en el sistema. Esto puede hacerse mediante pruebas exhaustivas, análisis de datos históricos, simulaciones, entre otros métodos.

- **Prevención de errores:** se refiere a implementar medidas proactivas para evitar que ocurran errores en primer lugar. Esto puede incluir el diseño de sistemas robustos, la implementación de controles de calidad, la capacitación del personal, entre otros enfoques.

- **Detección temprana**: aunque se intenten prevenir todos los errores, es probable que algunos ocurran. Por lo tanto, es importante tener mecanismos para detectarlos lo antes posible una vez que se producen. Esto puede incluir monitoreo en tiempo real, alertas automáticas, entre otros métodos.

- **Diagnóstico y resolución**: una vez que se detecta un error o fallo, es crucial identificar su causa raíz y tomar medidas correctivas para solucionarlo. Esto puede requerir un análisis detallado del sistema y la implementación de cambios para evitar que el problema vuelva a ocurrir.

- **Resiliencia y recuperación**: a pesar de todos los esfuerzos de prevención, es posible que ocurran fallos. En estos casos, es importante tener planes de contingencia y sistemas de respaldo para minimizar el impacto en el funcionamiento del sistema y para recuperarse rápidamente.

▸ **Control de versiones y cambios**: el control de versiones y cambios es un sistema que permite gestionar las modificaciones realizadas en documentos, código fuente u otros tipos de archivos a lo largo del tiempo. Consiste en registrar cada cambio efectuado, quién lo realizó, cuándo se hizo y, en muchos casos, por qué se llevó a cabo. Esto permite mantener un historial detallado de las evoluciones de un proyecto, facilitando la colaboración entre diferentes personas y la gestión eficiente del desarrollo de software, la redacción de documentos, el diseño gráfico, entre otros.

- **Control de versiones**: gestiona versiones de los flujos de datos y pipelines para rastrear cambios y facilitar la recuperación en caso de problemas de seguridad. Hay varias herramientas de control de versiones, como Git, Subversion y Mercurial, que ofrecen diferentes formas de llevar a cabo este proceso. Estas herramientas permiten realizar acciones como la creación de ramas para desarrollar nuevas características de forma aislada, fusionar cambios entre diferentes versiones, revertir a versiones anteriores si es necesario y colaborar de manera simultánea en el mismo proyecto sin conflictos mayores. En resumen, el control de versiones y cambios es esencial para la gestión efectiva de proyectos en los que se requiere un seguimiento detallado de las modificaciones realizadas.

- **Pruebas de seguridad**: realiza pruebas de seguridad regulares para identificar y mitigar vulnerabilidades en el pipeline.

▸ **Seguridad de terceros**: la seguridad de terceros se refiere a la protección de los datos y la infraestructura de una organización cuando se comparten recursos con terceros, como proveedores, socios comerciales o contratistas externos. Esto implica establecer medidas de seguridad para garantizar que los datos y sistemas de la empresa estén protegidos incluso cuando se comparten con entidades externas.

- **Evaluación de proveedores**: si utilizas servicios de terceros, asegúrate de evaluar su seguridad y cumplimiento antes de integrarlos en el pipeline. Las empresas a menudo colaboran con terceros para diversos fines, como servicios de tecnología, procesamiento de pagos, servicios de nube, entre otros. Sin embargo, esta colaboración puede exponer a la empresa a riesgos de seguridad si no se gestionan adecuadamente.

- **Contratos de seguridad**: establece contratos de nivel de servicio (SLA) y acuerdos de seguridad con proveedores de servicios. La seguridad de terceros implica evaluar y mitigar estos riesgos mediante la implementación de políticas, controles y procedimientos que aseguren que los terceros cumplan con los estándares de seguridad de la organización.

▶ **Cumplimiento regulatorio**: el cumplimiento regulatorio es el proceso que las organizaciones llevan a cabo para asegurarse de que están siguiendo todas las leyes, regulaciones, estándares y directrices relevantes que se aplican a su industria y operaciones. Esto puede abarcar una amplia gama de áreas, como la seguridad laboral, la protección del medio ambiente, la privacidad de los datos, la gestión financiera, entre otras.

   ● **Cumplimiento de normativas**: cumple con regulaciones de privacidad y seguridad de datos aplicables, como GDPR, HIPAA, o cualquier otra normativa local o internacional. Consiste en identificar y comprender las regulaciones que afectan a la organización, implementar políticas y procedimientos para cumplir con esas regulaciones, monitorear el cumplimiento continuamente y ajustar las prácticas según sea necesario para garantizar que se mantenga en cumplimiento. El incumplimiento regulatorio puede resultar en multas, sanciones legales, pérdida de reputación y otras consecuencias negativas para la organización. Por lo tanto, el cumplimiento regulatorio es crucial para la sostenibilidad y el éxito a largo plazo de una empresa.

6.3 CREAR UNA PIPELINE DE DATOS EN LA NUBE

Para diseñar e implementar un pipeline de datos en la nube debemos empezar seleccionando las herramientas y servicios que necesitaremos. Tanto AWS como Azure ponen a nuestra disposición varias opciones para cada una de las fases de nuestro pipeline:

▶ **Amazon Data Pipeline** *https://aws.amazon.com/es/datapipeline* es un servicio gestionado por AWS que nos permite mover y procesar datos entre diversas fuentes y destinos, por ejemplo, S3. Está pensado para implementar pipelines ETL de forma escalable y distribuida y ofrece una interfaz gráfica a través de la que es muy sencillo conectar fuentes de datos con destinos.

▶ **Azure Data Factory** *https://azure.microsoft.com/es-es/products/data-factory* es el servicio en la nube de Azure que permite implementar pipelines de datos. Se trata de un servicio serverless y está perfectamente integrado con otros servicios de Azure.

La creación de un pipeline de datos en la nube implica el diseño y la implementación de un flujo automatizado para la adquisición, procesamiento, almacenamiento y análisis de datos en un entorno en la nube. A continuación, se describen los pasos generales para crear un pipeline de datos en la nube:

▶ **Definición de objetivos y requisitos**: identifica los objetivos comerciales y técnicos de tu pipeline de datos. Determina qué datos se deben recopilar, cómo se deben procesar y qué resultados se deben obtener.

- ▶ **Selección de la plataforma en la nube:** elige la plataforma en la nube que mejor se adapte a tus necesidades. Algunas opciones populares son Amazon Web Services (AWS), Microsoft Azure y Google Cloud Platform (GCP).

- ▶ **Recopilación de datos**: define las fuentes de datos de las que recopilamos información, como bases de datos, aplicaciones, sensores, registros de servidor, redes sociales, etc.

- ▶ **Ingestión de datos**: selecciona una herramienta o servicio en la nube para la ingesta de datos. Ejemplos incluyen AWS Kinesis, Azure Event Hubs y Google Cloud Pub/Sub.

- ▶ **Almacenamiento de datos**: diseña un esquema de almacenamiento adecuado para tus datos en la nube. Podríamos utilizar servicios de almacenamiento como Amazon S3, Azure Data Lake Storage y Google Cloud Storage.

- ▶ **Procesamiento de datos**: implementa el procesamiento de datos según tus necesidades. Puedes utilizar servicios de procesamiento en la nube como AWS Lambda, Azure Functions o Google Cloud Functions.

- ▶ **Transformación de datos**: aplica transformaciones a tus datos según sea necesario. Esto puede incluir limpieza, agregación, enriquecimiento y conversión de formatos.

- ▶ **Análisis de datos**: utiliza herramientas de análisis de datos en la nube como AWS Athena, Azure Synapse Analytics o BigQuery para realizar análisis y consultas.

- ▶ **Visualización y presentación de datos:** crea paneles de visualización y cuadros de mando para presentar los resultados a los usuarios finales. Puedes utilizar herramientas como Tableau, Power BI o servicios de visualización en la nube.

- ▶ **Monitorización y gestión**: implementa sistemas de monitorización y gestión para supervisar el rendimiento del pipeline de datos y resolver problemas rápidamente.

- ▶ **Seguridad y cumplimiento:** asegúrate de implementar medidas de seguridad sólidas para proteger los datos en tránsito y en reposo. Cumple con las regulaciones de privacidad y seguridad de datos aplicables.

- ▶ **Automatización y orquestación**: automatiza tareas y flujos de trabajo utilizando herramientas como AWS Step Functions, Azure Logic Apps o Google Cloud Composer.

6.4 PIPELINES DE DATOS EN PYTHON

Como hemos definido anteriormente, un pipeline de datos es una serie de pasos de procesamiento de datos que transforman los datos sin procesar en información procesable. Esto incluye la recopilación, limpieza, validación y transformación de datos para hacerlos aptos para el análisis y la elaboración de informes. Las canalizaciones de datos pueden ser sencillas y constar de unos pocos pasos, o pueden ser complejas e implicar múltiples etapas y herramientas.

En este punto, Python ofrece varios frameworks para crear pipelines de datos, como Apache Airflow, Luigi y Prefect. Con estos **frameworks**, podríamos crear, planificar y gestionar fácilmente tus pipelines de datos.

▶ **Apache Airflow**: es una potente plataforma de código abierto que permite crear, programar y supervisar flujos de trabajo en Python.

▶ **Luigi**: es un módulo de Python desarrollado por Spotify que simplifica la construcción de pipelines de datos.

▶ **Prefect**: es una herramienta para la gestión de flujos de trabajo de datos que facilita añadir opciones como reintentos, mapeo dinámico, caché y notificaciones de error a un pipeline de datos. La API de Python combinada con una colección predefinida de **tasks** para operaciones comunes hacen de Prefect una opción destacable a valorar para las necesidades de tus pipelines de datos.

- *https://docs.prefect.io/latest/getting-started/installation*
- *https://docs.prefect.io/latest/tutorial/flows/*

6.4.1 Prefect

Prefect *https://github.com/PrefectHQ/prefec* es una herramienta de código abierto diseñada para administrar, programar y orquestar flujos de trabajo y tareas en entornos de procesamiento de datos y ETL (Extract, Transform, Load) en particular. Sus principales funcionalidades incluyen:

▶ **Orquestación de flujos de trabajo**: Prefect permite definir flujos de trabajo complejos que consisten en una serie de tareas interconectadas. Podemos definir la lógica de cómo se ejecutan estas tareas y las dependencias entre ellas.

▶ **Gestión de tareas**: podemos definir y administrar tareas individuales en sus flujos de trabajo. Cada tarea puede ser una unidad de trabajo, como una transformación de datos, una consulta a una base de datos o cualquier otro tipo de operación.

▶ **Planificación y programación:** Prefect facilita la programación de flujos de trabajo en función de cronogramas predefinidos o desencadenadores específicos, lo que lo convierte en una herramienta útil para automatizar procesos de ETL y otros trabajos programados.

▶ **Tolerancia a fallos**: Prefect ofrece mecanismos de manejo de errores y reintentos, lo que garantiza que sus flujos de trabajo puedan recuperarse de problemas o fallas temporales.

▶ **Supervisión y registro**: la herramienta proporciona capacidades de registro y supervisión para que pueda rastrear el progreso y el estado de sus flujos de trabajo.

▶ **Paralelismo y escalabilidad**: Prefect admite la ejecución paralela de tareas, lo que puede acelerar el procesamiento de flujos de trabajo y es escalable para manejar flujos de trabajo grandes y complejos.

▼ **Integración**: Prefect se integra con una variedad de sistemas y herramientas, lo que facilita la incorporación en su infraestructura existente.

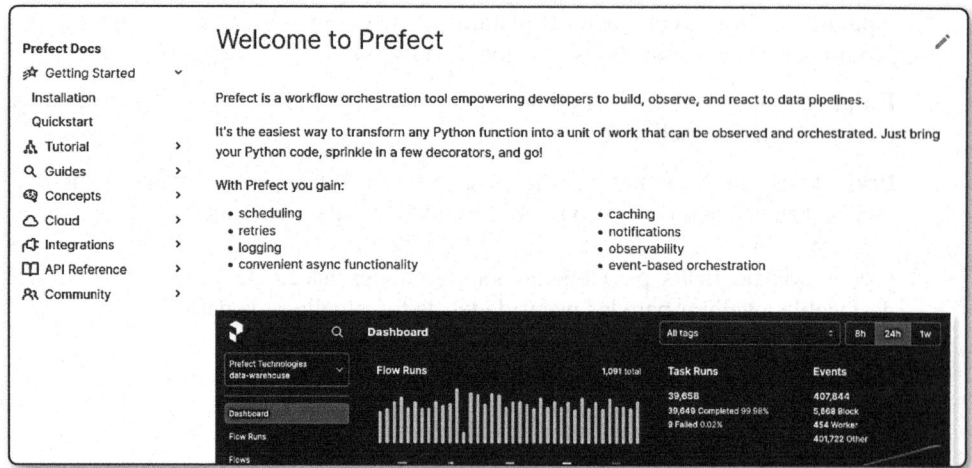

Figura 6.1. Página del proyecto Prefect

La instalación se puede realizar con el siguiente comando:

```
$ pip install prefect
```

Una vez instalado, tendremos disponible la herramienta desde línea de comandos:

```
Usage: prefect [OPTIONS] COMMAND [ARGS]...

Options:
  -v, --version            Display the current version.
  -p, --profile TEXT       Select a profile for this CLI run.
  --prompt / --no-prompt   Force toggle prompts for this CLI run.  [default:
                           (from PREFECT_CLI_PROMPT)]
  --help                   Show this message and exit.

Commands:
  agent             Commands for starting and interacting with agent...
  artifact          Commands for starting and interacting with artifacts.
  block             Commands for working with blocks.
  cloud             Commands for interacting with Prefect Cloud
  concurrency-limit Commands for managing task-level concurrency limits.
  config            Commands for interacting with Prefect settings.
  deploy            Deploy a flow from this project by creating a...
  deployment        Commands for working with deployments.
  dev               Commands for development.
  flow              Commands for interacting with flows.
  flow-run          Commands for interacting with flow runs.
  init              Initialize a new project.
  kubernetes        Commands for working with Prefect on Kubernetes.
```

```
        profile              Commands for interacting with your Prefect profiles.
        project              Deprecated.
        server               Commands for interacting with the Prefect backend.
        variable             Commands for interacting with variables.
        version              Get the current Prefect version.
        work-pool            Commands for working with work pools.
        work-queue           Commands for working with work queues.
        worker               Commands for starting and interacting with workers.
```

Con el siguiente comando podríamos lanzar el servidor en local y acceder a la url de localhost:

```
$ prefect server start


 | _ \ _ \ | _ | _ / _ | _ _ |
 | / / _|| _|| _ _ |_ | |
 |_| |_|_\_|_| |_\_| |_|


Configure Prefect to communicate with the server with:

    prefect config set PREFECT_API_URL=http://127.0.0.1:4200/api

View the API reference documentation at http://127.0.0.1:4200/docs

Check out the dashboard at http://127.0.0.1:4200
```

Si accedemos a la url *http://127.0.0.1:4200/docs*, podemos ver el API disponible sobre la cual podríamos realizar peticiones de diferente tipo para consultar los flujos, tareas y despliegues.

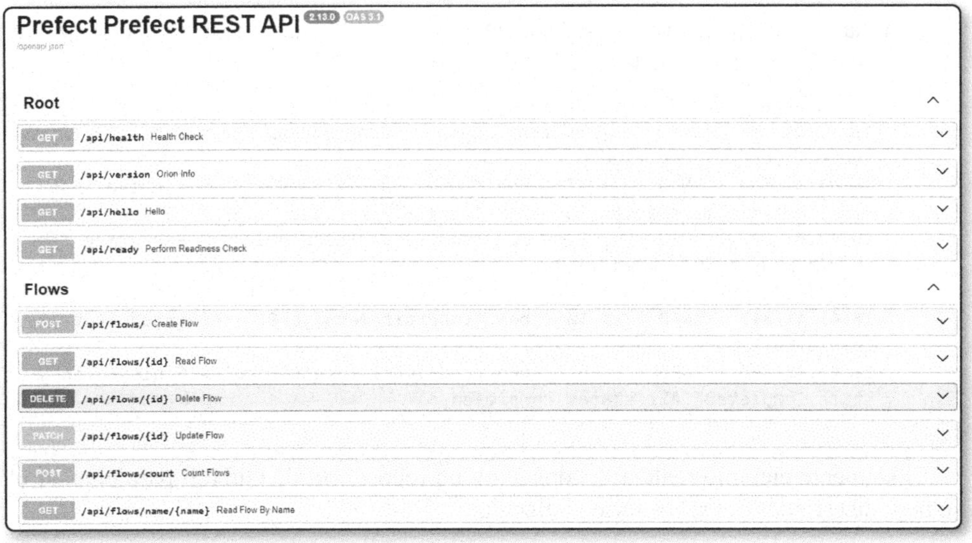

Figura 6.2. REST API ofrecida por el servidor Prefect

El siguiente ejemplo permite crear un flujo y una tarea utilizando las clases task y flow del módulo de prefect.

prefect_flujo_tarea.py

```python
import prefect
from prefect import task, flow

# Define una tarea utilizando el decorador `task`
@task
def imprimir_mensaje():
    print("Hola desde Prefect!")

# Crea un flujo que contiene la tarea
@flow(name="My Flow")
def mi_flujo(name="world"):
    imprimir_mensaje()


# Ejecuta el flujo
if __name__ == '__main__':
    mi_flujo()
```

▶ Inicialmente importamos el módulo de Prefect y las clases necesarias.

▶ Definimos una tarea llamada imprimir_mensaje() utilizando el decorador **@task**. Esta tarea simplemente imprime un mensaje por la salida estándar.

▶ Posteriormente, creamos un flujo llamado "My Flow". Dentro del contexto del flujo, definimos una instancia de la tarea utilizando **tarea = imprimir_mensaje()**.

▶ Finalmente, ejecutamos el flujo llamando al método que tiene la anotación **@flow** que a su vez ejecuta la tarea definida en el flujo.

```
$ python prefect_flujo_tarea.py
16:47:41.304 | INFO    | prefect.engine - Created flow run 'convivial-friga-
tebird' for flow 'My Flow'
16:47:41.684 | INFO    | Flow run 'convivial-frigatebird' - Created task
run 'imprimir_mensaje-0' for task 'imprimir_mensaje'
16:47:41.687 | INFO    | Flow run 'convivial-frigatebird' - Executing 'im-
primir_mensaje-0' immediately...
Hola desde Prefect!
16:47:41.817 | INFO    | Task run 'imprimir_mensaje-0' - Finished in state
Completed()
16:47:41.864 | INFO    | Flow run 'convivial-frigatebird' - Finished in
state Completed('All states completed.')
```

El siguiente ejemplo realiza la consulta a un repositorio de GitHub para obtener el número de estrellas del repositorio analizado.

prefect_github_stars.py

```python
from prefect import flow, task
from typing import List
import httpx


@task(retries=3)
def get_stars(repo: str):
    url = f"https://api.github.com/repos/{repo}"
    count = httpx.get(url).json()["stargazers_count"]
    print(f"{repo} has {count} stars!")


@flow(name="GitHub Stars")
def github_stars(repos: List[str]):
    for repo in repos:
        get_stars(repo)


repository = input("Introduce el repositorio de GitHub:")
# run the flow!
github_stars([repository])
```

Al ejecutar el script anterior vemos cómo obtenemos el número de estrellas para el repositorio que introduce el usuario:

```
$ python prefect_github_stars.py
Introduce el repositorio de GitHub:Marcombo/python-deep-learning
16:03:12.567 | INFO    | prefect.engine - Created flow run 'portable-termite' for
flow 'GitHub Stars'
16:03:12.945 | INFO    | Flow run 'portable-termite' - Created task run 'get_
stars-0' for task 'get_stars'
16:03:12.948 | INFO    | Flow run 'portable-termite' - Executing 'get_stars-0'
immediately...
Marcombo/python-deep-learning has 8 stars!
16:03:13.435 | INFO    | Task run 'get_stars-0' - Finished in state Completed()
16:03:13.483 | INFO    | Flow run 'portable-termite' - Finished in state
Completed('All states completed.')
```

En la salida de la ejecución podemos ver los flujos(flow) y tareas(task) que se crean. Podríamos utilizar el API y la interfaz web para obtener información sobre los flujos y tareas que se han lanzado.

▼ *http://127.0.0.1:4200/flows*

Figura 6.3. REST API de flows ofrecida por el servidor Prefect

▼ *http://127.0.0.1:4200/flow-runs*

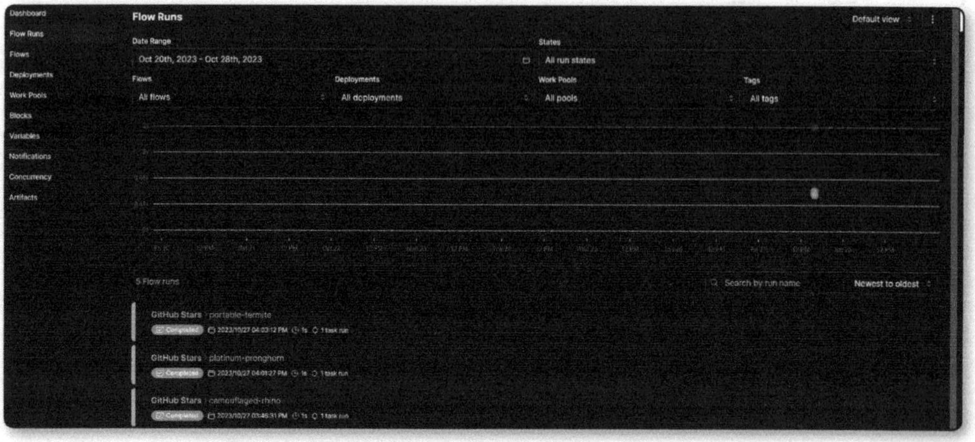

Figura 6.4. REST API de flow-runs ofrecida por el servidor Prefect

▼ *http://127.0.0.1:4200/flow-runs/flow-run/693ebdfe-ca68-411f-8926-cb1498ef6099*

Figura 6.5. REST API de flow-runs ofrecida por el servidor Prefect

6.4.2 Airbyte como herramienta de gestión de flujos de datos

Airbyte *https://github.com/airbytehq/airbyte* es una plataforma de código abierto para la integración de datos que permite a los usuarios conectar diferentes fuentes de datos y almacenes de destino de forma sencilla y escalable. Ofrece una interfaz gráfica de usuario (GUI) intuitiva y una API RESTful para automatizar la configuración y gestión de flujos de datos. Entre las principales **características** podemos destacar:

▼ **Conectividad a múltiples fuentes**: Airbyte admite una amplia gama de fuentes de datos, incluyendo bases de datos relacionales, bases de datos NoSQL, SaaS, APIs y archivos.

▼ **Flexibilidad de destino**: los datos pueden enviarse a una variedad de destinos, incluyendo almacenes de datos en la nube, lagos de datos, data warehouses y plataformas analíticas.

▼ **Transformaciones de datos**: Airbyte permite aplicar transformaciones de datos a los flujos de datos, como filtrado, agregación, unión y cambio de tipo de datos.

▼ **Escalabilidad horizontal:** Airbyte puede escalar horizontalmente para manejar grandes volúmenes de datos mediante la ejecución de múltiples nodos en un clúster.

▼ **Seguridad y gobernanza**: Airbyte ofrece funciones de seguridad como autenticación, autorización y cifrado de datos para proteger los datos en tránsito y en reposo.

▼ **Código abierto:** Airbyte es una plataforma de código abierto, lo que permite a los usuarios personalizarla y extenderla según sus necesidades.

Casos de uso de Airbyte:

▼ **Análisis de datos**: Airbyte puede utilizarse para centralizar datos de diferentes fuentes para su análisis en herramientas como Tableau, Power BI o Looker.

▼ **Machine Learning**: Airbyte puede utilizarse para preparar y cargar datos en plataformas de Machine Learning como TensorFlow o PyTorch.

▼ **Data Warehouse:** Airbyte puede utilizarse para cargar datos en data warehouses en la nube como Amazon Redshift, Snowflake o Google BigQuery.

▼ **Data Lakes**: Airbyte puede utilizarse para cargar datos en lagos de datos como Amazon S3 o Azure Data Lake Storage.

▼ **Aplicaciones personalizadas**: Airbyte puede utilizarse para crear integraciones de datos personalizadas para aplicaciones específicas.

Por ejemplo, podríamos crear conexiones que nos permitan copiar datos de una fuente a un destino. En la siguiente URL disponemos de un **servidor para realizar pruebas** *https://demo.airbyte.io*.

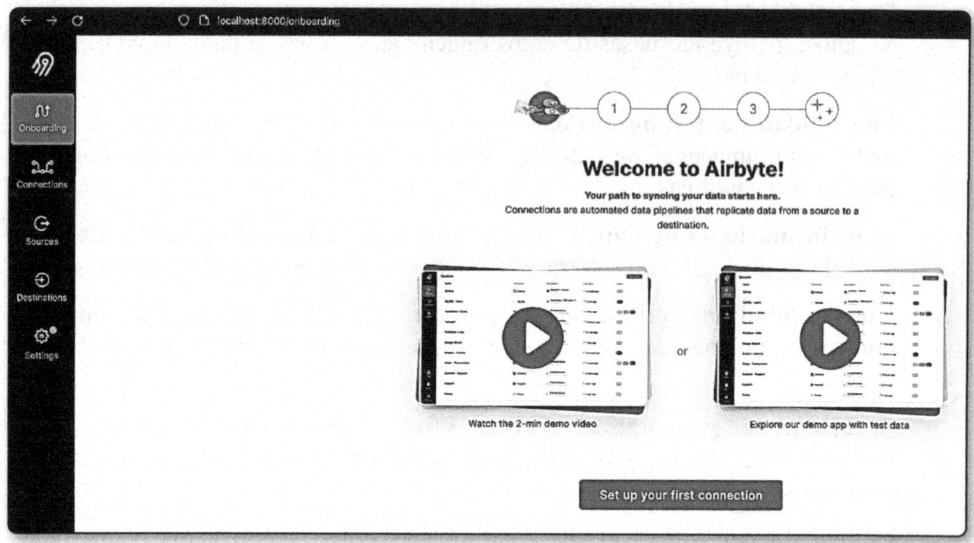

Figura 6.6. Interfaz de AirByte

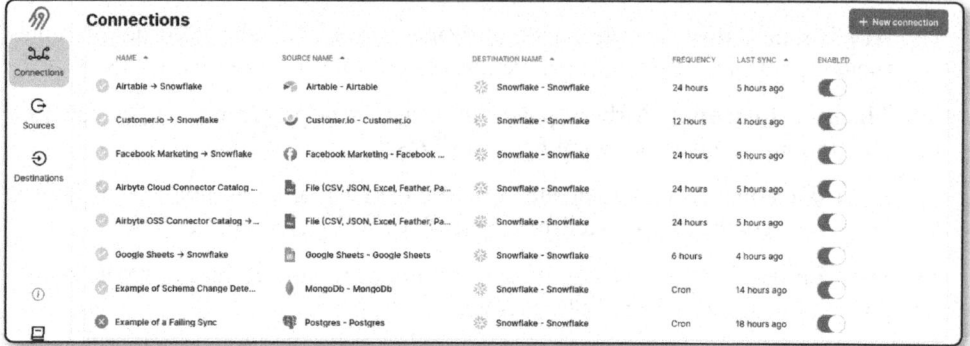

Figura 6.7. Conexiones de AirByte

Podríamos, por ejemplo, seleccionar como fuente de datos una base de datos MongoDB y como destino de datos otra fuente de datos como una base de datos Postgres o un Bucket de AWS S3.

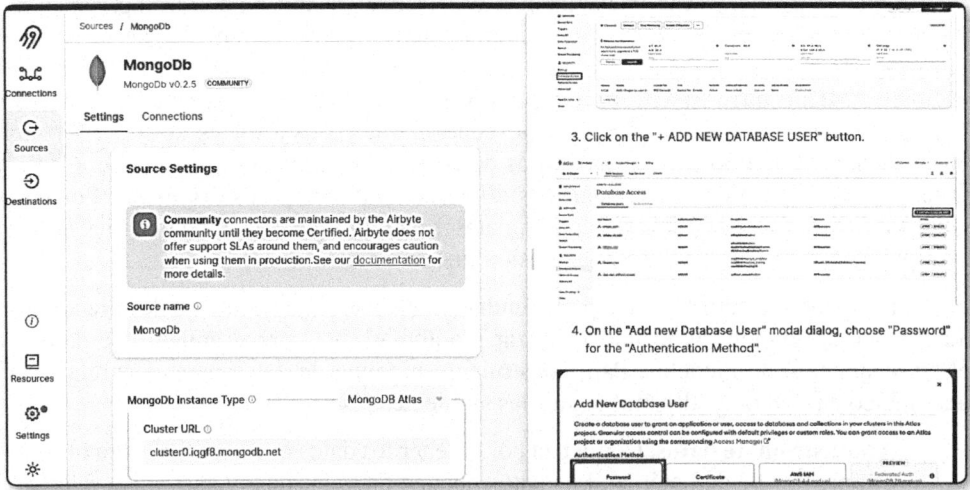

Figura 6.8. MongoDB como fuente de datos en AirByte

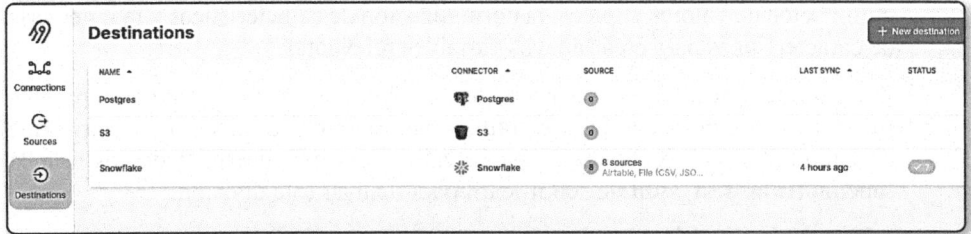

Figura 6.9. Configurar un destino como fuente de datos en AirByte

En resumen, Airbyte es una plataforma de integración de datos versátil y potente que puede ayudar a las organizaciones a conectar sus datos, mejorar la calidad de los datos y aumentar la agilidad. Su código abierto, escalabilidad y facilidad de uso la convierten en una opción atractiva para una amplia gama de casos de uso.

6.5 PIPELINES DE DATOS CON APRENDIZAJE AUTOMÁTICO

Python se utiliza ampliamente para crear pipelines de datos para tareas de aprendizaje automático. Bibliotecas como **TensorFlow**, **Keras** y **PyTorch** proporcionan potentes herramientas para crear y entrenar modelos de aprendizaje automático, mientras que **Scikit-learn** ofrece un completo conjunto de algoritmos de aprendizaje automático y herramientas de preprocesamiento de datos.

Cuando implementamos y ejecutamos algoritmos de machine learning, tenemos varias fases diferenciadas. Estas fases comprenden el preprocesamiento de los datos, la extracción de características, el ajuste de los modelos y la validación. Por ejemplo, la librería **MLlib para Spark** *https://spark.apache.org/mllib* nos permite implementar pipelines de machine learning como una secuencia de pasos a través de su API y nos da la capacidad de implementar dos tipos de fases: transformador y estimador. Con el transformador podemos generar datasets diferentes a partir de los originales. Por otro lado, los estimadores se entrenan con un dataset para producir los modelos finales. Un ejemplo de estimador podría ser la regresión lineal.

Los pipelines de datos son una parte fundamental en el flujo de trabajo de aprendizaje automático en Python. Ayudan a organizar y automatizar el procesamiento de datos y el entrenamiento de modelos. Para construir un pipeline de datos para el aprendizaje automático en Python podríamos seguir las siguientes fases:

▶ **Adquisición de datos.** Comienza por obtener los datos que necesitas para tu tarea de aprendizaje automático. Los datos pueden provenir de diversas fuentes, como archivos CSV, bases de datos, APIs web o conjuntos de datos disponibles en línea.

▶ **Preprocesamiento de datos.** Antes de usar los datos para entrenar un modelo, necesitamos preprocesarlos. Esto puede incluir la limpieza de datos, la eliminación de valores atípicos, la normalización de características y la ingeniería de características para crear nuevas variables relevantes.

▶ **División de datos.** Dividimos los datos en conjuntos de entrenamiento y prueba. El conjunto de entrenamiento se utiliza para entrenar el modelo, mientras que el conjunto de prueba se utiliza para evaluar su rendimiento. Podemos usar la función **train_test_split** de scikit-learn para realizar esta división.

```
from sklearn.model_selection import train_test_split
X_train, X_test, y_train, y_test = train_test_split( X, y, test_size=0.33,
random_state=42)
```

▶ **Creación del pipeline.** Construimos un pipeline de datos utilizando la clase **Pipeline** de scikit-learn. Un pipeline es una secuencia de pasos que se ejecutan en orden donde cada paso puede ser una transformación de datos o un estimador (modelo).

```
from sklearn.pipeline import Pipeline

pipeline = Pipeline([
    ('preprocessing', preprocessing_steps),  # Transformaciones de datos
    ('model', model)  # Modelo de aprendizaje automático
])
```

▶ **Entrenamiento del modelo.** Utilizando la librería de sklearn, podríamos entrenar el modelo llamando al método fit en el pipeline. Esto aplicará todas las transformaciones de datos y entrenará el modelo en el conjunto de entrenamiento.

```
pipeline.fit(X_train, y_train)
```

▶ **Evaluación del modelo.** Utilizamos el conjunto de pruebas para evaluar el rendimiento del modelo. Puedes usar métricas como precisión, recuperación, F1-score, etc., dependiendo del tipo de problema que estés abordando.

```
y_pred = pipeline.predict(X_test)
```

▶ **Ajuste de hiperparámetros.** Si es necesario, podemos ajustar los hiperparámetros del modelo o de las transformaciones de datos utilizando técnicas como la búsqueda en cuadrícula (Grid Search) o la optimización de hiperparámetros.

6.5.1 Mflow como plataforma de gestión de modelos de aprendizaje automático

El aprendizaje automático se ha convertido en una herramienta esencial para los negocios de todos los tamaños. Sin embargo, el despliegue y administración de modelos de aprendizaje automático puede ser complejo y consumir mucho tiempo. En este punto surgen nuevas metodologías que pueden facilitar el trabajo de desplegar esos modelos en producción. MLOps, que significa "Operaciones de Machine Learning" o "DevOps para Machine Learning", se refiere a las prácticas y metodologías que se aplican para integrar, implementar y gestionar de manera eficiente modelos de machine learning (ML) en entornos de producción.

MLOps busca llevar las mejores prácticas de ingeniería de software y operaciones de TI al desarrollo y despliegue de modelos de machine learning. Algunos de los aspectos clave de MLOps incluyen:

▶ **Colaboración entre equipos:** MLOps fomenta la colaboración entre los equipos de desarrollo, científicos de datos y operaciones para garantizar una transición fluida desde la creación del modelo hasta su implementación en producción.

▶ **Automatización**: la automatización desempeña un papel fundamental en MLOps. Esto incluye la automatización del entrenamiento de modelos, la construcción de pipelines, el despliegue y la monitorización continua.

▶ **Control de versiones de modelos**: similar al control de versiones de código, MLOps se centra en mantener un historial de versiones de los modelos para facilitar la reproducción de resultados y el seguimiento de cambios.

▶ **Despliegue continuo:** MLOps busca lograr el despliegue continuo de modelos, permitiendo actualizaciones rápidas y frecuentes en producción.

▶ **Monitorización y mantenimiento**: la monitorización continua de los modelos en producción es crucial en MLOps. Esto implica el seguimiento del rendimiento del modelo, la detección de cambios en la distribución de los datos y la identificación de degradación del modelo.

▶ **Gestión de la configuración:** MLOps se preocupa por la gestión de la configuración, asegurando que los entornos de desarrollo y producción sean coherentes y reproducibles.

MLOps aborda los desafíos específicos asociados con la implementación de modelos de machine learning en la práctica, considerando aspectos como la escalabilidad, la robustez, la interpretabilidad y la gestión del ciclo de vida del modelo. El objetivo final es mejorar la eficiencia, la colaboración y la confiabilidad en el desarrollo y despliegue de soluciones basadas en machine learning. **MLflow** *https://mlflow.org* es una plataforma de código abierto para la gestión de proyectos de aprendizaje automático que permite administrar todo el ciclo de vida de los modelos de aprendizaje automático.

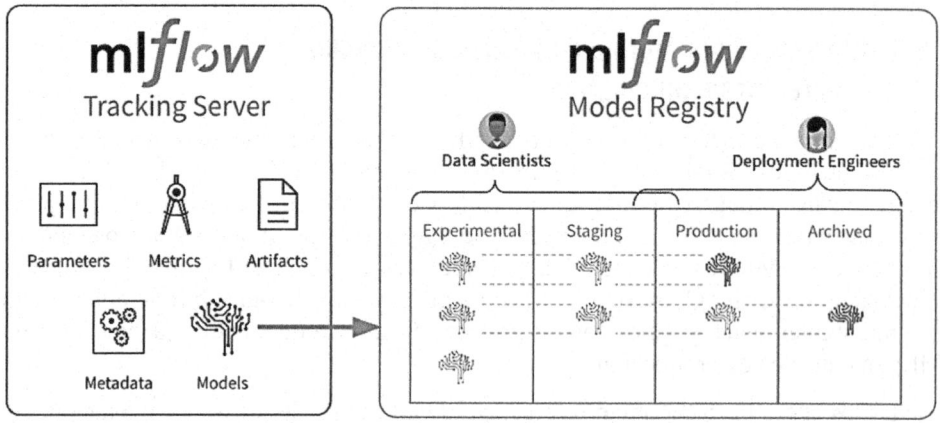

Figura 6.10. Esquema de funcionamiento de mlflow

MLFlow ha sido desarrollada por Databricks y se ha convertido en una herramienta popular en la comunidad de aprendizaje automático. Entre las principales **características** podemos destacar:

▶ **Gestión de experimentos:** MLflow permite realizar un seguimiento y organizar experimentos de aprendizaje automático. Puedes registrar y comparar múltiples ejecuciones de un mismo experimento para evaluar cómo se desempeñan diferentes configuraciones de modelos, hiperparámetros y datos.

▶ **Seguimiento de parámetros y métricas**: registra y realiza un seguimiento de los parámetros de tus modelos y las métricas de rendimiento asociadas. Esto facilita la identificación de las configuraciones que generan los mejores resultados.

▶ **Gestión de modelos:** MLflow permite el seguimiento y la organización de modelos entrenados. Puedes versionar y registrar modelos, lo que facilita la reutilización de modelos en diferentes aplicaciones. MLflow es una plataforma integral que facilita la gestión de proyectos de aprendizaje automático desde la experimentación hasta la implementación en producción.

▶ **Reproducibilidad:** MLflow fomenta la reproducibilidad al guardar registros de todos los detalles relevantes de cada experimento, incluidos los datos de entrada, los parámetros y las métricas.

▶ **Implementación de modelos:** MLflow no solo se enfoca en el desarrollo y seguimiento de modelos, sino que también proporciona funcionalidades para la implementación de modelos en diferentes entornos. Podemos exportar modelos entrenados y servirlos utilizando bibliotecas como **TensorFlow Serving** *https://www.tensorflow.org/tfx/guide/serving*.

▶ **Integración con diferentes frameworks:** MLflow tiene la capacidad de integrarse con una variedad de bibliotecas y frameworks de aprendizaje automático, como scikit-learn, TensorFlow, PyTorch y XGBoost.

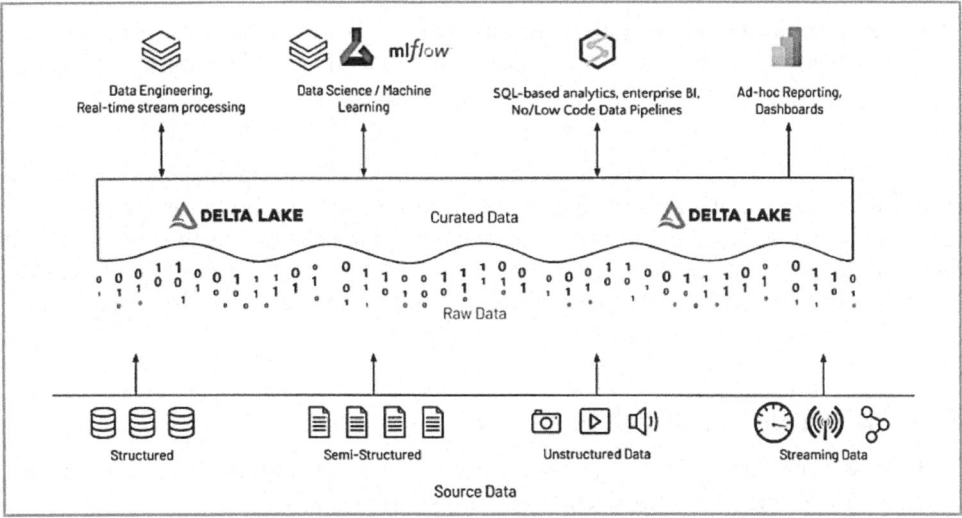

Figura 6.11. Integración de mlflow con diferentes herramientas

Según las recomendaciones de Databricks para la implementación de un modelo de MLOps en esta plataforma, el proyecto debe contemplar las siguientes fases:

▶ **Fase exploratoria de análisis de datos (EDA):** se puede hacer con los notebooks en Databricks.

▶ **Preparación de los datos e ingeniería de características**: para esta fase es necesario escribir código ya sea en Python, R, Scala o SQL con el fin de automatizar las tareas de preparación de datos y guardarlas incrementalmente como delta tables, para luego cruzarlos con otras fuentes y hacer la ingeniería de características.

▶ **Entrenamiento del modelo**: en esta fase se deben utilizar librerías especializadas para el entrenamiento de modelos de ML tales como tensorflow, skLearn y xg boost; Databricks ofrece cluster preconfigurados con este tipo de librerías.

▶ **Revisión y administración del modelo:** Databricks permite la implementación del paquete mlflow para guardar versiones de modelos de machine learning y escoger el de mejor rendimiento.

▶ **Inferencia de modelo y puesta en producción:** dentro de Databricks se pueden realizar predicciones en tiempo real a través de endpoints o predicciones en lote utilizando el poder de spark.

▶ **Despliegue del modelo y monitoreo**: podemos habilitar endpoints fácilmente los cuales reciben una entrada en formato json y realizan la predicción con el modelo entrenado.

▶ **Reentrenamiento de modelo automatizado**: puedes crear alertas (webhook) y automatizarlas para tomar acción inmediata cuando el modelo empieza a bajar su efectividad.

Una gran ventaja a la hora de implementar modelos de aprendizaje automático en Databricks es que todo lo puedes hacer en la misma plataforma, desde la fase de extracción y preparación de los datos hasta el entrenamiento de los modelos. De esta forma, Databricks está presente en cada fase del ciclo de vida de un proyecto de ML iniciando desde la construcción de las ELTs para el procesamiento y la disponibilización de los datos hasta la creación de modelos con MLflow.

6.5.2 Instalaciön y ejecución de MLflow

MLflow es una herramienta open source para gestionar el ciclo de vida de los modelos de machine learning. Para ello, cuenta con varios aspectos principales:

▶ **Tracking**: permite registrar los resultados y parámetros de los modelos para poder compararlos.

▶ **Projects**: permite paquetizar el código de tal forma que sea reproducible.

▶ **Models**: permite gestionar el versionado de modelos, así como poner en producción modelos de ML a modo de endpoint. Este último se trata de un aspecto muy interesante, puesto que incluye integraciones para hacer el deploy del modelo tanto en Azure ML como en AWS SageMaker. Además, permite la exportación del modelo como fichero de Apache Spark.

Para instalar mlflow, podríamos hacerlo ejecutando el siguiente comando:

```
$ pip install mlflow
```

El siguiente comando permite lanzar el servidor con el vamos a trabajar en nuestra máquina:

```
$ mlflow ui
[2024-05-01 17:17:27 +0200] [248694] [INFO] Starting gunicorn 20.1.0
```

```
[2024-05-01 17:17:27 +0200] [248694] [INFO] Listening at: http://127.0.0.1:5000
(248694)
```

De esta forma, al acceder a la url *http://127.0.0.1:5000*, podríamos ver la siguiente interfaz donde tenemos dos grandes secciones de experimentos y modelos.

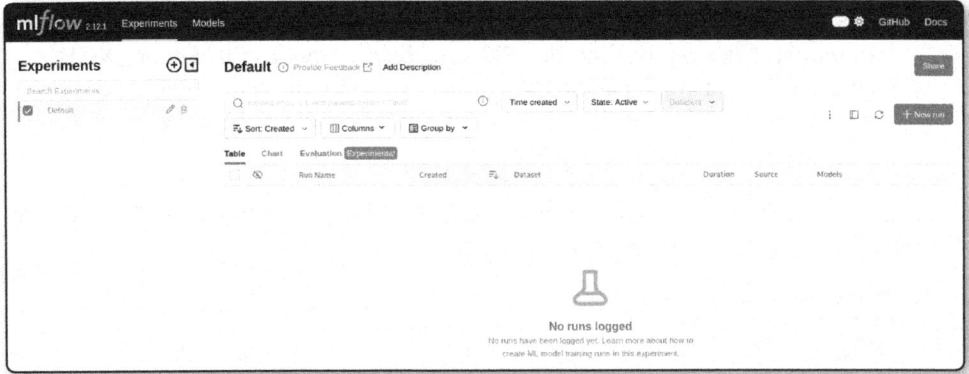

Figura 6.12. Interfaz de mlflow

Uno de los principales conceptos al trabajar con MLflow es el de MLflow **Tracking**. Para establecer el servidor de mlflow donde queremos registrar todos los experimentos y modelos tenemos que establecer al principio la url donde nos conectaremos.

```
>>> import mlflow
>>> mlflow.set_tracking_uri('http://127.0.0.1:5000')
```

MLflow nos permite loguear parámetros (**log_param**), métricas (**log_metric**) y artefactos (**log_artifact**).

▼ **Parámetros**: son entidades que reflejan una configuración, por ejemplo, un parámetro del algoritmo de entrenamiento.

▼ **Métricas**: son medidas relacionadas con la ejecución del experimento (run), como por ejemplo el accuracy de nuestro modelo sobre un conjunto de prueba.

▼ **Artefactos**: son objetos vinculados al experimento, como el conjunto de datos utilizado o el modelo entrenado.

```
>>> mlflow.log_param("epochs", 10)
>>> mlflow.log_metric("test_accuracy", 0.92)
>>> mlflow.log_artifact("./requirements.txt")
```

A la hora de entrenar el modelo, pasar logs de los parámetros, métricas, artefactos y el modelo. Existen los siguientes datos que podemos incluir en MLflow:

▼ **Parámetros del modelo**: indica parámetros del modelo utilizado. Se registra usando el método **log_param**.

▶ **Métricas**: se refiere a métricas de rendimiento, tales como el RMSE, accuracy, AUC, etc. Se registra usando el método **log_metric**.

▶ **Artefactos**: permite incluir ficheros y/o carpetas. El uso típico es incluir datos de entrenamiento, imágenes del entrenamiento, etc. Los artefactos se registran usando el método **log_artifact**.

▶ **Modelos**: permite incluir modelos. Los modelos se loguean usando el método **log_model**. Además, las librerías Sklearn, Tensforlow, Keras, Gluon, XGBoost, LightGBM, Statsmodels, Spark, Fastai y Pytorch están habilitadas para autologing. Es decir, que simplemente podemos usar el método autolog y MLflow automáticamente logueará los datos que vayamos generando.

MLflow puede trabajar en modo local o en modo remoto. En cualquier caso, podemos consultar la ruta donde se almacenarán estos elementos.

```
>>> mlflow.get_tracking_uri()
'http://127.0.0.1:5000'
>>> mlflow.get_artifact_uri()
'mlflow-artifacts:/0/dc97c50010de4d2ebc669d64de8f3376/artifacts'
```

Vemos que automáticamente se ha creado la carpeta de nombre **mlruns**, y dentro de ella vemos la carpeta 0 y un identificador numérico.

▶ El primero se corresponde con el id del experimento (por defecto 0).

▶ El segundo se corresponde con el id de la ejecución (run_id). Si no tenemos ningún run activo MLflow creará uno por nosotros y lo establecerá como activo. Podemos consultar el run activo con la función **mlflow.active_run().**

inicio_mlflow.py

```
# importamos la librería
import mlflow
mlflow.set_tracking_uri('http://127.0.0.1:5000')
mlflow.log_param("epochs", 10)
mlflow.log_metric("test_accuracy", 0.92)
mlflow.log_artifact("./requirements.txt")
print(mlflow.get_tracking_uri())
print(mlflow.get_artifact_uri())
print(mlflow.active_run().info)
```

Ejecución:

```
http://127.0.0.1:5000
mlflow-artifacts:/0/08a8ce33acc74db59ecbb561a8f503d3/artifacts
<RunInfo: artifact_uri='mlflow-artifacts:/0/08a8ce33acc74db59ecbb561a8f503d3/
artifacts', end_time=None, experiment_id='0', lifecycle_stage='active', run_id
='08a8ce33acc74db59ecbb561a8f503d3', run_name='secretive-lynx-303', run_uuid='
08a8ce33acc74db59ecbb561a8f503d3', start_time=1714585122621, status='RUNNING',
user_id='linux'>
```

De esta forma, podemos ver que se ha creado un experimento que podemos ver en la interfaz:

Figura 6.13. Creación de experimentos en la interfaz de mlflow

Como ejemplo, vamos a crear un modelo que prediga el tipo de flor del dataset Iris. Para ello crearemos un modelo de **Random Forest** con la librería **sklearn** aplicando **Grid Search y Cross Validation** y registramos los parámetros que obtengan mejor performance.

crear_modelo_mlflow.py

```python
# Cargo las librerías
import mlflow
import numpy as np
import mlflow.sklearn
from sklearn.datasets import load_iris
from sklearn.metrics import precision_score, accuracy_score, recall_score
from sklearn.ensemble import RandomForestClassifier
from sklearn.model_selection import GridSearchCV, train_test_split

# Cargo los datos
data = load_iris()

# Hago split entre train y test
x_train, x_test, y_train, y_test = train_test_split(
    data['data'],
    data['target'],
    test_size= 0.2,
    random_state= 1234
    )

# Definimos el modelo
rf_class = RandomForestClassifier()

# Definimos el grid de hiperparámetros
```

```python
grid = {
    'max_depth':[6,8,10],
    'min_samples_split':[2,3,4,5],
    'min_samples_leaf':[2,3,4,5],
    'max_features': [2,3]
    }

# Hago el Grid Search
rf_class_grid = GridSearchCV(rf_class, grid, cv = 2)
rf_class_grid_fit = rf_class_grid.fit(x_train, y_train)

print(f'Best parameters: {rf_class_grid_fit.best_params_}')

# creo el experimento
experiment_name = "experimento_iris"

if not mlflow.get_experiment_by_name(experiment_name):
    mlflow.create_experiment(name=experiment_name)

experiment = mlflow.get_experiment_by_name(experiment_name)

# Setup de MLflow
mlflow.set_tracking_uri('http://127.0.0.1:5000')

# Ahora hago el loging de los parámetros
with mlflow.start_run(experiment_id = experiment.experiment_id):

    # registro los mejores parametros
    mlflow.log_params(rf_class_grid_fit.best_params_)

    # Obtengo las predicciones
    y_pred = rf_class_grid_fit.predict(x_test)

    # Calculo el acuraccy y el AUC
    accuracy = accuracy_score(y_test, y_pred)
    precision = precision_score(y_test, y_pred, average='weighted')
    recall = recall_score(y_test, y_pred, average='weighted')
    print(f'Accuracy: {accuracy}\nPrecision: {precision}\nRecall: {recall}')

    # Log de parámetros
    metrics ={
    'accuracy': accuracy,
    'precision': precision,
    'recall': recall
    }

    mlflow.log_metrics(metrics)

    # Log model & artifacts
    np.save('artifacts/x_train', x_train)
    mlflow.log_artifact('artifacts/x_train.npy')
    mlflow.sklearn.log_model(rf_class_grid_fit, 'iris_model')
```

Al ejecutar el script anterior, vemos como se ha creado el modelo y se ha registrado en MLflow con las diferentes métricas obtenidas.

Figura 6.14. Creación de modelos en la interfaz de mlflow

Una vez tenemos nuestro modelo creado y se ha registrado en MLflow, desde la interfaz de usuario podemos ver que el modelo tiene tres partes. En la sección de **parámetros del modelo** podemos obtener con qué parámetros se ha entrenado ese modelo en concreto:

Parameters (4)

🔍 Search parameters

Parameter	Value
min_samples_split	5
max_depth	6
min_samples_leaf	2
max_features	2

Figura 6.15. Parámetros del modelo en la interfaz de mlflow

En la sección de métricas podemos ver cuáles han sido las métricas obtenidas con este modelo. En el caso de haber entrenado una red neuronal, podríamos haber guardado otras métricas como el validation accuracy de cada iteración. En esos casos, desde la interfaz podríamos ver la evolución de la métrica.

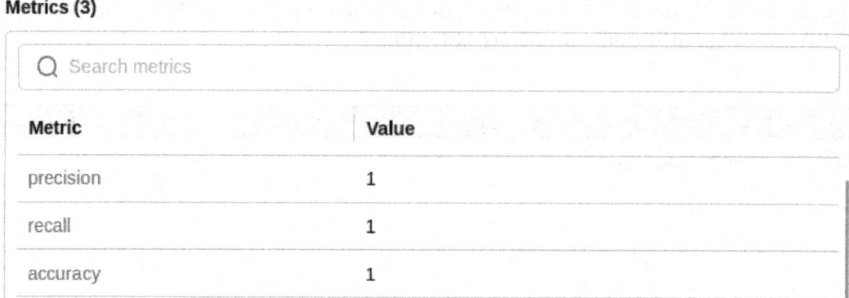

Figura 6.16. Métricas del modelo en la interfaz de mlflow

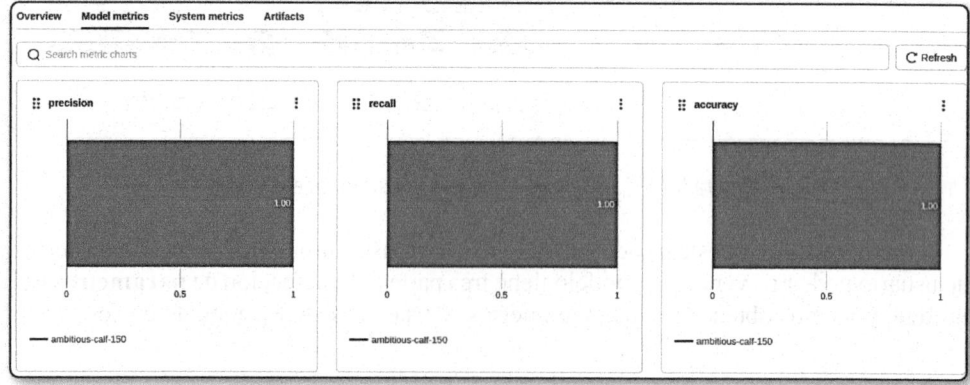

Figura 6.17. Métricas del modelo en la interfaz de mlflow

En la sección de **artifacts** podemos ver los artefactos generados en el proceso de generación del modelo.

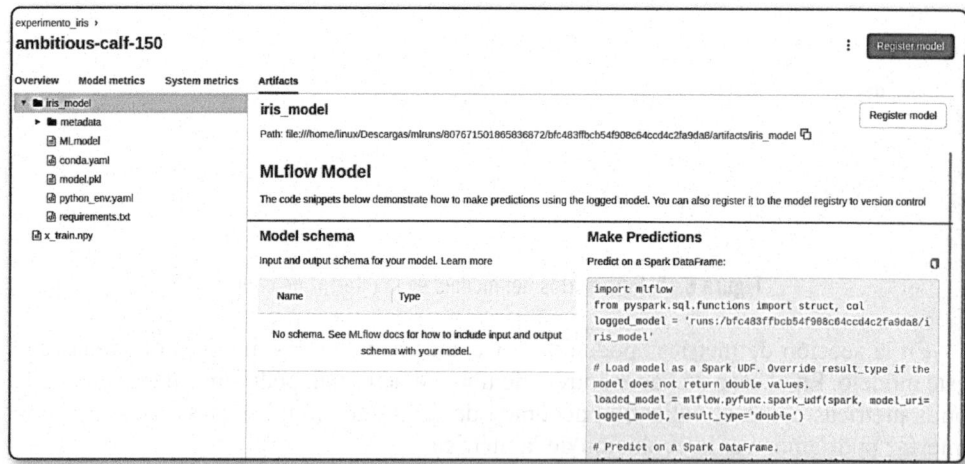

Figura 6.18. Artefactos del modelo en la interfaz de mlflow

Una vez tenemos un modelo subido a MLflow, podemos ponerlo en producción de una forma muy sencilla a modo de API. Para ello, vamos a la pestaña **"Artifacts"** del modelo que nos interesa poner en producción. Ahí, podremos hacer clic en el botón **"Register Model"** y automáticamente se registra el modelo.

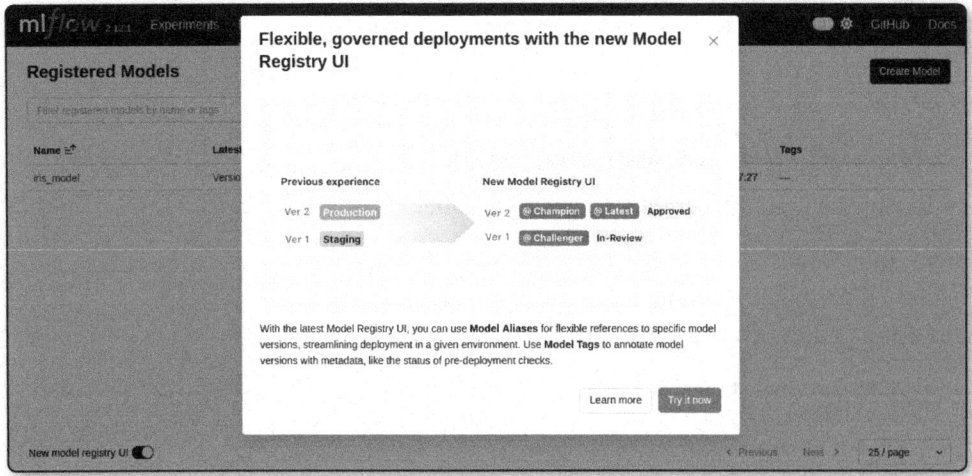

Figura 6.19. Registro del modelo en la interfaz de mlflow

Una vez registrado el modelo, podríamos realizar predicciones sobre el modelo registrado.

predictions_model_mlflow.py

```python
import mlflow
import numpy as np
import mlflow.sklearn
from sklearn.datasets import load_iris
from sklearn.model_selection import train_test_split

# Cargo los datos
data = load_iris()

# Hago split entre train y test
x_train, x_test, y_train, y_test = train_test_split(
    data['data'],
    data['target'],
    test_size= 0.2,
    random_state= 1234
    )

# Load model as a PyFuncModel.
```

```
model_name = "iris_model"
model_version = 1

# Setup de MLflow
mlflow.set_tracking_uri('http://127.0.0.1:5000')

model = mlflow.pyfunc.load_model(
    model_uri=f"models:/{model_name}/{model_version}"
)

# Predict on a Pandas DataFrame.
import pandas as pd
print(model.predict(pd.DataFrame(x_test)))
```

El siguiente script permite obtener los modelos que hay registrados en nuestra instancia de MLflow.

obtener_modelos_registrados.py

```
from pprint import pprint
import mlflow

mlflow.set_tracking_uri('http://127.0.0.1:5000')

client = mlflow.tracking.MlflowClient()
models_registered = client.search_registered_models()
len(models_registered)
for model in models_registered:
    pprint(dict(model), indent=4)
```

Salida de la ejecución de modelos registrados:

```
{   'aliases': {},
    'creation_timestamp': 1714591047241,
    'description': '',
    'last_updated_timestamp': 1714591047381,
    'latest_versions': [   <ModelVersion: aliases=[], creation_times-
tamp=1714591047381, current_stage='None', description='', last_upda-
ted_timestamp=1714591047381, name='iris_model', run_id='bfc483ffbcb54f90
8c64ccd4c2fa9da8', run_link='', source='file:///home/linux/Descargas/ml-
runs/807671501865836872/bfc483ffbcb54f908c64ccd4c2fa9da8/artifacts/iris_model',
status='READY', status_message='', tags={}, user_id='', version='1'>],
    'name': 'iris_model',
    'tags': {}
}
```

6.6 CREACIÓN DE PIPELINES CON APACHE BEAM

6.6.1 Introducción a Apache Beam

Apache Beam *https://beam.apache.org* es un modelo de programación unificado y de código abierto que permite a los desarrolladores definir y ejecutar pipelines de procesamiento de datos en diferentes plataformas y entornos. Fue desarrollado por Google y lanzado como proyecto de código abierto en 2016. Posteriormente, se convirtió en un proyecto de la Fundación Apache en 2017.

La definición más simple de Apache Beam es que es "**un modelo unificado para definir pipelines de procesamiento de datos**". Ser un "modelo" significa que Apache Beam se centra en la definición, no en la implementación. Beam es una abstracción que deja los detalles de implementación a los motores de ejecución (o runners, como se les llama) como Apache Flink o Google Dataflow.

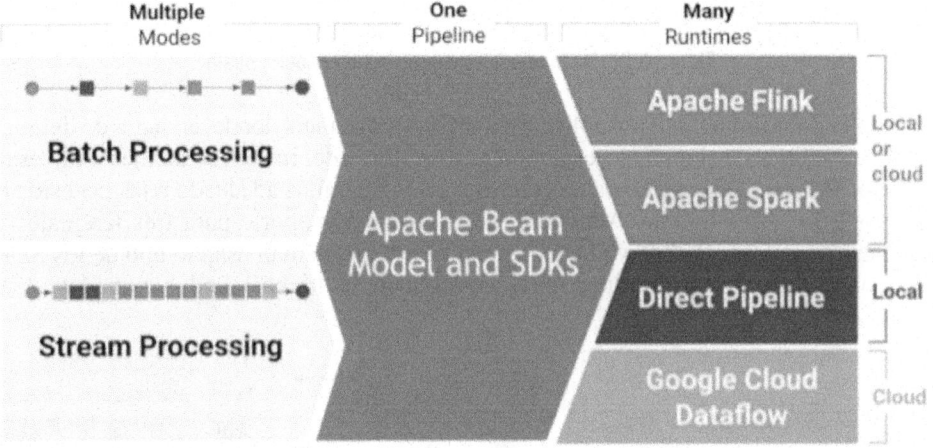

Figura 6.20. Esquema de Apache Beam

Por otro lado, estar "unificado" significa que puedes aplicar el mismo modelo para distintos escenarios. La unificación más importante que proporciona Beam es que permite usar el mismo modelo para procesar datos por lotes (batch) o transmisión (streaming).

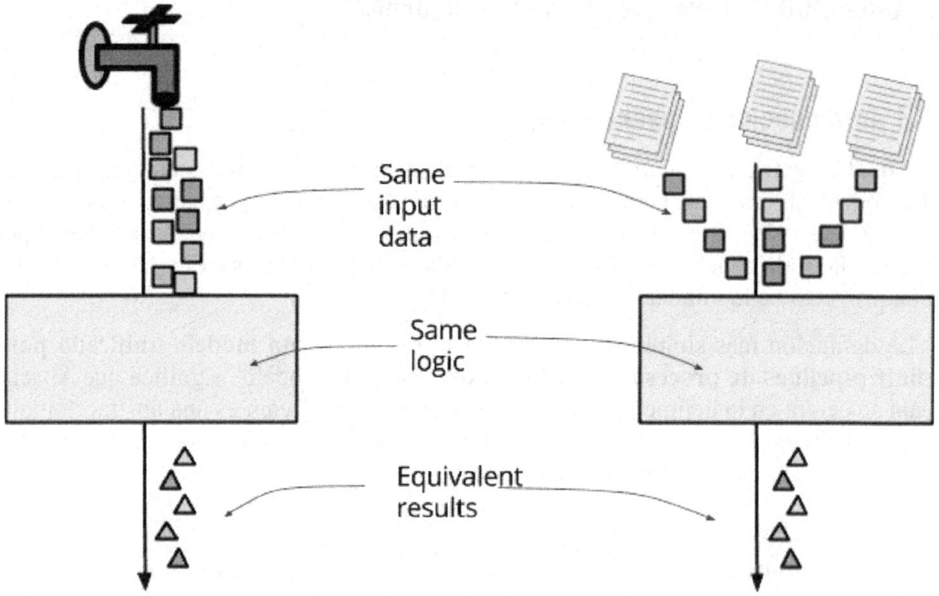

Figura 6.21. Modos de funcionamiento de Apache Beam

Esta unificación también se aplica a los diferentes runners donde, en lugar de definir el pipeline mediante la sintaxis o herramientas específicas del runner, se definen a través del modelo Beam y luego podemos ejecutarlo en el runner más adecuado a las necesidades del proyecto. Actualmente, Apache Beam SDK tiene soporte para tres lenguajes de programación: Java, Python y Go. Los pipelines se programan usando uno de los SDKs mencionados anteriormente y luego se ejecutan en uno de los back-ends soportados.

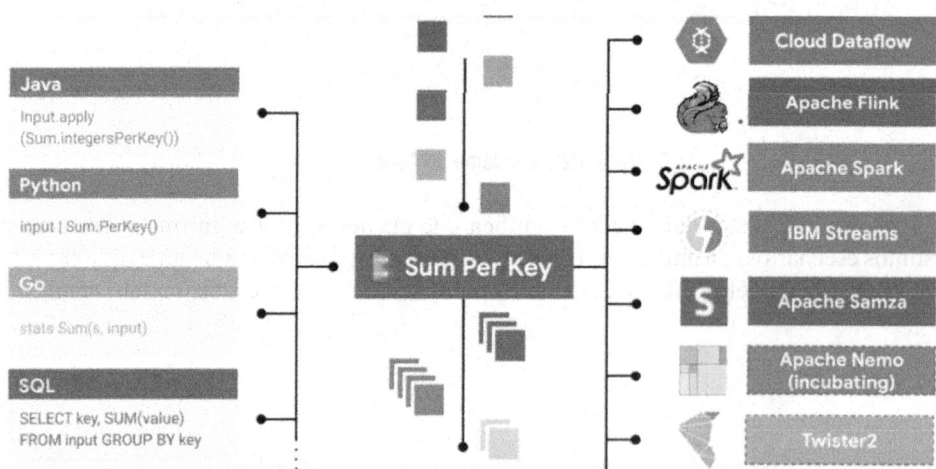

Figura 6.22. Soporte para diferentes lenguajes de programación

La principal utilidad de Apache Beam se da en organizaciones que tienen una amplia gama de necesidades de procesamiento de datos, con diferentes tipos de datos (batch, streaming) e interesadas en usar diferentes motores de ejecución que pueden adaptarse mejor a escenarios o cargas de trabajo específicas.

6.6.2 Creación de Pipelines con Python

En el caso de usar Python, lo primero que haremos es instalar e importar el módulo correspondiente de Apache Beam *https://pypi.org/project/apache-beam*.

```
$ pip install apache-beam
```

A continuación, generaremos un pipeline a través de un **contexto** utilizando la palabra reservada **with**.

```
import apache_beam as beam
from apache_beam.options.pipeline_options import PipelineOptions

with beam.Pipeline (options = PipelineOptions ()) as pipeline:
    pass # Build  your pipeline here
```

El siguiente código permite crear un pipeline utilizando el método **Create().**

```
#Create a Pipeline
with beam.Pipeline (options = PipelineOptions ()) as pipeline:
    words = (
            p | beam.Create ([
                'hello',
                'welcome',
                'nice',
                'work',
            ]))
```

Dentro de la cláusula with de Python definiremos las transformaciones a aplicar. Para encadenar transformaciones al pipeline, usaremos el **operador** |. En el siguiente ejemplo, nuestra colección de datos final será el resultado de aplicar diferentes transformaciones sobre la colección de datos inicial.

```
[Output PCollection] = [Input PCollection] | [Transform]

[Final Output PCollection] = ([Initial Input PCollection] | [First Transform]
                                                          | [Second Transform]
                                                          | [Third Transform])
```

■ PTransform   ○ PCollection

Figura 6.23. Aplicación de transformaciones sobre un conjunto de datos inicial

En el siguiente ejemplo partimos de una tabla de base de datos sobre la cual aplicamos la transformación de leer los datos de esa tabla. Posteriormente, aplicamos diferentes transformaciones sobre las filas de tabla para aplicar filtros en función de ciertas condiciones.

```
[PCollection of database table rows] = [Database Table Reader] | [Read Trans-
form]
[PCollection of 'A' names] = [PCollection of database table rows] | [Transform
A]
[PCollection of 'B' names] = [PCollection of database table rows] | [Transform
B]
```

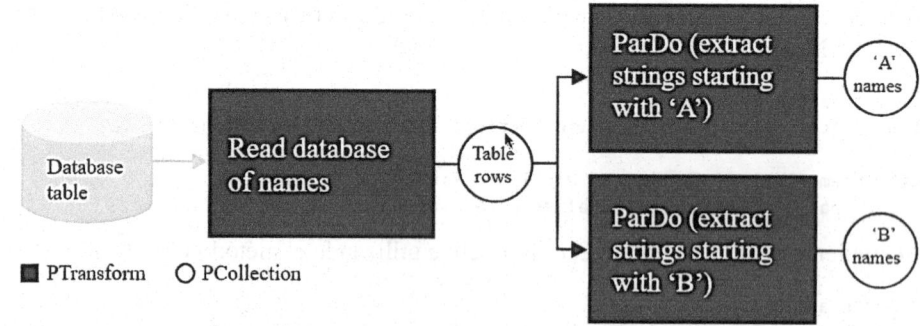

Figura 6.24. Aplicación de transformaciones sobre una tabla de base de datos

Como vemos, después de aplicar cada transformación del tipo **PTransform**, se genera una colección de datos que en Apache Beam son del tipo **PCollection**.

6.6.3 Transformación de datos en Apache Beam

Para poder iniciarnos con Apache Beam necesitamos conocer algunas ideas básicas que se utilizarán más adelante como: Pipeline, PCollection, PTransform, ParDO y DoFn.

▶ **Pipeline**: una Pipeline encapsula el flujo de trabajo de nuestro procesamiento de datos. Esto incluye la lectura de los datos de entrada, la transformación de estos y la escritura de los datos de salida. Al crear el Pipeline, también se tienen que especificar las opciones de ejecución que le indican al Pipeline dónde y cómo ejecutarlo.

▶ **PCollection**: representa un conjunto de datos distribuidos sobre el que opera la Pipeline de Apache Beam. El conjunto de datos puede estar limitado, lo que significa que proviene de una fuente fija como un archivo, o ilimitado, lo que significa que proviene de una fuente de actualización continua a través de una suscripción u otro mecanismo.

▶ **PTransform**: representa una operación de procesamiento de datos, o un paso dentro del pipeline. Cada PTransform toma uno o más objetos de la PCollection como entrada, realiza una función de procesamiento y produce cero o más objetos de PCollection de salida.

▶ **ParDo**: el paradigma de procesamiento de ParDo es similar al de "MapReduce". Una transformación de ParDo considera cada elemento como una colección de entrada, realiza alguna función de procesamiento en ese elemento, y emite uno o varios elementos a una colección de salida.

▶ **DoFn**: aplica su lógica en cada elemento de la entrada PCollection y le permite completar los elementos de una salida PCollection.

Apache Beam tiene una serie de transformaciones básicas que podemos aplicar en nuestro pipeline. Las fundamentales son las siguientes:

▶ **ParDo**

▶ **GropuByKey**

▶ **CGroupByKey**

▶ **Combine**

▶ **Flatten**

▶ **Partition**

El siguiente pipeline permite procesar una lista de palabras y para cada palabra devuelve su longitud. Para ellos utilizamos los métodos **ParDo**() y **Map**().

```python
import apache_beam as beam
from apache_beam.options.pipeline_options import PipelineOptions

class LongitudPalabraFn(beam.DoFn):
 def process(self,element):
    return [len(element)]

palabras=['Hola','Mundo']
with beam.Pipeline(options=PipelineOptions()) as pipeline:
longs=pipeline| beam.Create(palabras) | beam.ParDo(lambda
palabra:[len(palabras)]) | beam.Map(print)
```

6.6.4 Contar palabras de un fichero de texto

El siguiente ejemplo permite contar las palabras a partir de un fichero de texto de entrada.

apache-beam/main.py

```python
import apache_beam as beam
import argparse

from apache_beam import PCollection
from typing import Tuple

from apache_beam.options.pipeline_options import PipelineOptions


def tuple2str(kv):
    k, v = kv
    return "%s,%d" % (k, v)


def sanitize_word(w):
    to_remove = [',', '.', '-', ':']
    for t in to_remove:
    w = w.replace(t, '')

    w = w.lower()
    return w


def main():
    parser = argparse.ArgumentParser(description="Nuestro primer pipeline con
Beam")
    parser.add_argument("--entrada", help="Fichero de entrada")
    parser.add_argument("--salida", help="Fichero de salida (cuidado, se va a
sobre-escribir)")
    parser.add_argument("--num_palabras", type=int, help="Número de palabras en
la salida")
    parser.add_argument("--muestra-salida", action='store_true', help="Escribe
salida en pantalla")

    args, beam_args = parser.parse_known_args()
    run_pipeline(args, beam_args)


def run_pipeline(args, beam_args):
    input_file = args.entrada
    output_file = args.salida
    num_palabras = args.num_palabras
    show_output = args.muestra_salida

    opts = PipelineOptions(beam_args)

    with beam.Pipeline(options=opts) as p:
    lines: PCollection[str] = p | "Leer fichero entrada" >> beam.
io.ReadFromText(input_file)
    words: PCollection[str] = lines | "Separa palabras" >> beam.FlatMap(lambda l:
l.split())

        # Add clean words after running in Dataflow for the first time
    clean_words = words | "Sanitiza" >> beam.Map(sanitize_word)
```

```
counted_words: PCollection[Tuple[str, int]] = clean_words \
              | "Cuenta palabras" >> beam.combiners.Count.PerElement()
top_words = counted_words | "Top %d" % num_palabras >> beam.combiners.Top.Of(
num_palabras,
key=lambda kv: kv[1]
)

formatted = top_words \
          | "Desenvuelve lista" >> beam.FlatMap(lambda x: x) \
          | "Formatea" >> beam.Map(tuple2str)
formatted | beam.io.WriteToText(output_file)

if show_output:
    formatted | beam.Map(print)


if __name__ == '__main__':
    main()
```

Ejecución:

```
$ python main.py --entrada data/muestra.txt --salida data/salida.txt --num_pala-
bras 100 --muestra-salida

de,1017
que,1015
y,952
la,478
el,478
a,459
en,395
......
```

6.6.5 Casos de uso de Apache Beam

Apache Beam es un modelo de programación unificado y una biblioteca de código abierto para definir y ejecutar flujos de datos en diferentes motores de procesamiento, como Apache Flink, Apache Spark y Google Cloud Dataflow. A continuación, se presentan algunos casos de uso de Apache Beam y ejemplos de su aplicación en proyectos reales:

▶ **Procesamiento de streaming y batch:** Apache Beam es capaz de manejar tanto el procesamiento en tiempo real (streaming) como por lotes (batch). Esto lo hace ideal para aplicaciones que requieren análisis en tiempo real y procesamiento de datos históricos.

▶ **ETL (Extract, Transform, Load):** Beam se utiliza para tareas de ETL, donde los datos se extraen de varias fuentes, se transforman según las necesidades del negocio y se cargan en un almacén de datos o en otra base de datos para análisis posterior.

▶ **Análisis de logs**: las empresas pueden usar Apache Beam para procesar y analizar logs de servidores en tiempo real para la detección de anomalías, generación de métricas, y monitoreo del rendimiento.

► **Integración de datos**: Beam facilita la integración de datos provenientes de múltiples fuentes y formatos, lo que permite una vista unificada de los datos para análisis y toma de decisiones.

► **Procesamiento de datos IoT**: en proyectos de Internet de las Cosas (IoT), Beam puede manejar el flujo continuo de datos de sensores y dispositivos, proporcionando análisis en tiempo real y acciones automatizadas.

En cuanto a ejemplos de uso en proyectos reales, **Google** utiliza Apache Beam como base para Google Cloud Dataflow, su servicio de procesamiento de datos en la nube. Empresas como **Spotify** han utilizado Google Cloud Dataflow para procesar grandes volúmenes de datos en tiempo real y batch, mejorando sus pipelines de datos y reduciendo el tiempo de procesamiento. Esto les permite analizar el comportamiento de los usuarios en tiempo real, optimizando sus recomendaciones y mejorando la experiencia del usuario.

El periódico **The New York Times** también utiliza Apache Beam para su sistema de procesamiento de datos en tiempo real, creando pipelines para procesar y analizar datos de clics y comportamiento de los usuarios en su sitio web, lo que les permite personalizar el contenido y mejorar la retención de usuarios.

Otras empresas como **Alibaba** han adoptado Apache Beam para integrar y procesar datos provenientes de diversas plataformas de comercio electrónico y servicios financieros. Esto les permite realizar análisis en tiempo real para detectar fraudes, optimizar inventarios y personalizar la experiencia de compra. Con el objetivo de analizar patrones de compra, optimizar su motor de búsqueda y mejorar la personalización de sus recomendaciones de productos, la empresa **Etsy** también ha utilizado Apache Beam para construir su infraestructura de procesamiento de datos en tiempo real.

Redes sociales como **LinkedIn** utilizan Apache Beam para el procesamiento de flujos en tiempo real, gestionando más de 4 billones de eventos diarios a través de más de 3.000 pipelines. LinkedIn utiliza Apache Beam en varios puntos de su infraestructura de procesamiento de datos para manejar tanto flujos de datos en tiempo real como procesamiento por lotes. Entre los principales **casos de uso** de Apache Beam en LinkedIn podemos destacar:

► **Procesamiento de datos en tiempo real y por lotes:** LinkedIn utiliza Apache Beam para unificar el procesamiento de datos en tiempo real y por lotes. Esto permite a LinkedIn mantener una arquitectura de datos más coherente y simplificar el desarrollo y mantenimiento de sus pipelines de datos.

► **Análisis de logs y eventos**: LinkedIn procesa grandes volúmenes de logs y eventos generados por sus usuarios. Apache Beam permite el procesamiento y análisis en tiempo real de estos datos para generar métricas, detectar anomalías y mejorar el rendimiento del sitio.

► **Personalización y recomendaciones**: la plataforma de recomendaciones de LinkedIn se beneficia del uso de Apache Beam para procesar datos de comportamiento de los usuarios en tiempo real. Esto ayuda a personalizar las recomendaciones de contenido, ofertas de empleo y conexiones profesionales.

▸ **Monitoreo de infraestructura y seguridad:** LinkedIn utiliza Apache Beam para el monitoreo continuo de su infraestructura, detectando fallos y amenazas de seguridad en tiempo real. Esto permite una respuesta rápida y eficaz a incidentes de seguridad y operacionales.

▸ **Integración de datos multifuente:** Apache Beam facilita la integración de datos provenientes de diversas fuentes dentro de LinkedIn. Esta capacidad es crucial para crear una vista unificada y consistente de los datos para análisis y toma de decisiones.

Dependiendo del tipo de procesamiento, streaming o batch, el pipeline de Apache Beam puede desplegarse a través de un cluster con **Apache Samza** *https://samza.apache. org* como un trabajo de streaming o a través de un cluster con **Apache Spark** *https:// spark.apache.org/* como un trabajo en batch.

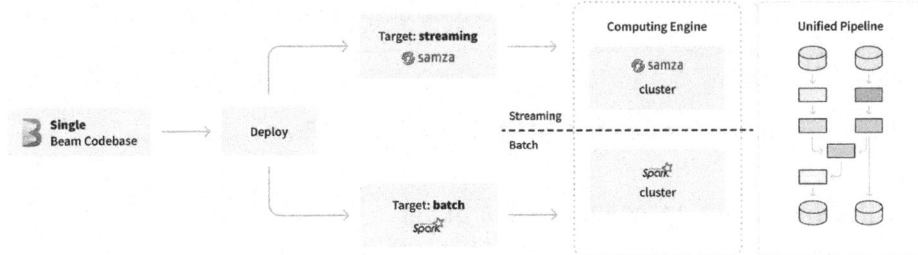

Figura 6.25. Procesamiento de pipelines con Apache Beam.
Fuente: https://beam.apache.org/case-studies/linkedin

Esta capacidad de procesamiento en streaming permite a los modelos de aprendizaje automático de LinkedIn poder mejorar el motor de recomendaciones de la red social.

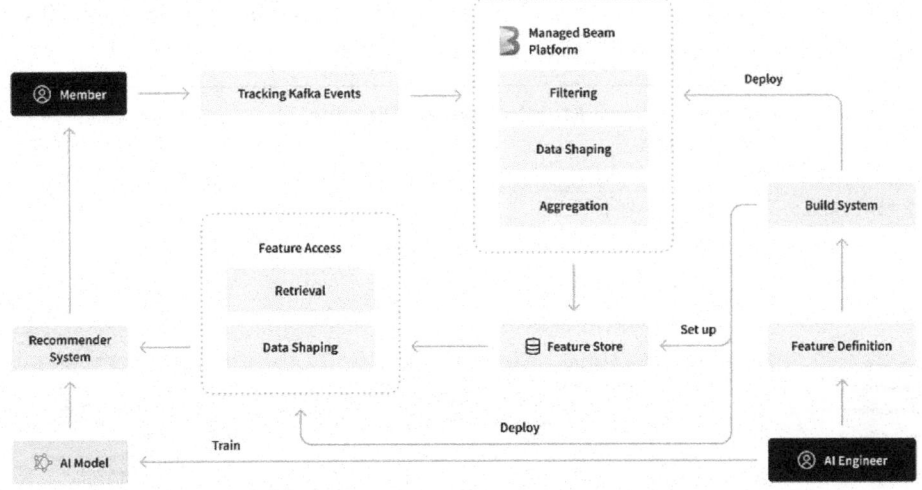

Figura 6.26. Procesamiento en streaming con Apache Beam.
Fuente: https://beam.apache.org/case-studies/linkedin

Con más de 3.000 pipelines de Apache Beam, LinkedIn desarrolló **Managed Beam** para agilizar y automatizar la creación y gestión de aplicaciones de streaming. En este punto, Managed Beam simplifica los procesos de desarrollo y operativos, reduciendo los tiempos de despliegue de nuevas aplicaciones de meses a días.

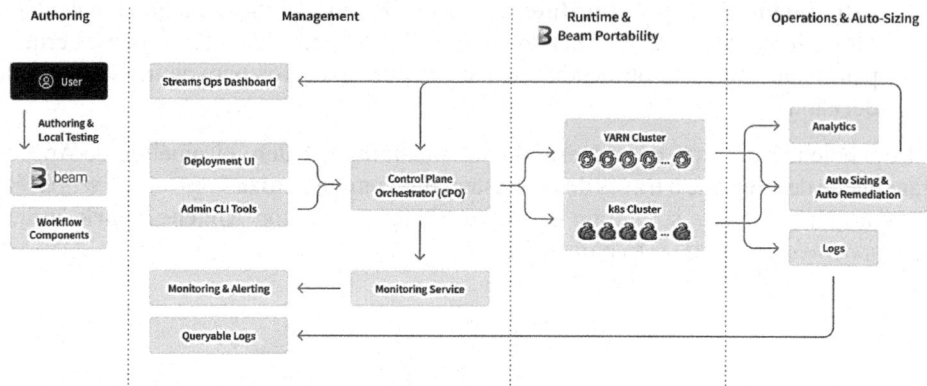

Figura 6.27. Arquitectura de Managed Beam

6.6.6 Recursos para aprender Apache Beam

Beam College *https://beamcollege.dev* es un programa educacional gratuito que ofrece formación práctica para resolver casos de uso de procesamiento de datos utilizando Apache Beam. El programa ofrece sesiones de formación en línea que luego están disponibles bajo demanda. Está diseñado para ser flexible, de modo que los participantes puedan inscribirse y asistir según los temas de sus intereses y necesidades.

En la documentación oficial *https://beam.apache.org/get-started/mobile-gaming-example* del framework también podemos encontrar ejemplos prácticos guiados en diferentes lenguajes de programación como Java y Python.

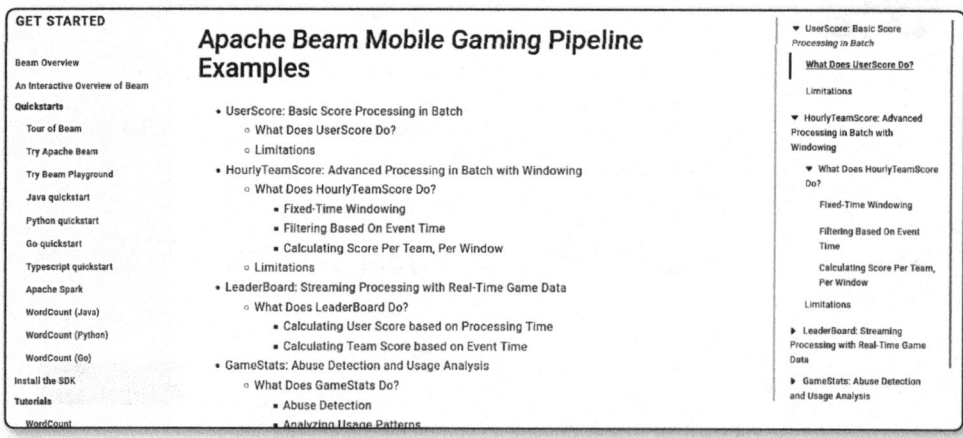

Figura 6.28. Documentación oficial de Apache Beam

6.7 KEDRO COMO FRAMEWORK PARA CREAR PIPELINES

Kedro *https://kedro.readthedocs.io* se define como un framework open source para crear código de data science que sea reproducible, mantenible y modular. Toma prestada las buenas prácticas de la ingeniería de software y te ayuda a aplicarlas en sus proyectos entras las que podemos destacar:

▼ Testing del código escrito.

▼ Desacoplamiento de la configuración del código que se va a ejecutar.

▼ Facilita la modularización del código para evitar repetir el código repetido.

▼ Desacoplamiento de los datos del código.

▼ Es fácilmente empaquetable, distribuible y reutilizable, tanto el proyecto entero, como cualquier módulo de forma independiente.

▼ Generación de documentación del proyecto.

Kedro está escrito en Python y utiliza una estructura de proyecto basada en pipelines para organizar los flujos de trabajo de ciencia de datos. Utiliza una estructura basada en pipelines que permite a los usuarios definir y organizar los flujos de trabajo de manera lógica, con el fin de simplificar la creación y mantenimiento de proyectos complejos. Entre las principales características se incluyen:

▼ Un sistema de gestión de dependencias para asegurar la reproducibilidad del código y el entorno de ejecución.

▼ Integración con diversas herramientas comunes de la ciencia de datos, como Jupyter Notebook, Pandas y PySpark.

▼ Un conjunto de herramientas integradas para crear, ejecutar y depurar pipelines de datos.

▼ Una interfaz de línea de comandos para facilitar la creación de proyectos y la gestión de pipelines.

Para instalar Kedro y sus dependencias en su entorno Python, bastaría con ejecutar el siguiente comando:

```
$ pip install kedro
```

Una vez completada la instalación, podríamos utilizar Kedro en sus proyectos de análisis de datos y desarrollo de aplicaciones. Kedro incluye una línea de comandos para crear un proyecto desde cero y ejecutar y testear los pipelines.

```
$ kedro

Usage: kedro [OPTIONS] COMMAND [ARGS]...

  Kedro is a CLI for creating and using Kedro projects. For more information,
  type ``kedro info``.

Options:
  -V, --version  Show version and exit
  -h, --help     Show this message and exit.

Global commands from Kedro
Commands:
    docs     See the kedro API docs and introductory tutorial.
    info     Get more information about kedro.
    new      Create a new kedro project.
    starter  Commands for working with project starters.

Project specific commands from Kedro
Commands:
    activate-nbstripout  Install the nbstripout git hook to automatically...
    build-docs              Build the project documentation.
    build-reqs              Run `pip-compile` on src/requirements.txt or the...
    catalog              Commands for working with catalog.
    ipython              Open IPython with project specific variables loaded.
    jupyter              Open Jupyter Notebook / Lab with project specific...
    lint                 Run flake8, isort and black.
    micropkg                Commands for working with micro-packages.
    package              Package the project as a Python wheel.
    pipeline             Commands for working with pipelines.
    registry             Commands for working with registered pipelines.
    run                  Run the pipeline.
    test                 Run the test suite.
```

Para configurar un pipeline con Kedro, podemos seguir los siguientes pasos:

▸ Crear un nuevo proyecto utilizando la CLI (interfaz de línea de comandos).

```
$ kedro new
Project Name
============
Please enter a human readable name for your new project.
Spaces, hyphens, and underscores are allowed.
 [New Kedro Project]: project

The project name 'project' has been applied to:
- The project title in /home/linux/project/README.md
- The folder created for your project in /home/linux/project
- The project's python package in /home/linux/project/src/project

A best-practice setup includes initialising git and creating a virtual en-
vironment before running 'pip install -r src/requirements.txt' to install
project-specific dependencies. Refer to the Kedro documentation: https://
kedro.readthedocs.io/
```

El comando anterior nos crea un proyecto con la siguiente estructura de carpetas:

Figura 6.29. Estructura de un proyecto creado con Kedro

En el directorio **src/<nombre_del_proyecto>/pipelines**, podríamos crear un archivo Python para definir el pipeline. Por ejemplo, podríamos crear un archivo llamado **my_pipeline.py.** Dentro de este archivo, importamos las funciones que desea utilizar en su pipeline y defina el pipeline.

src/<nombre_del_proyecto>/pipelines/my_pipeline.py

```python
from kedro.pipeline import Pipeline
from .nodes import my_function1, my_function2

def create_pipeline(**kwargs):
    return Pipeline(
        [
            node(my_function1, "input_data1", "intermediate_data",
name="process_data1"),
            node(my_function2, ["intermediate_data", "input_data2"], "output_
data", name="process_data2"),
        ]
    )
```

En el directorio **src/<nombre_del_proyecto>**, editar el archivo **pipeline_registry. py** e importar y registrar el nuevo pipeline creado previamente.

src/<nombre_del_proyecto>/pipeline_registry.py

```python
"""Project pipelines."""
from __future__ import annotations

from kedro.framework.project import find_pipelines
from kedro.pipeline import Pipeline


def register_pipelines() -> dict[str, Pipeline]:
    """Register the project's pipelines.

    Returns:
    A mapping from pipeline names to ``Pipeline`` objects.
    """

    pipelines = find_pipelines()
```

```
    pipelines["__default__"] = sum(pipelines.values())
    return pipelines
```

El archivo anterior se podría modificar para crear la pipeline definida anteriormente en el fichero **my_pipeline.py**

```
from kedro.pipeline import Pipeline
from .pipelines.my_pipeline import create_pipeline as create_my_pipeline

def register_pipelines() -> dict[str, Pipeline]:
    my_pipeline = create_my_pipeline()
    return {"my_pipeline": my_pipeline}
```

Es importante asegurarse de tener configurado correctamente el archivo **catalog.yml** en la ruta **conf/base** que contiene las definiciones de los conjuntos de datos que se utilizarán en el pipeline.

conf/base/catalog.yml

```
# Here you can define all your data sets by using simple YAML syntax.
#
# Documentation for this file format can be found in "The Data Catalog"
# Link: https://docs.kedro.org/en/stable/data/data_catalog.html

input_data1:
    type: CSVDataSet
    filepath: data/01_raw/input_data1.csv

input_data2:
    type: CSVDataSet
    filepath: data/01_raw/input_data2.csv

intermediate_data:
    type: CSVDataSet
    filepath: data/02_intermediate/intermediate_data.csv

output_data:
    type: CSVDataSet
    filepath: data/03_primary/output_data.csv
```

Finalmente, ejecutar la pipeline utilizando el siguiente comando:

```
$ kedro run
```

El comando anterior ejecutará el pipeline definido, procesando los datos según las funciones y configuraciones que hayan definido. Podríamos visualizar el progreso y los resultados de su pipeline en la consola y en los archivos de salida generados.

6.7.1 Desacoplamiento de la configuración

El desacoplamiento de la configuración en Kedro es un aspecto importante para mantener proyectos modulares y fáciles de mantener. Kedro, un framework para construir pipelines de datos, promueve buenas prácticas de ingeniería de software, entre ellas la separación de la configuración del código. Entre las principales estrategias y herramientas que puedes utilizar para desacoplar la configuración en Kedro podemos destacar:

▸ **Uso de archivos de configuración YAML.** Kedro utiliza archivos en formato YAML para gestionar configuraciones. Estos archivos se almacenan en el directorio conf, que a su vez está dividido en entornos (por ejemplo, base, local, dev, prod).

- **Directorio de configuración:** conf/base, conf/local, conf/dev, etc.

- **Archivos de configuración**: catalog.yml, parameters.yml, etc.

▸ **Uso de kedro.config.ConfigLoader.** Kedro proporciona la clase **ConfigLoader** para cargar configuraciones. Puedes personalizar cómo se cargan estas configuraciones.

```
from kedro.config import ConfigLoader

config_loader = ConfigLoader(conf_source="conf")
config = config_loader.get("parameters*", "catalog*")
```

▸ **Variables de entorno.** Podríamos utilizar variables de entorno para definir configuraciones sensibles o específicas del entorno, como credenciales o rutas de acceso.

- **Archivo .env**: utiliza un archivo .env para definir variables de entorno.

▸ Carga de variables de entorno: puedes utilizar bibliotecas como python-dotenv para cargar estas variables.

```
from dotenv import load_dotenv
load_dotenv()

# Ahora puedes acceder a las variables de entorno
import os
db_password = os.getenv("DB_PASSWORD")
```

▸ **Configuración jerárquica**. Kedro permite configurar múltiples niveles de configuración, lo que facilita la gestión de diferentes entornos y la sobreescritura de configuraciones específicas.

- **Prioridad de configuración**: base < local < dev < prod

Por ejemplo, Kedro en su estructura propone que separes la configuración (carpeta conf) del código a ejecutar (carpeta src). Esto posibilita que el mismo código pueda funcionar en distintos entornos (local, desarrollo, preproducción, producción) sin modificarse.

Por ejemplo, en local podríamos tener como origen de datos una carpeta de tu ordenador, y en otros entornos como producción que sea una carpeta en red, un S3 de Amazon o un blob storage de Azure. Esto es posible ya que en la carpeta **conf** se guardan los distintos archivos de configuración.

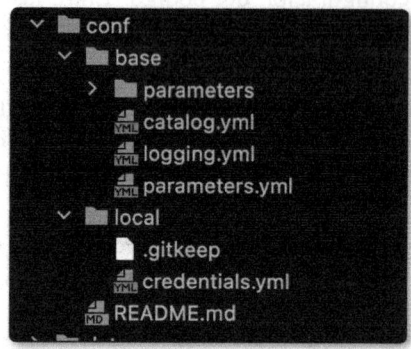

Figura 6.30. Estructura de la carpeta conf

El primer nivel de carpetas son los entornos, por defecto se crea el entorno local y base. Este último funciona como un entorno por defecto, es decir, si en un entorno falta algún archivo de configuración, se usará el que está situado en la carpeta base.

En este primer nivel, también tenemos un fichero README.md que podría contener la documentación de las distintas configuraciones del proyecto. En el siguiente nivel, dentro de cada carpeta de entorno, podríamos encontrar los siguientes **archivos de configuración:**

- ▶ **catalog.yml:** catálogo de datos, tanto de escritura como de lectura.

- ▶ **logging.yml**: en este archivo configuraremos los logs que escribe la aplicación, desde su nivel de trazas, hasta formatos de fecha, hora y la estructura de la traza.

- ▶ **parameters.yml**: en este archivo podremos añadir cualquier parámetro de los pipelines, como flags, fechas límite o de inicio, urls, y demás parámetros que necesitemos. También es posible que cada pipeline pueda tener su propio archivo parameters.yml en cuyo caso se encontrarán dentro de la carpeta **parameters**.

- ▶ **credentials.xml**: este archivo sirve para almacenar la información relacionada con las credenciales de acceso a determinados servicios que necesitemos usar en nuestros pipelines.

Imagina que nos interesa cargar diferentes configuraciones para los entornos de desarrollo y producción. Podríamos organizar tus archivos de la siguiente manera:

```
conf/
├─ base/
│  ├─ catalog.yml
```

```
    │      └── parameters.yml
    ├── local/
    │      └── parameters.yml
    ├── dev/
    │      └── parameters.yml
    └── prod/
           └── parameters.yml
```

El archivo **conf/base/parameters.yml** podría tener configuraciones generales:

```
db:
  user: myuser
  password: mypassword
```

El archivo **conf/dev/parameters.yml** podría sobrescribir estas configuraciones para el entorno de desarrollo:

```
db:
  user: devuser
  password: devpassword
```

Desacoplar la configuración del código en Kedro es esencial para mantener proyectos modulares y escalables. Utilizando archivos YAML, variables de entorno, configuraciones jerárquicas y separando configuraciones por entorno, puedes gestionar eficazmente tus configuraciones. Además, Kedro facilita este proceso con su estructura y herramientas integradas.

6.7.2 Modularización

Como hemos analizado, Kedro impone una estructura de proyecto específica que fomenta la modularización. La estructura típica incluye:

- **src/**: contiene todo el código fuente, organizado por función.
- **src/<nombre_del_proyecto>/**: el paquete principal de tu proyecto.
- **pipelines/**: contiene definiciones modulares de pipelines.
- **nodes/**: contiene definiciones modulares de nodos (funciones).
- **config/**: archivos de configuración para diferentes entornos.
- **data/**: catálogo de datos para definir fuentes de datos.

Entre las principales **ventajas** de esta modularización podemos destacar:

- **Reutilizabilidad**: los pipelines y nodos pueden reutilizarse en diferentes proyectos.

- **Mantenibilidad**: el código modular es más fácil de mantener y actualizar.

- **Colaboración**: los equipos pueden trabajar en diferentes partes del proyecto sin conflictos.

- **Escalabilidad**: se pueden agregar nuevas características y funcionalidades con un impacto mínimo en el código existente.

Kedro tiene dos unidades básicas, los **nodos** que son funciones Python que reciben y devuelven estructuras de datos, y los pipelines que son clases que contienen el orden de ejecución de los nodos. Además, cada pipeline tiene su propio archivo README. md que contiene la documentación de dicho pipeline. Por último, también es posible empaquetar en un archivo wheel cada pipeline de forma independiente, lo que permite su distribución entre proyectos.

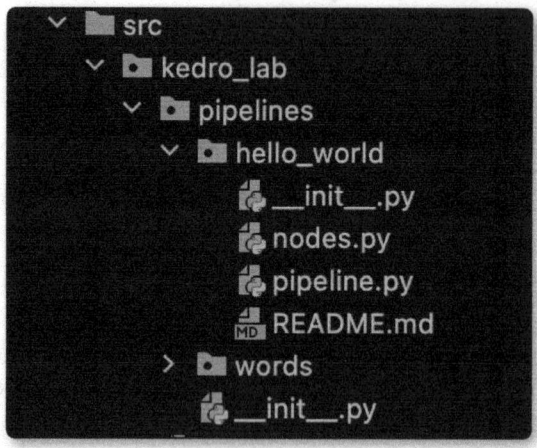

Figura 6.31. Estructura de la carpeta conf

Los pipelines son flujos de trabajo modulares y reutilizables que encapsulan una serie de pasos de procesamiento de datos (nodos). Crear un pipeline consiste en crear un nuevo módulo de pipeline en la carpeta **src/<nombre_del_proyecto>/pipelines/**. Para definir el pipeline en **pipeline.py** dentro del módulo lo podríamos hacer de la siguiente forma:

src/<nombre_del_proyecto>/pipelines/mi_pipeline/pipeline.py

```python
from kedro.pipeline import Pipeline, node
from .nodes import mi_nodo

def create_pipeline(**kwargs) -> Pipeline:
    return Pipeline([
        node(
            func=mi_nodo,
            inputs="datos_entrada",
            outputs="datos_salida",
            name="mi_nodo",
        ),
    ])
```

Una vez definido el pipeline, podríamos registrar el pipeline en el archivo **pipeline_registry.py.**

src/<nombre_del_proyecto>/pipeline_registry.py

```
from <nombre_del_proyecto>.pipelines import mi_pipeline

def register_pipelines():
    return {
        "__default__": mi_pipeline.create_pipeline(),
        "mi_pipeline": mi_pipeline.create_pipeline(),
    }
```

Los nodos son funciones de procesamiento individuales que se utilizan dentro de los pipelines. Para crear un Nodo definimos una función de nodo en un módulo dentro de **src/<nombre_del_proyecto>/nodes/**

src/<nombre_del_proyecto>/nodes/mi_nodo.py

```
def mi_nodo(datos_entrada):
    # Procesar datos_entrada
    datos_salida = datos_entrada + 1
    return datos_salida
```

6.7.3 Desacoplamiento de los datos

En el archivo **catalog.yml** es donde especificamos todos los orígenes y destinos de los datos. En este archivo podremos ver todos los datos que usamos en los pipelines, además de todas sus ubicaciones según el entorno.

Un apunte importante es que los datos que no se encuentren en el catálogo, pero si están informados en los pipelines, se mantienen en memoria para poder ser usados por otros nodos del clúster. Por último, Kedro también te ayuda a gestionar las fases por las que debe de pasar los datos, ofreciendo una estructura de organización en la carpeta data:

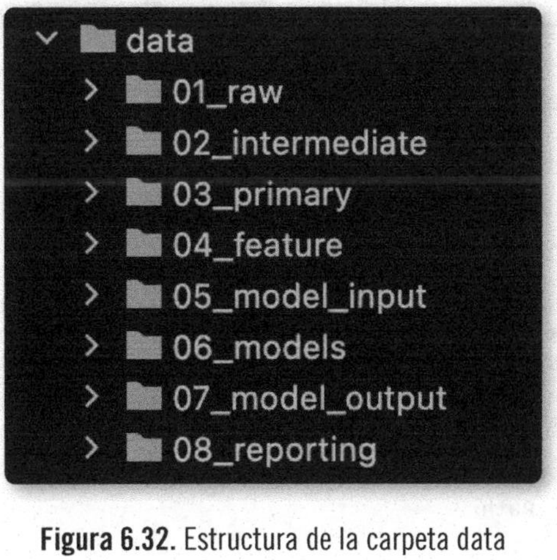

Figura 6.32. Estructura de la carpeta data

6.7.4 Testing

El testing en Kedro es importante para garantizar que tus pipelines de datos y aprendizaje automático funcionen correctamente y sean reproducibles. Kedro proporciona diversas herramientas y enfoques para realizar pruebas en los diferentes componentes del proyecto. Kedro recomienda una estructura de proyecto que incluya un directorio tests/ para almacenar los casos de prueba.

```
project-root/

├── src/
│   └── <nombre_del_proyecto>/
│       ├── nodes/
│       │   └── mi_nodo.py
│       └── pipelines/
│           └── mi_pipeline/
│               └── pipeline.py
└── tests/
    ├── nodes/
    │   └── test_mi_nodo.py
    └── pipelines/
        └── mi_pipeline/
            └── test_pipeline.py
```

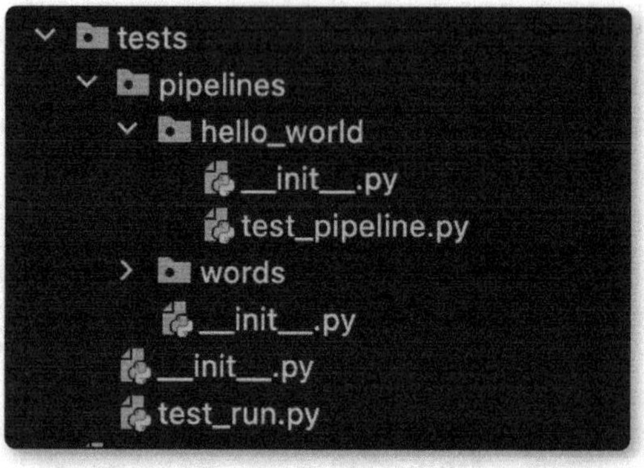

Figura 6.33. Estructura de la carpeta tests

Este sería el contenido del fichero **test_run.py** que se genera por defecto:

```
"""
This module contains an example test.

Tests should be placed in ``src/tests``, in modules that mirror your
project's structure, and in files named test_*.py. They are simply functions
named ``test_*`` which test a unit of logic.

To run the tests, run ``kedro test`` from the project root directory.
"""


from pathlib import Path
```

```python
import pytest

from kedro.config import ConfigLoader
from kedro.framework.context import KedroContext
from kedro.framework.hooks import _create_hook_manager
from kedro.framework.project import settings


@pytest.fixture
def config_loader():
    return ConfigLoader(conf_source=str(Path.cwd() / settings.CONF_SOURCE))


@pytest.fixture
def project_context(config_loader):
    return KedroContext(
    package_name="project",
    project_path=Path.cwd(),
    config_loader=config_loader,
    hook_manager=_create_hook_manager(),
    )


# The tests below are here for the demonstration purpose
# and should be replaced with the ones testing the project
# functionality
class TestProjectContext:
    def test_project_path(self, project_context):
        assert project_context.project_path == Path.cwd()
```

Las pruebas unitarias se enfocan en probar funciones individuales (nodos) de forma aislada. Para esto, puedes usar **pytest**.

```python
# tests/nodes/test_mi_nodo.py
import pytest
from <nombre_del_proyecto>.nodes.mi_nodo import mi_nodo

def test_mi_nodo():
    # Datos de entrada
    datos_entrada = 1

    # Llamar a la función del nodo
    resultado = mi_nodo(datos_entrada)

    # Afirmar el resultado esperado
    assert resultado == 2
```

Las pruebas de pipelines verifican que las diferentes partes de un pipeline funcionen juntas como se espera.

```python
# tests/pipelines/mi_pipeline/test_pipeline.py
from kedro.pipeline import Pipeline
from <nombre_del_proyecto>.pipelines.mi_pipeline.pipeline import create_pipeline

def test_pipeline():
    pipeline = create_pipeline()

    assert isinstance(pipeline, Pipeline)
```

```
assert len(pipeline.nodes) > 0
```

Las **pruebas de integración** verifican que los diferentes componentes del sistema funcionen juntos. Podríamos usar **pytest** para estas pruebas y configurar un entorno de prueba que simule un entorno de producción.

```python
# tests/integration/test_pipeline_integration.py
from kedro.io import DataCatalog
from kedro.runner import SequentialRunner
from <nombre_del_proyecto>.pipelines.mi_pipeline.pipeline import create_pipeline
from kedro.config import ConfigLoader

def test_pipeline_integration():
    config_loader = ConfigLoader("conf/base")
    config = config_loader.get("catalog.yml")
    catalog = DataCatalog.from_config(config)

    pipeline = create_pipeline()
    runner = SequentialRunner()

    runner.run(pipeline, catalog)

    datos_salida = catalog.load("datos_salida")
    assert datos_salida is not None
```

6.7.5 Creación de Nodos y Pipelines

Una función muy común es aquella que nos permite dividir los datos entre datos de entrenamiento y datos de prueba.

```python
def split_data(data: pd.DataFrame, example_test_data_ratio: float):
    ...
    return dict(
        train_x=train_data_x,
        train_y=train_data_y,
        test_x=test_data_x,
        test_y=test_data_y,
    )
```

En Kedro la función anterior la podríamos implementar como si fuera una estructura tipo **Node**. Por ejemplo, tenemos una función de Python que divide los datos en un conjunto de entrenamiento / prueba. Un nodo toma 4 argumentos. func, inputs, outputs, name. Para **implementar esta función con Kedro,** la podríamos reescribir de la siguiente forma con el componente **node**:

```python
node(
    split_data,
    inputs=["example_iris_data", "params:example_test_data_ratio"],
    outputs= dict(
            train_x="example_train_x",
            train_y="example_train_y",
            test_x="example_test_x",
            test_y="example_test_y",
            ),
    name="split_data"
)
```

En los siguiente ejemplos, las entradas "**example_iris_data**" se refieren a un conjunto de datos definido en el fichero **catalog.yml** y kedro cargará el csv automáticamente. Lo mismo se aplica a los parámetros con **params:example_test_data_ratio.**

catalog.yml

```
example_iris_data:
  type: pandas.CSVDataSet
  filepath: data/01_raw/iris.csv
```

parameters.yml

```
example_test_data_ratio: 0.2
```

Al usar **catalog,yml** y **parameters.yml**, tenemos un archivo para administrar todas las fuentes de datos, y un solo archivo que contiene los parámetros que vamos a necesitar en nuestro pipeline.

En Kedro, un Pipeline no es más que una lista de componentes **Node**, lo que ayudaría a reutilizar nodos para diferentes pipelines.

```
Pipeline([node(),
          [node(),
            ...]])
```

El siguiente ejemplo es un pipeline que divide datos en entrenamiento y test, entrena un modelo, hace predicciones a partir del modelo creado y obtiene una serie de métricas del rendimiento de nuestro modelo.

```
def create_pipeline(**kwargs):
    return Pipeline(
        [
            node(
                split_data,
                ["example_iris_data", "params:example_test_data_ratio"],
                dict(
                    train_x="example_train_x",
                    train_y="example_train_y",
                    test_x="example_test_x",
                    test_y="example_test_y",
                ),
            ),
            node(
                train_model,
                ["example_train_x", "example_train_y", "parameters"],
                "example_model",
            ),
            node(
                predict,
                dict(model="example_model", test_x="example_test_x"),
                "example_predictions",
            ),
```

```
        node(report_accuracy, ["example_predictions", "example_test_y"],
None, name='report1'),
        node(report_accuracy, ["example_predictions", "example_test_y"],
None, name='report2'),
    ]
)
```

Para ver de forma gráfica los pipelines que se crean podríamos utilizar herramientas como **Kedro-viz**:

▼ *https://github.com/kedro-org/kedro-viz*
▼ *https://demo.kedro.org*

Internamente, Kedro genera un grafo para todos sus pipelines, que se puede visibilizar con el siguiente comando que inicia un servidor web para visualizar los nodos que se crean para cada pipeline.

```
$ kedro viz
```

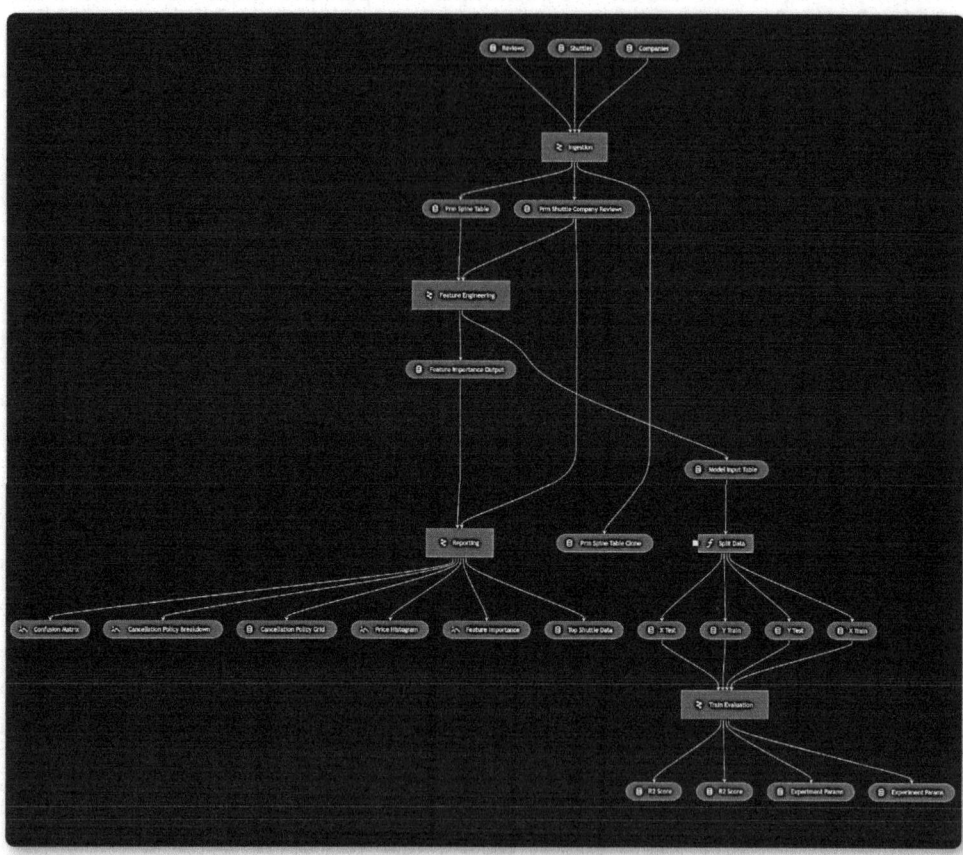

Figura 6.34. Flujo creado con kedro-viz

6.8 GESTIÓN DE PIPELINES CON DBT (DATA BUILD TOOL)

dbt (Data Build Tool) *https://docs.getdbt.com* es una herramienta de transformación de datos que permite a los analistas y desarrolladores de datos escribir transformaciones de datos en SQL y gestionarlas utilizando prácticas de ingeniería de software. Dbt se centra en la transformación de datos después de que se hayan cargado en un almacén de datos, facilitando la creación y mantenimiento de modelos de datos complejos de manera eficiente y reproducible. Entre las principales **características** de dbt podemos destacar:

▼ **Transformaciones SQL:** dbt permite escribir transformaciones de datos en SQL estándar, facilitando el trabajo para aquellos familiarizados con el lenguaje. Las transformaciones se organizan en modelos, que son simplemente archivos SQL almacenados en un directorio específico del proyecto dbt.

▼ **Compilación y ejecución de modelos:** dbt compila y ejecuta los modelos SQL en el orden correcto, gestionando automáticamente las dependencias entre ellos. Soporta materializaciones como tablas, vistas y tablas incrementales, permitiendo flexibilidad en cómo y cuándo se procesan los datos.

▼ **Documentación de datos**: dbt permite generar documentación de datos automáticamente a partir de los modelos SQL y sus dependencias. Los usuarios pueden añadir descripciones y comentarios a los modelos y columnas, generando una documentación rica y útil para los equipos de datos.

▼ **Pruebas de calidad de datos**: dbt incluye capacidades para definir y ejecutar pruebas de calidad de datos, ayudando a asegurar la integridad y precisión de los datos transformados. Las pruebas pueden verificar la unicidad, la no nulidad, los valores esperados y otras condiciones de los datos.

▼ **Versionado y control de cambios**: dbt fomenta el uso de control de versiones (como Git) para gestionar el código del proyecto, promoviendo prácticas de desarrollo colaborativo y gestión de cambios. Los cambios en los modelos y transformaciones pueden ser revisados, aprobados y rastreados a lo largo del tiempo.

▼ **Modularidad y reutilización**: los proyectos dbt están estructurados de manera modular, facilitando la reutilización de modelos y macros. Las macros son bloques de código SQL reutilizables que pueden parametrizarse, promoviendo la DRY (Don't Repeat Yourself) en los proyectos de transformación de datos.

▼ **Integración con almacenes de datos**: dbt es compatible con una amplia gama de almacenes de datos, incluidos Snowflake, BigQuery, Redshift, PostgreSQL y muchos otros. Los usuarios pueden configurar sus proyectos dbt para conectarse y ejecutar transformaciones directamente en estos almacenes.

▼ **Automatización y orquestación:** dbt se puede integrar con herramientas de orquestación como Airflow, Prefect y dbt Cloud, permitiendo la automatización de pipelines de datos. Los pipelines dbt pueden programarse para ejecutarse regularmente, asegurando que los datos estén siempre actualizados.

▶ **Visibilidad y trazabilidad**: dbt proporciona visibilidad sobre el linaje de los datos, permitiendo a los usuarios entender cómo se generan y transforman los datos a través de los modelos. La trazabilidad ayuda a diagnosticar problemas y comprender el impacto de los cambios en los datos.

6.8.1 Instalación y configuración de DBT

DBT (Data Build Tool) es una herramienta poderosa para construir y transformar pipelines de datos utilizando SQL. A continuación, se describen los pasos para instalar y configurar dbt.

En primer lugar, instalamos los paquetes de python dbt, dbt-core, dbt-duckdb:

```
$ pip install dbt dbt-core dbt-duckdb
```

Una vez realizada la instalación, podríamos crear un proyecto con el siguiente comando:

```
$ dbt init proyecto_dbt
17:12:43  Running with dbt=1.8.4
17:12:43
Your new dbt project "proyecto_dbt" was created!

For more information on how to configure the profiles.yml file,
please consult the dbt documentation here:

  https://docs.getdbt.com/docs/configure-your-profile

One more thing:

Need help? Don't hesitate to reach out to us via GitHub issues or on Slack:

  https://community.getdbt.com/

Happy modeling!

17:12:43  Setting up your profile.
The profile proyecto_dbt already exists in /home/linux/.dbt/profiles.yml. Continue
and overwrite it? [y/N]: y
Which database would you like to use?
[1] duckdb

(Don't see the one you want? https://docs.getdbt.com/docs/available-adapters)

Enter a number: 1
```

El comando anterior crea el proyecto con la siguiente **estructura de carpetas:**

```
proyecto_dbt/
├── models/
│   ├── example/
```

```
|   |     ├── example_model.sql
├── data/
├── snapshots/
├── tests/
├── macros/
├── dbt_project.yml
```

▼ **models**/: contiene los archivos SQL que definen los modelos de datos.

▼ **data**/: archivos de datos utilizados en el proyecto.

▼ **snapshots**/: archivos para crear snapshots de datos.

▼ **tests**/: archivos de pruebas de calidad de datos.

▼ **macros**/: archivos que contienen macros reutilizables.

El archivo **dbt_project.yml** define las configuraciones del proyecto.

```
# Name your project! Project names should contain only lowercase characters
# and underscores. A good package name should reflect your organization's
# name or the intended use of these models
name: 'proyecto_dbt'
version: '1.0.0'

# This setting configures which "profile" dbt uses for this project.
profile: 'proyecto_dbt'

# These configurations specify where dbt should look for different types of files.
# The `model-paths` config, for example, states that models in this project can
be
# found in the "models/" directory. You probably won't need to change these!
model-paths: ["models"]
analysis-paths: ["analyses"]
test-paths: ["tests"]
seed-paths: ["seeds"]
macro-paths: ["macros"]
snapshot-paths: ["snapshots"]

clean-targets:      # directories to be removed by `dbt clean`
  - "target"
  - "dbt_packages"


# Configuring models
# Full documentation: https://docs.getdbt.com/docs/configuring-models

# In this example config, we tell dbt to build all models in the example/
# directory as views. These settings can be overridden in the individual model
# files using the `{{ config(...) }}` macro.
models:
  proyecto_dbt:
      # Config indicated by + and applies to all files under models/example/
      example:
      +materialized: view
```

Los modelos en dbt se definen utilizando archivos SQL. A continuación, se muestra un ejemplo de un modelo simple en **models/example/example_model.sql:**

```
-- models/example/example_model.sql

with example_data as (
        select 'Hello, world!' as greeting
)

select * from example_data
```

6.8.2 Ejecución de los modelos

Para ejecutar el modelo y construir el pipeline, ejecutamos el siguiente comando dentro de la carpeta del proyecto. Este comando ejecutará todos los modelos definidos en el proyecto y construirá las tablas y vistas en la base de datos según lo especificado.

```
$ dbt run
20:14:53  Running with dbt=1.8.4
20:14:54  Registered adapter: duckdb=1.8.2
20:14:55  Found 3 models, 4 data tests, 410 macros
20:14:55
20:14:55  Concurrency: 1 threads (target='dev')
20:14:55
20:14:55  1 of 3 START sql table model main.my_first_dbt_model .................
.......................................................... [RUN]
20:14:56  1 of 3 OK created sql table model main.my_first_dbt_model ...........
.......................................................... [OK in
0.32s]
20:14:56  2 of 3 START sql view model main.my_hello_world_model ..............
.......................................................... [RUN]
20:14:56  2 of 3 OK created sql view model main.my_hello_world_model ..........
.......................................................... [OK in
0.27s]
20:14:56  3 of 3 START sql view model main.my_second_dbt_model ................
.......................................................... [RUN]
20:14:56  3 of 3 OK created sql view model main.my_second_dbt_model ...........
.......................................................... [OK in
0.24s]
20:14:56
20:14:56  Finished running 1 table model, 2 view models in 0 hours 0 minutes and
1.23 seconds (1.23s).
20:14:56
20:14:56  Completed successfully
20:14:56
20:14:56  Done. PASS=3 WARN=0 ERROR=0 SKIP=0 TOTAL=3
```

Para verificar la salida del modelo, podríamos inspeccionar el archivo **my_dbt_project.duckdb** utilizando cualquier herramienta compatible con DuckDB o ejecutar consultas directamente desde el CLI de DuckDB.

DuckDB *https://duckdb.org* es una base de datos embebida optimizada para análisis OLAP, que puede integrarse fácilmente con Python. Puedes interactuar con archivos

DuckDB desde Python usando el paquete duckdb. Para la instalación de DuckDB *https://pypi.org/project/duckdb* para Python lo podemos hacer con el siguiente comando:

```
$ pip install duckdb
```

A continuación, se muestra un ejemplo de cómo abrir un archivo en formato **DuckDB** y ejecutar consultas SQL desde Python:

test_duckdb.py

```python
import duckdb

# Abre o crea una base de datos DuckDB (archivo .duckdb)
con = duckdb.connect('dev.duckdb')

# Ejecutar una consulta para obtener las tablas
tables = con.execute("SELECT table_name FROM information_schema.tables WHERE
table_schema = 'main'").fetchall()

# Imprimir los nombres de las tablas
for table in tables:
    print(table[0])

#Obtener registros para cada una de las tablas

for table in tables:
    result = con.execute("SELECT * FROM "+table[0]).fetchall()
    for row in result:

    print(row)

# Cerrar la conexión
con.close()
```

Con el siguiente script podríamos automatizar la ejecución de dbt usando un script en Python. El siguiente script ejecuta el comando **dbt run** y permite capturar la salida del comando, permitiendo la automatización de los pipelines de datos definidos.

dbt_run.py

```python
import subprocess

def run_dbt():
    try:
        result = subprocess.run(["dbt", "run"], capture_output=True, text=True)
        print(result.stdout)
    except subprocess.CalledProcessError as e:
        print(f"Error running dbt: {e}")

if __name__ == "__main__":
    run_dbt()
```

6.9 GESTIÓN DE PIPELINES CON KUBEFLOW

El ciclo de vida de un modelo de datos pasa desde las primeras etapas de identificación de fuentes, limpieza y procesado de datos para generar un primer modelo. Este modelo es muy probable que queramos ponerlo en producción para poder consumirlo de forma automática.

Con el tiempo, es probable que nos interese actualizar nuestro modelo con los nuevos datos que tenemos, y queremos también hacerlo de forma automática y lo más integrada posible. Además, nos gustaría monitorizar todo este flujo y métricas de nuestros algoritmos por motivos de autoría y gestión de cambios.

Kubeflow *https://www.kubeflow.org* una herramienta que permite desplegar modelos de machine learning sobre kubernetes de una manera sencilla. Tiene diferentes componentes para cada fase del ciclo de vida del modelo: exploración, training y despliegue. Estos componentes son:

▶ **Notebooks**: permitiendo crear y manejar de forma interactiva Jupyter Notebooks.

▶ **Pipelines**: para construir y desplegar workflows portables y escalables de machine learning.

▶ **Training Operators**: para entrenar los modelos con diferentes Frameworks.

▶ **KServe**: para servir modelos en el clúster de forma escalable.

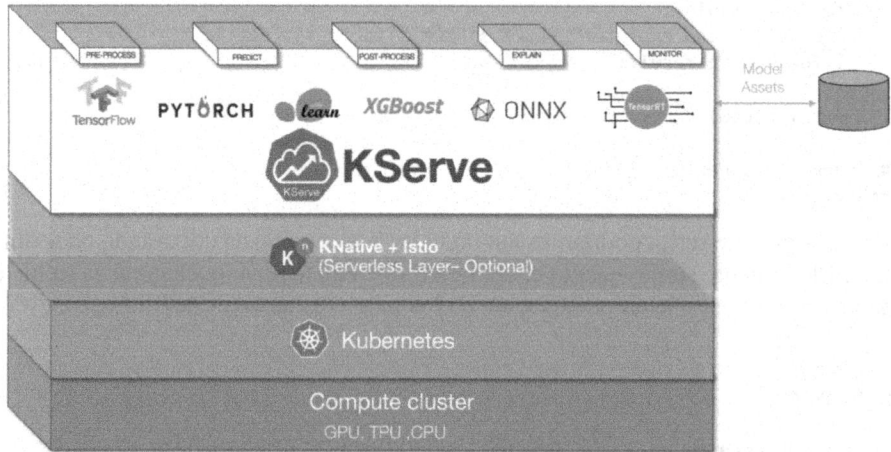

Figura 6.35. Componentes de KubeFlow

Una de las plataformas más usadas para la automatización de procesos es Kubeflow Pipelines *https://github.com/kubeflow/pipelines*, un componente del proyecto Kubeflow, pensado para poner en producción aplicaciones de machine learning de forma sencilla. Como parte de este proyecto, **kubeflow pipelines** es una herramienta excelente para la gestión de flujos de trabajo relacionados con el entrenamiento, evaluación y mejora continua de modelos de machine learning.

6.9.1 Despliegue de Kubeflow Pipelines

Kubeflow es una plataforma de código abierto diseñada para facilitar y acelerar el desarrollo, el entrenamiento y la implementación de modelos de aprendizaje automático en entornos basados en Kubernetes.

Para usar Kubeflow Pipelines tenemos que habilitar un cluster de Kubernetes (K8s), ya sea desplegado en nuestra máquina o haciendo uso de los servicios de proveedores en la nube como Google (Google Cloud) o Amazon (AWS). Normalmente, si estamos desarrollando una aplicación, usaremos la primera opción y, cuando estemos listos para su despliegue, pasaremos a la segunda. Los pasos para hacer un despliegue de Kubeflow son los siguientes:

▼ **Preparación del entorno de kubernetes:** antes de desplegar Kubeflow, debes asegurarte de tener un clúster de Kubernetes funcionando y configurado correctamente. Esto puede ser un clúster local o uno en un entorno en la nube, como Google Kubernetes Engine (GKE).

▼ **Instalación de Kubeflow**: puedes instalar Kubeflow en tu clúster de Kubernetes siguiendo las instrucciones específicas para tu entorno. Kubeflow ofrece varios métodos de instalación, como el uso de kfctl, que es una herramienta de línea de comandos, o la instalación en plataformas en la nube. En primer lugar, descargamos la release de Kubeflow.

```
$ wget https://github.com/kubeflow/pipelines/releases/download/1.7.1/kfctl_
v1.7.1-0-gf052e59_linux.tar.gz
$ tar -xvf kfctl_v1.7.1-0-gf052e59_linux.tar.gz
```

▼ Luego, utilizamos el comando **kfctl** para generar y aplicar los recursos de Kubeflow Pipelines en tu clúster. Asegúrate de reemplazar **kubeflow_dir** en la variable de entorno FK_NAME con la ubicación donde quieres instalar Kubeflow Pipelines:

```
$ export PIPELINE_VERSION=1.7.1
$ export KF_NAME=kubeflow_dir
$ export BASE_URL=https://github.com/kubeflow/pipelines/releases/
download/${PIPELINE_VERSION}

$ mkdir -p $KF_NAME
$ cd $KF_NAME
$ kfctl apply -V -f ${BASE_URL}/kfctl_k8s_istio.v1.7.1.yaml
```

▼ **Configuración y personalización:** una vez instalado, podríamos configurar y personalizar Kubeflow según necesidades específicas. Esto puede incluir la configuración de almacenamiento, la configuración de un registro de modelos y la integración con servicios de almacenamiento de datos.

▼ **Desarrollo de modelos:** utiliza las herramientas de Kubeflow para desarrollar y entrenar tus modelos de aprendizaje automático. Kubeflow incluye soporte para Jupyter Notebooks, que son ideales para la experimentación y el desarrollo de modelos.

- **Gestión de pipelines:** Kubeflow permite crear y gestionar flujos de trabajo de aprendizaje automático utilizando KubeFlow Pipelines. Estos flujos de trabajo pueden incluir múltiples pasos, desde la preparación de datos hasta el entrenamiento y la implementación de modelos. Puedes ejecutar tus flujos de trabajo de Kubeflow Pipelines desde la interfaz web o utilizando la interfaz de línea de comandos que suele proporcionar un comando como el siguiente para ejecutar un pipeline:

```
$ kfp run submit ... --project <your_project>
```

- **Despliegue de modelos**: una vez que tengas un modelo entrenado, podríamos utilizar Kubeflow para implementarlo en producción. Puedes crear servicios web a partir de tus modelos y gestionar su escalabilidad.
- **Monitorización y evaluación**: Kubeflow proporciona herramientas para la monitorización y la evaluación de modelos en producción. Podemos realizar un seguimiento del rendimiento de tus modelos y tomar decisiones basadas en datos.
- **Gestión de recursos**: utiliza Kubeflow para administrar recursos y gestionar la escalabilidad de tus aplicaciones de aprendizaje automático. Podemos escalar los servicios según la demanda y administrar los recursos de manera eficiente.
- **Mantenimiento y actualización**: a medida que evoluciona el proyecto de aprendizaje automático, sería recomendable mantener y actualizar Kubeflow según sea necesario para garantizar su funcionamiento óptimo.

Una vez hemos desplegado Kubeflow pipelines, podemos acceder a su interfaz gráfica.

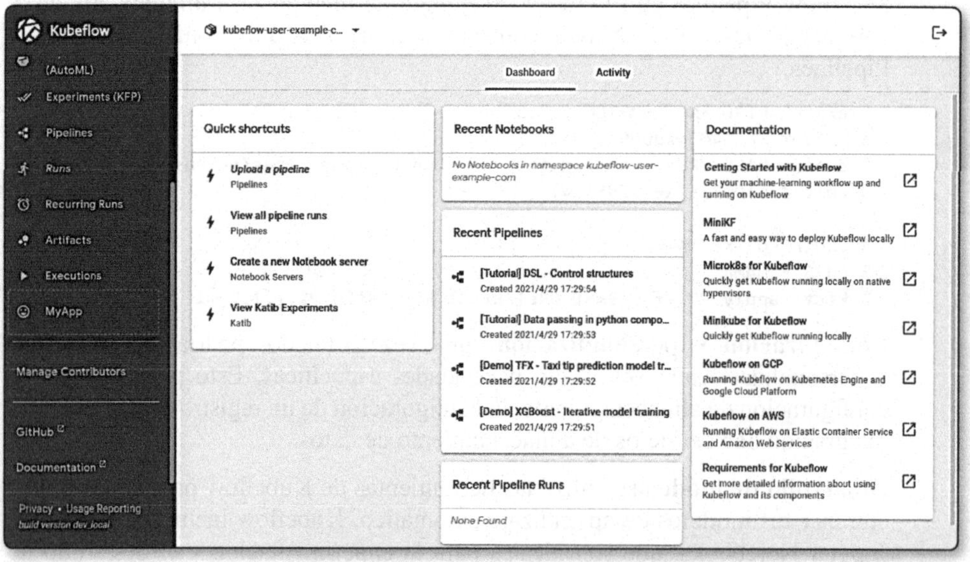

Figura 6.36. Interfaz de KubeFlow pipelines

Todo proceso que queramos automatizar se puede dividir en pasos. Cada paso o componente puede tener otros que le preceden, que le siguen o que se pueden ejecutar a la vez. En Kubeflow la descripción de estos componentes y sus relaciones se conoce como pipeline. Podemos importar pipelines mediante ficheros YAML y ver un esquema de su descripción en la interfaz gráfica:

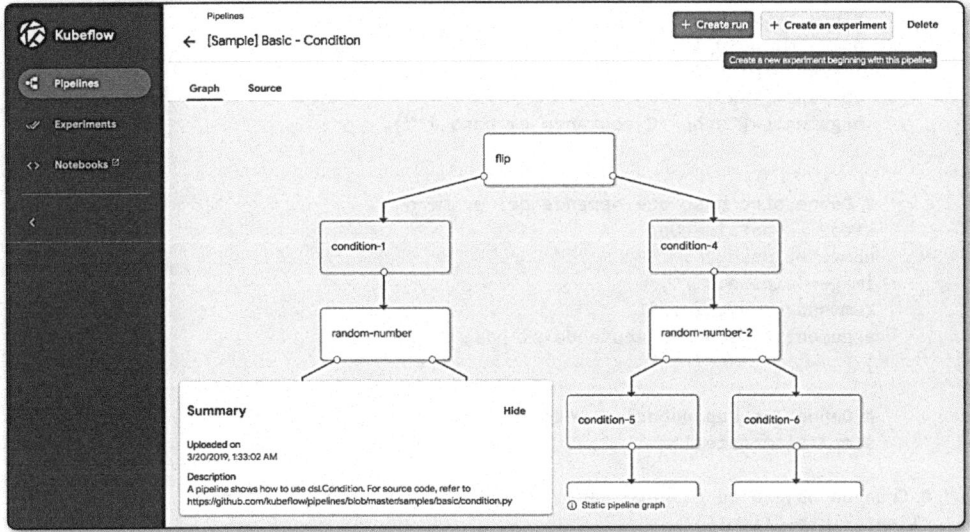

Figura 6.37. Interfaz de KubeFlow pipelines

Cada vez que ejecutamos las instrucciones de un pipeline en nuestro cluster, Kubeflow pipelines crea una ejecución (run). Toda la información de las ejecuciones queda registrada en el almacén de artefactos de Kubeflow y desde la interfaz gráfica podemos visualizar el estado de una ejecución y de las ejecuciones de cada uno de los componentes, a lo que Kubeflow Pipelines se refiere como steps.

Kubeflow Pipelines también ofrece la posibilidad de organizar de forma lógica las ejecuciones de los pipelines mediante experimentos. Por ejemplo, podríamos crear un experimento donde testear un pipeline con diferentes configuraciones. Para aprender más sobre estos conceptos se puede revisar la documentación *https://www.kubeflow.org/docs/components/pipelines/concepts*.

6.9.2 Creación de componentes y Pipelines

Kubeflow pipelines se basa en la definición de flujos de trabajo utilizando YAML o Python, lo que permite la automatización y el despliegue de flujos de trabajo de aprendizaje automático en clústeres de Kubernetes. Cada uno de los componentes dentro del pipeline está escrito en Python y se ejecuta dentro de un contenedor de Docker que se despliega dentro de un pod de nuestro cluster de Kubernetes. El siguiente script en Python define un **pipeline** en Kubeflow.

```
import kfp
from kfp import dsl
from kfp.dsl import ContainerOp

# Define la función que representa tu flujo de trabajo
def my_pipeline():
    # Define un paso en la pipeline, en este caso, ejecutando un contenedor
    step1 = ContainerOp(
    name="mi_paso_1",
    image="alpine:3.7",
    command=["sh", "-c"],
    arguments=["echo 'Ejecutando el paso 1'"],
    )

    # Define otro paso que depende del primero
    step2 = ContainerOp(
    name="mi_paso_2",
    image="alpine:3.7",
    command=["sh", "-c"],
    arguments=["echo 'Ejecutando el paso 2'"],
    )

    # Define las dependencias entre los pasos
    step2.after(step1)

# Crea un objeto de cliente para la plataforma Kubeflow Pipelines
client = kfp.Client()

# Compila la definición del flujo de trabajo y lo envía a Kubeflow Pipelines
kfp.compiler.Compiler().compile(my_pipeline, "my-pipeline.yaml")

# Carga el flujo de trabajo en Kubeflow Pipelines
pipeline_id = client.upload_pipeline("my-pipeline.yaml", "my-pipeline")

# Ejecuta el flujo de trabajo
run = client.create_run_from_pipeline_func(my_pipeline, arguments={})

# Espere a que se complete el flujo de trabajo
client.wait_for_run_completion(run)
```

En este ejemplo, hemos definido un pipeline sencillo que consta de dos pasos, cada uno ejecutando un contenedor Docker. El segundo paso depende del primero. Luego, el script compila la definición del flujo de trabajo, lo carga en Kubeflow pipelines y lo ejecuta.

En el siguiente ejemplo definimos un pipeline más complejo que consta de varios pasos (steps):

▼ El primer paso (step1) ejecuta un contenedor con TensorFlow.

▼ El segundo paso (step2) ejecuta un contenedor con scikit-learn.

▼ El tercer paso (step3) ejecuta una tarea en Python y guarda el resultado en un fichero de salida.

▶ El cuarto paso (step4) lee el archivo creado en el tercer paso e imprime su contenido.

```
import kfp
from kfp import dsl
from kfp.dsl import ContainerOp

# Define la función que representa tu flujo de trabajo
def complex_pipeline():
    # Define un paso que realiza una tarea en Python
    def python_task(task_output):
        with open(task_output, "w") as f:
            f.write("Resultado de la tarea en Python")

    # Define un paso que ejecuta un contenedor con TensorFlow
    step1 = ContainerOp(
        name="paso_1",
        image="tensorflow/tensorflow:2.0.0",
        command=["python", "-c"],
        arguments=[
            'print("Ejecutando paso 1 con TensorFlow")',
        ],
    )

    # Define un paso que ejecuta un contenedor con scikit-learn
    step2 = ContainerOp(
        name="paso_2",
        image="python:3.8",
        command=["python", "-c"],
        arguments=[
            'print("Ejecutando paso 2 con scikit-learn")',
        ],
    )

    # Define un paso que ejecuta un contenedor que realiza una tarea en Python
    step3 = ContainerOp(
        name="paso_3",
        image="python:3.8",
        command=["python", "-c"],
        arguments=[python_task, "/mnt/data/output.txt"],
        file_outputs={"task_output": "/mnt/data/output.txt"},
    )

    # Define otro paso que depende de los pasos anteriores
    step4 = ContainerOp(
        name="paso_4",
        image="alpine:3.7",
        command=["sh", "-c"],
        arguments=["cat /mnt/data/output.txt"],
        file_outputs={"cat_output": "/mnt/data/cat_output.txt"},
    )

    # Define dependencias entre los pasos
    step2.after(step1)
```

```
   step3.after(step1)
   step4.after(step2, step3)

# Crea un objeto de cliente para la plataforma Kubeflow Pipelines
client = kfp.Client()

# Compila la definición del flujo de trabajo y lo envía a Kubeflow Pipelines
kfp.compiler.Compiler().compile(complex_pipeline, "complex-pipeline.yaml")

# Carga el flujo de trabajo en Kubeflow Pipelines
pipeline_id = client.upload_pipeline("complex-pipeline.yaml", "complex-pipeli-
ne")

# Ejecuta el flujo de trabajo
run = client.create_run_from_pipeline_func(complex_pipeline, arguments={})

# Espere a que se complete el flujo de trabajo
client.wait_for_run_completion(run)
```

6.9.3 Repositorio de artefactos

Kubeflow pipelines ofrece la posibilidad de usar un repositorio de artefactos para guardar los pipelines importados y toda la información generada en las diferentes ejecuciones. Desde la interfaz gráfica del repositorio podemos consultar información de los artefactos de entrada y salida de cada ejecución para monitorizar nuestro pipeline. De forma predeterminada, Kubeflow almacenará los artefactos en **MinIO** *https://min.io*, un repositorio de artefactos nativo de Kubernetes.

7

APACHE AIRFLOW

7.1 INTRODUCCIÓN

Apache Airflow *https://airflow.apache.org* es una herramienta de tipo workflow manager que permite gestionar, monitorear y planificar flujos de trabajo, usada como orquestador de servicios. El proyecto fue creado en octubre de 2014 en Airbnb por Maxime Beauchemin y publicado con licencia open source en junio de 2015.

En marzo de 2016 el proyecto se acoge a la incubadora de la Apache Software Foundation, y en enero de 2019 es graduado como top level project, donde se mantiene en la actualidad. La adopción de Airflow en entornos productivos ha crecido recientemente, integrándose en el stack de Google Cloud en 2018 como su orquestador de servicios.

Algo que distingue a Apache Airflow de muchos de sus competidores es que todo el proceso de creación y planificación de sus flujos de trabajo se realiza de manera programática usando Python como lenguaje de programación.

Desde hace unos años Python ha ganado un gran prestigio gracias a la potencia y flexibilidad que ofrece, además de ser un lenguaje de código abierto y fácil de aprender, lo que hace a Apache Airflow una herramienta muy atractiva.

Los casos de uso más comunes son la automatización de ingestas de datos, acciones de mantenimiento periódicas y tareas de administración. Las principales **ventajas** de utilizar Airflow son:

- Poder crear pipelines mediante Python.
- Amplia comunidad que ya ha desarrollado extensiones que facilitan la integración de Airflow con diferentes tipos de bases de datos y servicios cloud.

▶ Características avanzadas como el backfilling para la ejecución de tareas que han fallado o el reprocesado de datos históricos, permitiendo regenerar cualquier conjunto de datos tras haber hecho cambios en nuestro código.

▶ Interfaz gráfica que facilita la monitorización y depuración de los resultados de los grafos ejecutados.

Al tratarse de un producto open source, ya existen diferentes empresas que ofrecen una solución gestionada en el cloud con soporte, como puede ser **Astronomer** *https:// www.astronomer.io*, el cual tiene su propia certificación y plataforma educativa *https:// academy.astronomer.io* o dentro del catálogo de servicios de AWS, **Managed Workflows for Apache Airflow** (MWAA) *https://aws.amazon.com/es/managed-workflows-for-apache-airflow*.

7.2 INSTALACIÓN DE APACHE AIRFLOW

La instalación de Apache Airflow requiere como principal requisito tener instalado Python en el sistema operativo. Posteriormente bastaría con ejecutar el siguiente comando para instalar el módulo en nuestra máquina al estar disponible dentro del repositorio oficial de Python *https://pypi.org/project/apache-airflow*.

```
$ pip install apache-airflow
```

También podríamos instalar Airflow con todas las dependencias necesarias para un entorno específico indicando una versión concreta.

```
$ export AIRFLOW_VERSION=2.5.0
$ export PYTHON_VERSION="$(python --version | cut -d " " -f 2 | cut -d "." -f 1-2)"
$ export CONSTRAINT_URL="https://raw.githubusercontent.com/apache/airflow/constraints-${AIRFLOW_VERSION}/constraints-${PYTHON_VERSION}.txt"
$ pip install "apache-airflow==${AIRFLOW_VERSION}" --constraint "${CONSTRAINT_URL}"
```

Una vez realizada la instalación, podríamos ejecutar el siguiente comando para configurar Airflow para usar SQLite para pruebas iniciales. También nos podría interesar crear un usuario que nos permita acceder posteriormente a la aplicación.

```
$ airflow db init
$ airflow users create \
    --username admin \
    --password admin \
    --firstname Admin \
    --lastname User \
    --role Admin \
    --email admin@example.com
```

Finalmente, con el siguiente comando ejecutamos el servidor que despliega la aplicación en la máquina sobre la cual estemos trabajando.

```
$ airflow webserver --port 8080
```

7.3 FUNCIONAMIENTO DE APACHE AIRFLOW

Airflow trabaja con estructuras de datos llamadas **DAGs (Directed Acyclic Graph)** como metodología para estructurar los procesos por lotes que se van a ejecutar en un flujo de trabajo mediante relaciones y dependencias. Estos grafos deben cumplir las siguientes dos condiciones:

▶ **Acíclicos**: no puede haber bucles, por lo que la ejecución de un nodo no puede regresar a otro nodo que ya ha sido ejecutado.

▶ **Dirigidos**: las relaciones de los nodos son de un único sentido.

Cada nodo de un DAG consiste en una función de Python que ejecuta una tarea específica. Además, existen multitud de elementos que simplifican el código considerablemente y facilitan la programación de cada uno de estos nodos del grafo. Estos elementos se pueden clasificar en los siguientes tipos:

▶ **Operators**: elementos que realizan una funcionalidad específica. Por ejemplo, MySql Operator ejecutará una sentencia SQL, o Bash Operator ejecutará un comando bash. Cabe añadir que, si nos encontramos frente a un caso de uso para el cuál ningún operador que esté definido nos soluciona el problema, tenemos la posibilidad de crear los nuestros propios. Por ejemplo, si necesitamos una tarea que recolecta una serie de datos ubicados en una fuente y los queremos guardar en un destino, podemos programar nuestro propio operador.

▶ **Hooks**: interfaces que encapsulan las interacciones con una API. Puede entenderse como librerías propias que contienen funciones que interactúan con una API externa en concreto, y que suelen usarse dentro de los operators. Por ejemplo, Oracle Hook nos facilitará funciones para conectarnos a una base de datos, o para obtener los resultados de una consulta sobre la base de datos.

▶ **xCom**: es una herramienta que permite compartir información entre nodos. Por defecto, los nodos de un DAG no transmiten información de uno a otro, pero en algún caso concreto puede ser necesario que un nodo necesite cierta información de alguno de sus predecesores, lo que soluciona xCom. Está pensado para transmitir una cantidad de datos pequeña entre nodos de un grafo.

Lo primero que debemos saber es que dentro de Airflow cualquier flujo de datos se modela como un DAG, un grafo dirigido acíclico, donde los nodos son tareas/task y las aristas dirigidas indican relación y orden entre tareas. Además, se tratan de grafos acíclicos, es decir, que no contienen bucles en su interior.

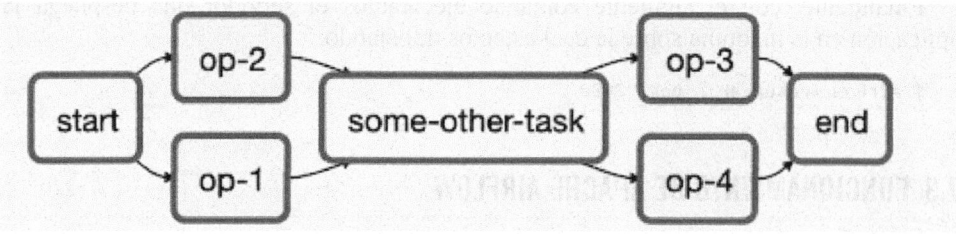

Figura 7.1. Modelo de grafo acíclico dirigido

De esta forma, nos aseguramos de que los flujos tengan siempre un inicio y un final. Una de las ventajas de Airflow es que podemos definir condicionales para la ejecución de determinadas partes de grafo, permitiendo también poder unificar diferentes ramas una vez que se hayan cumplido determinadas acciones, como, por ejemplo, la finalización de las tareas previas. Esto permite una enorme flexibilidad, siendo cada una de las tareas trozos de código que pueden desempeñar diferentes acciones a lo largo de un pipeline de datos.

7.3.1 DAG (Grafo acíclico dirigido)

Apache Airflow es un framework orientado a procesamiento batch que permite construir pipelines de datos, facilitando su planificación mediante código Python. Funciona como un orquestador de flujos, situándose en medio de los procesos de datos y coordinando cuándo y cómo los datos viajan de un lugar a otro.

Para ello, definiremos un pipeline con su propia configuración y planificación dentro de un script Python, lo que otorga gran flexibilidad a la hora de definir los DAGs (grafos acíclicos dirigidos), permitiendo generar tareas opcionales que dependen de ciertas condiciones o incluso definir DAGs a partir de metadatos externos o ficheros de configuración.

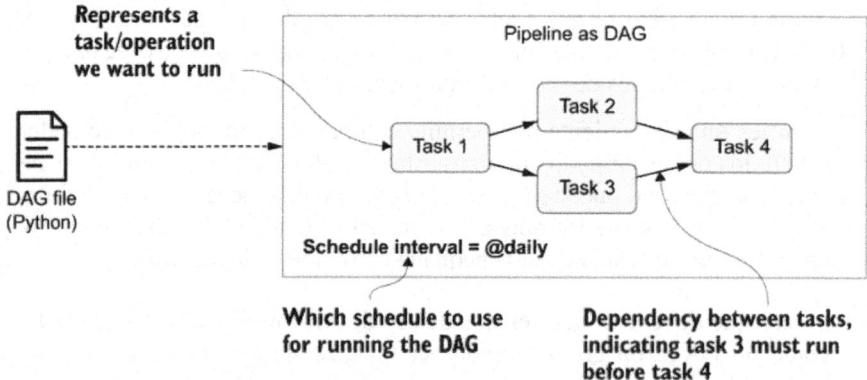

Figura 7.2. Modelo de grafo acíclico dirigido

Estos pasos siguen un orden determinado que no podemos alterar. Este orden se puede representar mediante un grafo dirigido, donde los nodos representan las tareas mientras que las dependencias se representan mediante aristas que van de un nodo a otro.

Este tipo de grafos se conocen como grafos acíclicos dirigidos ya que contiene aristas dirigidas (las relaciones van en un único sentido) y no contiene ciclos (bucles). La propiedad acíclica es muy importante, ya que nos evita bloqueos por dependencias circulares entre tareas.

En el grafo de la siguiente figura tenemos un grafo que define cuatro tareas (A, B, C y D), donde una vez ha finalizado la tarea A, la B y C se pueden realizar de forma paralela, y hasta que no hayan acabado esas dos, no comenzará la tarea D.

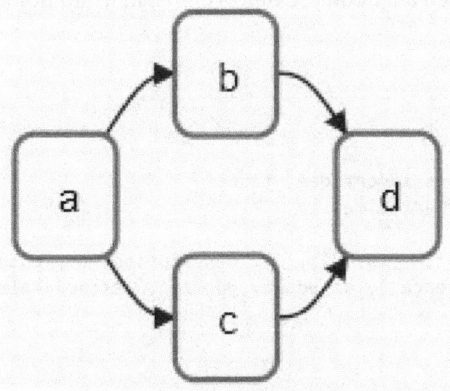

Figura 7.3. Ejemplo de grafo acíclico dirigido

De esta forma, el grafo define las dependencias entre las tareas y condiciona la ejecución de una o más tareas a la finalización de las que la preceden. Lo que no hace el grafo es saber lo que se realiza dentro de las tareas, sólo le importa el **orden de ejecución**, la cantidad de reintentos, si tiene una duración de caducidad (timeout). Airflow ofrece dos formas de definir sus DAG y tareas:

▸ El paradigma tradicional.
▸ La API de flujo de tareas (Task flow).

Con el paradigma tradicional desde Python, podríamos crear el siguiente DAG que tiene como principal tarea ejecutar una función.

dag_inicio.py

```
from airflow import DAG
from datetime import datetime
from airflow.operators.python import PythonOperator
```

```
def print_a():
    print('hi from task a')

with DAG('my_dag', start_date=datetime(2024, 1 , 1),
        description='A simple DAG', tags=['data_science'],
        schedule='@daily', catchup=False):

    task_a = PythonOperator(task_id='task_a', python_callable=print_a)
```

Con la API de flujo de tareas (Task Flow), en lugar de usar el **context manager (with)**, usamos el decorador **@dag** que espera una función de Python donde el nombre de la función corresponde con el identificador del DAG. El siguiente código sería equivalente al anterior, utilizando el API de flujo de tareas donde utilizamos la notación **@task** para definir la tarea a ejecutar. Como vemos, al usar anotaciones, el código tiende a simplificarse.

dag_task.py

```
from airflow.decorators import dag, task
from datetime import datetime

@dag(start_date=datetime(2024, 1, 1), description='A simple tutorial DAG',
     tags=['data_science'], schedule='@daily', catchup=False)
def my_dag():

    @task
    def print_a():
        print('hi from task a')
```

7.3.2 Operadores

Dentro de Airflow tenemos una serie de operadores ya predefinidos, que nos permiten agilizar el desarrollo y nos abstraen de la implementación. Por ejemplo, tenemos el **BashOperator** para la ejecución de scripts en Bash o el **PythonOperator** para ejecutar programas en Python. Para crear un DAG realizaremos dos tareas muy sencillas, en el siguiente orden:

- Una tarea del tipo **DummyOperator.**
- Una tarea del tipo **BashOperator** que imprime por pantalla el mensaje "Hola Mundo".

Lo primero que necesitamos es importar las librerías de Airflow así como los operadores de task que vayamos a utilizar:

```
from airflow import DAG
from datetime import datetime,timedelta
from airflow.operators.bash import BashOperator
from airflow.operators.dummy_operator import DummyOperator
```

A continuación, podemos definir nuestro DAG, incluyendo el **nombre**, **fecha de inicio** en el que se comienza a ejecutar utilizando el atributo **start_date**, así como cada cuanto tiempo vamos a ejecutarlo utilizando el atributo **schedule**. Una vez que se inicia el DAG, este se comenzará a ejecutar desde la fecha de inicio marcada con la frecuencia indicada.

```
with DAG('my_dag', start_date=datetime(2024, 1 , 1),
         description='A simple tutorial DAG', tags=['data_science'],
         schedule='@daily', catchup=False) as mydag:
```

La configuración anterior nos permite ejecutar desde el "pasado" emulando la frecuencia diaria, por lo que, si ponemos una fecha del día 1 enero de inicio de DAG y hoy es 20 de enero, al ejecutar el DAG, intentará "ponerse al día con las ejecuciones" y volverá ejecutará todas esas cargas hasta el día indicado. Si lo que queremos es que comience en el día actual en el que activamos el DAG, debemos pasarle el parámetro **"catchup =False"**.

Una vez definido el DAG, procedemos a crear las tareas que los componen. Como habíamos indicado, tendremos dos task: un **DummyOperator** y un **BashOperator**. Como puedes observar, para la definición y creación de las tareas también es necesario indicar un identificador de tarea **task_id**, que posteriormente nos servirá para identificar y trazar dicha tarea. Finalmente, nos queda establecer las relaciones entre las tareas. De esta forma, utilizamos una sintaxis que indica que la tarea **task1** se ejecuta antes que la **task2**.

dag_tasks.py

```
from airflow import DAG
from datetime import datetime,timedelta
from airflow.operators.bash import BashOperator
from airflow.operators.dummy_operator import DummyOperator
with DAG('my_dag', start_date=datetime(2023, 1 , 1),
         description='A simple DAG', tags=['data_science'],
         schedule='@daily', catchup=False) as mydag:
         task1=DummyOperator(task_id="Dummy_task")
         task2=BashOperator(task_id="Print_task",bash_command="")
         chain(task1, task2)
```

7.3.3 Argumentos por defecto en el DAG

En Airflow podemos aplicar diferentes argumentos a las tareas definidas. Por ejemplo, podríamos definir el número de reintentos, el tiempo de espera de ejecución o si queremos recibir un correo electrónico. De forma predeterminada, el número de reintentos de una tarea se establece en 0 aunque podríamos cambiar este valor con el argumento **retries** dentro de la definición del operador.

dag_retries.py

```
with DAG('my_dag', start_date=datetime(2023, 1 , 1),
        description='A simple DAG', tags=['data_science'],
        schedule='@daily', catchup=False):

    task_a = PythonOperator(task_id='task_a', python_callable=print_a, retries=3)
    task_b = PythonOperator(task_id='task_b', python_callable=print_b, retries=3)
    task_c = PythonOperator(task_id='task_c', python_callable=print_c, retries=3)
    task_d = PythonOperator(task_id='task_d', python_callable=print_d, retries=3)
    task_e = PythonOperator(task_id='task_e', python_callable=print_e, retries=3)

    chain(task_a, [task_b, task_c], [task_d, task_e])
```

Un objeto DAG puede tomar un parámetro llamado **default_args** que permite definir argumentos comunes para todas las tareas en su DAG. De esta forma, no es necesario asignar el mismo parámetro con el mismo valor en cada tarea de su DAG. Bastaría con establecer el parámetro default_args con un diccionario que contiene los argumentos predeterminados que desea aplicar. Por ejemplo, nos podría interesar definir un argumento por defecto con el número de reintentos(retries) que fuera común para todas las tareas del DAG.

dag_retries_default_args.py

```
default_args = {
    'retries': 3,
}

with DAG('my_dag', start_date=datetime(2023, 1 , 1), default_args=default_args,
        description='A simple DAG', tags=['data_science'],
        schedule='@daily', catchup=False):

    task_a = PythonOperator(task_id='task_a', python_callable=print_a)
    task_b = PythonOperator(task_id='task_b', python_callable=print_b)
    task_c = PythonOperator(task_id='task_c', python_callable=print_c)
    task_d = PythonOperator(task_id='task_d', python_callable=print_d)
    task_e = PythonOperator(task_id='task_e', python_callable=print_e)

    chain(task_a, [task_b, task_c], [task_d, task_e])
```

7.3.4 Definir dependencias en el DAG

Las tareas tienen dependencias que se declaran unas sobre otras, mediante los operadores >> y <<, dependiendo de si indicamos primero las dependencias antes o después:

```
primera_tarea >> [segunda_tarea, tercera_tarea]
cuarta_tarea << tercera_tarea
```

La configuración anterior también se podría definir mediante los métodos **set_upstream** y **set_downstream**:

```
primera_tarea.set_downstream([segunda_tarea, tercera_tarea])
cuarta_tarea.set_upstream(tercera_tarea)
```

Estas dependencias definen los nodos del grafo y Airflow determina el orden en el que debe ejecutar las tareas.

dag_tasks_dependencies.py

```python
from airflow.decorators import dag, task
from datetime import datetime
from airflow.utils.helpers import chain


@dag(start_date=datetime(2023, 1 , 1),
        description='A simple DAG', tags=['data_science'],
        schedule='@daily', catchup=False)
def my_dag():

    @task
    def print_a():
        print('hi from task a')

    @task
    def print_b():
        print('hi from task b')

    @task
    def print_c():
        print('hi from task c')

    @task
    def print_d():
        print('hi from task d')

    @task
    def print_e():
        print('hi from task e')


    print_a() >> print_b() >> print_c() >> print_d() >> print_e()

my_dag()
```

En el siguiente ejemplo definimos un grafo de 4 tareas donde las tareas 2 y 3 son dependientes de la tarea 1 y la tarea 4 es dependiente de las tareas 2 y 3.

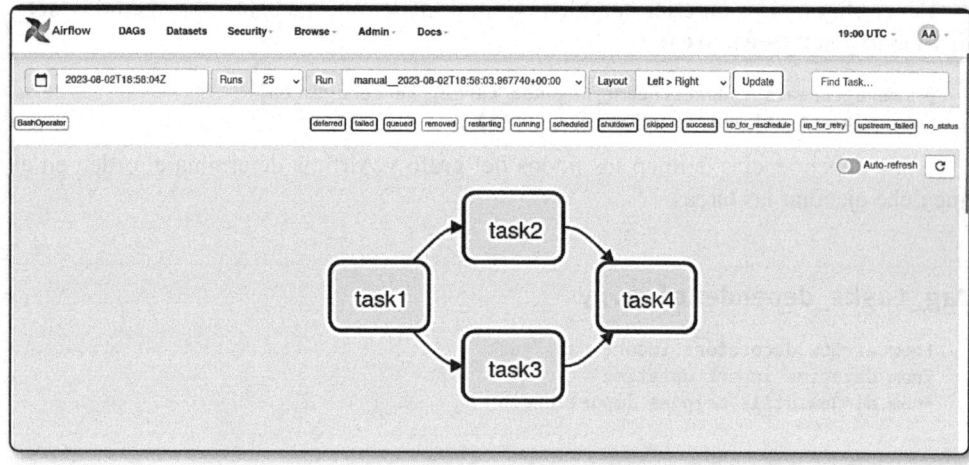

Figura 7.4. Interfaz de airflow para ver la dependencia entre tareas

dag_tasks_bash_operator.py

```python
from airflow.models import DAG
from datetime import datetime

from airflow.operators.bash import BashOperator

default_args = { "start_date":datetime(2024,1,1) }

# en schedule_interval le indicamos cada cuánto vamos a ejecutarlo
with DAG('dag_paralelo',schedule_interval='@daily', default_args = default_args,
catchup=False) as dag:

    tarea1 = BashOperator(task_id="task1",bash_command='sleep 3')
    tarea2 = BashOperator(task_id="task2",bash_command='sleep 3')
    tarea3 = BashOperator(task_id="task3",bash_command='sleep 3')
    tarea4 = BashOperator(task_id="task4",bash_command='sleep 3')

    tarea1 >> [tarea2,tarea3] >> tarea4
```

7.3.5 Pasando datos entre tareas en el DAG

Por defecto, los nodos de un DAG no transmiten información de uno a otro, pero en algún caso concreto, puede ser necesario que un nodo necesite cierta información de alguno de sus predecesores. Para pasar datos entre las tareas disponemos de diferentes opciones:

▶ **XComs (Cross-communications),** un sistema para que las tareas puedan hacer push y pull de una pequeña cantidad de metadatos.

▶ **Utilizar el API TaskFlow** que automáticamente pasa los datos entre tareas implícitamente mediante XComs.

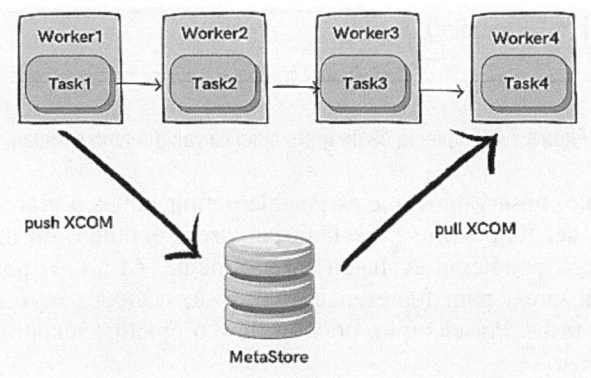

Figura 7.5. Esquema de traspaso de datos entre tareas utilizando XCOM

Una de las grandes ventajas de Airflow es que permite compartir información entre diferentes task mediante XComs. De esta forma, podemos comunicar datos de pequeño tamaño a lo largo de la ejecución del flujo.

7.4 TAREAS Y OPERADORES EN APACHE AIRFLOW

Como hemos analizado, en Airflow se trabaja con DAGs (Directed Acyclic Graphs) que son colecciones de tareas o de trabajos a ejecutar conectados mediante relaciones y dependencias.

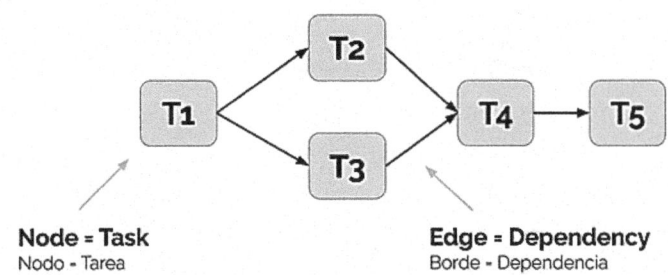

Figura 7.6. Esquema de un grafo acíclico dirigido con 5 tareas

Cada una de las tareas del DAG representada como un nodo, se describe con un operador y generalmente es atómica. Existen operadores predefinidos, y es posible extender y crear nuevos operadores si fueran necesarios. Por ejemplo, **BashOperator** se encarga de ejecutar un comando Bash mientras que **PythonOperator** se encarga de ejecutar una función de Python.

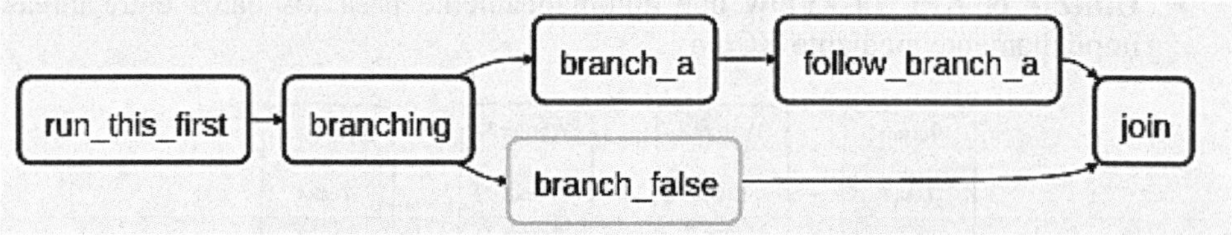

Figura 7.7. Esquema de un grafo acíclico con diferentes ramas

En este ejemplo, observamos que es posible definir ramas o branches en un grafo. En cada división del flujo sólo se ejecutan las tareas definidas en una de las ramas, dependiendo de una condición evaluada anteriormente. Al no ser posible definir una rama sin ninguna tarea, para representar ramas sin acciones se usan tareas vacías llamadas dummy tasks. Por ejemplo, un workflow o pipeline sencillo podría contener las siguientes tareas:

- �Descargar datos de una base de datos MySQL.
- ▸ Enviar los datos a un clúster de Apache Kafka.
- ▸ Realizar transformaciones sobre los datos con Apache Spark.
- ▸ Devolver un resultado después de aplicar las transformaciones.

Desde la interfaz de airflow podemos ver el estado y ejecución de cada uno de nuestros DAGs. Esta interfaz ofrece múltiples vistas desde donde podemos ver ejecuciones pasadas, logs que han dejado cada una de ellas, ejecutar partes de un DAG que han fallado o incluso evaluar el tiempo de ejecución de cada uno de ellos.

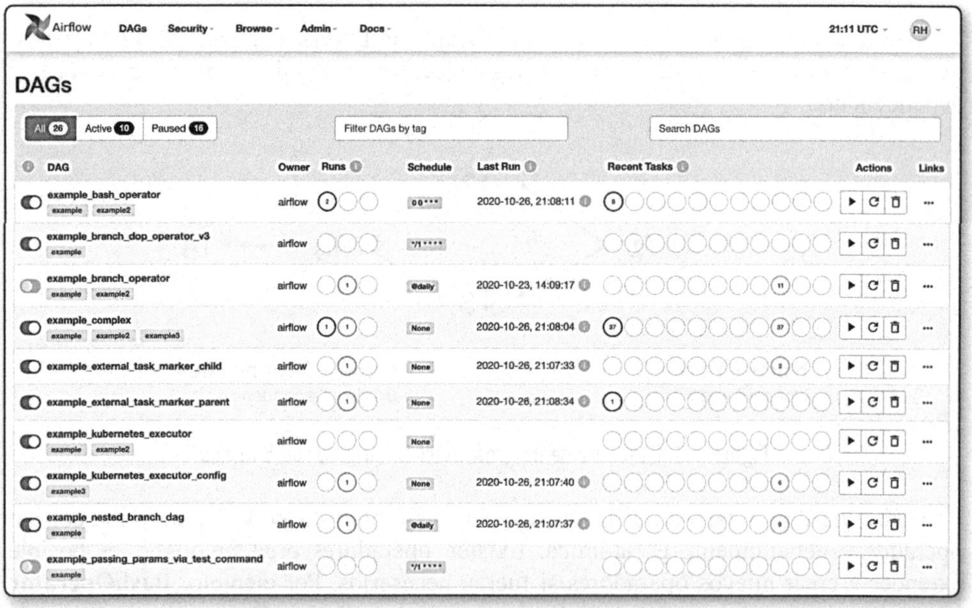

Figura 7.8. Interfaz de Airflow para la lista de DAGs

En esta pantalla podemos ver las definiciones de nuestros grafos, sus metadatos y estadísticas sobre las ejecuciones previas. Además, en la parte superior disponemos de diferentes opciones de seguridad y herramientas comunes de administración, como puede ser preconfigurar el acceso a recursos centrales como almacenes de datos mediante la configuración de conexiones (Admin → Connections) así como limitar la concurrencia (Admin → Pools).

Todo DAG ejecuta una o más tareas que heredan de la clase **BaseOperator**. Podemos considerar las tareas como la unidad de ejecución de Airflow. Destacan tres tipos de tareas:

▷ **Operadores**: tareas predefinidas (a modo de plantillas) que podemos utilizar para construir la mayoría de nuestros DAGs. Pueden ejecutarse de forma local o remota. Airflow tiene varios tipos de operadores ya predefinidos, como son los operadores bash, el operador Python o los operadores para interactuar con bases de datos. En la documentación oficial podemos obtener más información sobre los operadores.

  • *https://airflow.apache.org/docs/apache-airflow/stable/_api/airflow/ operators/index.html*

▷ **Sensores**: subclase de los operadores centrada en la escucha de eventos externos.

▷ **Un flujo de tareas decoradas con @task.**

Internamente, los conceptos de tarea y operador son intercambiables, pero conviene separar ambos conceptos teniendo en cuenta que los operadores y los sensores son plantillas, y cuando invocamos uno en un DAG, entonces estamos creando una tarea. Entre los **operadores** más usados podemos destacar:

▷ **Bash Operator**: permite ejecutar scripts en Bash, aunque es posible modificarlo.

▷ **Database Operator:** nos permite interactuar con bases de datos. Se usan al obtener datos de una base de datos mediante consultas SQL e información de autenticación. Es compatible con bases de datos populares como MySQL, Postgres, Sqlite o con JDBC.

▷ **Python Operator:** ejecuta scripts en Python y operaciones creadas para el DAG.

▷ **Sensor Operator:** está a la espera de detectar modificaciones en sistemas externos como ficheros o fuentes de datos.

▷ **Email Operator:** este operador permite enviar un email a modo de notificación.

▷ **HTTP Operator**: permite usar una API HTTP que necesite autenticación.

7.4.1 Extendiendo la funcionalidad del operador de Python

En esta sección extenderemos la funcionalidad del operador nativo **PythonOperator**, y lo habilitaremos para que informe del tiempo que tarda en completarse su ejecución.

Para conocer otros detalles sobre la construcción de un operador personalizado puedes visitar la documentación relativa a los operadores custom.

▼ *https://airflow.apache.org/docs/apache-airflow/stable/howto/custom-operator.html*

Para extender la funcionalidad del **PythonOperator** podríamos crear una clase que herede de PythonOperator. En la carpeta del operador, creamos un archivo llamado **timed_python_operator.py.** Este archivo contendrá el código necesario para nuestro operador personalizado.

timed_python_operator.py

```python
from airflow.operators.python_operator import PythonOperator
import time

class TimedPythonOperator(PythonOperator):
    def __init__(self, **kwargs) -> None:
        super().__init__(**kwargs)


    def execute(self, context) -> None:
        start = time.time()
        super().execute(context)
        done = time.time()
        print(f"Time Take for PythonOperator to complete execution {done -
start} seconds")
```

En el código anterior, implementamos nuestra lógica de temporización del operador en la función **execute**. Importamos el módulo time y empezamos a cronometrar el tiempo, hacemos una llamada a la función execute de PythonOperator a través del contexto de ejecución **super().execute(context)**. Para probar el operador que acabamos de crear, lo podríamos hacer creando un DAG con la siguiente estructura:

test_timed_python_operator.py

```python
from airflow import DAG
from operators.timed_python_operator import TimedPythonOperator
from datetime import datetime

def say_hello():
    for i in range(10):
        print("I running using TimedPythonOperator custom operator")


with DAG(
    dag_id="test-customop-dag", start_date=datetime(2022, 8, 25), schedule_
interval=None
) as dag:
    first_task = TimedPythonOperator(
        task_id="test-customop-dag",
```

```
        python_callable=say_hello,
    )
```

first_task

En el DAG anterior, estamos ejecutando una función que imprime el mensaje "I running using **TimedPythonOperator** custom operator" 10 veces. Dado que esta función se ejecuta utilizando el **TimedPythonOperator**, al final de la ejecución se registrará el tiempo que tarda en ejecutarse.

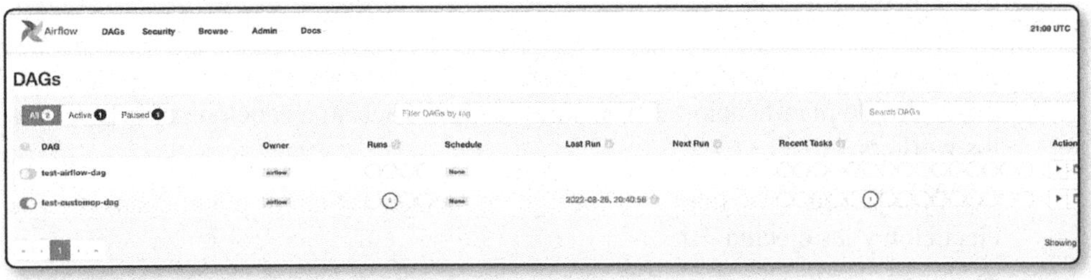

Figura 7.9. Interfaz de Airflow para la lista de DAGs

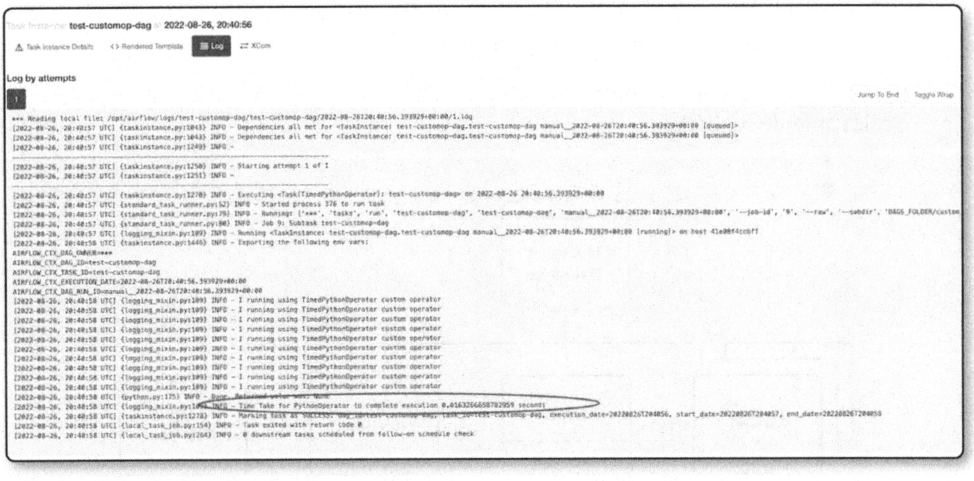

Figura 7.10. Interfaz de Air1flow para la ejecución de un DAG

7.5 ARQUITECTURA DE AIRFLOW

Airflow se compone de un servidor web que sirve la API, la interfaz de usuario y gestiona las peticiones y de un planificador (scheduler) encargado de interpretar, ejecutar y monitorizar las tareas definidas en los DAGs.

Este planificador o scheduler contiene un ejecutor, encargado de lanzar los workers y repartir en ellos las tareas. Airflow también tiene una base de datos a modo de backend encargada de almacenar los metadatos, usuarios y ejecuciones. Por defecto usa Sqlite pero podemos usar otra base de datos en entornos de producción, como MySQL.

Existen varias formas de desplegar Apache Airflow, con múltiples arquitecturas para sus ejecutores: Local, Sequential, Celery, Dask, Mesos o Kubernetes. También se podría desplegar usando servicios en la nube de Azure, AWS o Google Cloud. La siguiente imagen resume como es la arquitectura de Apache Airflow, la cual está también diseñada usando el lenguaje de programación Python. A nivel de arquitectura, Airflow se organiza en los siguientes **componentes**:

- El planificador (**scheduler**): se encarga de parsear los DAGS, comprueba los intervalos de planificación y si se cumplen, planifica su ejecución pasándoselos a los workers.

- Los trabajadores (**workers**): se encarga de recoger las tareas planificadas para su ejecución y las ejecuta.

- El servidor web (**webserver**): visualiza los DAGs parseados por el planificador y ofrece un interfaz a los usuarios para ejecutar, depurar y monitorizar los flujos, así como sus resultados.

- Una carpeta dags que contiene los ficheros Python con la definición de los flujos, a la cual acceden el planificador y los workers.

- Una base de datos con metadatos (Metadata Database) que almacena información relevante de los DAG.

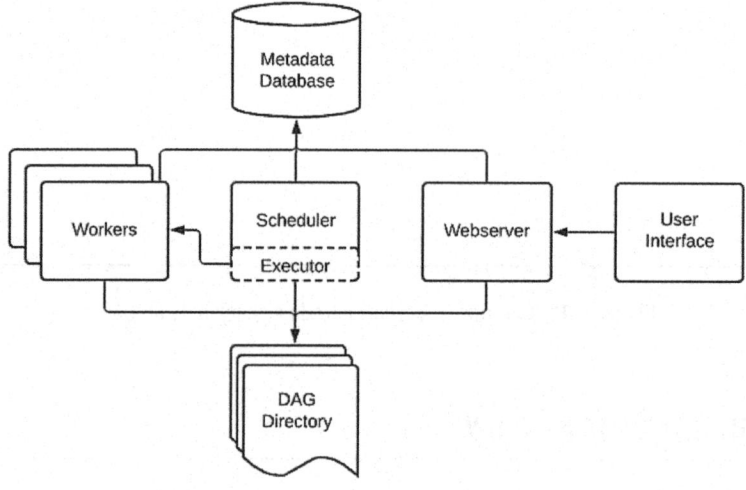

Figura 7.11. Arquitectura de Airflow

Vamos a explicar en un poco de más detalle cómo se comunican estos componentes paso a paso:

1. El usuario codifica un DAG en Python y lo almacena en la carpeta con la definición de los flujos.

2. El planificador lee el DAG, además de las siguientes tareas:

    1. Extrae las tareas, dependencias e intervalo de ejecución.

    2. Comprueba si se cumple el intervalo de planificación desde la última que leyó el DAG. Si es así, las tareas del DAG se planifican para su ejecución.

    3. Para cada tarea, comprueba las dependencias (*upstream tasks*) de las tareas que ya han finalizado. Si las hay, las añade a la cola de ejecución.

    4. El planificador espera un momento y vuelve a comenzar con el paso 1.

3. Una vez que las tareas se encolan, la consumen un *pool* de trabajadores que ejecutan en paralelo las tareas y guardan su resultado. Estos resultados se almacenan en el *metastore*.

4. El usuario monitoriza la ejecución del DAG y el progreso del resultado de las tareas (junto con sus logs) mediante el interfaz gráfico del servidor web de Airflow.

Una base de datos de metadatos contiene toda la información de los workflows, sus estados y sus dependencias. Esto está conectado con el scheduler, un proceso que, en función de los datos de la base de datos, determina el orden en el que se ejecutara cada tarea y su prioridad. Muy ligado a éste, tenemos el executor, que es un proceso de mensajería de colas que determinará que nodo ejecutará cada tarea. Es decir, el scheduler determina el orden de las tareas y el executor quién ejecutará cada una. Y por último tenemos los workers, procesos que ejecutan la lógica de una tarea.

- ▶ **Airflow Database**: almacena y contiene los metadatos sobre los DAGs a ejecutarse y toda la información relativa a las ejecuciones y planificaciones de pipeline.

- ▶ **Airflow Scheduler**: es el motor orquestador encargado de lanzar y ejecutar los pipelines, quien se encarga de lanzar las instancias y recursos necesarios para ejecutar un DAG.

- ▶ **Airflow Webserver**: es el servidor web para presentar la información.

Para poder trabajar es necesario tener levantada la base de datos y Airflow Scheduler. Si bien puedes trabajar en modo command line con alguno de los comandos de Airflow, la interfaz web te va a aportar más información y de forma más cómoda, por lo que se recomienda levantar los componentes. Por otro lado, tenemos un servidor web que utiliza la información de la base de datos y los logs generados por los workers para reflejar toda esta información en su interfaz web.

Uno de los elementos que más va a influir en el rendimiento de un DAG es el **executor** *https://airflow.apache.org/docs/apache-airflow/stable/core-concepts/executor/index.html*, que es responsable de definir la forma de ejecución del cómputo definido para el DAG. Para ello, espera que el planificador le notifique que el DAG está listo para su ejecución. De hecho, el ejecutor corre dentro del proceso del planificador, lo que implica que sólo pueda haber un modo de ejecución por cluster.

Airflow dispone principalmente de dos tipos de ejecutores:

▶ **Ejecutores locales**: *SequentialExecutor* (por defecto) y *LocalExecutor* (mejor para pequeños clústers ya que permite la paralelización de los procesos).

▶ **Ejecutores remotos**: permiten la ejecución de múltiples DAGs de forma paralela mediante una red de nodos workers, por ejemplo, mediante *CeleryExecutor* para arquitecturas en clúster o *KubernetesExecutor* si utilizamos Kubernetes como orquestador de contenedores.

Los ejecutores **SequentialExecutor** y **LocalExecutor** sólo permiten la ejecución de tareas en un nodo o worker, que es el mismo host en el que se encuentra el Scheduler.

▶ **SequentialExecutor**: es el más sencillo, ejecuta las tareas en serie y en local. Este tipo de ejecutor secuencial se usa para debugging de DAGs y es compatible con SQLite a través de una única conexión de escritura. Ejecuta sólo una tarea en cada instante.

▶ **LocalExecutor**: muy parecido al anterior, también se ejecuta en local, pero éste permite paralelización.Ejecuta las tareas en paralelo. Es el entorno mínimo que se podría considerar para una aplicación real. También es compatible con SQLite.

Los ejecutores **CeleryExecutor** y **KubernetesExecutor** permiten la ejecución de múltiples DAGs de forma paralela:

▶ **CeleryExecutor**: permite la ejecución de tareas distribuidas utilizando Celery, un módulo de Python utilizado para la gestión de tareas asíncronas y distribuidas. Ejecuta tareas en paralelo en varios nodos separados, por lo que permite escalar el sistema de forma horizontal y vertical. Este tipo de ejecutor requiere desplegar un gestor de colas como puede ser RabbitMQ. Además, se puede asignar cada tarea a una cola de procesamiento. En caso de fallo en algún worker, podría desplegar uno nuevo.

▶ **KubernetesExecutor**: permite la ejecución de tareas haciendo uso de pods de Kubernetes. En este caso, el executor interacciona con la API de Kubernetes, y esta se encarga de desplegar un pod para cada una de las tareas, con las características necesarias, y una vez acabado lo destruye e informa al executor del estado final de la tarea. Ejecuta cada tarea en un pod de Kubernetes, desplegando nuevos pods según la demanda de recursos. De esta forma, se consigue aprovechar los recursos de manera más eficiente.

7.6 EJECUTANDO BASH OPERATOR EN AIRFLOW

Para probar Airflow, vamos a ejecutar uno de los ejemplos instalados, en concreto **example_bash_operator**. Si entramos a nuestro flujo, podemos lanzarlo mediante el slider situado a la izquierda (pause/unpause DAG) así como provocar una ejecución mediante los botones situados a la derecha (el play para hacer un trigger del DAG). En la siguiente imagen podemos ver la vista de grafo donde podemos observar las diferentes tareas y dependencias:

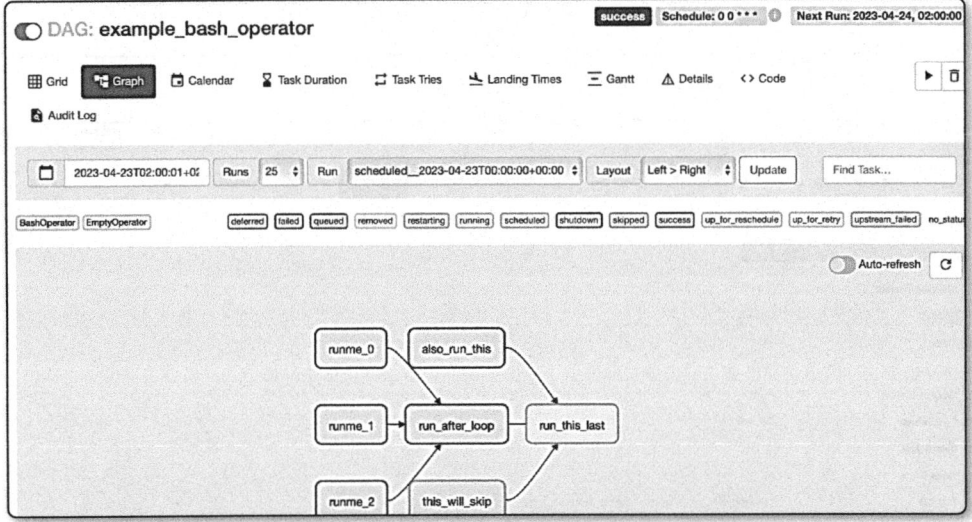

Figura 7.12. Ejemplo de DAG que podemos encontrar en Airflow

En la siguiente vista podemos ver las tareas que componen el grafo.

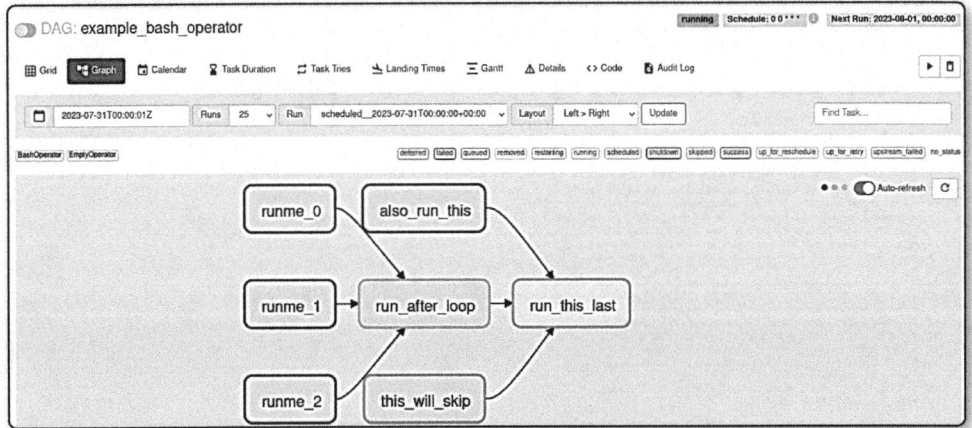

Figura 7.13. Ejemplo de DAG que podemos encontrar en Airflow

También tenemos una vista donde podemos ver cuánto ha tardado cada tarea en completarse, lo que nos permite ver cuando una tarea tarda más en ejecutarse de lo previsto.

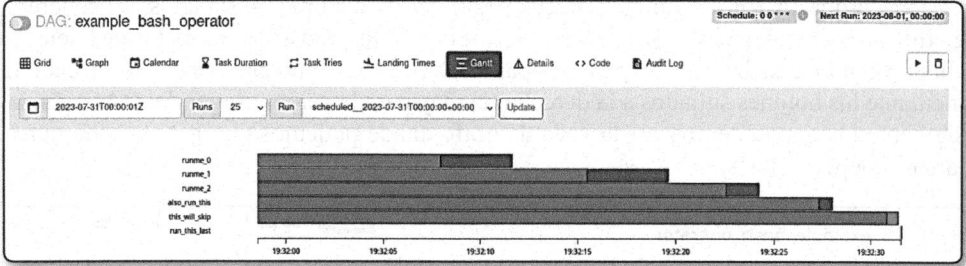

Figura 7.14. Ejecución de tareas del DAG en Airflow

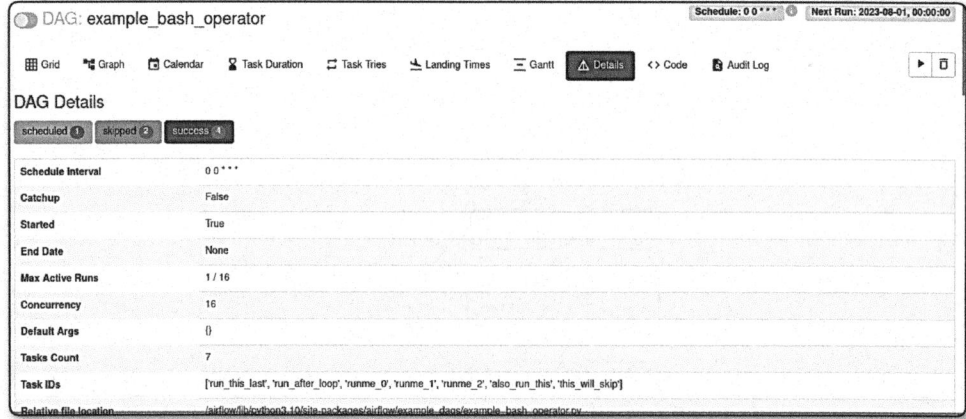

Figura 7.15. Detalles de ejecución del DAG en Airflow

En la vista del **código** podemos las instrucciones en código Python para ejecutar ese DAG.

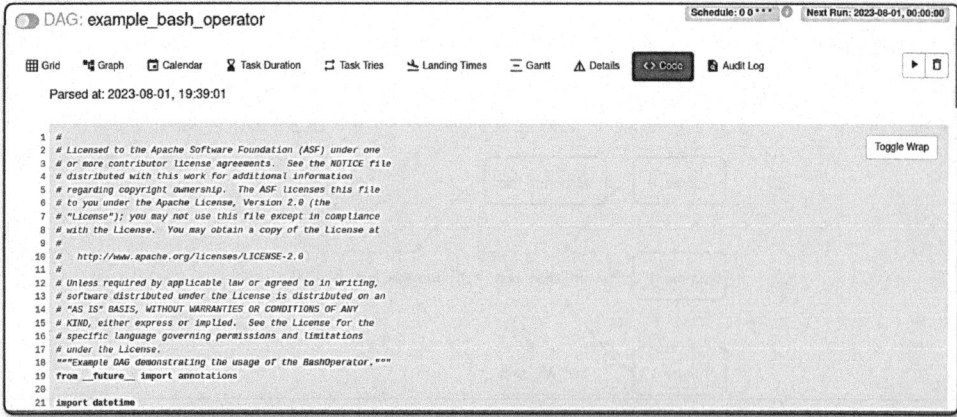

Figura 7.16. Vista de código del DAG en Airflow

example_bash_operator.py

```python
"""Example DAG demonstrating the usage of the BashOperator."""
from __future__ import annotations

import datetime

import pendulum

from airflow import DAG
from airflow.operators.bash import BashOperator
from airflow.operators.empty import EmptyOperator

with DAG(
    dag_id="example_bash_operator",
    schedule="0 0 * * *",
    start_date=pendulum.datetime(2021, 1, 1, tz="UTC"),
    catchup=False,
    dagrun_timeout=datetime.timedelta(minutes=60),
    tags=["example", "example2"],
    params={"example_key": "example_value"},
) as dag:
    run_this_last = EmptyOperator(
        task_id="run_this_last",
    )

    # [START howto_operator_bash]
    run_this = BashOperator(
        task_id="run_after_loop",
        bash_command="echo 1",
    )
    # [END howto_operator_bash]

    run_this >> run_this_last

    for i in range(3):
        task = BashOperator(
            task_id="runme_" + str(i),
            bash_command='echo "{{ task_instance_key_str }}" && sleep 1',
        )
        task >> run_this

    # [START howto_operator_bash_template]
    also_run_this = BashOperator(
        task_id="also_run_this",
        bash_command='echo "ti_key={{ task_instance_key_str }}"',
    )
    # [END howto_operator_bash_template]
    also_run_this >> run_this_last

# [START howto_operator_bash_skip]
this_will_skip = BashOperator(
    task_id="this_will_skip",
```

```
    bash_command='echo "hello world"; exit 99;',
    dag=dag,
)
# [END howto_operator_bash_skip]
this_will_skip >> run_this_last

if __name__ == "__main__":
    dag.test()
```

Sin entrar todavía en detalle en el código podemos ver cómo utiliza los operadores **BashOperator** y **EmptyOperator**. El operador bash ejecuta una operación de línea de comandos y el operador vacío sirve para crear un nodo final común.

Una vez lanzado, si cambiamos a la vista de Grid (antes se conocía como la vista de árbol), podemos ver todas las ejecuciones actuales e históricas. Esta vista es la más útil en el día a día, ya que nos permite obtener una visión general de cómo está funcionando el DAG, así como visualizar las tareas que fallan y analizar su motivo.

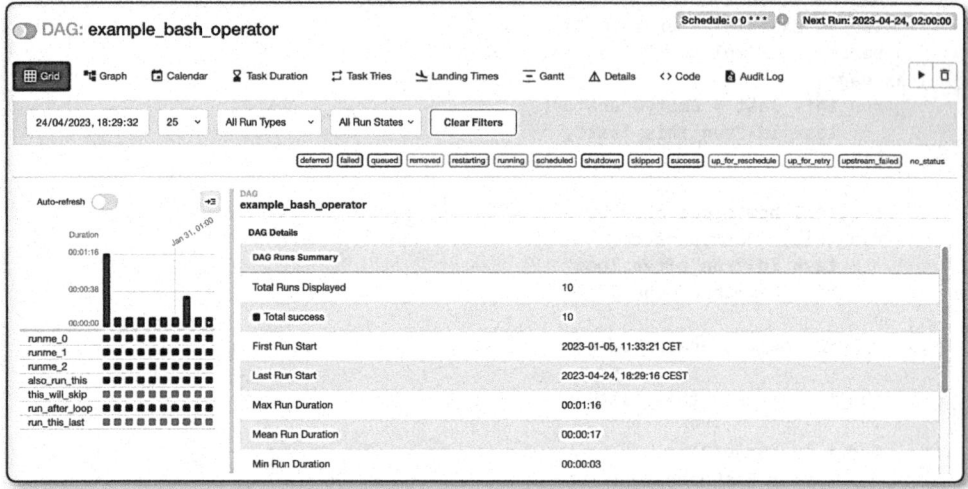

Figura 7.17. Vista de grid del DAG en Airflow

Podemos observar en el panel lateral de la izquierda como tenemos varias ejecuciones realizadas exitosamente (cada columna de cuadrados en verde es una ejecución, y cada cuadrado en sí representa el estado de una tarea). Si pulsamos sobre uno de los cuadrados, podemos obtener información sobre el estado de dicha ejecución (tanto del grafo completo como de las tareas individuales) y dependiendo de la instalación, tenemos la posibilidad de reiniciar el estado de una tarea para que pueda volver a ejecutarse:

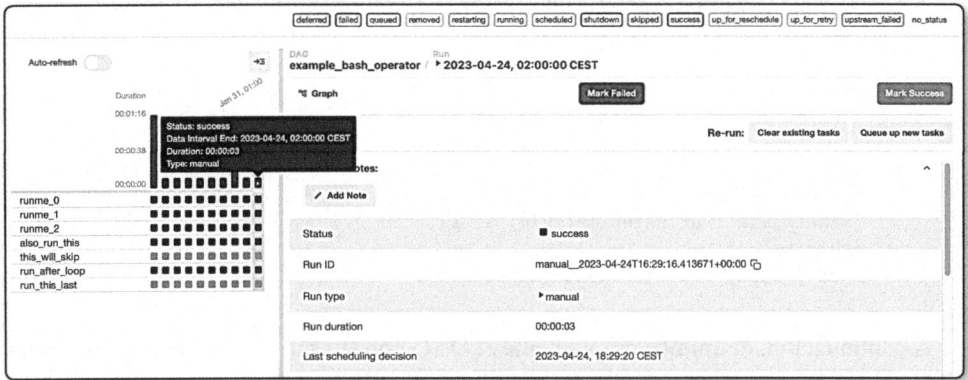

Figura 7.18. Vista de grid del DAG en Airflow

Por defecto, Airflow puede gestionar los fallos en las tareas mediante varios intentos (opcionalmente podemos indicar un tiempo de espera entre cada intento), lo que puede facilitar la recuperación de fallos intermitentes. Si los reintentos no ayudan, Airflow registrará la tarea como fallida, y opcionalmente notificará (si así lo hemos configurado) del fallo.

De esta manera, depurar fallos en las tareas es un proceso bastante directo, ya que la vista de grid nos permite analizar las tareas que han fallado y navegar por sus logs. Además, esta misma vista permite limpiar el estado de las tareas para volver a realizar su ejecución (la tarea en cuestión y todas las tareas que dependan de ella), lo que facilita volver a ejecutar cualquier tarea tras haber corregido el fallo en el código fuente.

7.7 CASO PRÁCTICO: DE CSV A JSON

En el siguiente ejemplo vamos a leer un fichero con datos en formato CSV y transformarlo a JSON. Antes de crear nuestro DAG, vamos a crear la función para leer el archivo CSV y pasarlo a JSON haciendo uso de Pandas. Para ello, creamos el siguiente script dentro de la carpeta **/opt/airflow-2.5.0/dags** y colocamos los datos en /**opt/airflow-2.5.0/data**:

csv_json.py

```python
import pandas as pd

def csvToJson():
        df=pd.read_csv('/opt/airflow-2.5.0/data/datos.csv')
        for i,r in df.iterrows():
                print(r['nombre'])
        df.to_json('/opt/airflow-2.5.0/data/datos-airflow.json', orient='records')
```

A continuación, vamos a definir un diccionario con las propiedades del DAG, como son el propietario, fecha de inicio, cantidad de reintentos y retraso entre cada reintento:

```python
import datetime as dt
from datetime import timedelta

default_args = {
    'owner': 'owner',
    'start_date': dt.datetime(2024, 1, 1),
    'retries': 1,
    'retry_delay': dt.timedelta(minutes=5),
}
```

A continuación, definimos propiamente el DAG con sus tareas. Para ello, creamos un objeto DAG donde vamos a definir su identificador, pasarle el diccionario que acabamos de crear y configurar su planificación. Para configurar la planificación completamos el atributo **schedule_interval**, ya sea mediante timedelta para definir su periodicidad o haciendo uso de expresiones crontab:

```python
from airflow import DAG
from airflow.operators.bash_operator import BashOperator
from airflow.operators.python_operator import PythonOperator

with DAG('HolaAirflow-CSV',
    default_args=default_args,
    schedule_interval=timedelta(minutes=5),          # '0 * * * *',
    ) as dag:

    imprime_iniciando = BashOperator(task_id='iniciando',
                    bash_command='echo "Leyendo el csv..."')

    csvJson = PythonOperator(task_id='csv2json', python_callable=csvToJson)
```

A continuación, definimos la tarea imprime_iniciando mediante un operador bash (**BashOperator**) que imprime una cadena para saber que se está ejecutando. El objetivo de esta tarea sólo es didáctico, para demostrar cómo conectar las tareas. La siguiente tarea csvJson utiliza el operador Python (**PythonOperator**) para llamar a la función que hemos definido previamente, encargada de transformar un archivo CSV a JSON. Finalmente, configuramos las dependencias entre las tareas, de manera que primero imprimimos un mensaje informativo y posteriormente realizamos el cambio de formato:

```python
imprime_iniciando >> csvJson
```

Las dependencias también la podríamos haber definido con el siguiente formato, equivalente al anterior:

```python
imprime_iniciando.set_downstream(csvJson)
csvJson.set_upstream(imprime_iniciando)
csvJson << imprime_iniciando
```

Una vez tenemos implementado el dag en el script, lo guardamos en la carpeta /**opt/airflow-2.5.0/dags** (la cual está configurada mediante la propiedad dags_folder). Si ahora arrancamos airflow podremos ver cómo aparece el DAG y podemos ejecutarlo y ver su estado:

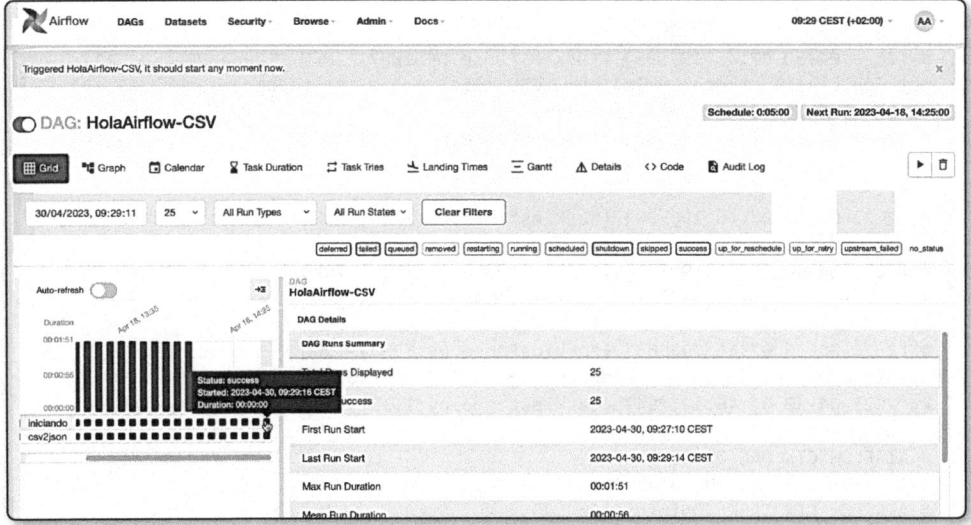

Figura 7.19. Ejecución del DAG en Airflow

Además de la interfaz gráfica, podríamos utilizar la interfaz de línea de comandos CLI para interactuar con Airflow. Por ejemplo, para mostrar todos los DAGs desplegados utilizaremos el siguiente comando:

```
$ airflow dags list

# dag_id          | filepath        | owner           | paused
# ================+================+================+=======
# HolaAirflow-CSV | 01csv_json.py  | user | False
```

Si queremos ver todas las tareas de nuestro DAG, podríamos ejecutar el siguiente comando al cual le pasamos por parámetro el nombre del DAG:

```
$ airflow tasks list HolaAirflow-CSV
# csv2json
# iniciando
```

Y si queremos ver su representación jerárquica:

```
$ airflow tasks list HolaAirflow-CSV --tree
# <Task(BashOperator): iniciando>
#      <Task(PythonOperator): csv2json>
```

Para probarlo, podemos realizar pruebas de las tareas de forma independiente, mediante **airflow tasks test,** donde podemos ver el operador ejecutado, así como su salida y estado:

```
$ airflow tasks test
# [2023-04-30 07:46:18,079] {dagbag.py:538} INFO - Filling up the DagBag from /
opt/***/dags
# [2023-04-30 07:46:19,483] {taskinstance.py:1087} INFO - Dependencies all
met for <TaskInstance: HolaAirflow-CSV.iniciando __***_temporary_run_2023-04-
30T07:46:18.644346+00:00__ [None]>
# [2023-04-30 07:46:19,500] {taskinstance.py:1087} INFO - Dependencies all
met for <TaskInstance: HolaAirflow-CSV.iniciando __***_temporary_run_2023-04-
30T07:46:18.644346+00:00__ [None]>
# [2023-04-30 07:46:19,500] {taskinstance.py:1283} INFO -
# --------------------------------------------------------------------------
---
# [2023-04-30 07:46:19,500] {taskinstance.py:1284} INFO - Starting attempt 1 of
2
# [2023-04-30 07:46:19,500] {taskinstance.py:1285} INFO -
# --------------------------------------------------------------------------
---
# [2023-04-30 07:46:19,503] {taskinstance.py:1304} INFO - Executing
<Task(BashOperator): iniciando> on 2023-04-30T07:46:18.644336+00:00
# [2023-04-30 07:46:19,764] {taskinstance.py:1513} INFO - Exporting the fo-
llowing env vars:
# AIRFLOW_CTX_DAG_OWNER=owner
# AIRFLOW_CTX_DAG_ID=HolaAirflow-CSV
# AIRFLOW_CTX_TASK_ID=iniciando
# AIRFLOW_CTX_EXECUTION_DATE=2023-04-30T07:46:18.644336+00:00
# AIRFLOW_CTX_TRY_NUMBER=1
# AIRFLOW_CTX_DAG_RUN_ID=__***_temporary_run_2023-04-30T07:46:18.644346+00:00__
# [2023-04-30 07:46:19,766] {subprocess.py:63} INFO - Tmp dir root location: /
tmp
# [2023-04-30 07:46:19,767] {subprocess.py:75} INFO - Running command: ['/bin/
bash', '-c', 'echo "Leyendo el csv..."']
# [2023-04-30 07:46:19,786] {subprocess.py:86} INFO - Output:
# [2023-04-30 07:46:19,789] {subprocess.py:93} INFO - Leyendo el csv...
# [2023-04-30 07:46:19,789] {subprocess.py:97} INFO - Command exited with return
code 0
# [2023-04-30 07:46:20,001] {taskinstance.py:1327} INFO - Marking task as SUC-
CESS. dag_id=HolaAirflow-CSV, task_id=iniciando, execution_date=20230430T074618,
start_date=, end_date=20230430T074620
```

Podríamos probar todo el DAG mediante el siguiente comando:

```
$ airflow dags test HolaAirflow-CSV
[2023-04-30 07:51:18,119] {dagbag.py:538} INFO - Filling up the DagBag from /
opt/airflow-2.5.0/dags
[2023-04-30 07:51:18,843] {dag.py:3651} INFO - dagrun id: HolaAirflow-CSV
[2023-04-30 07:51:18,872] {dag.py:3668} INFO - created dagrun <Da-
gRun HolaAirflow-CSV @ 2023-04-30T07:51:18.119560+00:00: manual__2023-04-
30T07:51:18.119560+00:00, state:running, queued_at: None. externally triggered:
False>
[2023-04-30 07:51:18,895] {dag.py:3618} INFO - ********************************
********************
[2023-04-30 07:51:18,896] {dag.py:3622} INFO - Running task iniciando
[2023-04-30 07:51:19,237] {taskinstance.py:1513} INFO - Exporting the following
env vars:
```

```
AIRFLOW_CTX_DAG_OWNER=owner
AIRFLOW_CTX_DAG_ID=HolaAirflow-CSV
AIRFLOW_CTX_TASK_ID=iniciando
AIRFLOW_CTX_EXECUTION_DATE=2023-04-30T07:51:18.119560+00:00
AIRFLOW_CTX_TRY_NUMBER=1
AIRFLOW_CTX_DAG_RUN_ID=manual__2023-04-30T07:51:18.119560+00:00
[2023-04-30 07:51:19,239] {subprocess.py:63} INFO - Tmp dir root location: /tmp
[2023-04-30 07:51:19,239] {subprocess.py:75} INFO - Running command: ['/bin/
bash', '-c', 'echo "Leyendo el csv..."']
[2023-04-30 07:51:19,263] {subprocess.py:86} INFO - Output:
[2023-04-30 07:51:19,273] {subprocess.py:93} INFO - Leyendo el csv...
[2023-04-30 07:51:19,274] {subprocess.py:97} INFO - Command exited with return
code 0
[2023-04-30 07:51:19,330] {taskinstance.py:1327} INFO - Marking task as SUCCESS.
dag_id=HolaAirflow-CSV, task_id=iniciando, execution_date=20230430T075118, start_
date=, end_date=20230430T075119
[2023-04-30 07:51:19,354] {dag.py:3626} INFO - iniciando ran successfully!
[2023-04-30 07:51:19,358] {dag.py:3618} INFO - ********************************
********************
[2023-04-30 07:51:19,358] {dag.py:3622} INFO - Running task csv2json
[2023-04-30 07:51:19,392] {taskinstance.py:1513} INFO - Exporting the following
env vars:
AIRFLOW_CTX_DAG_OWNER=owner
AIRFLOW_CTX_DAG_ID=HolaAirflow-CSV
AIRFLOW_CTX_TASK_ID=csv2json
AIRFLOW_CTX_EXECUTION_DATE=2023-04-30T07:51:18.119560+00:00
AIRFLOW_CTX_TRY_NUMBER=1
AIRFLOW_CTX_DAG_RUN_ID=manual__2023-04-30T07:51:18.119560+00:00
[2023-04-30 07:51:19,546] {python.py:177} INFO - Done. Returned value was: None
[2023-04-30 07:51:19,564] {taskinstance.py:1327} INFO - Marking task as SUCCESS.
dag_id=HolaAirflow-CSV, task_id=csv2json, execution_date=20230430T075118, start_
date=, end_date=20230430T075119
[2023-04-30 07:51:19,581] {dag.py:3626} INFO - csv2json ran successfully!
[2023-04-30 07:51:19,581] {dag.py:3629} INFO - ********************************
********************
[2023-04-30 07:51:19,586] {dagrun.py:606} INFO - Marking run <Da-
gRun HolaAirflow-CSV @ 2023-04-30T07:51:18.119560+00:00: manual__2023-04-
30T07:51:18.119560+00:00, state:running, queued_at: None. externally triggered:
False> successful
[2023-04-30 07:51:19,595] {dagrun.py:672} INFO - DagRun Finished: dag_
id=HolaAirflow-CSV, execution_date=2023-04-30T07:51:18.119560+00:00, run_
id=manual__2023-04-30T07:51:18.119560+00:00, run_start_date=2023-04-30
07:51:18.119560+00:00, run_end_date=2023-04-30 07:51:19.586563+00:00, run_dura-
tion=1.467003, state=success, external_trigger=False, run_type=manual, data_in-
terval_start=2023-04-30T07:51:18.119560+00:00, data_interval_end=2023-04-
30T07:56:18.119560+00:00, dag_hash=None
```

7.8 ALMACENANDO LAS VENTAS EN CSV

El siguiente ejemplo es de una aplicación que recopila datos sobre las ventas de forma ficticia, calcula el promedio y guarda el resultado en un archivo CSV.

store_csv.py

```python
from datetime import datetime, timedelta
from airflow import DAG
from airflow.operators.python_operator import PythonOperator
from airflow.operators.dummy_operator import DummyOperator
import pandas as pd

default_args = {
    'owner': 'airflow',
    'depends_on_past': False,
    'start_date': datetime(2023, 7, 1),
    'email_on_failure': False,
    'email_on_retry': False,
    'retries': 1,
    'retry_delay': timedelta(minutes=5),
}

dag = DAG(
    'my_dag',
    default_args=default_args,
    description='DAG to fetch data and perform some operations',
    schedule_interval=timedelta(days=1),
)

def fetch_sales_data(**kwargs):
    # Example of creating a dummy dataframe for illustration purposes only:
    data = {
    'date': ['2023-07-21', '2023-07-22'],
    'sales': [500, 750]
    }
    df = pd.DataFrame(data)
    kwargs['ti'].xcom_push(key='sales_data', value=df)

def process_sales_data(**kwargs):
    df = kwargs['ti'].xcom_pull(key='sales_data')
    average_sales = df['sales'].mean()
    kwargs['ti'].xcom_push(key='average_sales', value=average_sales)

def save_results_to_csv(**kwargs):
    average_sales = kwargs['ti'].xcom_pull(key='average_sales')

    # Create a dataframe to save the results to a CSV file
    results = {
    'date': [datetime.now().strftime('%Y-%m-%d')],
    'average_sales': [average_sales]
    }
    df_results = pd.DataFrame(results)
    df_results.to_csv('/path/to/results.csv', index=False)

with dag:
    start = DummyOperator(task_id='start')
```

```
fetch_data_task = PythonOperator(
task_id='fetch_sales_data',
python_callable=fetch_sales_data,
provide_context=True,
)

process_data_task = PythonOperator(
task_id='process_sales_data',
python_callable=process_sales_data,
provide_context=True,
)

save_to_csv_task = PythonOperator(
task_id='save_results_to_csv',
python_callable=save_results_to_csv,
provide_context=True,
)

end = DummyOperator(task_id='end')

# Set the task dependencies
start >> fetch_data_task >> process_data_task >> save_to_csv_task >> end
```

7.9 PLANIFICACIÓN DE TAREAS

Apache Airflow ofrece una interfaz de usuario muy completa donde nos permite monitorizar todos nuestros DAGs, ver sus estadísticas de ejecución y gestionar algunos elementos como las conexiones externas de una manera muy intuitiva. En el siguiente ejemplo definimos un DAG que se ejecuta todos los días a la medianoche a partir del 1 de enero de 2023 y **definimos tres tareas.**

▸ La primera tarea ejecuta el siguiente comando Bash: **echo "¡Hola!" >/tmp/dummy,** para crear un archivo en el directorio tmp con contenido "¡Hola!".

▸ La segunda tarea ejecuta el siguiente comando Bash: **test -f /tmp/dummy**, para verificar que el archivo dummy existe en el directorio tmp.

▸ La tercera tarea lee e imprime en la salida estándar el contenido del archivo localizado en el directorio **/tmp/dummy**.

Figura 7.20. DAG de ejecución de tareas

task_scheduling.py

```python
from airflow import DAG
from datetime import datetime
from airflow.operators.python import PythonOperator
from airflow.operators.bash import BashOperator

with DAG(dag_id='check_dag', schedule='@daily',
        start_date=datetime(2023, 1, 1), catchup=False,
        description='DAG to check data', tags=['data_engineering']):

    create_file = BashOperator(
        task_id='create_file',
        bash_command='echo "Hi there!" >/tmp/dummy'
    )

    check_file_exists = BashOperator(
        task_id='check_file_exists',
        bash_command='test -f /tmp/dummy'
    )

    read_file = PythonOperator(
        task_id='read_file',
        python_callable=lambda: print(open('/tmp/dummy', 'rb').read())
    )

    create_file >> check_file_exists >> read_file
```

Una forma de configurar su DAG para una planificación, es definiendo su argumento de programación utilizando una expresión cron o seleccionando uno de los "preestablecidos" de cron disponibles.

@once	Programar una vez y solo una vez
@hourly	Ejecutar una vez por hora
@daily	Ejecutar una vez al día a la medianoche (24:00)
@weekly	Ejecutar una vez por semana a la medianoche (24:00) del último día de la semana
@monthly	Ejecutar una vez al mes a la medianoche (24:00) del primer día del mes
@quarterly	Ejecutar una vez por trimestre a la medianoche (24:00) el primer día
@yearly	Ejecutar una vez al año a la medianoche (24:00) del 1 de enero

Por ejemplo, podríamos planificar nuestro DAG para que se ejecute cada hora. Podría ser una buena práctica adivinar cuál será la primera fecha de ejecución, considerando que **start_date** es la fecha actual y la hora es aproximadamente a las 14 UTC.

dag_scheduling.py

```python
from airflow.decorators import dag, task
import pendulum
@dag(
    'scheduling_demo',
    schedule = '@hourly,
    start_date = pendulum.datetime(2024,3,10),
    catchup = True
)

def scheduling_demo():
    @task
    def _my_task():
        print('Hello World')
    _my_task()

scheduling_demo()
```

Al ejecutar el DAG anterior, podemos ver que obtuvimos 14 ejecuciones de DAG.

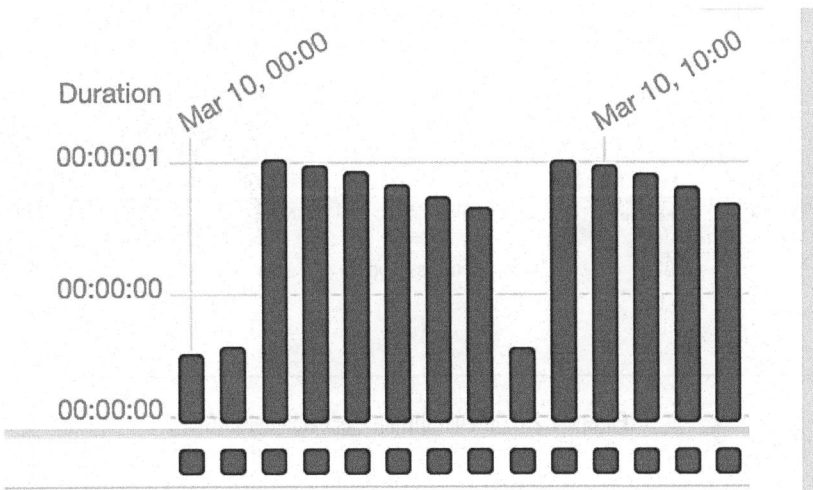

Figura 7.21. Ejecuciones del DAG

Si hacemos clic en la primera ejecución de DAG, veremos que la fecha y hora de ejecución sería **start_date + intervalo**. es decir, 10 de marzo de 2023 00:00:00 + 1 hora → 10-03-2023 01:00:00

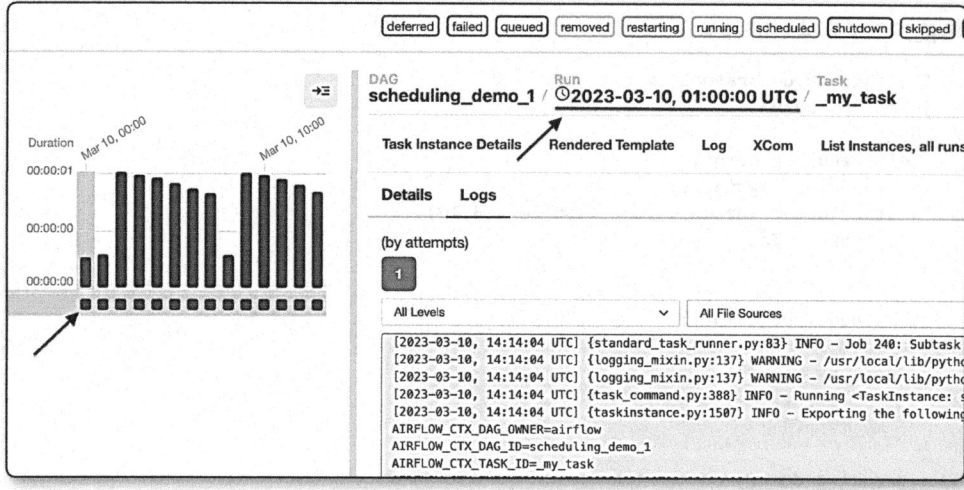

Figura 7.22. Ejecuciones del DAG

También podemos obtener la última fecha y hora de ejecución.

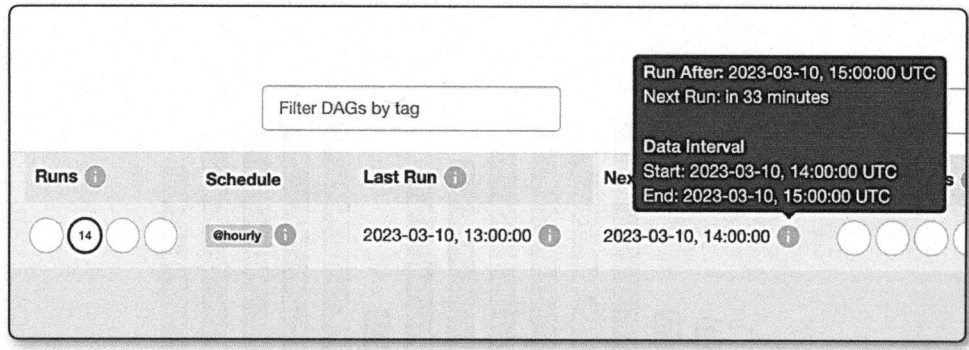

Figura 7.23. Obtener última ejecución del DAG

Podríamos usar **crontab** para generar expresiones cron y usarlas como parámetro de programación. Por ejemplo, si queremos que nuestro DAG se ejecute el 10 de marzo a las 14:35 UTC todos los años, tendría una expresión cron como esta '**35 14 10 3 ***'.

Si quiero que mi DAG se ejecute dentro de unos minutos. tendría que cambiar mi fecha de inicio a un año atrás. Porque si mantengo mi fecha de inicio como hoy y el intervalo de programación es solo el 10 de marzo de cada año a las 14:35 UTC. La ejecución ocurrirá un intervalo de programación más tarde, es decir, después de un año.

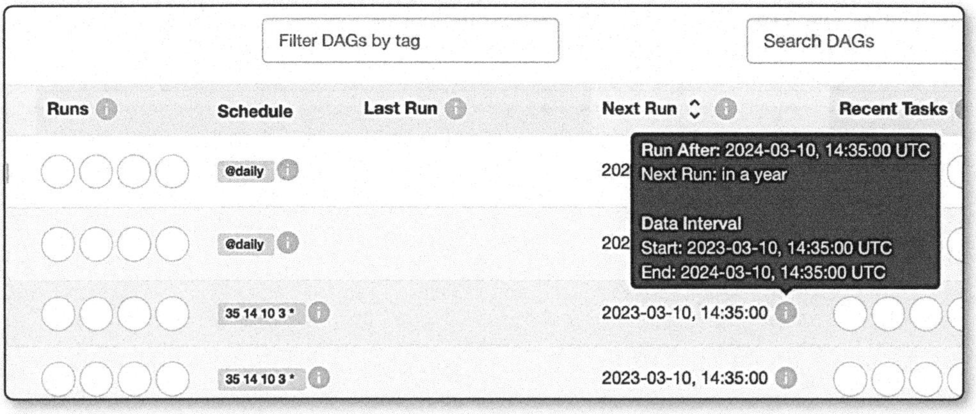

Figura 7.24. Establecer una nueva fecha de ejecución del DAG

De esta forma, si establecemos **start_date** un año atrás para tener una ejecución en los próximos minutos. La nueva expresión cron tendrá la siguiente forma: '**42 14 10 3 ***'.

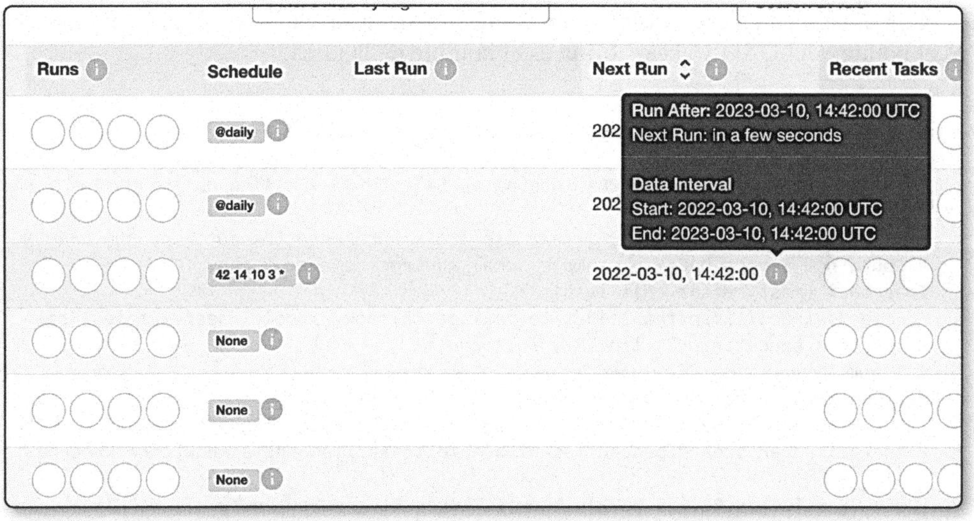

Figura 7.25. Establecer una nueva fecha de ejecución del DAG

7.10 ALMACENANDO EN BASE DE DATOS SQLITE

En el siguiente ejemplo creamos una tabla en una base de datos SQLite con el operador **SqliteOperator**, luego utilizamos el **HttpSensor** para ver si está la API disponible. Después utilizamos el **SimpleHttpOperator** para extraer un usuario de la API y lo procesamos en Python con el Python Operator. Finalmente utilizamos el **BashOperator** para almacenarlo en nuestra base de datos utilizando bash.

Para la tarea **crear_tabla** es importante establecer la conexión con la base de datos de sqlite de airflow localizada en la ruta **/home/linux/airflow/airflow.db**

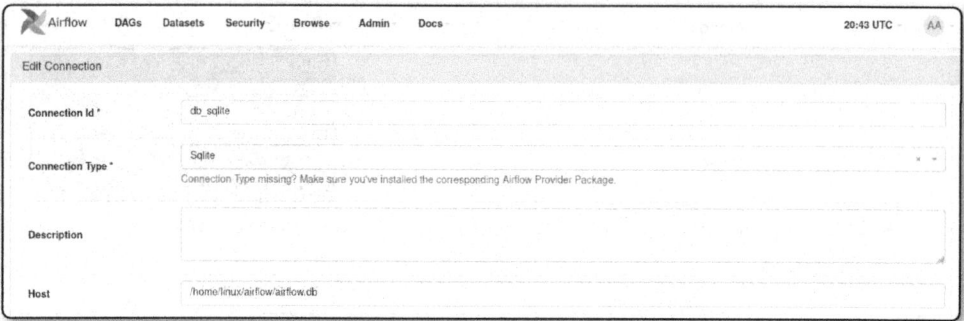

Figura 7.26. Establecer la conexión con base datos sqlite

Además, necesitamos instalar el módulo de sqlite con el siguiente comando:

```
$ pip install apache-airflow-providers-sqlite
```

Con el siguiente comando podríamos **ejecutar una tarea** donde **procesar_usuario** es el nombre del DAG y **crear_tabla** es el nombre de la tarea.

```
$ airflow tasks test <DAG> <task_id> <date>
$ airflow tasks test procesar_usuario crear_tabla 2024-01-01

[2024-08-01T22:28:01.832+0200] {dagbag.py:541} INFO - Filling up the DagBag from
/home/linux/airflow/dags
[2024-08-01T22:28:02.004+0200] {example_local_kubernetes_executor.py:39} WARNING
- Could not import DAGs in example_local_kubernetes_executor.py
Traceback (most recent call last):
  File "/airflow/lib/python3.10/site-packages/airflow/example_dags/example_local_
kubernetes_executor.py", line 37, in <module>
    from kubernetes.client import models as k8s
ModuleNotFoundError: No module named 'kubernetes'
[2024-08-01T22:28:02.005+0200] {example_local_kubernetes_executor.py:40} WARNING
- Install Kubernetes dependencies with: pip install apache-airflow[cncf.kuberne-
tes]
[2024-08-01T22:28:02.012+0200] {example_kubernetes_executor.py:41} WARNING - The
example_kubernetes_executor example DAG requires the kubernetes provider. Please
install it with: pip install apache-airflow[cncf.kubernetes]
[2024-08-01T22:28:02.576+0200] {workday.py:36} WARNING - Could not import pan-
das. Holidays will not be considered.
[2024-08-01T22:28:02.727+0200] {taskinstance.py:1103} INFO - Dependencies all
met for dep_context=non-requeueable deps ti=<TaskInstance: procesar_usuario.
crear_tabla __airflow_temporary_run_2024-08-01T20:28:02.583900+00:00__ [None]>
[2024-08-01T22:28:02.733+0200] {taskinstance.py:1103} INFO - Dependencies all
met for dep_context=requeueable deps ti=<TaskInstance: procesar_usuario.crear_
tabla __airflow_temporary_run_2024-08-01T20:28:02.583900+00:00__ [None]>
[2024-08-01T22:28:02.733+0200] {taskinstance.py:1308} INFO - Starting attempt 1
of 1
[2024-08-01T22:28:02.734+0200] {taskinstance.py:1327} INFO - Executing
```

```
<Task(SqliteOperator): crear_tabla> on 2024-01-01T00:00:00+00:00
[2024-08-01T22:28:02.754+0200] {taskinstance.py:1545} INFO - Exporting env vars:
AIRFLOW_CTX_DAG_OWNER='airflow' AIRFLOW_CTX_DAG_ID='procesar_usuario' AIRFLOW_
CTX_TASK_ID='crear_tabla' AIRFLOW_CTX_EXECUTION_DATE='2024-01-01T00:00:00+00:00'
AIRFLOW_CTX_TRY_NUMBER='1' AIRFLOW_CTX_DAG_RUN_ID='__airflow_temporary_run_2024-
08-01T20:28:02.583900+00:00__'
[2024-08-01T22:28:02.755+0200] {sql.py:267} INFO - Executing: CREATE TABLE
usuarios(nombre TEXT NOT NULL,
    apellidos TEXT NOT NULL,
    pais TEXT NOT NULL,
    usuario TEXT NOT NULL,
    password TEXT NOT NULL,
    email TEXT NOT NULL PRIMARY KEY);
[2024-08-01T22:28:02.760+0200] {base.py:73} INFO - Using connection ID 'db_sqli-
te' for task execution.
[2024-08-01T22:28:02.839+0200] {base.py:73} INFO - Using connection ID 'db_sqli-
te' for task execution.
[2024-08-01T22:28:02.840+0200] {sql.py:378} INFO - Running statement: CREATE
TABLE usuarios(nombre TEXT NOT NULL,
    apellidos TEXT NOT NULL,
    pais TEXT NOT NULL,
    usuario TEXT NOT NULL,
    password TEXT NOT NULL,
    email TEXT NOT NULL PRIMARY KEY);, parameters: None
[2024-08-01T22:28:03.118+0200] {taskinstance.py:1345} INFO - Marking task
as SUCCESS. dag_id=procesar_usuario, task_id=crear_tabla, execution_
date=20240101T000000, start_date=, end_date=20240801T202803
```

Si abrimos la BD de airflow.db vemos como ha creado la tabla usuarios.

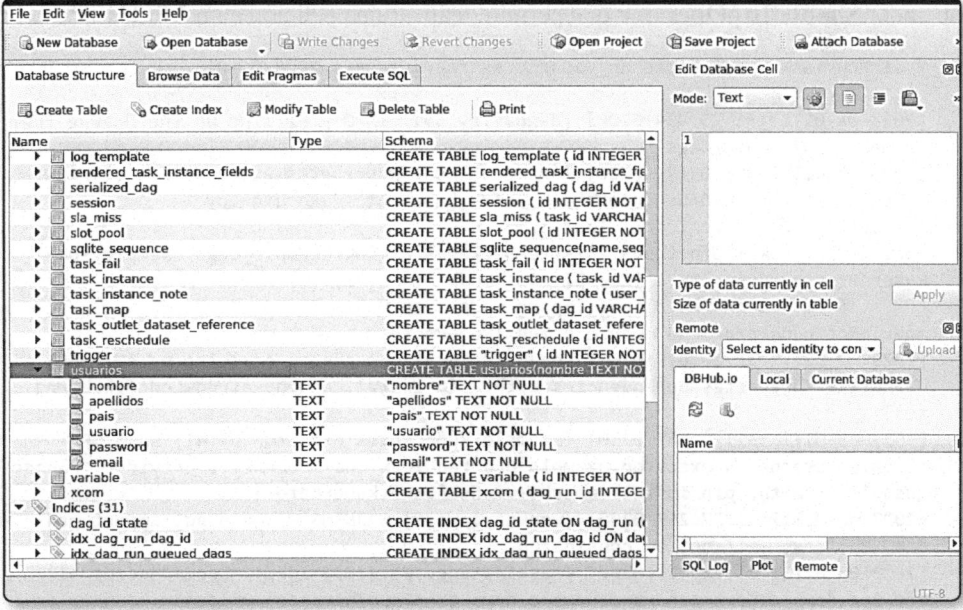

Figura 7.27. Tabla de usuarios creadas en la base de datos sqlite

```
$ sqlite3 airflow.db
base
SQLite version 3.35.4 2021-04-02 15:20:15
Enter ".help" for usage hints.
sqlite> .tables
ab_permission                      dataset_dag_run_queue
ab_permission_view                 dataset_event
ab_permission_view_role            import_error
ab_register_user                   job
ab_role                 log
ab_user                 log_template
ab_user_role            rendered_task_instance_fields
ab_view_menu                       serialized_dag
alembic_version                    session
callback_request                   sla_miss
connection              slot_pool
dag                     task_fail
dag_code                task_instance
dag_owner_attributes               task_instance_note
dag_pickle              task_map
dag_run                 task_outlet_dataset_reference
dag_run_note                       task_reschedule
dag_schedule_dataset_reference  trigger
dag_tag                 usuarios
dag_warning                        variable
dagrun_dataset_event    xcom
dataset
sqlite>
```

El siguiente paso en el pipeline consiste en implementar una tarea que haga uso del operador **SimpleHttpOperator** que permite realizar una petición a un API HTTP.

```
$ airflow tasks test procesar_usuario extraer_usuario 2023-01-01

[2023-08-02T17:31:25.934+0200] {dagbag.py:541} INFO - Filling up the DagBag from
/home/linux/airflow/dags
[2023-08-02T17:31:26.679+0200] {example_local_kubernetes_executor.py:39} WARNING
- Could not import DAGs in example_local_kubernetes_executor.py
Traceback (most recent call last):
  File "/airflow/lib/python3.10/site-packages/airflow/example_dags/example_local_
kubernetes_executor.py", line 37, in <module>
       from kubernetes.client import models as k8s
ModuleNotFoundError: No module named 'kubernetes'
[2023-08-02T17:31:26.679+0200] {example_local_kubernetes_executor.py:40} WARNING
- Install Kubernetes dependencies with: pip install apache-airflow[cncf.kuberne-
tes]
[2023-08-02T17:31:26.687+0200] {example_kubernetes_executor.py:41} WARNING - The
example_kubernetes_executor example DAG requires the kubernetes provider. Please
install it with: pip install apache-airflow[cncf.kubernetes]
[2023-08-02T17:31:27.257+0200] {workday.py:36} WARNING - Could not import pan-
das. Holidays will not be considered.
[2023-08-02T17:31:27.471+0200] {taskinstance.py:1103} INFO - Dependencies all
met for dep_context=non-requeueable deps ti=<TaskInstance: procesar_usuario.ex-
traer_usuario __airflow_temporary_run_2023-08-02T15:31:27.265426+00:00__ [None]>
```

```
[2023-08-02T17:31:27.477+0200] {taskinstance.py:1103} INFO - Dependencies all
met for dep_context=requeueable deps ti=<TaskInstance: procesar_usuario.extraer_
usuario __airflow_temporary_run_2023-08-02T15:31:27.265426+00:00__ [None]>
[2023-08-02T17:31:27.477+0200] {taskinstance.py:1308} INFO - Starting attempt 1
of 1
[2023-08-02T17:31:27.478+0200] {taskinstance.py:1327} INFO - Executing
<Task(SimpleHttpOperator): extraer_usuario> on 2023-01-01T00:00:00+00:00
[2023-08-02T17:31:27.551+0200] {taskinstance.py:1545} INFO - Exporting env
vars: AIRFLOW_CTX_DAG_OWNER='airflow' AIRFLOW_CTX_DAG_ID='procesar_usuario'
AIRFLOW_CTX_TASK_ID='extraer_usuario' AIRFLOW_CTX_EXECUTION_DATE='2023-01-
01T00:00:00+00:00' AIRFLOW_CTX_TRY_NUMBER='1' AIRFLOW_CTX_DAG_RUN_ID='__airflow_
temporary_run_2023-08-02T15:31:27.265426+00:00__'
[2023-08-02T17:31:27.552+0200] {http.py:143} INFO - Calling HTTP method
[2023-08-02T17:31:27.559+0200] {base.py:73} INFO - Using connection ID 'usua-
rio_api' for task execution.
[2023-08-02T17:31:28.457+0200] {http.py:153} INFO - {"results":[{"gender":"
male","name":{"title":"Mr","first":"Jeremy","last":"Knight"},"location":{"st
reet":{"number":5438,"name":"Queen St"},"city":"Kingston","state":"New Brun
swick","country":"Canada","postcode":"J6W 3K9","coordinates":{"latitude":"-
65.0019","longitude":"-159.1996"},"timezone":{"offset":"+5:45","description":"K
athmandu"}},"email":"jeremy.knight@example.com","login":{"uuid":"77c8c84d-b4de-
44c6-8ee3-193735af5b1f","username":"tinyduck189","password":"trouble1","salt":"Q
s15sYzc","md5":"7d4f0a278646f2b3390af972c8d131aa","sha1":"9eefd7f1ca52a4ccd16ecc
d90f5b2f0f7830aa32","sha256":"a892a32bd177d0e7246fe03e0c8ed8b1f48a15cbb573c826a0
8310b9123d773b"},"dob":{"date":"1977-03-26T11:21:53.110Z","age":46},"registered"
:{"date":"2007-02-18T23:10:50.548Z","age":16},"phone":"G36 Z36-0930","cell":"U27
U21-2550","id":{"name":"SIN","value":"899112262"},"picture":{"large":"https://
randomuser.me/api/portraits/men/48.jpg","medium":"https://randomuser.me/api/por-
traits/med/men/48.jpg","thumbnail":"https://randomuser.me/api/portraits/thumb/
men/48.jpg"},"nat":"CA"}],"info":{"seed":"5fec8eeb137a593c","results":1,"page":1
,"version":"1.4"}}
[2023-08-02T17:31:28.600+0200] {taskinstance.py:1345} INFO - Marking task
as SUCCESS. dag_id=procesar_usuario, task_id=extraer_usuario, execution_
date=20230101T000000, start_date=, end_date=20230802T153128
```

En la siguiente imagen vemos el grafo que se genera de dependencias entre tareas:

```
crear_tabla_sqlite >> api_disponible >> extraer_usuario >> procesa_usuario >>
almacenar_usuario
```

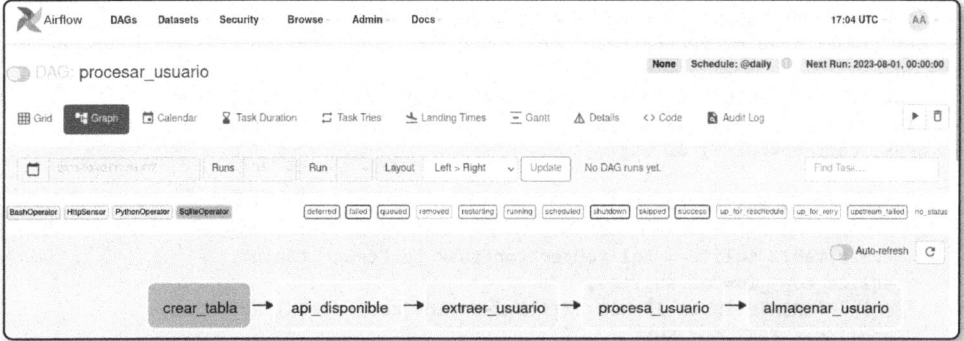

Figura 7.28. DAG de procesamiento y almacenamiento en base de datos

dag_store_database.py

```python
from airflow.models import DAG
from datetime import datetime
import json
import pandas as pd
import requests

from airflow.providers.http.sensors.http import HttpSensor
from airflow.providers.http.operators.http import SimpleHttpOperator
from airflow.providers.sqlite.operators.sqlite import SqliteOperator
from airflow.operators.python import PythonOperator
from airflow.operators.bash import BashOperator

default_args = { "start_date":datetime(2023,1,1) }

def get_data(ti):
    response=requests.get('https://randomuser.me/api')
    data=json.loads(response.text)
    ti.xcom_push(key="data", value=data)
  return data

def _procesa_usuario(ti):
  #usuarios=ti.xcom_pull(task_ids=['extraer_usuario'])
  usuarios=ti.xcom_pull(task_ids=['extraer_usuario'], key="data")
  response=requests.get('https://randomuser.me/api')
  usuario=json.loads(response.text)
  print("Usuario:",usuario)
  if usuario is None:
    raise ValueError("usuario vacio")
  usuario = usuario['results'][0]
  usuario_procesado=pd.json_normalize({
    'nombre':usuario['name']['first'],
    'apellidos':usuario['name']['last'],
    'pais':usuario['location']['country'],
    'usuario':usuario['login']['username'],
    'password':usuario['login']['password'],
    'email':usuario['email']
  })
  usuario_procesado.to_csv('/tmp/usuario_procesado.
csv',index=None,header=False)

# en schedule_interval le indicamos cada cuanto vamos a ejecutarlo
with DAG('procesar_usuario',schedule_interval='@daily', default_args = default_
args, catchup=False) as dag:

  #definir tareas/operadores

  crear_tabla_sqlite = SqliteOperator(task_id="crear_tabla",
  sqlite_conn_id="db_sqlite",
  sql='''CREATE TABLE IF NOT EXISTS usuarios(nombre TEXT NOT NULL,
  apellidos TEXT NOT NULL,
  pais TEXT NOT NULL,
```

```
    usuario TEXT NOT NULL,
    password TEXT NOT NULL,
    email TEXT NOT NULL PRIMARY KEY);''')

    api_disponible = HttpSensor(task_id="api_disponible",
    http_conn_id="usuario_api",
    endpoint="api/")

    '''extraer_usuario = SimpleHttpOperator(task_id="extraer_usuario",
    http_conn_id="usuario_api",
    endpoint="api/",
    method="GET",
    response_filter=lambda response:json.loads(response.text),
    log_response=True)'''

    extraer_usuario = PythonOperator(
        task_id='extraer_usuario',
        python_callable=get_data
        )


    procesa_usuario = PythonOperator(task_id="procesa_usuario",python_callable=_
procesa_usuario)

    almacenar_usuario = BashOperator(task_id="almacenar_usuario",
    bash_command='echo -e ".separator ","\n.import /tmp/usuario_procesado.csv
usuarios" | sqlite3 /home/linux/airflow/airflow.db')
    crear_tabla_sqlite >> api_disponible >> extraer_usuario >> procesa_usuario >>
almacenar_usuario
```

7.11 COMANDOS ÚTILES DE AIRFLOW

En la siguiente tabla podemos ver un resumen de los principales comandos que podríamos utilizar.

```
$ airflow -h

Usage: airflow [-h] GROUP_OR_COMMAND ...

Positional Arguments:
  GROUP_OR_COMMAND

  Groups:
  celery          Celery components
  config          View configuration
  connections     Manage connections
  dags            Manage DAGs
  db              Database operations
  jobs            Manage jobs
  kubernetes      Tools to help run the KubernetesExecutor
  pools           Manage pools
```

```
    providers       Display providers
    roles           Manage roles
    tasks           Manage tasks
    users           Manage users
    variables       Manage variables

    Commands:
    cheat-sheet     Display cheat sheet
    dag-processor   Start a standalone Dag Processor instance
    info            Show information about current Airflow and environment
    kerberos        Start a kerberos ticket renewer
    plugins         Dump information about loaded plugins
    rotate-fernet-key
            Rotate encrypted connection credentials and variables
    scheduler       Start a scheduler instance
    standalone      Run an all-in-one copy of Airflow
    sync-perm       Update permissions for existing roles and optionally DAGs
    triggerer       Start a triggerer instance
    version         Show the version
    webserver       Start a Airflow webserver instance

Options:
    -h, --help       show this help message and exit
```

El siguiente comando permite inicializar la base de datos de metadatos de Airflow:

```
$ airflow initdb
```

El siguiente comando muestra una lista de todos los flujos de trabajo (DAGs) disponibles en el directorio de DAGs de Airflow:

```
$ airflow list_dags
```

El siguiente comando muestra una lista de todas las tareas en un DAG específico:

```
$ airflow list_tasks <dag_id>
```

El siguiente comando ejecuta una tarea específica en un DAG en una fecha de ejecución determinada:

```
$ airflow test <dag_id> <task_id> <execution_date>
```

El siguiente comando permite ejecutar una tarea específica en un DAG en una fecha de ejecución determinada y enviará la salida a la base de datos de metadatos:

```
$ airflow run <dag_id> <task_id> <execution_date>
```

El siguiente comando inicia la ejecución de un DAG específico:

```
$ airflow trigger_dag <dag_id>
```

El siguiente comando pausa la ejecución de un DAG específico:

```
$ airflow pause <dag_id>
```

El siguiente comando reanuda la ejecución de un DAG específico:

```
$ airflow unpause <dag_id>
```

El siguiente comando elimina todos los datos de ejecución para un DAG específico:

```
$ airflow clear <dag_id>
```

El siguiente comando inicia el servidor web de Airflow:

```
$ airflow webserver
```

El siguiente comando inicia el planificador de Airflow:

```
$ airflow scheduler
```

El siguiente comando permite obtener la ruta de la base de datos de airflow:

```
$ airflow config get-value core sql_alchemy_conn
sqlite:////home/linux/airflow/airflow.db
```

7.12 ASTRONOMER

Astronomer *https://www.astronomer.io* es una empresa fundada en el 2018 que proporciona soporte empresarial a la herramienta Apache Airflow. Integra una CLI para gestionar los despliegues de DAGs y una API para aprovisionar y manejar las instancias de Airflow. También permite controlar los accesos de usuario con un modelo basado en roles (RBAC).

Astronomer ayuda a las organizaciones a adoptar Apache Airflow en la nube pública. Puede ejecutarse en un clúster de Kubernetes totalmente gestionado y está recomendado para despliegues de Airflow en grandes grandes entornos empresariales con altos volúmenes de datos.

8

PROGRAMACIÓN CON FLUJOS DE DATOS (DATA FLOW)

8.1 INTRODUCCIÓN

La programación data flow, más conocida como programación reactiva, no es más que crear una red de tuberías por las que van pasando todos los datos, los cuales se van procesando e interactúan con otra información, con el propósito de analizar y construir las diferentes soluciones que requiera la información.

En palabras más técnicas, la programación data flow es considerada como una forma de trabajar con un software, en la que se van generando unas bases de datos que, por medio de diferentes métodos o acciones, se van a ir actualizando automáticamente. Tienen el propósito de que todo funcione sin interrumpir la ejecución debido a que se produzca algún error. Es decir, es un paradigma de programación declarativa que trabaja de forma asíncrona.

Una característica de este tipo de programación es que, normalmente, se suele usar para el procesamiento del Big Data o para un programa que requiere muchísima más velocidad y variedad en el código. Es decir, programas que necesiten de un alto flujo de información simultánea, en los cuales se puedan atender muchas peticiones al mismo tiempo y aprovechando el poco consumo de CPU y memoria que demanda esta estructura.

Un ejemplo más claro de dónde se llega a implementar esta forma de programación es uno de los servicios de Google con el nombre de **Cloud Dataflow** *https://cloud.google. com/dataflow*, el cual se propone realizar un procesamiento de datos de streaming que tenga las ventajas de ser rápido y rentable. Con Google Cloud Dataflow puedes procesar grandes cantidades de datos de manera rápida y eficiente, sin tener que preocuparte por la administración de servidores.

8.2 GOOGLE DATAFLOW

Dataflow es el servicio de procesamiento de datos serverless en Google Cloud Platform (GCP) que permite procesar y analizar grandes cantidades de datos en tiempo real o en batches de manera unificada.

Es la solución estándar de ETL en Google Cloud y está basado en Apache Beam (proyecto open source que combina procesamiento streaming y batch) y permite crear flujos de trabajo para procesar, transformar y analizar datos utilizando una variedad de herramientas y lenguajes de programación.

Además, los proyectos de Apache Beam pueden ser ejecutados en otros runners o ejecutores, como por ejemplo Apache Flink o Apache Spark. Otra ventaja que aporta Apache Beam es la capacidad de que cada runner funciona con cada lenguaje, por lo que se pueden implementar pipelines multi-lenguaje con transformaciones cross-language.

Además, Dataflow te permite integrar tus flujos de trabajo con otras herramientas y servicios de Google Cloud, como BigQuery y Cloud Storage a través de conectores de una manera muy sencilla, lo que proporciona una solución completa de procesamiento de datos.

8.2.1 Componentes de Google Dataflow

La arquitectura de Google Cloud Dataflow se basa en el procesamiento distribuido y consiste en varios componentes entre los que podemos destacar:

- **Fuentes de datos:** Dataflow lee datos de diferentes fuentes, como bases de datos, archivos en Google Cloud Storage o tablas de BigQuery.

- **Transformaciones**: proporciona un conjunto de transformaciones que se pueden aplicar para limpiar, enriquecer y preparar los datos para su análisis.

- **Flujo de trabajo:** Dataflow permite crear flujos de trabajo para procesar, transformar y analizar datos en tiempo real o en lotes utilizando una variedad de lenguajes de programación, como Python o Java.

- **Clusters**: el procesamiento se ejecuta en clusters distribuidos de máquinas virtuales de Google Cloud. Los clusters se pueden escalar dinámicamente según las necesidades de procesamiento en cada paso independiente. No es necesario administrar ni manejar estos clusters, se hace de forma automática y transparente.

- **Sinks**: al igual que con las fuentes de datos, Dataflow puede escribir los resultados del procesamiento en una variedad de destinos a través de conectores.

8.2.2 Ventajas de Google Dataflow

Google Dataflow es un servicio de procesamiento de datos en tiempo real y por lotes proporcionado por Google Cloud. Ofrece varias ventajas para quienes desean gestionar y analizar grandes volúmenes de datos de manera eficiente. Algunas de las ventajas de Google Dataflow son:

▼ **Escalabilidad automática**: Google Dataflow permite escalar horizontalmente automáticamente según la carga de trabajo, lo que significa que puede procesar grandes volúmenes de datos sin tener que preocuparse por la administración de recursos.

▼ **Integración con otros servicios de Google Cloud**: puede aprovechar fácilmente otros servicios de Google Cloud, como BigQuery, Pub/Sub, Datastore, y más, para construir soluciones de análisis y procesamiento de datos más completas.

▼ **Programación en paralelo:** Google Dataflow permite escribir programas en paralelo para procesar datos, lo que puede mejorar significativamente la velocidad de procesamiento de grandes conjuntos de datos.

▼ **Modelado de datos flexible**: puede modelar y transformar datos de manera flexible utilizando una variedad de operaciones, como filtrado, agrupación, agregación y combinación, para satisfacer sus necesidades específicas.

▼ **Monitorización y depuración:** Google Dataflow proporciona herramientas integrales de monitorización y depuración que le permiten rastrear y solucionar problemas en sus flujos de datos en tiempo real o por lotes.

▼ **Apache Beam**: Google Dataflow está basado en Apache Beam, un modelo unificado de procesamiento de datos que permite escribir código que se puede ejecutar en múltiples motores de procesamiento, lo que proporciona portabilidad y flexibilidad.

▼ **Administración de recursos simplificada**: Google Dataflow se encarga de la administración de recursos subyacentes, lo que reduce la carga operativa en los equipos de ingeniería y permite centrarse en la lógica de procesamiento de datos.

▼ **Alta disponibilidad y seguridad:** Google Cloud ofrece una infraestructura de alta disponibilidad y una serie de herramientas y prácticas de seguridad para proteger sus datos y flujos de trabajo.

▼ **Costos basados en el uso:** Google Dataflow ofrece una estructura de precios basada en el uso real, lo que significa que solo paga por los recursos que consume, lo que puede ser más rentable que administrar su propia infraestructura de procesamiento de datos.

8.2.3 Procesamiento Batch y Streaming en Google Dataflow

Para manejar los datos, Google Dataflow usa el concepto de **ventanas de procesamiento**. Existen cuatro tipos de ventanas:

- ▶ **Global**: ventana por defecto. Todos los eventos formarán parte de esta ventana.

- ▶ **Fijas (Fixed)**: ventana con duración fija de tamaño constante y disjuntas.

- ▶ **Deslizantes (Sliding)**: tienen un tamaño constante, pero pueden superponerse.

- ▶ **De Sesión (Session)**: contiene elementos en una duración de intervalo. Esta duración es un intervalo entre los datos nuevos de una transmisión. Si los datos llegan después de la duración del intervalo, los datos se asignan a una ventana nueva.

También gestiona las marcas de agua (watermarks) que son límites temporales que indican el retraso que lleva el sistema en el procesamiento de datos respecto al tiempo de eventos. Dicho de otra forma, si llegan datos cuya marca temporal es anterior al watermark, Dataflow los considera tardíos.

Por defecto, Dataflow determina cuando todos los datos han llegado y avanza el watermark al final de la ventana. Los triggers o activadores determinan el momento en el que entregar los resultados del procesamiento. El trigger por defecto es «AfterWatermark», lo que indica que los resultados se entregan cuando el watermark pasa el final de la ventana. Se pueden establecer triggers por hora del elemento, por tiempo de procesamiento o por la cantidad de elementos.

8.2.4 Pipelines en Google Dataflow

Google Dataflow es un servicio gestionado de Google Cloud que permite el procesamiento de flujos de datos en tiempo real y por lotes. Dataflow utiliza Apache Beam como SDK para definir y ejecutar sus pipelines. En primera instancia tendríamos que autenticarnos en Google Cloud para usar este servicio e instalar la librería de apache beam en Python.

```
$ gcloud init
$ gcloud auth application-default login
$ pip install apache-beam[gcp]
```

En el siguiente ejemplo utilizamos Apache Beam para construir un pipeline en Dataflow de Google Cloud Platform (GCP) que lee un archivo de texto de Google Cloud Storage, cuenta la frecuencia de aparición de cada palabra y escribe los resultados en una tabla de BigQuery.

wordcount_to_bigquery.py

```python
import apache_beam as beam
from apache_beam.options.pipeline_options import PipelineOptions, GoogleCloudOp-
tions, StandardOptions
from apache_beam.io.gcp.bigquery import WriteToBigQuery, BigQueryDisposition

# Configurar opciones del pipeline
options = PipelineOptions()

google_cloud_options = options.view_as(GoogleCloudOptions)
google_cloud_options.project = 'tu-proyecto-id'
google_cloud_options.region = 'us-central1'
google_cloud_options.job_name = 'nombre-de-tu-job'
google_cloud_options.staging_location = 'gs://tu-bucket/staging'
google_cloud_options.temp_location = 'gs://tu-bucket/temp'

options.view_as(StandardOptions).runner = 'DataflowRunner'

# Define el esquema de la tabla de BigQuery
table_schema = {
    'fields': [
        {'name': 'word', 'type': 'STRING', 'mode': 'REQUIRED'},
        {'name': 'count', 'type': 'INTEGER', 'mode': 'REQUIRED'}
    ]
}

# Definir el pipeline
def run():
    with beam.Pipeline(options=options) as p:
        (p
         | 'Leer' >> beam.io.ReadFromText('gs://tu-bucket/input.txt')
         | 'Tokenizar' >> beam.FlatMap(lambda x: x.split())
         | 'Contar Palabras' >> beam.combiners.Count.PerElement()
         | 'Formato para BigQuery' >> beam.Map(lambda word_count: {'word': word_
count[0], 'count': word_count[1]})
         | 'Escribir a BigQuery' >> WriteToBigQuery(
            table='tu-proyecto-id:tu_dataset.tu_tabla',
            schema=table_schema,
            write_disposition=BigQueryDisposition.WRITE_TRUNCATE,
            create_disposition=BigQueryDisposition.CREATE_IF_NEEDED
        )
        )

if __name__ == '__main__':
    run()
```

En el ejemplo anterior, primero se importan las librerías necesarias y se crea un objeto **Pipeline** de la librería apache beam. Posteriormente, se define la ruta del archivo de entrada y el esquema de la tabla de BigQuery para la salida. El pipeline se construye siguiendo los siguientes pasos:

1. **Leer fichero de entrada:** beam.io.ReadFromText('gs://tu-bucket/input.txt').

2. **Tokenizar las palabras:** beam.FlatMap(lambda x: x.split()) divide cada línea en palabras.

3. **Contar las palabras**: beam.combiners.Count.PerElement() cuenta las ocurrencias de cada palabra.

4. **Formato para BigQuery**: beam.Map(lambda word_count: {'word': word_count[0], 'count': word_count[1]}) convierte cada tupla (palabra, cuenta) en un diccionario con las claves word y count.

5. **Escribir a BigQuery**: WriteToBigQuery escribe los resultados en la tabla de BigQuery perteneciente a tu proyecto.

Podríamos mejorar el script anterior, por ejemplo, procesando los datos en paralelo para maximizar el rendimiento de Apache Beam en Google Dataflow. El objetivo es ajustar el pipeline para aprovechar al máximo las capacidades de paralelización de Apache Beam. El siguiente script de Python cuenta las apariciones de cada palabra en un archivo de entrada y guarda los resultados en una tabla de BigQuery, con **paralelización habilitada**.

wordcount_to_bigquery_parallel.py

```python
import apache_beam as beam
from apache_beam.options.pipeline_options import PipelineOptions, GoogleCloudOp-
tions, StandardOptions, WorkerOptions
from apache_beam.io.gcp.bigquery import WriteToBigQuery, BigQueryDisposition
import re

# Configurar opciones del pipeline
options = PipelineOptions()

google_cloud_options = options.view_as(GoogleCloudOptions)
google_cloud_options.project = 'tu-proyecto-id'
google_cloud_options.region = 'us-central1'
google_cloud_options.job_name = 'nombre-de-tu-job'
google_cloud_options.staging_location = 'gs://tu-bucket/staging'
google_cloud_options.temp_location = 'gs://tu-bucket/temp'

options.view_as(StandardOptions).runner = 'DataflowRunner'

# Opciones de trabajador
worker_options = options.view_as(WorkerOptions)
worker_options.num_workers = 5  # Número de trabajadores paralelos
worker_options.autoscaling_algorithm = 'THROUGHPUT_BASED'  # Autoscaling basado
en el rendimiento

# Define el esquema de la tabla de BigQuery
```

```python
table_schema = {
    'fields': [
        {'name': 'word', 'type': 'STRING', 'mode': 'REQUIRED'},
        {'name': 'count', 'type': 'INTEGER', 'mode': 'REQUIRED'}
    ]
}

# Función para tokenizar líneas en palabras
def tokenize(line):
    return re.findall(r'\b\w+\b', line.lower())

# Definir el pipeline
def run():
    with beam.Pipeline(options=options) as p:
        (p
        | 'Leer' >> beam.io.ReadFromText('gs://tu-bucket/input.txt')
        | 'Tokenizar' >> beam.FlatMap(tokenize)
        | 'Contar Palabras' >> beam.combiners.Count.PerElement()
        | 'Formato para BigQuery' >> beam.Map(lambda word_count: {'word': word_
count[0], 'count': word_count[1]})
        | 'Escribir a BigQuery' >> WriteToBigQuery(
            table='tu-proyecto-id:tu_dataset.tu_tabla',
            schema=table_schema,
            write_disposition=BigQueryDisposition.WRITE_TRUNCATE,
            create_disposition=BigQueryDisposition.CREATE_IF_NEEDED
        )
        )

if __name__ == '__main__':
    run()
```

La principal diferencia con respecto al primer script que no usaba paralelización está en la configuración del Pipeline, a la cual hemos añadido el runner que usaremos y el número de workers que tendremos para la ejecución en paralelo:

▾ **PipelineOptions**: configura las opciones generales del pipeline.

▾ **GoogleCloudOptions**: especifica la configuración del proyecto de Google Cloud, la región, el nombre del trabajo, y las ubicaciones de staging y temp.

▾ **StandardOptions**: define el runner que se usará (DataflowRunner para ejecutar en Google Dataflow).

▾ **WorkerOptions**: define el número de trabajadores y el algoritmo de autoescalado.

Hay que destacar también la presencia de la función **tokenize** que convierte cada línea en palabras individuales, utilizando expresiones regulares para encontrar palabras, convirtiendo todo a minúsculas para una comparación más fácil.

8.3 GOOGLE DATAPROC

Google Dataproc es un servicio gestionado de Google Cloud que simplifica el procesamiento de big data y las tareas de análisis. Te permite ejecutar clústeres de Apache Hadoop y Apache Spark de manera fácil y eficiente en la nube de Google. Es un servicio que automatiza la creación de clusters, facilita su gestión y permite disminuir el coste de infraestructura al usar clusters volátiles que se pueden apagar.

Con Dataproc podemos aislar las cargas de trabajo y asignar un cluster configurado específicamente para cada una de ellas. Esta capacidad es muy llamativa frente a mantener un clúster único con muchas dependencias y servicios infrautilizados.

Además del bajo coste de Dataproc, es posible usar «preemptive instances» o instancias spot. Estas son instancias no permanentes, con un precio mucho más bajo que pueden retirarse del servicio en cualquier momento y en un plazo de 24 horas. Dataproc factura solamente por los recursos que utilices, en intervalos de segundos. Los clusters de Dataproc son redimensionables. Se pueden realizar operaciones de creación y escalado en menos de 90 segundos.

8.3.1 Ventajas de Google Dataproc

Google Cloud Dataproc ofrece numerosas ventajas que lo hacen una opción atractiva para gestionar y ejecutar clústeres de big data. A continuación, mostramos una lista de algunas de las principales ventajas:

- **Rápida implementación**: puedes crear clústeres en minutos, lo que te permite empezar a trabajar rápidamente.

- **Gestión simplificada**: la administración de clústeres es sencilla, con opciones fáciles para escalar y ajustar la configuración.

- **Pago por uso**: solo pagas por el tiempo que los clústeres están en funcionamiento. Los clústeres pueden apagarse automáticamente cuando no están en uso.

- **Optimización de recursos**: con el autoescalado, puedes ajustar dinámicamente el número de nodos en función de la carga de trabajo, optimizando así los costos.

- **Autoescalado**: ajusta automáticamente los recursos según la carga de trabajo, lo que garantiza un rendimiento óptimo.

- **Mantenimiento gestionado:** Google gestiona las actualizaciones y el mantenimiento del clúster, asegurando una alta disponibilidad.

- **Recuperación ante desastres**: los datos pueden replicarse y respaldarse fácilmente para asegurar la continuidad del negocio.

- **Diversos tipos de máquinas**: elige entre una variedad de tipos de máquinas y configuraciones de nodos según las necesidades de tu carga de trabajo.

- **Personalización de clústeres**: configura clústeres para requisitos específicos de procesamiento, almacenamiento y memoria.

8.3.2 Creación de un Clúster en Google Dataproc

Google Cloud Dataproc ofrece una solución robusta, flexible y escalable para gestionar y ejecutar cargas de trabajo de big data en la nube. Con su integración con el ecosistema de Google Cloud, facilidad de uso, eficiencia de costos y capacidades avanzadas de escalabilidad y seguridad, Dataproc permite a las organizaciones centrarse en el análisis y procesamiento de datos en lugar de en la gestión de la infraestructura. Para crear un Clúster de Dataproc tenemos 2 alternativas:

1. Desde la consola de Google Cloud:

    a) Ve a la consola de Google Cloud.
    b) Navegar a la sección de Dataproc.
    c) Haz clic en "Crear clúster".
    d) Configurar el nombre del clúster, la región y la zona.
    e) Seleccionar el tipo de máquina y el número de nodos workers.

2. Usando gcloud con el siguiente comando:

```
$ gcloud dataproc clusters create my-cluster \
    --region us-central1 \
    --zone us-central1-a \
    --master-machine-type n1-standard-4 \
    --worker-machine-type n1-standard-4 \
    --num-workers 2
```

8.3.3 Componentes de Google Dataproc

Google Cloud Dataproc está compuesto por varios componentes y servicios que facilitan la creación, administración y ejecución de clústeres de big data en la nube. A continuación, se detallan los principales componentes de Google Cloud Dataproc:

▼ **Clústeres**: los clústeres de Dataproc son conjuntos de máquinas virtuales (VMs) que se configuran para trabajar juntas en tareas de procesamiento de datos. Cada clúster consta de los siguientes tipos de nodos:

  - **Nodo Maestro**: coordina el clúster y administra las tareas.
  - **Nodos Workers**: realizan la mayoría del procesamiento de datos.
  - **Nodos Preemptibles**: nodos de bajo costo que pueden interrumpirse por Google Cloud cuando sea necesario.

▼ **Entornos de Ejecución:** Dataproc soporta varios entornos de ejecución para procesar datos:

  - **Apache Hadoop**: Framework para el procesamiento distribuido de grandes conjuntos de datos.
  - **Apache Spark**: motor de procesamiento de datos rápido y general para el análisis de grandes volúmenes de datos.
  - **Apache Hive:** herramienta para el análisis de datos estructurados sobre Hadoop.

- **Apache Pig**: plataforma para el análisis de grandes conjuntos de datos que consiste en un lenguaje de alto nivel para expresar programas de análisis de datos.
- **Presto**: motor SQL distribuido para la consulta interactiva de grandes conjuntos de datos.
- **Jupyter Notebooks**: entornos interactivos para el análisis de datos y desarrollo de modelos de machine learning.

- **Conectores e Integraciones:** Google Cloud Dataproc se integra con una variedad de servicios de Google Cloud y otros sistemas de big data:
  - **Google Cloud Storage (GCS): a**lmacenamiento de datos altamente escalable y duradero que se utiliza comúnmente para almacenar datos de entrada y salida.
  - **BigQuery**: almacén de datos completamente gestionado y altamente escalable para análisis rápidos de grandes conjuntos de datos.
  - **Cloud Bigtable**: Base de datos NoSQL rápida y completamente gestionada para grandes volúmenes de datos.
  - **Cloud Pub/Sub**: servicio de mensajería en tiempo real para transmitir eventos y datos.

- **Herramientas de administración y monitorización:**
  - **Google Cloud Console**: interfaz web para crear y administrar clústeres de Dataproc, ejecutar trabajos y monitorizar el estado del clúster.
  - **gcloud CLI**: herramienta de línea de comandos para interactuar con Google Cloud, incluida la gestión de clústeres de Dataproc.
  - **API de Dataproc**: API REST para programar y automatizar tareas de administración de clústeres.
  - **Stackdriver Monitoring y Logging**: herramientas para monitorizar y registrar la actividad del clúster, facilitando la depuración y optimización del rendimiento.

- **Configuración y gestión de clústeres:**
  - **Autoscaling**: ajuste automático del tamaño del clúster basado en la carga de trabajo para optimizar costos y rendimiento.
  - **Plantillas de clústeres**: configuraciones predefinidas que permiten la creación rápida de clústeres con configuraciones específicas.
  - **Scripts de inicialización**: Scripts personalizados que se ejecutan cuando se crea un clúster para instalar y configurar software adicional.

- **Seguridad y control de acceso:**
  - **Identity and Access Management (IAM):** control de acceso basado en roles para gestionar quién puede crear, ver y administrar clústeres de Dataproc.
  - **Encriptación de Datos**: tanto en tránsito como en reposo para proteger los datos procesados.
  - **VPC Service Controls:** barreras de seguridad alrededor de los recursos para proteger los datos confidenciales.

Para ilustrar cómo se utilizan estos componentes, supongamos que nos interesa contar las palabras en un archivo de texto almacenado en Google Cloud Storage y almacenar los resultados en BigQuery. A continuación, se detallan los pasos:

1. **Crear un Clúster**: podríamos crear un cluster a través de la consola de Google Cloud con el comando **gcloud**.

2. **Subir datos a GCS**: subir el archivo de texto a un bucket de Google Cloud Storage.

3. **Escribir un script con Apache Spark**: escribir un script de Spark que cuenta las palabras en el archivo de entrada.

4. **Ejecutar el script**: usar **gcloud** para enviar el trabajo de Spark al clúster de Dataproc.

5. **Almacenar resultados en BigQuery**: configurar el script para guardar los resultados en una tabla de BigQuery.

6. **Monitorizar y escalar**: usa Stackdriver para monitorizar el estado del trabajo y el rendimiento del clúster.

7. **Eliminar el Clúster**: una vez finalizado el trabajo, elimina el clúster para evitar costes adicionales.

Para facilitar el trabajo en la creación de scripts e integración con herramientas de administración y monitorización podemos recurrir al siguiente repositorio de GitHub *https://github.com/GoogleCloudDataproc/initialization-actions*.

Por ejemplo, el siguiente script nos permite trabajar con Apache Spark desde python con la librería **pyspark** *https://spark.apache.org/docs/latest/api/python/getting_started/index.html* para contar las palabras en un archivo de texto y almacenar los resultados en Google Cloud Storage.

word_count_spark.py

```python
from pyspark import SparkContext
from pyspark.sql import SparkSession

def main():
    sc = SparkContext()
    spark = SparkSession(sc)

    # Leer el archivo de entrada
    input_path = "gs://your-bucket/input/input.txt"
    text_file = sc.textFile(input_path)

    # Contar las palabras
    counts = text_file.flatMap(lambda line: line.split()) \
                    .map(lambda word: (word, 1)) \
```

```
                  .reduceByKey(lambda a, b: a + b)

    # Guardar los resultados
    output_path = "gs://your-bucket/output/"
    counts.saveAsTextFile(output_path)

if __name__ == "__main__":
    main()
```

Para ejecutar el script anterior en Dataproc podríamos subir el script de Spark en Google Cloud Storage con el siguiente comando:

```
$ gsutil cp wordcount.py gs://your-bucket/code/
```

Una vez subido el script, podríamos ejecutarlo con el siguiente comando donde le indicamos el nombre del cluster y la región sobre la cual estamos trabajando:

```
$ gcloud dataproc jobs submit pyspark gs://your-bucket/code/wordcount.py \
    --cluster my-cluster \
    --region us-central1
```

8.3.4 Google Dataproc Autoscaling

Google Cloud Dataproc ofrece la capacidad de autoescalado, lo que permite ajustar automáticamente el tamaño de los clústeres en función de la carga de trabajo. Esto asegura que los recursos se utilicen de manera eficiente, optimizando costos y rendimiento.

Dataproc permite escalar el tamaño del cluster de forma manual o automática. La escalabilidad manual se realiza a través de la consola de Google Cloud, donde es posible agregar o quitar nodos del cluster según las necesidades del proyecto. Por otro lado, la escalabilidad automática se realiza mediante el uso de Cloud Dataproc Autoscaling, que ajusta automáticamente el tamaño del cluster en función de la carga de trabajo. A continuación, se detalla cómo funciona el autoscaling en Google Dataproc, sus ventajas y cómo configurarlo.

El autoscaling en Dataproc ajusta automáticamente el número de nodos en un clúster de acuerdo con la demanda del trabajo. Esto se hace mediante políticas de autoscaling que definen cuándo y cómo escalar el clúster hacia arriba o hacia abajo. Entre las principales ventajas del autoscaling podemos destacar:

- **Optimización de costos:** al ajustar el número de nodos según la carga de trabajo, se evita el pago por recursos no utilizados.
- **Rendimiento mejorado**: se garantiza que haya suficientes recursos disponibles durante los picos de carga para mantener el rendimiento.
- **Gestión simplificada**: reduce la necesidad de supervisión manual y ajuste de los clústeres.
- **Flexibilidad**: permite manejar cargas de trabajo variables sin necesidad de dimensionar excesivamente los clústeres de antemano.

Para crear una política de **autoscaling**, podríamos hacerlo utilizando la consola de Google Cloud o el siguiente comando gcloud:

```
$ gcloud dataproc autoscaling-policies create my-autoscaling-policy \
  --region=us-central1 \
  --basic-algorithm-yaml='
  yarnConfig:
    gracefulDecommissionTimeout: 0s
    scaleUpFactor: 0.5
    scaleDownFactor: 1.0
    scaleUpMinWorkerFraction: 0.0
    scaleDownMinWorkerFraction: 0.0
  workerConfig:
    minInstances: 2
    maxInstances: 100
  secondaryWorkerConfig:
    minInstances: 0
    maxInstances: 50
  '
```

- **minInstances**: número mínimo de instancias de nodos workers.
- **maxInstances**: número máximo de instancias de nodos workers.
- **scaleUpFactor**: fracción de recursos adicionales que se añadirán durante el escalado hacia arriba.
- **scaleDownFactor**: fracción de recursos que se reducirán durante el escalado hacia abajo.

Una vez definida la política, podríamos aplicar la política de autoscaling al crear un nuevo clúster o al actualizar uno existente.

```
$ gcloud dataproc clusters create my-cluster \
  --region=us-central1 \
  --autoscaling-policy=my-autoscaling-policy \
  --num-workers=2 \
  --num-secondary-workers=0
```

Por ejemplo, supongamos que tenemos un clúster de Dataproc que procesa trabajos de Spark. Para manejar las fluctuaciones en la carga de trabajo, configuramos una política de autoscaling para asegurar que el clúster pueda escalar entre 2 y 100 nodos de trabajo. Esta sería la política que permite que el cluster pueda tener esa capacidad de escalado:

```
$ gcloud dataproc autoscaling-policies create spark-autoscaling-policy \
  --region=us-central1 \
  --basic-algorithm-yaml='
  yarnConfig:
    gracefulDecommissionTimeout: 60s
    scaleUpFactor: 0.5
    scaleDownFactor: 1.0
    scaleUpMinWorkerFraction: 0.0
    scaleDownMinWorkerFraction: 0.0
```

```
workerConfig:
  minInstances: 2
  maxInstances: 100
secondaryWorkerConfig:
  minInstances: 0
  maxInstances: 50
'
```

Posteriormente, creamos un cluster aplicando la política definida anteriormente:

```
$ gcloud dataproc clusters create spark-cluster \
  --region=us-central1 \
  --autoscaling-policy=spark-autoscaling-policy \
  --num-workers=2 \
  --num-secondary-workers=0
```

Por último, podríamos ejecutar jobs de Spark sobre el cluster definido anteriormente:

```
$ gcloud dataproc jobs submit spark --cluster=spark-cluster --region=us-central1 \
  --class=org.apache.spark.examples.SparkPi \
  --jars=file:///usr/lib/spark/examples/jars/spark-examples.jar \
  -- 1000
```

El autoscaling en Google Cloud Dataproc proporciona una manera eficiente y flexible de gestionar clústeres de big data. Al ajustar automáticamente el tamaño del clúster según la demanda, se optimizan los costos y se garantiza un rendimiento adecuado sin la necesidad de intervención manual constante. Esto es especialmente útil para cargas de trabajo variables y picos de uso inesperados.

8.3.5 Google Dataproc vs Dataflow

Google Cloud Dataflow *https://cloud.google.com/dataflow* y Cloud Dataproc *https://cloud.google.com/dataproc* son dos servicios de procesamiento de datos en la nube ofrecidos por Google Cloud Platform. Aunque ambos servicios se utilizan para procesar y analizar grandes cantidades de datos, existen algunas diferencias clave entre ellos.

Dataflow utiliza Apache Beam y Spark como plataformas de procesamiento de datos, mientras que Cloud Dataproc utiliza Apache Hadoop y Spark. Por este motivo, Cloud Dataproc es la opción preferida cuando se necesitan migrar cargas de trabajo ya desarrolladas en Spark en clusters on premise.

En el caso de nuevos desarrollos, es aconsejable realizarlos en Dataflow, puesto que es más flexible y eficiente en procesamiento y en coste. Además, los desarrollos para Dataflow son reutilizables en un gran número de runners, como Apache Spark.

Otra diferencia importante es la forma en que se cobra cada servicio. Dataflow se cobra por el uso de recursos y tiempo de ejecución, mientras que Dataproc se cobra por el uso de clusters. Esto significa que Dataflow puede ser más adecuado para aplicaciones de procesamiento de datos que necesitan un rendimiento constante, mientras que Dataproc puede ser más adecuado para aplicaciones de procesamiento de datos que necesitan grandes cantidades de recursos de manera ocasional.

La siguiente tabla trata de comparar las características más relevantes entre ambas plataformas:

	Cloud Dataflow	Cloud Dataproc
Modelo de programación	Cloud Dataflow utiliza un modelo de programación basado en Apache Beam, que permite la creación de flujos de trabajo de procesamiento de datos que son portables y escalables.	**Hadoop y Spark administrados**: Cloud Dataproc proporciona clústeres administrados de Apache Hadoop y Apache Spark, lo que permite ejecutar tareas de procesamiento de datos distribuidas en un entorno de clúster.
Escalabilidad automática	Cloud Dataflow administra automáticamente el escalado de recursos según las necesidades del procesamiento de datos, lo que permite un procesamiento rápido y eficiente.	**Flexibilidad y control**: ofrece a los usuarios control total sobre la configuración del clúster, lo que permite la personalización del entorno según los requisitos específicos.
Manejo de errores y tolerancia a fallos	Proporciona características integradas para manejar errores y garantizar la tolerancia a fallos en los flujos de trabajo de procesamiento de datos.	Cloud Dataproc monitorea constantemente el estado de los nodos en el clúster y reinicia automáticamente los nodos que se hayan vuelto inestables o inaccesibles debido a errores de software o hardware.
Integración con servicios de GCP	Se integra fácilmente con otros servicios de GCP, como BigQuery, Pub/Sub, Datastore, etc.	Cloud Dataproc está altamente integrado con el ecosistema de herramientas de Hadoop y Spark, lo que permite aprovechar las herramientas y librerías existentes.
Casos de uso	Ideal para flujos de trabajo de ETL (Extract, Transform, Load), análisis de streaming y batch, procesamiento de eventos en tiempo real, etc.	Ideal para tareas de procesamiento de datos más complejas que requieren el uso de herramientas de Hadoop y Spark, como análisis de big data, machine learning distribuido, procesamiento de logs, etc.

En resumen, Cloud Dataflow es ideal para flujos de trabajo de procesamiento de datos basados en modelos de programación unificados y escalabilidad automática, mientras que Cloud Dataproc es más adecuado para cargas de trabajo de procesamiento de datos más tradicionales que requieren motores de procesamiento como Hadoop y Spark. La elección entre ambos servicios depende de los requisitos específicos del proyecto y las preferencias del equipo de desarrollo.

GLOSARIO DE TÉRMINOS

8.4 GLOSARIO

▶ **Apache Airflow**: plataforma de código abierto para la programación, creación y monitoreo de flujos de trabajo complejos de datos.

▶ **Apache Flink**: un marco de procesamiento de flujos de datos distribuido y escalable, diseñado para manejar flujos de datos en tiempo real y por lotes.

▶ **Apache Kafka:** una plataforma de transmisión distribuida que permite la publicación, suscripción, almacenamiento y procesamiento de flujos de eventos en tiempo real.

▶ **Apache NiFi**: plataforma de integración y procesamiento de datos en tiempo real que permite automatizar el flujo de datos entre sistemas y aplicaciones.

▶ **Apache Spark**: motor de análisis de datos distribuido de código abierto que permite el procesamiento rápido de grandes volúmenes de datos.

▶ **Artifact Store**: almacén donde se guardan los artefactos generados durante las ejecuciones de experimentos en MLflow, como S3, Google Cloud Storage o un sistema de archivos local.

▶ **APIs (Application Programming Interfaces):** conjuntos de definiciones y protocolos que permiten la comunicación entre diferentes sistemas de software.

▶ **Airflow Web UI**: interfaz web de Apache Airflow que permite monitorear y gestionar los DAGs, tareas y el estado del sistema en general.

▶ **API de MLflow**: conjunto de funciones y métodos proporcionados por MLflow para interactuar programáticamente con sus componentes, como la creación de ejecuciones o la gestión de modelos.

▶ **Artefacto (Artifact)**: cualquier archivo o recurso generado durante la ejecución de un modelo, como gráficos, checkpoints, o el propio modelo, almacenado en MLflow.

▶ **Autenticación:** proceso de verificación de identidad para asegurar que solo usuarios autorizados puedan acceder o modificar recursos.

▶ **Batch Processing**: método de procesamiento de datos en el que los datos se recolectan y procesan en lotes o bloques en lugar de hacerlo de manera continua.

▶ **Back Pressure**: mecanismo de control de flujo en Apache NiFi que limita la cantidad de FlowFiles en una conexión para evitar la sobrecarga de los procesadores.

▶ **Backend Store**: sistema de almacenamiento utilizado por MLflow para guardar datos relacionados con las ejecuciones y experimentos, que puede ser una base de datos SQL o un servicio en la nube.

▶ **Big Data:** conjunto de datos tan grande y complejo que se requieren tecnologías avanzadas de almacenamiento y procesamiento para manejarlo y analizarlo.

▶ **Broker:** un servidor que forma parte de un clúster de Kafka, encargado de almacenar y servir los datos a los consumidores.

▶ **Bulletin:** mensaje de advertencia o error generado por un procesador o componente en NiFi, utilizado para monitorear y depurar flujos de trabajo.

▶ **Checkpointing:** mecanismo en Apache Flink que permite almacenar el estado de la aplicación de forma periódica para proporcionar tolerancia a fallos.

▶ **CI/CD (Continuous Integration/Continuous Deployment)**: práctica de desarrollo de software en la que los cambios en el código se integran y despliegan de manera continua y automatizada.

▶ **Clúster:** un conjunto de brokers que trabajan juntos para gestionar y distribuir datos de manera eficiente.

▶ **Connection:** vínculo entre procesadores en un flujo de trabajo que define cómo se transfieren los FlowFiles entre ellos.

▶ **Consumer:** una aplicación o proceso que lee datos (mensajes) de un tópico en Kafka.

▶ **Controller Service**: servicio compartido que proporciona recursos y configuraciones para procesadores y otros componentes, como conexiones de bases de datos o configuraciones de SSL.

▶ **Cron Expression**: sintaxis utilizada en Airflow para definir la programación de los DAGs, basada en intervalos de tiempo.

▶ **DAG (Directed Acyclic Graph)**: estructura fundamental en Airflow que representa un flujo de trabajo; consiste en tareas organizadas en una red de dependencias sin ciclos.

▶ **DagRun:** instancia de ejecución de un DAG, que se activa según el cronograma definido o de manera manual.

▶ **Data Cleansing**: proceso de detección y corrección (o eliminación) de errores y discrepancias en los datos para mejorar la calidad de estos.

- **DataFrame:** estructura de datos bidimensional en Python, similar a una tabla, que se utiliza en bibliotecas como Pandas para manipular y analizar datos.

- **Data Governance**: conjunto de políticas, procesos y estándares que aseguran que los datos se gestionen y utilicen de manera efectiva y segura en toda la organización.

- **Data Ingestion**: proceso de obtener y transportar datos desde diversas fuentes hacia un sistema de almacenamiento o análisis.

- **Data Provenance**: funcionalidad en Apache NiFi que permite rastrear el origen y la transformación de los datos a lo largo de su procesamiento en los flujos de trabajo.

- **Data Lake:** almacenamiento centralizado que permite guardar todos los datos estructurados y no estructurados a cualquier escala.

- **Data Pipeline:** serie de pasos de procesamiento de datos, que pueden incluir la recopilación, la limpieza, la transformación y la carga de datos en un sistema de destino.

- **Data Visualization**: representación gráfica de los datos para facilitar la comprensión y el análisis por parte de los usuarios.

- **Data Warehousing**: proceso de almacenamiento de datos de diferentes fuentes en un repositorio centralizado para facilitar el análisis y la toma de decisiones.

- **Despliegue de Modelos (Model Deployment)**: proceso de poner un modelo de machine learning en producción, utilizando las herramientas de MLflow para servirlo en entornos como REST APIs o servidores de modelado.

- **Docker:** plataforma de contenedores que permite a los desarrolladores empaquetar aplicaciones y sus dependencias en un contenedor que se puede ejecutar en cualquier entorno.

- **ETL (Extract, Transform, Load)**: proceso estándar en la ingeniería de datos que implica la extracción de datos de fuentes, su transformación en un formato adecuado y su carga en un sistema de almacenamiento o base de datos.

- **Etiquetas (Tags)**: información adicional asignada a ejecuciones, experimentos o modelos en MLflow para facilitar la organización y búsqueda.

- **Ejecución (Run)**: una instancia específica del entrenamiento de un modelo dentro de un experimento en MLflow, que incluye parámetros, métricas y artefactos.

- **Event Time**: momento en que un evento realmente ocurrió, utilizado en el procesamiento de flujos de datos para asegurar un análisis preciso y ordenado.

- **Experimento:** conjunto de ejecuciones de entrenamiento de modelos de machine learning organizadas bajo un nombre común en MLflow.

- **Executor:** módulo en Airflow que se encarga de gestionar la ejecución de las tareas; puede ser secuencial, paralelo, distribuido, entre otros.

▰ **Fault Tolerance**: capacidad de un sistema para continuar operando correctamente en caso de fallos de una parte de su infraestructura, asegurando la fiabilidad del procesamiento de datos.

▰ **FlowFile:** unidad básica de datos en Apache NiFi que consta de contenido (datos reales) y atributos (metadatos).

▰ **Flujos de datos**: procesos y sistemas que permiten el movimiento y transformación de datos desde diversas fuentes hasta su destino final, como bases de datos, sistemas de análisis o aplicaciones.

▰ **Ingeniería de datos:** disciplina que se enfoca en el diseño, construcción y mantenimiento de sistemas que recopilan, almacenan y analizan grandes volúmenes de datos.

▰ **Kubernetes:** sistema de orquestación de contenedores de código abierto que automatiza la implementación, escalado y gestión de aplicaciones en contenedores.

▰ **Machine Learning**: subcampo de la inteligencia artificial que utiliza algoritmos y modelos estadísticos para que las máquinas puedan aprender de los datos y hacer predicciones o decisiones sin estar programadas explícitamente.

▰ **MapReduce:** modelo de programación que permite el procesamiento paralelo de grandes volúmenes de datos distribuidos a través de un clúster de computadoras.

▰ **Metastore:** base de datos donde Airflow almacena el estado de los DAGs, las tareas y las configuraciones.

▰ **Métrica (Metric)**: medida de rendimiento del modelo, como precisión, pérdida o AUC, registrada y rastreada en MLflow.

▰ **MLflow:** plataforma de código abierto para gestionar el ciclo de vida de los modelos de machine learning, incluyendo experimentación, reproducción y despliegue.

▰ **MLflow Projects**: estructura de MLflow para definir y reproducir un proyecto de machine learning, que incluye un archivo de configuración y especifica las dependencias.

▰ **MLflow Tracking Server**: componente de MLflow que registra y almacena los datos de seguimiento de experimentos y ejecuciones.

▰ **Modelo MLflow (MLflow Model)**: formato estándar de un modelo machine learning almacenado en MLflow, que puede exportarse, versionado y desplegado.

▰ **NiFi Registry**: herramienta complementaria de Apache NiFi que permite versionar y gestionar flujos de trabajo en un entorno de desarrollo y producción.

▰ **NoSQL**: base de datos que proporciona un mecanismo para almacenar y recuperar datos modelado en formas diferentes a las tablas utilizadas en bases de datos relacionales.

▶ **Operator:** componente en Airflow que define qué tipo de trabajo realizará una tarea, como BashOperator para ejecutar comandos en bash, o PythonOperator para ejecutar funciones en Python.

▶ **Optimización de flujos de datos:** conjunto de técnicas y prácticas para mejorar la eficiencia, velocidad y escalabilidad de los procesos de flujo de datos.

▶ **Offset:** una identificación única para cada mensaje dentro de una partición, utilizada para rastrear la posición de lectura del consumidor.

▶ **Orquestación de datos:** coordinación y gestión de múltiples procesos y flujos de datos, asegurando que se ejecuten en el orden correcto y de manera eficiente.

▶ **Pandas:** biblioteca de Python que proporciona estructuras de datos y herramientas de análisis de datos rápidas y flexibles, como DataFrames.

▶ **Parallelism:** propiedad que define cuántas tareas de procesamiento se pueden ejecutar en paralelo en un trabajo de Apache Flink.

▶ **Parámetro (Parameter):** valores de entrada utilizados para entrenar un modelo, como el número de capas o la tasa de aprendizaje, que se almacenan en MLflow.

▶ **Partición (Partition):** una división de un tópico. Cada partición es una secuencia ordenada de registros, y los tópicos pueden tener múltiples particiones para distribuir la carga.

▶ **Pipelines de MLflow**: flujo de trabajo automatizado en MLflow que permite organizar y ejecutar procesos de machine learning de manera secuencial y reproducible.

▶ **Processor:** componente en Apache NiFi que realiza operaciones sobre los FlowFiles, como la transformación, enrutamiento, o procesamiento de datos.

▶ **Process Group**: conjunto de procesadores y otros componentes organizados en un flujo de trabajo que se puede gestionar y reutilizar.

▶ **Producer:** una aplicación o proceso que envía datos (mensajes) a un tópico en Kafka.

▶ **Python:** lenguaje de programación popular en la ingeniería de datos debido a su simplicidad, flexibilidad y extensa biblioteca de herramientas para manipulación y análisis de datos.

▶ **Réplica:** una copia de una partición en un broker diferente. Se utiliza para la tolerancia a fallos en el clúster.

▶ **Repositorio de Modelos (Model Registry)**: componente de MLflow que gestiona la versión de los modelos, permitiendo almacenar, anotar y compartir diferentes versiones de un modelo.

▶ **Sensor:** tipo especial de operador que espera una condición específica antes de continuar con la ejecución del DAG.

▶ **Servir Modelos (Model Serving)**: técnica de MLflow para desplegar y escalar modelos en entornos productivos, proporcionando APIs para la inferencia en tiempo real.

► **Seguimiento de Experimentación (Experiment Tracking)**: funcionalidad de MLflow que permite registrar y visualizar parámetros, métricas y artefactos de diferentes ejecuciones.

► **Scheduler:** componente de Airflow responsable de programar las tareas en función de las dependencias y el cronograma definidos en los DAGs.

► **Stateful Processing**: técnica en la que las operaciones en un flujo de datos pueden mantener un estado, lo que permite realizar cálculos más complejos y con contexto.

► **Streaming de datos**: técnica para procesar datos en tiempo real a medida que se generan, en lugar de almacenarlos y procesarlos posteriormente.

► **SLAs (Service Level Agreements)**: herramienta en Airflow para monitorear si las tareas se completan dentro de un tiempo específico y tomar acciones si no es así.

► **SQL (Structured Query Language):** lenguaje de programación utilizado para gestionar y consultar bases de datos relacionales.

► **Task (Tarea)**: unidad básica de ejecución dentro de un DAG, que realiza una operación específica como ejecutar un script, mover datos, o enviar una notificación.

► **Task Instance**: ejecución única de una tarea dentro de un DAG, identificada por la combinación del DAG, la tarea y la fecha de ejecución.

► **Time Window**: periodo de tiempo durante el cual se agrupan los datos para su procesamiento, comúnmente utilizado en el procesamiento de datos en tiempo real.

► **Tópico (Topic)**: una categoría o nombre de feed a la que los mensajes son enviados por los productores. Los consumidores se suscriben a los tópicos para recibir los mensajes.

► **Trigger Rule**: condición que define cuándo se puede ejecutar una tarea en un DAG, en función del estado de otras tareas dependientes.

► **Transformación de datos**: proceso de convertir datos de su formato original a un formato adecuado para su análisis o almacenamiento.

► **UI de MLflow**: interfaz gráfica proporcionada por MLflow para visualizar y gestionar experimentos, ejecuciones y modelos.

► **Watermark:** técnica utilizada en el procesamiento de flujos de datos para manejar datos retrasados, marcando el progreso del tiempo de procesamiento de eventos.

► **XCom (Cross-Communication)**: mecanismo en Airflow que permite que las tareas dentro de un DAG compartan mensajes o pequeños fragmentos de datos.

MATERIAL ADICIONAL

El material adicional de este libro puede descargarlo en nuestro portal web: *https:// www.ra-ma.es*.

Debe dirigirse a la ficha correspondiente a esta obra, dentro de la ficha encontrará el enlace para poder realizar la descarga.

Cuando descomprima el fichero obtendrá los archivos que complementan al libro para que pueda continuar con su aprendizaje.

INFORMACIÓN ADICIONAL Y GARANTÍA

- ▶ RA-MA EDITORIAL garantiza que estos contenidos han sido sometidos a un riguroso control de calidad.

- ▶ Los archivos están libres de virus, para comprobarlo se han utilizado las últimas versiones de los antivirus líderes en el mercado.

- ▶ RA-MA EDITORIAL no se hace responsable de cualquier pérdida, daño o costes provocados por el uso incorrecto del contenido descargable.

- ▶ Este material es gratuito y se distribuye como contenido complementario al libro que ha adquirido, por lo que queda terminantemente prohibida su venta o distribución.

SÍGUENOS EN INSTAGRAM Y ACCEDE GRATIS A NUESTRA BIBLIOTECA DIGITAL DURANTE 30 DÍAS.

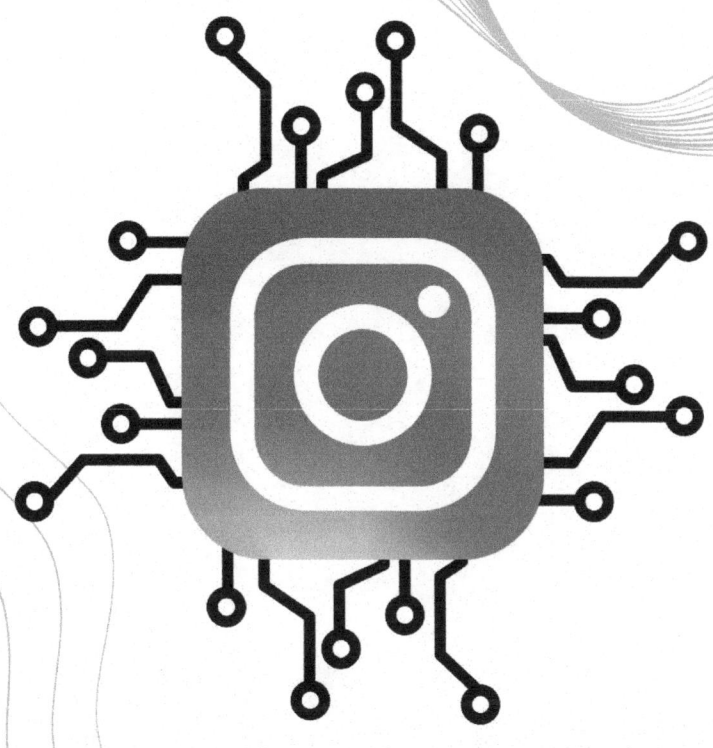

@grupoeditorialrama

¡ENVIANOS TU MAIL POR PRIVADO!